Lexique de l'emploi	Employment Glossary

Collection Lexiques

N.B.

La grande majorité des termes utilisés ici sont corrects sauf en ce qui concerne la nouvelle assurance-emploi qui a remplacé l'assurance-chômage — nouvelle terminologie en ce domaine et celui de la réforme sociale.

Estelle Beauregard

Direction de la terminologie et
des services linguistiques /
Terminology and Linguistic
Services Directorate

France Dubois
Gérald Jalbert

Direction générale des
opérations de traduction /
Translation Operations Branch

Couverture

Photo : Gracieuseté d'Emploi et
        Immigration Canada

Cover

Photo: Courtesy of Employment
       and Immigration Canada

©Ministre des Approvisionnements et Services Canada 1989

En vente au Canada par l'entremise des

Librairies associées
et autres libraires

ou par la poste auprès du

Centre d'édition du gouvernement du Canada
Approvisionnements et Services Canada
Ottawa (Canada) K1A 0S9

N° de catalogue: S52-5/1-1990
ISBN: 0-660-55656-1

©Minister of Supply and Services Canada 1989

Available in Canada through

Associated Bookstores
and other booksellers

or by mail from

Canadian Government Publishing Centre
Supply and Services Canada
Ottawa, Canada K1A 0S9

Catalogue No. S52-5/1-1990
ISBN 0-660-55656-1

\

Données de catalogage avant
publication (Canada)

Beauregard, Estelle

Lexique de l'emploi =
Employment glossary

(Collection Lexiques
ministériels = Departmental
glossary series)
Texte en français et en anglais.
Publ. par le Bureau de la
traduction, Direction de la
terminologie et des services
linguistiques. Comprend des
références bibliogr.
ISBN: 0-660-55656-1

1. Emploi--Dictionnaires anglais.
2. Anglais (Langue)--Dictionnaires
français. 3. Emploi--
Dictionnaires. 4. Français
(Langue)--Dictionnaires anglais.
I. Dubois, France. II. Jalbert,
Gérald. III. Canada. Secrétariat
d'État du Canada. IV. Canada.
Bureau de la traduction.
Direction de la terminologie et
des services linguistiques.
V. Titre. VI. Titre: Employment
glossary. VII. Coll.: Collection
Lexiques ministériels.

HD 4839.B42 1990   331.1'03
C90-099002-3F

Canadian Cataloguing in
Publication Data

Beauregard, Estelle

Lexique de l'emploi =
Employment glossary

(Collection Lexiques
ministériels = Departmental
glossary series)
Text in English and French.
Issued by the Translation
Bureau, Terminology and
Linguistic Services
Directorate.
Includes bibliographical
references.
ISBN: 0-660-55656-1

1. Employment (Economic
theory)--Dictionaries.
2. English language--
Dictionaries--French.
3. Employment (Economic
theory)--Dictionaries--French.
4. French language--
Dictionaries--English.
I. Dubois, France. II. Jalbert,
Gérald. III. Canada. Dept. of
the Secretary of State of
Canada. IV. Canada. Translation
Bureau. Terminology and
Linguistic Services Directorate.
V. Title. VI. Title: Employment
glossary. VII. Series:
Collection Lexiques
ministériels.

HD 4839.B42 1990   331.1'03
C90-099002-3E

Table des matières		Table of Contents	

Nul ne saurait contester la prépondérance de l'emploi comme moteur de l'activité économique. Depuis la création du ministère de l'Emploi et de l'Immigration du Canada, en 1976, une multitude de programmes ont été mis en oeuvre. Chacun d'eux faisant appel à une terminologie bien particulière, un premier Lexique de l'emploi a donc été publié dès 1983. Pour donner suite à la demande de mise à jour présentée par le ministère, la Direction de la terminologie et des services linguistiques et la Direction des services de traduction ministériels à Emploi et Immigration Canada ont uni leurs efforts pour produire une édition revue et augmentée. Cette publication est la première d'une nouvelle série connue sous le nom de Collection Lexiques ministériels.

Un lexique ministériel comprend généralement la terminologie des programmes et services d'un ministère ou d'un organisme fédéral.

Le présent lexique s'adresse aux fonctionnaires d'Emploi et Immigration Canada aussi bien qu'aux traducteurs, réviseurs et rédacteurs oeuvrant dans le domaine.

No one can deny the major role of employment as a driving force behind economic activity. Since the creation of Employment and Immigration Canada in 1976, a multitude of programs have been implemented and each of these has its own terminology. In 1983 the first Employment Glossary was published. In response to requests from the department to have it updated, a larger revised edition was produced by the Terminology and Linguistic Services Directorate, in co-operation with the Departmental Translation Services at Employment and Immigration Canada. This publication is the first in the new Departmental Glossary Series.

In general, a departmental glossary includes the terminology of programs and services administered by a department or government agency.

This glossary is intended for employees of Employment and Immigration Canada as well as translators, revisers and writers working in the employment field.

Le sous-secrétaire d'État adjoint
(Langues officielles et Traduction),

Alain Landry

Assistant Under Secretary of State
(Official Languages and Translation)

Le nouveau Lexique de l'emploi, qui comprend environ 6 000 entrées, dont 900 nouvelles, représente une version épurée de l'édition de 1983. Les termes désignant une même notion ont été regroupés; la nomenclature au complet a été revue en regard de la banque de terminologie Termium et de quelques ouvrages terminologiques existant dans les domaines des relations du travail, de l'administration et des finances. À cet égard, le Vocabulaire de l'administration publique et de la gestion, que prépare actuellement Raymond Pepermans de la Direction de la terminologie et des services linguistiques, s'est révélé des plus utile.

Ce lexique de l'emploi consigne les principales appellations officielles et le vocabulaire courant utilisés par la Commission de l'emploi et de l'immigration du Canada. Les équivalences relevées dans les guides ministériels et autres publications du Ministère ainsi que dans les dossiers du service de traduction ministériel ont également été incluses.

France Dubois et Gérald Jalbert ont participé à la mise à jour du Lexique à titre de spécialistes du domaine au Service de traduction d'Emploi et Immigration Canada. Mario Drolet, de la Direction de la terminologie et des services linguistiques, s'est occupé du dépouillement des documents les plus récents et Estelle Beauregard, terminologue, a coordonné le projet et a participé aux travaux de recherche.

The new Employment Glossary, which contains approximately 6 000 entries including 900 new ones, is a revised version of the 1983 edition. Terms that designate the same concept are grouped together. The Termium terminology bank and some existing terminological works in the fields of labour relations, administration and finance were consulted in order to review the entire base list. One of the most useful publications consulted was the Public Administration Vocabulary currently being prepared by Raymond Pepermans of the Terminology and Linguistic Services Directorate.

This employment glossary contains the main official titles and the vocabulary in use at the Canada Employment and Immigration Commission. Also included are equivalents taken from manuals and other departmental publications, as well as from departmental translation files.

The glossary was updated by France Dubois and Gérald Jalbert, specialists in the field of employment with the Translation Services at Employment and Immigration Canada, Mario Drolet of the Terminology and Linguistic Services Directorate, who scanned the most recent documents for terms, and Estelle Beauregard, the project co-ordinator and terminologist with the same directorate, who was responsible for producing the glossary.

Le lecteur est invité à faire
parvenir ses observations à
l'adresse suivante :

Direction de la terminologie et
   des services linguistiques
Secrétariat d'État du Canada
Ottawa (Ontario)
K1A 0M5

Comments should be sent to the
following address:

Terminology and Linguistic
   Services Directorate
Department of the Secretary of
   State of Canada
Ottawa, Ontario
K1A 0M5

Avertissement au lecteur

Par souci d'uniformisation, les termes du lexique ont été vérifiés et modifiés, le cas échéant, à l'aide de la banque de terminologie Termium et des lexiques faisant autorité en la matière. Le lecteur comprendra cependant qu'en cas de divergence sur certains termes, c'est la terminologie en usage à Emploi et Immigration Canada qui a été retenue.

Notice to the reader

In the interest of standardization, the terms in the glossary have been checked and amended, where necessary, in the light of the contents of the Termium terminology bank and glossaries accepted as authoritative sources on the subject. However, it should be noted that, where certain terms differed, preference was given to the terminology in use at Employment and Immigration Canada.

Abréviations et symboles

;	synonymes séparés par un point-virgule
()	courte explication pour situer le terme ou le domaine d'utilisation. Les parenthèses servent également à indiquer l'emploi facultatif du pluriel et du trait d'union
(adj.)	adjectif
(app. ant.)	appellation antérieure
[CAN]	Canada
CEC	Centre d'emploi du Canada
ex. :	exemple d'utilisation
[GBR]	Royaume-Uni
[Man.]	Manitoba
(n.)	nom
[N.-B.]	Nouveau-Brunswick
NOTA	remarque sur le sens ou l'emploi d'un terme
[Ont.]	Ontario
(prop.)	proposition
[USA]	États-Unis
1., 2.	pour distinguer les différentes acceptions d'un terme

Abbreviations and Symbols

;	separates synonyms
()	indicate a brief explanation on the term and its field. Parentheses are also used for optional plural forms and hyphens
(adj.)	adjective
(f.c.)	formerly called
CEC	Canada Employment Centre
cf.	identifies a cross-reference to a related concept
ex.:	usage sample
[GBR]	Great Britain
[Man.]	Manitoba
(n.)	noun
[N.B.]	New Brunswick
NOTE	introduces a brief comment on the meaning or use of a term
[Ont.]	Ontario
[Que.]	Quebec
SEE	refers to a related term or to the main entry in which information about the concept in question may be provided
[USA]	United States
(v.)	verb
1., 2.	distinguish the different meanings of a term

AAP; Adjustment Assistance Program	PAA; Programme d'aide à l'adaptation
abandonment of position	abandon de poste
abolished position; deleted position	poste aboli; poste supprimé
aboriginal worker; native worker	travailleur autochtone
absence report	rapport des absences
absence without leave; unauthorized absence; unexcused absence	absence sans autorisation; absence non autorisée
absence without pay; leave without pay	congé non payé; congé sans salaire; congé sans traitement; congé sans solde
absenteeism	absentéisme
absenteeism rate; rate of absenteeism	taux d'absentéisme
academic attainment; education; educational level; formal education; level of education; level of study; level of schooling; schooling	niveau d'instruction; études; niveau d'études; niveau de scolarité; scolarité; formation scolaire
academic upgrading; academic upgrading training	rattrapage scolaire
accelerated program of apprenticeship	programme d'apprentissage accéléré
accelerated vocational training	formation professionnelle accélérée
acceptability of a certificate	validité d'un certificat
acceptability of a proposal	recevabilité d'une proposition
Access a Career by Traits; ACT	Accès aux carrières d'après leurs traits; ACT
accessibility to employment	possibilité d'accès à l'emploi
Access Program	Programme d'accès
Access Program for the Disabled	Programme d'accès pour les personnes handicapées

1

access to the labour market	accès au marché du travail
accident claim; workmen's compensation claim	demande d'indemnisation pour accident du travail
accommodation SEE reasonable accommodation	
accommodation allowance	allocation de logement; indemnité d'hébergement
accountability	obligation de rendre compte; responsabilité
account executive	chargé de programme
accreditation; certification	1. reconnaissance professionnelle; reconnaissance des titres de compétence NOTA d'une personne, d'un travailleur 2. accréditation NOTA d'un syndicat, d'un organisme
ACIS; Automatic Client Information System	SAIC; Système automatisé d'information sur les clients
ACIS CEC	CEC doté du SAIC
ACND; Advisory Committee on Northern Development	CCMVN; Comité consultatif de la mise en valeur du Nord
ACT; Access a Career by Traits	ACT; Accès aux carrières d'après leurs traits
acting; interim	par intérim; intérimaire; provisoire; temporaire
acting appointment	nomination intérimaire
acting assignment	affectation intérimaire
acting pay	rémunération provisoire
action plan; plan of action	plan d'action
active file; live file	dossier actif
Active Job Search Program; AJSP	Programme de recherche active d'emploi; PRAE

active labour market policy	politique d'intervention sur le marché du travail; politique d'intervention directe sur le marché du travail
active population; working population; workforce; work force; manpower; labour force	population active; actifs (n.); main-d'oeuvre; travailleurs
active registration	inscription au dossier actif
active trainee	stagiaire en formation
activity status	situation au regard de l'activité
	NOTA actif occupé, chômeur ou inactif
actual ratio of journeymen to apprentices	proportion effective de compagnons par rapport aux apprentis
actual work place	lieu effectif de travail; lieu de travail réel
additional secondary employment spin-off	création d'emplois secondaires additionnels par effet de multiplication
adjustment	1. adaptation
	NOTA de la main-d'oeuvre, des travailleurs, de l'industrie
	2. ajustement; rajustement; redressement
	NOTA dans les domaines comptable et financier
adjustment agreement	accord d'adaptation
adjustment assistance	aide à l'adaptation
Adjustment Assistance Program; AAP	Programme d'aide à l'adaptation; PAA
adjustment committee	comité d'adaptation de la main-d'oeuvre
NOTE This committee is part of the Industrial Adjustment Service.	NOTA Ce comité fait partie du Service d'aide à l'adaptation de l'industrie.

adjustment compensation	indemnisation d'adaptation
adjustment of labour demand and supply; adjustment of supply and demand of manpower	équilibre de l'emploi
Point at which supply and demand are at about the same level.	Situation où l'offre et la demande d'emploi se compensent.
adjustment plan	plan d'adaptation
Adjustment Services	Services d'adaptation
administer a contract	exécuter un contrat
administer a program	administrer un programme; exécuter un programme; appliquer un programme
administration expenses; administrative costs; administrative expenses; service cost	frais administratifs; frais d'administration; frais de gestion
ADTA; agricultural day-haul transportation assistance	ATQTA; aide au transport quotidien des travailleurs agricoles
adult occupational training	formation professionnelle des adultes
Adult Occupational Training Act; AOT Act; AOTA	Loi sur la formation professionnelle des adultes; Loi sur la FPA; LFPA
Adult Occupational Training Regulations; AOT Regulations	Règlement sur la formation professionnelle des adultes; Règlement sur la FPA
adult training	formation des adultes
adult vocational counselling	orientation professionnelle des adultes; counselling professionnel des adultes
advancement; promotion	1. avancement
	Progression d'un employé au sein d'une organisation.
	2. promotion
	Avancement d'un employé à un poste supérieur à celui qu'il occupait précédemment.

advancement potential; opportunity for advancement; potential for advancement; promotability; promotional opportunity; promotion opportunity; promotion potential	1. possibilité d'avancement 2. possibilité de promotion
advance payment	paiement anticipé; paiement par anticipation
advisory board	conseil consultatif
advisory capacity	rôle consultatif
Advisory Committee on Northern Development; ACND	Comité consultatif de la mise en valeur du Nord; CCMVN
Advisory Committee on Youth	Comité consultatif de la jeunesse
Advisory Council on the Status of Women	Conseil consultatif de la situation de la femme
advocacy interview	entrevue-plaidoirie
advocacy referral of disabled people	recherche active de débouchés pour les personnes handicapées
AES; Agricultural Employment Services; Canada Farm Labour Pools (f.c.); CFLP (f.c.)	SEA; Services d'emploi agricole; Services de main-d'oeuvre agricole du Canada (app. ant.); SMAC (app. ant.)
AES offices; Agricultural Employment Services offices	bureaux des SEA; bureaux des Services d'emploi agricole
affiliated CEC	CEC associé
affirmative action	action positive
aggregate analysis	analyse globale
aggregate demand and supply	l'offre et la demande globales
aggregate demand policy	politique relative à la demande globale
aggregate participation rate	taux d'activité global
aggregate unemployment rate	taux de chômage global
agreement	accord; convention; entente; engagement
agreement approval	ratification d'entente; approbation d'entente

Agreement for the employment in Canada of Commonwealth Caribbean agricultural workers	Accord relatif à l'embauchage du Canada de travailleurs agricoles en provenance des Antilles du Commonwealth
Agreement for the employment in Canada of seasonal agricultural workers from Mexico	Contrat de travail des travailleurs agricoles saisonniers du Mexique au Canada
Agreement on Enhancing the Employability of Social Assistance Recipients; Social Assistance Recipient Agreement	Accord sur l'amélioration de l'aptitude à l'emploi des assistés sociaux
Agreement relating to individually subsidized jobs	Accord concernant un emploi subventionné individuellement
Agreement relating to Subsidized Projects	Accord de financement de projets
Agricrew Program	Programme Agricrew
NOTE Agriculture Canada	NOTA Agriculture Canada
Agricultural and Rural Development Act; ARDA	Loi sur l'aménagement rural et le développement agricole; ARDA
agricultural consultant	conseiller agricole
agricultural day-haul transportation assistance; ADTA	aide au transport quotidien des travailleurs agricoles; ATQTA
agricultural employment; farm employment	emploi agricole
Agricultural Employment Agreement; Agricultural Manpower Agreement (f.c.)	Accord sur l'emploi agricole; Accord sur la main-d'oeuvre agricole (app. ant.)
Agricultural Employment Services; AES; Canada Farm Labour Pools (f.c.); CFLP (f.c.)	Services d'emploi agricole; SEA; Services de main-d'oeuvre agricole du Canada (app. ant.); SMAC (app. ant.)
Agricultural Employment Services offices; AES offices	bureaux des Services d'emploi agricole; bureaux des SEA
agricultural job placement	placement dans un emploi agricole
agricultural labour demand	demande de main-d'oeuvre agricole
agricultural labour market; farm labour market	marché du travail agricole

agricultural manpower	main-d'oeuvre agricole; travailleurs agricoles
Agricultural Manpower Agreement (f.c.); Agricultural Employment Agreement	Accord sur la main-d'oeuvre agricole (app. ant.); Accord sur l'emploi agricole
Agricultural Products Board	Office des produits agricoles
agricultural sector	secteur agricole; secteur de l'agriculture
Agricultural Stabilization Board	Office de stabilisation des prix agricoles
Agricultural Training Program	Programme de formation en agriculture
agricultural worker; farm worker	travailleur agricole
Agriculture for Young Canadians; AYC	Agriculture Jeunesse; AJ
agri-mix worker	travailleur agricole polyvalent
AIESEC; International Association for Students of Economics and Commerce	AIESEC; Association internationale des étudiants en sciences économiques et commerciales
AJSP; Active Job Search Program	PRAE; Programme de recherche active d'emploi
allied occupation; allied trade; related job	emploi connexe; métier connexe; emploi apparenté
allocation	affectation; allocation; répartition; attribution
allocation of labour	répartition de la main-d'oeuvre
allocation of training places	attribution de places de formation
allocative model	modèle de répartition
allotment record	registre des affectations
allowable	admissible; permis; admis; autorisé
allowable federal contribution	contribution fédérale autorisée
allowance	allocation; indemnité
allowance entitlement	droit à l'allocation

allowance payment system	système de paiement des allocations; système de versement des allocations
allowance per week; weekly allowance	allocation hebdomadaire
allowance rate; rate of allowances	taux des allocations
allowance table	barème des allocations
alternate employment; alternate occupation; alternative employment; alternative occupation; replacement job	autre emploi; autre profession; emploi de substitution; nouvel emploi; métier secondaire; profession de rechange
alternate work arrangements	réaménagement des horaires de travail
alternative employment; alternative occupation; alternate employment; alternate occupation; replacement job	autre emploi; autre profession; emploi de substitution; nouvel emploi; métier secondaire; profession de rechange
analysis document	document d'analyse
analysis officer	agent d'analyse
analytical data bank	banque de données analytiques
analytical training	formation par étapes
annual adjustment	rajustement annuel
annual leave; vacation leave; vacation	congé annuel; vacances
AOTA; AOT Act; Adult Occupational Training Act	LFPA; Loi sur la FPA; Loi sur la formation professionnelle des adultes
AOT Regulations; Adult Occupational Training Regulations	Règlement sur la FPA; Règlement sur la formation professionnelle des adultes
appeal (n.)	appel
appeal against (v.)	en appeler de; interjeter appel de
appeal period	délai d'appel
Appeal Review Committee	Comité de révision des appels

8

appeal right; right to appeal	droit d'appel
applicant	1. auteur de demande
	2. candidat; postulant
	3. demandeur
Applicant Guide; Guide to Applicants	Guide à l'intention des auteurs de demande
applicant inventory referral	présentation de candidats répertoriés
application	demande
NOTE For most programs, request to participate.	NOTA Pour la plupart des programmes, demande en vue de participer.
application and approval cycle	cycle de présentation et d'approbation des demandes
Application and authorization for training	Demande et autorisation de formation
application assessment	évaluation des demandes
application deadline date	date limite de réception des candidatures; date limite de présentation des demandes
application for leave	demande de congé
application form; requisition form	formulaire de demande
application for relocation assistance	demande d'aide au déplacement
application for summer employment	demande d'emploi d'été
application kit	cahier de présentation des demandes; trousse de présentation des demandes; cahier des demandes
apply for a job	faire une demande d'emploi; présenter une demande d'emploi; postuler un emploi; solliciter un emploi
apprentice; apprentice trainee; apprenticeship trainee	apprenti (n.)

apprenticeable trade; apprenticeship trade	métier d'apprentissage
apprenticeship; apprenticeship training	apprentissage; formation en apprentissage
apprenticeship and tradesmen's qualification acts	lois régissant l'apprentissage et la qualification des hommes de métier
apprenticeship booklet; apprentices' trade record book	carnet d'apprentissage; livret d'apprentissage
apprenticeship counsellor	conseiller en apprentissage
apprenticeship papers	titres d'apprenti
apprenticeship period; period of apprenticeship	période d'apprentissage
apprenticeship program	programme d'apprentissage
apprenticeship trade; apprenticeable trade	métier d'apprentissage
apprenticeship trainee; apprentice trainee; apprentice	apprenti (n.)
apprenticeship training; apprenticeship	apprentissage; formation en apprentissage
apprenticeship training course	cours d'apprentissage
apprenticeship training plan	plan de formation en apprentissage
apprentices' trade record book; apprenticeship booklet	livret d'apprentissage; carnet d'apprentissage
apprentice trainee; apprentice; apprenticeship trainee	apprenti (n.)
appropriate authorities	autorités compétentes; autorités intéressées
approval	autorisation; approbation; acceptation
approval in principle	approbation de principe
approval of a job offer	approbation d'une offre d'emploi
approval process	processus d'approbation
approved training course	cours de formation reconnu

approving officer; authorizing agent; authorizing officer; signing officer; signing authority	agent approbateur; agent autorisé; fondé de pouvoir; signataire autorisé
aptitude test; aptitude testing	test d'aptitude(s)
arbitrary discharge	congédiement arbitraire
arbitration	arbitrage
ARDA; Agricultural and Rural Development Act	ARDA; Loi sur l'aménagement rural et le développement agricole
area	secteur; région
area demand	demande par secteur
area profile	profil de secteur
arranged employment; pre-arranged employment	emploi réservé
arrear of wages	arriéré de salaire
assertiveness training	cours d'affirmation de soi
assessment; evaluation	évaluation
assessment and approval process	processus d'évaluation et d'approbation
assessment criteria	critères d'évaluation
assessment criteria checklist	liste de vérification des critères d'évaluation
assessment interview	entrevue d'évaluation
assessment of interests	évaluation des intérêts
assessment of skills; competency assessment	évaluation des compétences
assessment sheet; assessment work sheet	fiche d'évaluation
assessor	évaluateur
assignment of a contract	transfert d'un contrat; cession d'un contrat
assignment of an employee	affectation d'un employé
assistance for employers	aide aux employeurs

assisted job referral	présentation d'emploi assistée
assisted placement	placement assisté
assisted service referral	présentation des services assistés
assisted services	services assistés
associate placement	placement conjoint
association of employers; employer organization; employers' association; employers' organization; organization of employers	association patronale; association d'employeurs; organisation d'employeurs; organisation patronale
Association Québec-France of Agricultural Trainees	Association Québec-France des stagiaires en agriculture
Association Québec-France Working Holiday Movement	Association Québec-France (Emplois d'été)
assured employment; assured job; secured employment	emploi garanti; emploi assuré
attachment to the labour force; labour force attachment; labour market attachment	participation au marché du travail
attendance	assiduité; présences
attendance list; attendance record; attendance register; attendance sheet; record of attendance	feuille des présences; fiche de présence; registre des présences
attendance report	rapport des présences
attendance sheet; attendance list; attendance record; attendance register; record of attendance	feuille des présences; fiche de présence; registre des présences
attitudinal barrier	obstacle comportemental
attrition; personnel attrition	attrition; usure des effectifs; érosion des effectifs
audio-visual material	aides audio-visuelles; moyens audio-visuels
audit; auditing; financial audit	vérification; vérification comptable; vérification des comptes
audit cycle	cycle de vérification

auditing; audit; financial audit	vérification; vérification comptable; vérification des comptes
auditing procedure; audit procedure	procédé de vérification
auditor	vérificateur; vérificateur comptable
audit procedure; auditing procedure	procédé de vérification
audit report	rapport de vérification
audit trail	piste de vérification; chemin de vérification
authorized absence; authorized leave; leave of absence; leave	absence autorisée; congé autorisé; autorisation d'absence; permis d'absence
authorized night away from home	nuitée autorisée
authorized training allowance	allocation de formation autorisée
authorizing agent; approving officer; signing officer; authorizing officer; signing authority	agent approbateur; agent autorisé; fondé de pouvoir; signataire autorisé
authorizing CEC	CEC d'autorisation
authorizing officer; approving officer; authorizing agent; signing officer; signing authority	agent approbateur; agent autorisé; fondé de pouvoir; signataire autorisé
automated job order system	système informatisé de traitement des offres d'emploi
Automatic Client Information System; ACIS	Système automatisé d'information sur les clients; SAIC
automatic increase; statutory increase	augmentation automatique
automatic retirement age; compulsory retirement age; mandatory retirement age	âge obligatoire de la retraite
Automotive Industry Human Resources Task Force	Groupe d'étude sur les ressources humaines dans l'industrie automobile
availability analysis	analyse de la disponibilité

availability data	données sur la disponibilité; données sur la disponibilité des travailleurs
availability of manpower; supply of labour; supply of workers; labour supply; manpower supply; worker availability	disponibilité de main-d'oeuvre; offre de travailleurs; travailleurs disponibles; main-d'oeuvre disponible; offre de main-d'oeuvre
availability of qualified Canadians	disponibilité de travailleurs canadiens qualifiés
available for work	disponible pour travailler; disponible pour un emploi
available job	emploi disponible
available worker	travailleur disponible
AYC; Agriculture for Young Canadians	AJ; Agriculture Jeunesse

b

baby boom generation	génération issue de la poussée démographique; génération issue de l'explosion démographique
back-end position (in CECs)	poste des services spécialisés (dans les CEC)
background document	document d'information
balance labour supply and demand	équilibrer l'offre et la demande de main-d'oeuvre; harmoniser l'offre et la demande de main-d'oeuvre
Bank of Montreal Youth Project	Projet Jeunesse de la Banque de Montréal
bargaining agent; collective bargaining agent	agent négociateur; agent de négociation; agent de négociation collective
barrier free design concept	concept d'aménagement pour accès facile
barrier to employment; job barrier; employment barrier	obstacle à l'emploi
basic allocation; basic allowance	allocation de base
basic client record; BCRD	dossier de base d'un client; DBC

14

basic education	éducation de base
basic education upgrading; educational upgrading course	cours de rattrapage scolaire
basic industrial skill courses	cours préparatoires aux techniques industrielles
basic job training	formation professionnelle de base
Basic Literacy for Adult Development Program; BLADE Program	Programme d'alphabétisation pour le perfectionnement des adultes; Programme BLADE
Basic Literacy Program	Programme d'alphabétisation
basic literacy training	alphabétisation
basic manpower needs	besoins en main-d'oeuvre essentiels
basic program criterion	critère de base d'un programme
basic skill; entry skill; generic skill	compétence de base; qualification de base
basic trades training	cours préparatoires aux métiers
basic training; core training	formation de base
basic work week; BWW; normal work week; NWW; standard work week; SWW	semaine normale de travail; SNT
BCNI; Business Council on National Issues	CCCE; Conseil canadien des chefs d'entreprises
BCRD; basic client record	DBC; dossier de base d'un client
BDC; Business Development Centre	CAE; Centre d'aide aux entreprises
BDJ SEE Business Drive for Jobs	
begin employment; commence work	entrer en fonction; commencer à travailler
behavioral career counselling model	modèle d'orientation profession- nelle axée sur le comportement
benchmark shortage indicator	indicateur-repère de pénurie de main-d'oeuvre
benchmark surplus indicator	indicateur-repère d'excédent de main-d'oeuvre

beneficiary; benefit recipient; recipient; recipient of benefits	prestataire; bénéficiaire de prestations
A person who receives benefits, i.e. cash allocations or services under an agreement.	Personne touchant des prestations, c.-à-d. des allocations en espèces ou des services en nature, fournis aux termes d'un accord.
benefit	prestation
Any form of payment which may be made to a person under the terms of a pension plan, etc., depending on the circumstances.	Toute forme de paiement faite à une personne en vertu des conditions d'un régime de pension, etc., selon les circonstances.
benefit-cost analysis; cost-benefit analysis	analyse coûts-avantages; analyse coûts-rendements; analyse de rendement
benefit-cost ratio	ratio coûts-avantages
benefit plan	régime d'indemnisation
benefit recipient SEE beneficiary	
BILD; Board of Industrial Leadership and Development [Ont.]	CLDI; Conseil de leadership et de développement industriels [Ont.]
binding commitment	engagement exécutoire
BLADE Program; Basic Literacy for Adult Development Program	Programme BLADE; Programme d'alphabétisation pour le perfectionnement des adultes
blanket agreement; master agreement; umbrella agreement	entente générale; entente-cadre; accord-cadre
blanket exemption	exemption générale
block release	congé prolongé; congé continu
Authorized absence from work, with or without pay, in order to attend courses constituting part of a training program.	Ordinairement, congé de quelques jours consécutifs accordé aux travailleurs en vue de la formation ou du recyclage.
blue-collar job; blue collar occupation	emploi de col bleu; métier de col bleu
blue-collar worker; manual worker	col bleu; travailleur manuel

English	French
Board of Industrial Leadership and Development [Ont.]; BILD	Conseil de leadership et de développement industriels [Ont.]; CLDI
body corporate	personne morale
bona fide job offer	offre d'emploi authentique
bona fide occupational requirements	exigences professionnelles réelles
bonus; premium	prime; boni; gratification
bookkeeper	teneur de livres
bookkeeping	tenue de livres
booster training; professional retraining; refresher training; retraining; updating of skills; upgrading; vocational retraining; vocational upgrading; re-skilling	perfectionnement; recyclage; recyclage professionnel
branch	direction générale
branch office; subsidiary; sub-office	succursale; bureau auxiliaire
breach a commitment	contrevenir à un engagement
breach of contract	rupture de contrat
breakdown (n.)	ventilation; répartition
break down funds; distribute funds	répartir des fonds; ventiler des fonds
bridge skill set	ensemble de compétences polyvalentes
bridging position	poste tremplin
bridging program	programme de rattrapage; programme de préparation à l'emploi
briefing book	aide-mémoire
broad occupational group	grand groupe professionnel
buddy	compagnon
buddy system	système de travail en duo
budgetary constraint; expenditure restraint	restriction budgétaire; restriction des dépenses

budget control system	système de contrôle du budget
budget cuts	compressions budgétaires
bulk request	demande de recrutement en bloc
buoyant market	marché soutenu; marché en hausse; marché porteur
burn-out	épuisement professionnel
Business and Industrial Development Program	Programme de développement commercial et industriel
business community	secteur des affaires; monde des affaires; milieu des affaires
Business Council on National Issues; BCNI	Conseil canadien des chefs d'entreprises; CCCE
business cycle	cycle économique; cycle conjoncturel; cycle d'activité
business development	expansion des entreprises
Business Development Centre; BDC	Centre d'aide aux entreprises; CAE
Business Development Centre Option	option Centre d'aide aux entreprises
NOTE This option is part of the Community Futures Program.	NOTA Cette option fait partie du programme Développement des collectivités.
Business Drive for Jobs; BDJ	Promotion des initiatives privées; PIP
NOTE Challenge program	NOTA programme Défi
business incubator SEE incubator	
business loan	prêt commercial
business opportunity	proposition d'affaire
	Offre d'emploi ne répondant pas à certains critères par exemple, absence de relations employeur-employé.
business organization	association commerciale
business plan; enterprise project	projet d'entreprise

BWW; basic work week; normal work week; NWW; standard work week; SWW	SNT; semaine normale de travail

C

CAALL; Canadian Association of Administrators of Labour Legislation	ACALO; Association canadienne des administrateurs de la législation ouvrière
CAAT; Canadian Adult Achievement Test	TCECA; Test canadien d'évaluation des compétences des adultes
CAB; Constituency Advisory Board	CCC; Conseil consultatif de circonscription
CACE; Canadian Association for Cooperative Education	ACEC; Association canadienne de l'enseignement coopératif
Cadet and Reserve Training Program	Programme d'instruction des cadets et de formation des réservistes
Cadet Training Program	Programme d'instruction des cadets
CAES; Canada Agricultural Employment Services	SEAC; Services de l'emploi agricole du Canada
CAI; computer-assisted instruction	EAO; enseignement assisté par ordinateur
CAL; computer-assisted learning	AAO; apprentissage assisté par ordinateur
calendar year	année civile
call-back (n.); recall (n.)	rappel; rappel au travail
call-back list; recall list	liste de rappel au travail; liste de rappel
call for an interview (v.)	convoquer à une entrevue
CAMAQ; Committee for Aerospace Manpower Assessment in Quebec	CAMAQ; Comité d'adaptation de la main-d'oeuvre aéronautique au Québec
Canada Agricultural Employment Services; CAES	Services de l'emploi agricole du Canada; SEAC
Canada Assistance Plan; CAP	Régime d'assistance publique du Canada; RAPC

Canada Career Week; CCW	Semaine canadienne de l'orientation; SCO
Canada Employment and Immigration Advisory Council; CEIAC	Conseil consultatif canadien de l'emploi et de l'immigration; CCCEI
Canada Employment and Immigration Commission; CEIC	Commission de l'emploi et de l'immigration du Canada; CEIC
Canada Employment and Immigration Union; CEIU	Syndicat de l'emploi et de l'immigration du Canada; SEIC
Canada Employment Centre; CEC	Centre d'emploi du Canada; CEC
Canada Employment Centre for Students; CEC-S; CEC for Students	Centre d'emploi du Canada pour étudiants; CEC-E; CEC pour étudiants
Canada Employment Centre on Campus; CEC-OC; CEC on Campus	Centre d'emploi du Canada sur le campus; CEC-SC; CEC sur le campus
Canada employment officer	agent d'un Centre d'emploi du Canada
Canada Farm Labour Pools (f.c.); CFLP (f.c.); Agricultural Employment Services; AES	Services de main-d'oeuvre agricole du Canada (app. ant.); SMAC (app. ant.); Services d'emploi agricole; SEA
Canada-Finland Agricultural Trainees Exchange	Échange de stagiaires en agriculture entre le Canada et la Finlande
Canada German Society Work Student Exchange Program	Programme d'échanges pour étudiants de la Société germano-canadienne
Canada-Germany Work Student Exchange Program	Programme d'échanges entre le Canada et la République fédérale d'Allemagne pour l'emploi des étudiants
Canada Immigration Centre; CIC	Centre d'Immigration Canada; CIC
Canada Labour Code	Code canadien du travail
Canada Labour Market Analysis Program; CLMAP	Programme d'analyse du marché du travail du Canada; PAMTC
Canada Labour Relations Board	Conseil canadien des relations du travail
Canada Manpower and Immigration Council	Conseil canadien de la main-d'oeuvre et de l'immigration

Canada Manpower Consultative
Service; CMCS

NOTE This service was replaced by
the Industrial Adjustment Service.

Service consultatif de la main-
d'oeuvre du Canada; SCMC

NOTA Ce service a été remplacé
par le Service d'aide à
l'adaptation de l'industrie.

Canada Manpower Convention
Employment Service

Service de placement offert lors
de congrès

Canada Manpower Industrial
Training Program; CMITP

Programme de formation industrielle de la main-d'oeuvre du
Canada; PFIMC

NOTE This program was abolished
with the implementation of the
Canadian Jobs Strategy.

NOTA Ce programme a été
supprimé à la suite de la mise
en oeuvre de la Planification de
l'emploi.

Canada Manpower Institutional
Training Program; CMITP

Programme de formation en
établissement de la main-
d'oeuvre du Canada; PFEMC

NOTE This program was abolished
with the implementation of the
Canadian Jobs Strategy.

NOTA Ce programme a été
supprimé à la suite de la mise
en oeuvre de la Planification de
l'emploi.

Canada Manpower Training
Improvement Program

Programme de perfectionnement de
la formation de la main-
d'oeuvre du Canada

Canada Manpower Training Program;
CMTP

Programme de formation de la
main-d'oeuvre du Canada

NOTE This program was abolished
with the implementation of the
Canadian Jobs Strategy.

NOTA Ce programme a été
supprimé à la suite de la mise
en oeuvre de la Planification de
l'emploi.

Canada-Mexico Exchange Program

Programme d'échanges entre le
Canada et le Mexique

Canada-Mexico Exchange Program for
Young Specialists and
Technicians

Programme d'échange de jeunes
spécialistes et techniciens
entre le Canada et le Mexique

Canada Mobility Program; CMP

Programme de mobilité du Canada;
PMC

NOTE This program ended in
December 1987.

NOTA Ce programme a pris fin en
décembre 1987.

Canada-Netherlands Agricultural Students Exchange	Échange d'étudiants en agriculture entre le Canada et les Pays-Bas
Canada-Netherlands Young Farmers Exchange	Échange de jeunes agriculteurs entre le Canada et les Pays-Bas
Canada Pension Plan; CPP	Régime de pensions du Canada; RPC
Canada Public Help Centre	Centre d'aide au public Canada
Canada-Switzerland Young Workers Exchange Program	Programme Canada-Suisse d'échange de jeunes travailleurs
Canada-United States Harvest Exchange	Échange de travailleurs entre le Canada et les États-Unis pour les récoltes
Canada Works; CW	Canada au travail; CT
NOTE This program was abolished with the implementation of the Canadian Jobs Strategy.	NOTA Ce programme a été supprimé à la suite de la mise en oeuvre de la Planification de l'emploi.
Canada Youth Employment Program	Programme canadien d'emploi Jeunesse
Canada-Yukon Small Business Training Program	Programme Canada-Yukon de formation du personnel de la petite entreprise
Canadian Adult Achievement Test; CAAT	Test canadien d'évaluation des compétences des adultes; TCECA
Canadian Association for Cooperative Education; CACE	Association canadienne de l'enseignement coopératif; ACEC
Canadian Association of Administrators of Labour Legislation; CAALL	Association canadienne des administrateurs de la législation ouvrière; ACALO
Canadian Classification and Dictionary of Occupations; CCDO	Classification canadienne descriptive des professions; CCDP
Canadian Congress for Learning Opportunities for Women; CCLOW	Congrès canadien pour la promotion des études chez la femme; CCPEF
Canadian Engineering Manpower Council; CEMC	Conseil canadien de la main-d'oeuvre en génie; CCMG

Canadian Engineering Manpower Inventory	Répertoire canadien de la main-d'oeuvre en génie
Canadian Forces - Second Career Assistance Network; CF-SCAN	Forces Armées - Service de préparation à une seconde carrière; FA-SPSC
Canadian Guidance and Counselling Association	Société canadienne d'orientation et de consultation
Canadian Human Rights Act; CHRA	Loi canadienne sur les droits de la personne; LCDP
Canadian Human Rights Commission; CHRC	Commission canadienne des droits de la personne; CCDP
Canadian Industrial Renewal Board; CIRB	Office canadien pour un renouveau industriel; OCRI
Canadian Industrial Renewal Program; CIRP	Programme canadien pour un renouveau industriel; PCRI
Canadian Institute of Aerospace Training and Technology; CIATT	Institut canadien de technologie et de formation aérospatiales; ICTFA
Canadian Jobs Strategy; CJS	Planification de l'emploi; PE
Canadian Jobs Strategy Management Information System; CJS-MIS	Système d'information de gestion pour la Planification de l'emploi; SIG-PE
Canadian Jobs Strategy Marketing Task Force	Groupe de travail de la promotion de la Planification de l'emploi
Canadian Jobs Strategy Online System	Système en direct pour la Planification de l'emploi
Canadian Labour Congress; CLC	Congrès du travail du Canada; CTC
Canadian labour force survey	enquête sur la population active canadienne; enquête sur la population active du Canada
Canadian Labour Market Productivity Centre; CLMPC	Centre canadien du marché du travail et de la productivité; CCMTP
Canadian manpower policy	politique canadienne en matière de main-d'oeuvre
Canadian Occupational Classification System	Classification-type canadienne des emplois

Canadian Occupational Forecasting Program; COFOR	Programme des prévisions relatives aux professions canadiennes; PPPC
Canadian Occupational Interest Inventory; COII	Inventaire canadien d'intérêts professionnels; ICIP
Canadian Occupational Projection System; COPS	Système de projections des professions au Canada; SPPC
Canadian occupations entry requirements	conditions d'exercice des professions au Canada
Canadian resident	résident du Canada
Canadian Rural Transition Program; CRTP	Programme canadien de réorientation des agriculteurs; PCRA
Canadians first employment policy	politique d'emploi de Canadiens d'abord
Canadian source of supply; Canadian supply source	travailleurs canadiens; source canadienne de main-d'oeuvre
Canadian University Service Overseas; CUSO	Service universitaire canadien outre-mer; SUCO
Canadian Workers - Maine Potato Harvest	Travailleurs canadiens - Récolte de pommes de terre dans le Maine
Canadian Work Preference Inventory	Inventaire canadien des intérêts reliés au travail
Canadian Youth Foundation; CYF	Fondation canadienne de la jeunesse; FCJ; Fondation canadienne pour les jeunes (app. ant.)
cancellation of agreement	annulation d'accord; résiliation d'accord
cancellation rate for job orders	taux d'annulation des offres d'emploi
cancelled vacancy; vacancy cancellation	emploi vacant annulé; poste vacant annulé; vacance annulée; annulation d'une vacance; annulation de postes vacants
CAP; Canada Assistance Plan	RAPC; Régime d'assistance publique du Canada
CAP; Career Assignment Program	CAP; Programme Cours et affectations de perfectionnement
capacity building	mise en valeur du potentiel

capacity utilization	utilisation de la capacité (de production)
CAP Assessment Centre	Centre d'évaluation des candidats au CAP
capital budget	1. budget des immobilisations NOTA secteur public 2. budget des investissements NOTA secteur privé
Career Access Program NOTE This program was abolished with the implementation of the Canadian Jobs Strategy.	programme Accès-carrière NOTA Ce programme a été supprimé à la suite de la mise en oeuvre de la Planification de l'emploi.
Career Action for Youth centre; CAY	centre Action-Carrière-Jeunesse; ACJ
career aspiration	aspiration professionnelle
Career Assignment Program; CAP	Programme Cours et affectations de perfectionnement; CAP
career choice; career decision; occupational choice	choix de carrière; choix professionnel; choix d'une profession
career counselling; career guidance; vocational guidance; job orientation; vocational counselling; occupational counselling; employment orientation	orientation professionnelle; counselling professionnel
career counselling material	documents d'orientation professionnelle
career counselling service	service d'orientation professionnelle
career counselling system	méthodes de counselling professionnel
career decision; career choice; occupational choice	choix de carrière; choix professionnel; choix d'une profession
career decision making course	cours sur le choix d'une carrière

career development; professional development; job development; occupational upgrading; skill upgrading; vocational development	perfectionnement professionnel
Career Development Exchange Program	Programme d'échanges pour le perfectionnement professionnel
career development leave; leave for development purposes; skill development leave	congé de perfectionnement
career development plan; career plan	plan de carrière; plan de développement de carrière; plan de promotion professionnelle
career exploration	prospection des carrières
career goal; career objective; occupational goal; vocational development objective	objectif de carrière; objectif professionnel; but professionnel
career guidance; career counselling; job orientation; vocational counselling; vocational guidance; occupational counselling; employment orientation	orientation professionnelle; counselling professionnel
career guidance officer	agent d'orientation professionnelle
career history; career profile; career record; career résumé; curriculum vitae; CV; personal profile; résumé	curriculum vitae; CV
Career Information Centre	Centre d'information sur les carrières
career ladders	étapes de carrière
career lattice	grille de carrière
career library	centre de documentation sur les carrières
career objective; career goal; occupational goal; vocational development objective	objectif de carrière; objectif professionnel; but professionnel
career opportunities	perspectives de carrière; possibilités de carrière; possibilités d'avancement
Career Orientation Program; COP	Programme d'orientation des carrières; POC

career-oriented employment	emploi axé sur la carrière
Career-Oriented Employment Program	Programme d'emploi axé sur la carrière
Career-Oriented Summer Employment Program; COSEP	Programme d'emplois d'été axés sur la carrière; PEEAC
career path; career progress; career progression	avancement professionnel; cheminement de carrière; développement de carrière; déroulement de carrière; progression professionnelle
career plan; career development plan	plan de carrière; plan de promotion professionnelle; plan de développement de carrière
career planning and management	planification et gestion de carrière
career planning and self-development	planification de carrière et autoperfectionnement
career profile; career history; career record; career résumé; curriculum vitae; CV; personal profile; résumé	curriculum vitae; CV
career progress; career progression; career path	avancement professionnel; cheminement de carrière; déroulement de carrière; développement de carrière; progression professionnelle
career record; career résumé; career profile; career history; curriculum vitae; CV; personal profile; résumé	curriculum vitae; CV
career-related employment	emploi lié à la carrière
career résumé; career history; career profile; career record; curriculum vitae; CV; personal profile; résumé	curriculum vitae; CV
Careers Canada	Carrières Canada
career shift	réorientation professionnelle
career training; job training; occupational training; skill training; vocational training; vocational education	formation professionnelle

Caribbean and Mexican Seasonal Agricultural Workers Program	Programme des travailleurs agricoles saisonniers du Mexique et des Antilles
Caribbean Seasonal Agricultural Workers Program	Programme des travailleurs agricoles saisonniers des Antilles
Caribbean Seasonal Workers Program	Programme des travailleurs saisonniers des Antilles
CASE; CASE Counselling Program; Counselling Assistance to Small Enterprises	CASE; Programme de consultation CASE; Consultation au service des entreprises
case history	dossier personnel
case load; work load; workload; volume of workload	charge de travail; volume de travail
cash-based program	programme de subventions en espèces
casual employee; casual worker; contingent worker	employé occasionnel; travailleur occasionnel; auxiliaire (n.); employé auxiliaire; occasionnel (n.)
casual job	emploi occasionnel
casual labour	aide temporaire; main-d'oeuvre occasionnelle
casual labour office	bureau de placement dans des emplois occasionnels
casual labour pool	service de main-d'oeuvre occasionnelle
casual placement	placement dans un emploi occasionnel; placement d'employés occasionnels
casual vacancy	emploi occasionnel vacant; poste vacant occasionnel; vacance occasionnelle
casual worker; casual employee; contingent worker	employé auxiliaire; travailleur occasionnel; occasionnel (n.); auxiliaire (n.); employé occasionnel
CAY; Career Action for Youth centre	ACJ; centre Action-Carrière-Jeunesse
CBT; computer-based training	FAO; formation assistée par ordinateur

CBTP; Competency-Based Training Program

CCDO; Canadian Classification and Dictionary of Occupations

CCDO-Generic Skills Classification System

CCLOW; Canadian Congress for Learning Opportunities for Women

CCW; Canada Career Week

CDS; course description sheet

CEAP; Civilian Employment Assistance Program

CEC; Canada Employment Centre

CEC area

CEC counsellor

CEC for Students; CEC-S; Canada Employment Centre for Students

CEC manager

CEC-OC; CEC on Campus; Canada Employment Centre on Campus

CEC-S; Canada Employment Centre for Students; CEC for Students

CEIAC; Canada Employment and Immigration Advisory Council

CEIC; Canada Employment and Immigration Commission

CEIC officer

CEIC official

CEIU; Canada Employment and Immigration Union

PFAC; Programme de formation axée sur les compétences

CCDP; Classification canadienne descriptive des professions

système de classification CCDP-aptitudes générales

CCPEF; Congrès canadien pour la promotion des études chez la femme

SCO; Semaine canadienne de l'orientation

FDC; feuille de description de cours

PAPCAM; Programme d'aide au placement civil des anciens militaires

CEC; Centre d'emploi du Canada

secteur du CEC

conseiller du CEC

CEC pour étudiants; CEC-E; Centre d'emploi du Canada pour étudiants

directeur de CEC

CEC-SC; CEC sur le campus; Centre d'emploi du Canada sur le campus

CEC-E; Centre d'emploi du Canada pour étudiants; CEC pour étudiants

CCCEI; Conseil consultatif canadien de l'emploi et de l'immigration

CEIC; Commission de l'emploi et de l'immigration du Canada

agent de la CEIC

représentant officiel de la CEIC

SEIC; Syndicat de l'emploi et de l'immigration du Canada

CEMC; Canadian Engineering Manpower Council	CCMG; Conseil canadien de la main-d'oeuvre en génie
census metropolitan area; CMA	région métropolitaine de recensement; RMR
census occupational data	données sur les professions tirées du recensement
census subdivision	subdivision de recensement
central order management unit	service central de gestion des offres
central order taking unit	service central de réception des offres
Centre for Service to the Public	Centre du service au public
certificate of apprenticeship	certificat d'apprentissage
certificate of competence; certificate of competency; certificate of proficiency; certificate of qualification; qualification certificate; trade proficiency certificate; occupational certification	certificat professionnel; certificat d'aptitude professionnelle; certificat de qualification; certificat de capacité
certification; accreditation	1. reconnaissance professionnelle; reconnaissance des titres de compétence NOTA d'une personne, d'un travailleur 2. accréditation NOTA d'un syndicat, d'un organisme
Certification in Testing Program; Testing Certification Program cf. testing	Programme d'accréditation en testing
certification of accounts	certification des comptes
certification of accuracy	attestation d'exactitude
certification of employer	accréditation patronale
certify	authentifier; attester
CFC; Community Futures Committee	CADC; Comité d'aide au développement des collectivités

CFLP (f.c.); Canada Farm Labour Pools (f.c.); Agricultural Employment Services; AES	SMAC (app. ant.); Services de main-d'oeuvre agricole du Canada (app. ant.); Services d'emploi agricole; SEA
CF-SCAN; Canadian Forces - Second Career Assistance Network	FA-SPSC; Forces armées - Service de préparation à une seconde carrière
Challenge program	programme Défi
charitable institution	société de bienfaisance; organisme de bienfaisance
chart of deduction rates	barème des déductions
cheap screening	sélection réductrice
checklist	liste de contrôle
cheque delivery point	point de distribution des chèques
cheque redemption control	contrôle du remboursement des chèques
cheque requisition; requisition for cheque	demande de chèque
chief executive officer	directeur général; chef de la direction
child care allowance	allocation pour garde d'enfants
child welfare authority	bureau de protection de l'enfance
CHOICES; Computerized Heuristic Occupational Information and Career Exploration System	CHOIX; Système informatisé heuristique d'information professionnelle et d'exploration des carrières
CHRA; Canadian Human Rights Act	LCDP; Loi canadienne sur les droits de la personne
CHRC; Canadian Human Rights Commission	CCDP; Commission canadienne des droits de la personne
chronically unemployed; hard-core unemployed; long-term unemployed	chômeur chronique; chômeur de longue date
chronic unemployment; long-term unemployment; hard-core unemployment	chômage chronique; chômage endémique; chômage de longue durée

CIATT; Canadian Institute of Aerospace Training and Technology	ICTFA; Institut canadien de technologie et de formation aérospatiales
CIC; Canada Immigration Centre	CIC; Centre d'Immigration Canada
CIF; Community Initiatives Fund	FIC; Fonds pour les initiatives communautaires
CIRB; Canadian Industrial Renewal Board	OCRI; Office canadien pour un renouveau industriel
CIRP; Canadian Industrial Renewal Program	PCRI; Programme canadien pour un renouveau industriel
citizens' group	association de citoyens; groupe de citoyens
city-based project	projet axé sur les régions métropolitaines
Civil Employment Assistance Program SEE Civilian Employment Assistance Program	
civilian career	carrière civile
civilian employment	population active civile occupée
Civilian Employment Assistance Program; CEAP	Programme d'aide au placement civil des anciens militaires; PAPCAM
civilian labour force	population active civile
civilian labour market	marché du travail civil
civilian occupation	profession civile; emploi civil
civilian war allowance	allocation de guerre pour les civils
CJS; Canadian Jobs Strategy	PE; Planification de l'emploi
CJS-MIS; Canadian Jobs Strategy Management Information System	SIG-PE; Système d'information de gestion pour la Planification de l'emploi
CJST; creative job search techniques	MDRE; méthode dynamique de recherche d'emploi
claim; refund request	demande de remboursement
Claimant Re-Employment Strategy	Stratégie de réemploi des prestataires d'assurance-chômage

claim for project funding	demande de financement de projet
class attendance	présence aux cours; assiduité
Classification Committee	Comité de classification
Classification Grievance Board	Comité d'étude des griefs relatifs à la classification
classification officer	agent de classification
classification standard	norme de classification
classified document	document protégé
classify a position	classer un poste
class number	numéro de place; numéro de classe
classroom training	formation en classe; formation théorique
CLC; Canadian Labour Congress	CTC; Congrès du travail du Canada
clearance	mise en circulation
	NOTA L'expression "mise en compensation" antérieurement utilisée est fautive.
clearance application	demande de mise en circulation
clearance order; cleared order; job order in clearance; order placed in clearance	offre mise en circulation; offre d'emploi mise en circulation
clearance registration	inscription mise en circulation
clearance system	système de mise en circulation
cleared	mis en circulation
cleared order; clearance order; job order in clearance; order placed in clearance	offre mise en circulation; offre d'emploi mise en circulation
clear-out (v.)	mettre en circulation
clerical employee; clerical worker; office employee; office worker	employé de bureau
clerical job; clerical occupation	emploi de bureau

clerical personnel; clerical staff; office staff	personnel de bureau
clerical worker; clerical employee; office worker; office employee	employé de bureau
clerk	1. commis

Terme employé, de façon générale, pour désigner une catégorie d'employés de bureau.

2. greffier

Dans les tribunaux et certains organismes, ce terme désigne un poste occupé par un officier public.

client body	organisme client
client claimant index	fichier des clients prestataires
client-counsellor interaction	interaction client-conseiller
client development plan	plan de développement individuel
client flow	mouvement des clients
client group	groupe de clients
client index; client inventory; inventory of clients	fichier des clients; répertoire des clients
client marketing	recherche de débouchés pour les clients
client registration form	formulaire d'inscription du client
client revival	réinscription du client
client service record	fiche de service aux clients
client specifications	profil du client
CLMAP; Canada Labour Market Analysis Program	PAMTC; Programme d'analyse du marché du travail du Canada
CLMPC; Canadian Labour Market Productivity Centre	CCMTP; Centre canadien du marché du travail et de la productivité

close-down phase of a project	période finale d'un projet; période de clôture d'un projet
closed shop	atelier fermé
clustering of workers	regroupement de travailleurs
CMA; census metropolitan area	RMR; région métropolitaine de recensement

CMCS
SEE Canada Manpower Consultative
Service

CMITP
SEE Canada Manpower Industrial
Training Program

CMITP
SEE Canada Manpower Institutional
Training Program

CMP
SEE Canada Mobility Program

CMTP
SEE Canada Manpower Training
Program

COFOR; Canadian Occupational Forecasting Program	PPPC; Programme des prévisions relatives aux professions canadiennes
COII; Canadian Occupational Interest Inventory	ICIP; Inventaire canadien d'intérêts professionnels
COLA; cost-of-living allowance	indemnité de vie chère
COLAP; Community-Oriented Labour Adjustment Program	PAMAC; Programme d'adaptation de la main-d'oeuvre axé sur les collectivités
collect information	recueillir des renseignements; rassembler des données; réunir des données
collective agreement; labour agreement; labour-management contract; union contract	convention collective (de travail)
collective bargaining; collective negociation	négociation collective
collective bargaining agent; bargaining agent	agent de négociation collective; agent de négociation; agent négociateur

collective negociation; collective bargaining	négociation collective
College and University Program	Programme des collèges et des universités
commence work; begin employment	entrer en fonction; commencer à travailler
commercial and professional CEC	CEC pour entreprises commerciales et cadres professionnels
Commissioner for employers	Commissaire pour les employeurs
Commissioner for workers	Commissaire pour les travailleurs et travailleuses
Commission of Enquiry on Educational Leave and Productivity	Commission d'enquête sur le congé-éducation et la productivité
Commission of Enquiry on Redundancies and Lay-offs	Commission d'enquête sur les excédents de main-d'oeuvre et les mises à pied
Commission on Equality in Employment	Commission sur l'égalité en matière d'emploi
commitment	engagement
commitment adjustment	rajustement des engagements
commitment amendment	modification des engagements
commitment and expenditure control system	système de contrôle des engagements et des dépenses
commitment certificate	certificat d'engagement
commitment control	contrôle des engagements
commitment record; record of commitments	registre des engagements
Committee for Aerospace Manpower Assessment in Quebec; CAMAQ	Comité d'adaptation de la main-d'oeuvre aéronautique au Québec; CAMAQ
Committee of Social Development Deputies	Comité des sous-ministres chargés du développement social
Committee on Employment Effects of New Technologies	Comité des répercussions des nouvelles technologies sur l'emploi
Committee on Employment of Native Northerners	Comité de l'emploi des autochtones du Nord

Committee on Equality of Opportunity and Treatment of Women Workers	Comité d'égalité des chances et de traitement pour les travailleuses
NOTE Canadian Labour Congress	NOTA Congrès du travail du Canada
Committee on Inmate Employment	Comité de l'emploi des détenus
Committee on Job Creation and Technological Developments	Comité de création d'emplois et du progrès technique
Committee on Megaproject Industrial and Regional Benefits	Comité des retombées industrielles et régionales des mégaprojets
Committee on Native Issues	Comité chargé des questions autochtones
Committee on Non-traditional Occupations for Women	Comité sur les professions traditionnellement inaccessibles aux femmes
Committee on Obstacles to Employment for Natives	Comité de l'emploi des autochtones
Committee on the Human and Social Impact of Office Automation	Comité sur les répercussions humaines et sociales de l'automatisation de bureau
common labour; unskilled labour	main-d'oeuvre non qualifiée
Commonwealth Caribbean Seasonal Agricultural Workers Program	Programme des travailleurs agricoles saisonniers des Antilles (États membres du Commonwealth)
communication of information	divulgation de renseignements
community (n.)	collectivité
community (adj.)	communautaire; local; d'intérêt collectif
community agency; community-based agency; community organization	organisme communautaire; organisme d'intérêt collectif
community assistance program	programme d'aide communautaire
community-based adjustment package	mesures d'adaptation axées sur la collectivité
community-based agency; community agency; community organization	organisme communautaire; organisme d'intérêt collectif

community-based development; community development	développement communautaire; développement local
community-based development program	programme de développement communautaire
community-based program	programme communautaire
community-based project; community-initiated project; community project	projet communautaire; projet d'intérêt collectif
community college	collège communautaire; CEGEP
community development; community-based development	développement communautaire; développement local
community development association	association de développement communautaire
community development consultant	conseiller en développement des collectivités
community development corporation	société de développement communautaire
community employment corporation	société de développement de l'emploi local
Community Futures Committee; CFC	Comité d'aide au développement des collectivités; CADC
Community Futures Committee Option	option Comité d'aide au développement des collectivités
NOTE This option is part of the Community Futures Program.	NOTA Cette option fait partie du programme Développement des collectivités.
Community Futures Program	programme Développement des collectivités
community group	association communautaire; groupe communautaire; groupe local
Community Industrial Training Committee	Comité communautaire de formation industrielle
community industry and labour assistance	aide à la main-d'oeuvre et aux industries locales
community-initiated project; community-based project; community project	projet communautaire; projet d'intérêt collectif

Community Initiatives Fund; CIF	Fonds pour les initiatives communautaires; FIC
Community Initiatives Fund Option	option Fonds pour les initiatives communautaires
NOTE This option is part of the Community Futures Program.	NOTA Cette option fait partie du programme Développement des collectivités.
community involvement	participation de la collectivité
community organization; community agency; community-based agency	organisme communautaire; organisme d'intérêt collectif
Community-Oriented Labour Adjustment Program; COLAP	Programme d'adaptation de la main-d'oeuvre axé sur les collectivités; PAMAC
community project; community-based project; community-initiated project	projet communautaire; projet d'intérêt collectif
community work schemes	travaux d'utilité collective
commuter	navetteur
commuting allowance	allocation de trajets quotidiens
commuting allowance table	barème des allocations de trajets quotidiens
company seniority; company-wide seniority; corporation seniority	ancienneté d'entreprise; ancienneté à l'échelle de l'entreprise
company sponsored	parrainé par l'entreprise
company-sponsored training	formation parrainée par l'entreprise
company-wide seniority; corporation seniority; company seniority	ancienneté d'entreprise; ancienneté à l'échelle de l'entreprise
comparison group; control group	groupe étalon; groupe de référence; groupe témoin
Compendium of EIC Programs and Services	Répertoire des programmes et services d'EIC
compensation	
1. for a loss	1. indemnité; dédommagement
2. pay	2. rémunération; rétribution

compensation plan; compensation system; pay plan; wage plan	régime de rémunération; système de rémunération
compensation policy	politique salariale; politique de rémunération
compensation system; pay plan; compensation plan; wage plan	système de rémunération; régime de rémunération
compensatory holiday; compensatory leave; compensatory time off	congé compensatoire; congé compensateur; période de repos compensatoire
competence; competency; skill; qualification	compétence; qualification; habileté; capacités; aptitude
competence level; level of skill; skill level	niveau de qualification; niveau de compétence
competency; competence; skill; qualification	capacités; compétence; habileté; qualification; aptitude
competency area	sphère de responsabilité; domaine de compétence
competency assessment; assessment of skills	évaluation des compétences
competency-based	axé sur les compétences
Competency-Based Training and Specialization Program	Programme de formation axée sur les compétences et la spécialisation
Competency-Based Training Program; CBTP	Programme de formation axée sur les compétences; PFAC
Competency-Based Training Program in Employment Counselling	Programme de formation axée sur les compétences en counselling d'emploi
competent person	personne qualifiée
competition	1. concurrence
	2. concours
competition poster	affiche de concours
competitive employment	emploi soumis à la concurrence
competitive wage	salaire concurrentiel
complete a form	remplir un formulaire
completer	finissant

completion of a project	parachèvement d'un projet
completion rate	taux de réussite; taux de succès
compliance review	vérification de conformité
compliance review officer	agent de vérification de la conformité
component	composante; élément
Comprehensive Monitoring System	Système global de suivi des opérations des services d'emploi
compressed work week; CWW	semaine de travail comprimée; STC; semaine comprimée; SC
compulsory retirement age; automatic retirement age; mandatory retirement age	âge obligatoire de la retraite
computer-assisted instruction; CAI	enseignement assisté par ordinateur; EAO
computer-assisted job-worker matching system	système automatisé de jumelage des emplois et des travailleurs
computer-assisted learning; CAL	apprentissage assisté par ordinateur; AAO
computer-assisted placement system	système automatisé de placement
computer-based career orientation system	système d'orientation professionnelle informatisé
computer-based training; CBT	formation assistée par ordinateur; FAO
computerized career information system	système informatisé d'information sur les carrières
computerized commitment control system	système informatisé de contrôle des engagements
computerized employment module	module de placement informatisé
Computerized Heuristic Occupational Information and Career Exploration System; CHOICES	Système informatisé heuristique d'information professionnelle et d'exploration des carrières; CHOIX

computerized job clearance system	système informatisé de mise en circulation des offres d'emploi
cf. clearance	
computerized matching of jobs and job seekers	appariement informatique des offres et des demandes d'emploi
Computerized Ontario Investment Network	Réseau ontarien d'investissement informatisé
Computerized Report on Hirings; CROH	Système automatisé d'avis d'embauchage; SAAE
computerized vocational guidance	orientation professionnelle informatisée
concealed unemployment; disguised unemployment; hidden unemployment	chômage invisible; chômage camouflé; chômage déguisé
concurrent employments; dual jobholding; multiple jobholding	emplois simultanés; emplois parallèles; cumul d'emplois
concurrent training	formation parallèle
conditional appointment (to a position)	nomination conditionnelle (à un poste)
conditional referral (to a training course)	inscription conditionnelle (à un cours)
conditions of employment; conditions of hiring; employment conditions; hiring conditions; terms and conditions of employment	conditions d'embauchage; conditions d'embauche; conditions d'emploi
Employer's requirements agreed to by a person when hired. These requirements are then part of the working conditions.	Exigences imposées par un employeur à un salarié au moment de son embauchage. Ces exigences font ensuite partie des conditions de travail.
Conference on Apprenticeship in Trades and Industries	Conférence sur l'apprentissage professionnel et industriel
confidential employee file	dossier confidentiel d'employé
confidentiality	confidentialité; caractère confidentiel

confirmation of offer of employment	confirmation d'offre d'emploi
confirmed placement	placement confirmé
consider an application	examiner une demande; étudier une demande
consolidated data on registered clients	données regroupées sur les clients inscrits
consolidated programs	programmes regroupés
consolidation process	processus de regroupement
Constituency Advisory Board; CAB	Conseil consultatif de circonscription; CCC
Construction Mobility Task Force	Groupe d'étude sur la mobilité des travailleurs de la construction
consultant	expert-conseil; conseiller
consultative body	organisme consultatif
consultative mechanism	mécanisme de consultation
consultative service	service consultatif
consulting psychologist	psychologue consultant
contingency fund	fonds de prévoyance; fonds pour éventualités
contingency return grant	subvention de retour imprévu
NOTE manpower mobility	NOTA mobilité de la main-d'oeuvre
contingent worker; casual worker; casual employee	auxiliaire (n.); employé auxiliaire; occasionnel (n.); employé occasionnel; travailleur occasionnel
continuing employment; continuing job; continuous employment; continuous job; ongoing employment; ongoing job; steady job	emploi continu

Continuing Employment Option	option Emploi continu
NOTE This option is part of the Skill Investment Program.	NOTA Cette option fait partie du programme Acquisition de compétences.
continuing job; continuous employment; continuous job; ongoing employment; ongoing job; steady job; continuing employment	emploi continu
continuing open competition	concours public permanent
continuous employment; continuing employment; continuing job; continuous job; ongoing employment; ongoing job; steady job	emploi continu
continuous exit course; continuous intake course; continuous intake-exit course	cours à inscription continue
continuous intake	admission continue
continuous intake course; continuous exit course; continuous intake-exit course	cours à inscription continue
continuous job; continuing employment; continuing job; continuous employment; ongoing employment; ongoing job; steady job	emploi continu
continuous staffing action	mesure continue de dotation en personnel
contract employee; contract worker	contractuel (n.); travailleur à contrat
contract of employment; employment contract; employer-employee agreement; labour contract; work contract; work agreement	contrat de travail; contrat individuel de travail
contract of service; service contract	marché de services
contractor	entrepreneur
contractual commitment; contractual obligation	engagement contractuel
contract worker; contract employee	contractuel (n.); travailleur à contrat

contra-cyclical employment	emploi pendant les périodes de chômage cyclique
contribution	cotisation; contribution NOTA L'expression "contribution" est encore utilisée dans certaines lois fédérales.
contribution agreement; funding agreement	accord de financement
contribution for wages	contribution au titre des salaires
Contribution Program	Programme de contributions
control group; comparison group	groupe témoin; groupe de référence; groupe étalon
control program	programme de contrôle
Convention Employment Service	Service de placement pour les congrès
Convention Employment Service Order	Offre d'emploi – Service de placement pour les congrès
Convention Employment Service Registration	Inscription – Service de placement pour les congrès
Convention on the Elimination of all Forms of Discrimination against Women (United Nations)	Convention sur l'élimination de toutes les formes de discrimination à l'égard des femmes (Nations Unies)
conversion; job conversion	conversion; conversion des postes
cooperative education	enseignement coopératif; alternance travail-études
Cooperative Education Application Control Centre	Centre de contrôle des demandes d'alternance travail-études
Cooperative Education Option	option Alternance travail-études
NOTE This option is part of the Job Entry Program.	NOTA Cette option fait partie du programme Intégration professionnelle.
cooperative education project	projet d'alternance travail-études

cooperative education program; work-study program	programme d'alternance travail-études
cooperative education specialist	spécialiste des programmes d'alternance travail-études
coordinating agency	organisme de coordination
Coordinator Information System	Système d'information sur les coordonnateurs
COP; Career Orientation Program	POC; Programme d'orientation des carrières
COPS; Canadian Occupational Projection System	SPPC; Système de projections des professions au Canada
core occupation	grande profession
core time	plage fixe
core training; basic training	formation de base
corporate management system	système de gestion de l'entreprise
corporate manpower plan	plan de main-d'oeuvre des entreprises
corporate manpower planning	1. planification générale de la main-d'oeuvre 2. planification de la main-d'oeuvre des entreprises
corporate planning cycle	cycle de planification générale
corporate secretary	secrétaire général
corporation seniority; company seniority; company-wide seniority	ancienneté à l'échelle de l'entreprise; ancienneté d'entreprise
correspondence training course	cours par correspondance
COSEP; Career-Oriented Summer Employment Program	PEEAC; Programme d'emplois d'été axés sur la carrière
cost-benefit analysis; benefit-cost analysis	analyse de rendement; analyse coûts-avantages; analyse coûts-rendements
cost checklist	liste de contrôle des coûts
cost-of-living allowance; COLA	indemnité de vie chère

cost of placement; placement cost	coût du placement
cost recovery system; CRS	système de recouvrement des frais; SRF
cost-sharing	partage des frais
cost-sharing arrangement	accord à frais partagés
cottage industry	industrie artisanale
Council on Educational Leave	Conseil du congé-éducation
counselling; guidance	counselling; orientation
counselling and testing consultant	expert-conseil en counselling et en testing

cf. testing

Counselling Assistance to Small Enterprises; CASE Counselling Program; CASE	Consultation au service des entreprises; Programme de consultation CASE; CASE
counselling interview	entrevue de counselling
counselling services	services de counselling
counselling specialist	spécialiste en counselling
counsellor	conseiller
counsellor training	formation des conseillers
counter-cyclical measure	mesure anticyclique
counter-cyclical program	programme anticyclique
course application	demande d'inscription à un cours
course assessment and improvement	évaluation et perfectionnement des cours
course catalogue	répertoire des cours
course description sheet; CDS	feuille de description de cours; FDC
course fees; tuition fees	frais de scolarité
course leader	animateur de cours
course material; instructional material; training aid; training material	matériel didactique; aide(s) didactique(s)

47

course outline	sommaire de cours; aperçu de cours
course place utilization list	liste d'utilisation des places de cours
course prerequisite	condition d'admission au cours
Course Purchase Notice; CPN	Avis d'achat de cours; AAC
covered employment	emploi assurable
coworker; fellow employee	collègue; compagnon de travail
CPN; Course Purchase Notice	AAC; Avis d'achat de cours
CPP; Canada Pension Plan	RPC; Régime de pensions du Canada
craft; trade	métier; corps de métier
craft union	syndicat de métier
creative job search	recherche dynamique d'emploi
creative job search counselling	counselling en matière de recherche dynamique d'emploi
creative job search techniques; CJST	méthode dynamique de recherche d'emploi; MDRE
credentialing	délivrance de titres et certificats
credentialism	diplômanie
criterion for selection; selection criterion	critère de sélection
critical skill shortages	professions en pénurie aiguë
CROH; Computerized Report on Hirings	SAAE; Système automatisé d'avis d'embauchage
Crown corporation	société d'État
CRS; cost recovery system	SRF; système de recouvrement des frais
CRTP; Canadian Rural Transition Program	PCRA; Programme canadien de réorientation des agriculteurs
current annual salary	traitement annuel courant
current contract	contrat en vigueur
current demand	demande actuelle

current dollars	dollars courants
current employment; current job	emploi actuel
current employment status	situation d'activité actuelle; situation professionnelle actuelle
current job; current employment	emploi actuel
current period	période en cours
current period of employment	période d'emploi courante
current professional license	permis professionnel valide
current skill level	niveau des compétences actuelles
current supply; present work force	effectif actuel; offre de main-d'oeuvre actuelle; offre actuelle
current vacancy	vacance courante; vacance actuelle
current vacancy registered	vacance courante enregistrée; vacance courante inscrite
curriculum development grid	grille d'élaboration d'un programme d'études
curriculum vitae; career history; career profile; career record; career résumé; CV; personal profile; résumé	curriculum vitae; CV
CUSO; Canadian University Service Overseas	SUCO; Service universitaire canadien outre-mer
cutoff date	date limite
CV; career history; career profile; career record; career résumé; curriculum vitae; personal profile; résumé	curriculum vitae; CV
CW SEE Canada Works	
CWW; compressed work week	STC; semaine de travail comprimée; SC; semaine comprimée
cyclical decline	récession cyclique

49

cyclical downturn	ralentissement cyclique; régression cyclique
cyclical job	emploi cyclique
cyclical unemployment	chômage cyclique; chômage conjoncturel
CYF; Canadian Youth Foundation	FCJ; Fondation canadienne de la jeunesse; Fondation canadienne pour les jeunes (app. ant.)

d

DAAD
SEE Federal German Academic
Exchange Service

DACUM
SEE Developing a Curriculum

DAT; Differential Aptitude Test	test différentiel d'aptitudes
date of application	date de la demande
date of birth; DOB	date de naissance; DDN
day care	garde de jour
day care centre	garderie
daycare expenses	allocations de garde
day haul	trajet quotidien; navette quotidienne
day haul operation	service de transport quotidien; service de navette quotidienne
dayworker	journalier
dead-end job	emploi sans avenir; emploi sans issue; emploi sans possibilité d'avancement
decision making	prise de décision
decision-making process	processus décisionnel
declared earnings	gains déclarés
decline in employment	diminution de l'emploi; baisse de l'emploi; fléchissement de l'emploi; régression de l'emploi

declining firm	entreprise fléchissante
declining industry; declining sector	secteur en déclin
deduct from pay	prélever sur le salaire
deduction; holdback	retenue; déduction
deep labour market	marché du travail diversifié
deep market	marché diversifié
deferred interview	entrevue reportée
deferred order	offre différée
deferred vacancy	vacance différée
deferred vacancy registered	vacance différée enregistrée; vacance différée inscrite
delegation of authority	délégation de pouvoir(s)
deleted position; abolished position	poste aboli; poste supprimé
deletion	radiation; suppression
deliver services	assurer des services; fournir des services
delivery	prestation
delivery; implementation	mise en oeuvre; exécution; application; mise en application; mise sur pied
Delivery Assistance Option	option Aide à l'exécution
NOTE This option is part of most Canadian Jobs Strategy programs.	NOTA Cette option fait partie de la plupart des programmes de la Planification de l'emploi.
delivery mechanism	mécanisme de prestation de services
delivery of programs	exécution des programmes
delivery of services; provision of services	prestation de services
demand and supply; supply and demand	l'offre et la demande

demand for casual labour	demande de main-d'oeuvre occasionnelle
demand forecasting	prévision de la demande
demand for workers; manpower demand; labour demand; worker demand	demande de main-d'oeuvre; demande de travailleurs
demand management policy	politique d'orientation de la demande
demand occupation	profession recherchée
demand occupation interviews	entrevues de clients avec compétences professionnelles recherchées
demand rating	cote de la demande
demand shift	fluctuation de la demande; glissement de la demande
demand-side activities	activités concernant la demande
demand-side measure	mesure liée à la demande
demand side of the labour market; labour market demand	demande sur le marché du travail
demand-side policy	politique touchant la demande
demographic change	changement démographique
demographic composition	répartition démographique
demographic development	transformation démographique; évolution démographique
demographic pattern	tendance démographique
demotion	rétrogradation
Department of Employment and Immigration	ministère de l'Emploi et de l'Immigration
dependant	personne à charge
dependant care	garde des personnes à charge

dependant care allowance	allocation pour charges de famille; allocation de personne à charge

NOTA Le terme "allocation pour charges de famille" est tiré du Règlement sur la mobilité de la main-d'oeuvre. |
| deployment of staff | déploiement du personnel |
| deputy head | sous-chef; administrateur général

NOTA Le terme "administrateur général" a remplacé "sous-chef". |
designated census metropolitan area; designated CMA	région métropolitaine de recensement désignée; RMR désignée
designated crisis manager	directeur chargé des situations d'urgence
designated group	groupe désigné
designated occupation	profession désignée
designated paid holiday	jour férié désigné payé
designation (of a trade, of an occupation)

NOTE This term is used in the Skill Shortages Program. | désignation (d'un métier, d'une profession)

NOTA Ce terme est utilisé dans le cadre du Programme relatif aux pénuries de main-d'oeuvre. |
detailed order information	renseignements détaillés sur les offres d'emploi
details of salaries; wage conditions	conditions salariales
develop a program; set up a program	établir un programme; élaborer un programme
develop employment opportunities	créer des possibilités d'emploi; créer des débouchés
Developing a Curriculum; DACUM	Developing a Curriculum; DACUM

NOTA Programme unilingue anglais offert par une entreprise privée. |

developmental contract	contrat de mise au point
developmental period	période de mise au point
developmental phase	phase de mise au point; phase d'élaboration
developmental program	programme de perfectionnement
developmental use of unemployment insurance funds for job creation	utilisation des fonds d'assurance-chômage pour fins de création d'emplois
developmental use of unemployment insurance funds for training	utilisation des fonds d'assurance-chômage pour fins de formation
developmental work assignment	affectation de perfectionnement
development incentive	subvention au développement
development of manpower; manpower development	perfectionnement de la main-d'oeuvre
development strategy	stratégie de développement
deviation from the terms of a contract	dérogation aux modalités d'un contrat
diagnostic assessment	évaluation diagnostique
diagnostician	diagnosticien
diagnostic report	rapport de diagnostic
diagnostic services	services de diagnostic
diagnostic services contracts register	registre des contrats de services de diagnostic
Diagnostic Services Program	Programme des services de diagnostic
diagnostic testing	test diagnostique
Dictionary of Occupational Titles [USA]; DOT	Dictionary of Occupational Titles [USA]; DOT
difference in wages; earnings differential; salary differential; salary gap; wage differential; wage gap	différence salariale; différence de salaires; écart salarial; écart de salaires
Differential Aptitude Test; DAT	test différentiel d'aptitudes
diminishing funding formula	formule de financement décroissant

direct assistance	aide directe
direct assistance program	programme d'aide directe
direct coaching	formation directe
direct costs	coûts directs; frais directs
direct course costs	frais directement liés aux cours
directed interview; directive interview	entrevue dirigée; entrevue structurée
direct employment	emploi direct
direct employment development program	programme de stimulation directe de l'emploi
direct employment subsidy scheme	régime de subventions directes à l'emploi
direct funding	financement direct
directional letter	lettre d'instructions
directive interview; directed interview	entrevue dirigée; entrevue structurée
direct job creation	création directe d'emplois
director	directeur
directorate	direction
Directory of Canadian Employers	Répertoire des employeurs canadiens
Directory of Employers of New College Graduates	Annuaire des employeurs des nouveaux diplômés de collège
Directory of Employers of New University Graduates	Annuaire des employeurs des nouveaux diplômés d'université
Directory of Offices	Répertoire des bureaux
direct placement	placement direct
direct training costs	frais de formation directs
Direct Training Purchase Option	option Achat direct de formation
NOTE This option is part of the Skill Shortages Program.	NOTA Cette option fait partie du Programme relatif aux pénuries de main-d'oeuvre.
direct wage subsidy	subvention salariale directe

disability	1. invalidité
	Toute réduction ou absence, due à une déficience, de la capacité d'exécuter une activité de la manière ou dans la plénitude considérées comme normales pour un être humain. De façon générale, une diminution du potentiel physique.
	2. incapacité
	Diminution du potentiel physique en fonction du travail effectué.
disability pension	pension d'invalidité
disability status	état de personne handicapée
disabled (n.); disabled person; handicapped person	personne handicapée
disabled employee; disabled worker; handicapped employee	employé handicapé; travailleur handicapé
disabled labour force	main-d'oeuvre handicapée
disabled person; disabled (n.); handicapped person	personne handicapée
disabled worker; disabled employee; handicapped employee	travailleur handicapé; employé handicapé
disadvantaged client; level III client	client défavorisé; client de palier III
disadvantaged group	groupe défavorisé
disadvantaged worker	travailleur défavorisé
discharge; dismissal	congédiement; renvoi
disciplinary action; disciplinary measure	mesure disciplinaire
discontinuance of a function	suppression d'une fonction; abolition d'une fonction
discontinuant (n.); drop(-)out (n.)	décrocheur; impersévérant; impersévérant scolaire; jeune ayant abandonné ses études
discontinuation	abandon; interruption
discouraged worker	travailleur découragé

discretionary authority; discretionary power	pouvoir discrétionnaire
discrimination in employment; employment discrimination	discrimination dans l'emploi; discrimination dans l'embauche
discriminatory job order; discriminatory order	offre d'emploi discriminatoire
discriminatory practice	pratique discriminatoire; acte discriminatoire
discriminatory requirement	exigence discriminatoire
disguised unemployment; concealed unemployment; hidden unemployment	chômage invisible; chômage camouflé; chômage déguisé
disincentive	frein; obstacle; dissuasion; découragement
disincentive effect	effet de dissuasion; contre-incitation; effet démobilisateur
dislocation of the labour market; manpower dislocation; labour market dislocation	perturbation du marché du travail; désorganisation du marché du travail
dismiss	congédier; renvoyer
dismissal; discharge	congédiement; renvoi
dismissal compensation; dismissal pay; dismissal wages	indemnité de renvoi
displaced worker	travailleur déplacé
	Travailleur qui est muté contre son gré.
Displaced Workers Survey	Enquête auprès des travailleurs déplacés
displacement; movement	déplacement
	Action de muter quelqu'un contre son gré.

displacement effect	effet de déplacement; effet de substitution
	Effet global de l'introduction de nouvelles technologies qui suppriment des emplois dans certaines activités mais en créent dans d'autres.
dispute	conflit; différend
dispute resolution	règlement du conflit; règlement du différend
disruption of employment; stoppage of work; work stoppage	arrêt de travail
distance education; distance learning; distance teaching	télé-enseignement
distribute funds; break down funds	répartir des fonds; ventiler des fonds
distribution of jobs	répartition des emplois
district office; DO	bureau de district; BD
division of duties; work allocation; work distribution; segregation of duties; workload breakdown	répartition des tâches; répartition du travail; distribution du travail
division of responsibilities	partage des responsabilités
DO; district office	BD; bureau de district
DOB; date of birth	DDN; date de naissance
document (v.)	documenter; fournir de la documentation; étayer de documents
domestic clearance	mise en circulation intérieure
cf. clearance	
domestic labour force	population active intérieure
domestic labour market	marché du travail intérieur
dormant file; inactive file	dossier inactif
dormant order file	dossier d'offres inactives; fichier d'offres inactives

DOT; Dictionary of Occupational Titles [USA]	DOT; Dictionary of Occupational Titles [USA]
downgrading of a position	abaissement du niveau de poste
down-side adjustment	adaptation à un marché en contraction
draft	ébauche; version préliminaire (d'un projet)
drop out (v.)	abandonner; décrocher
drop(-)out (n.)	décrochage; impersévérance scolaire; abandon de scolarité; sortie du système éducatif
drop(-)out (n.); discontinuant (n.)	décrocheur; impersévérant; impersévérant scolaire; jeune ayant abandonné ses études
drop(-)out rate	taux d'abandon
dual jobholding; concurrent employments; multiple jobholding	emplois simultanés; emplois parallèles; cumul d'emplois
dual registrant	client inscrit à plusieurs CEC
duplication	double emploi; chevauchement
duty	fonction
duty, on	de service

e

EA Manual; Employment Manual	Guide EA; Guide de l'emploi
early retirement	retraite anticipée
earned income	revenu gagné
earning capacity	capacité de gagner sa vie
earnings	gains
earnings differential; difference in wages; salary differential; salary gap; wage differential; wage gap	différence salariale; différence de salaires; écart salarial; écart de salaires
earnings from employment	gains provenant d'un emploi

earnings record; payroll; paysheet; paylist	feuille de paye; livre de paye; liste de paye
economically viable	exploitable; viable; rentable
Economic Council Human Resources Survey	Enquête sur les ressources humaines (Conseil économique)
economic development; economic expansion	expansion économique; développement économique; essor économique
economic downturn; economic slowdown; economic slack	ralentissement économique; récession; régression
economic expansion; economic development	expansion économique; développement économique; essor économique
economic growth component	composante de croissance économique
economic outlook	perspectives économiques
economic recovery; economic upswing	relance économique; reprise économique
economic region; ER	région économique; RE
economic self-sufficiency	autarcie économique
economic slack; economic slowdown; economic downturn	ralentissement économique; récession; régression
economic trend	tendance de l'économie
economic upswing; economic recovery	relance économique; reprise économique
ED; extreme demand	TFD; très forte demande
education; educational level; formal education; level of education; level of study; level of schooling; schooling; academic attainment	études; niveau d'études; niveau de scolarité; scolarité; niveau d'instruction; formation scolaire
educational assignment	affectation d'étude
educational institution	établissement d'enseignement; établissement scolaire
educational leave; education leave	congé d'étude; congé-éducation

educational level; formal education; level of education; level of study; level of schooling; schooling; academic attainment; education	niveau d'instruction; niveau d'études; niveau de scolarité; scolarité; études; formation scolaire
educational requirements	exigences scolaires; scolarité requise
educational upgrading course; basic education upgrading	cours de rattrapage scolaire
education leave; educational leave	congé-éducation; congé d'étude
Education Leave Program	Programme de congé d'étude
education-occupation matrix; E-O matrix	matrice études-professions; matrice E-P
education supply model	modèle d'offre (diplômés et finissants)
NOTE Canadian Occupational Projection System	NOTA Système de projections des professions au Canada
EE; EEO (f.c.); equal employment opportunities (f.c.); employment equity	EE; équité en matière d'emploi
effective date	date d'entrée en vigueur
EIC SEE Employment and Immigration Canada	
EIIS; Employment and Immigration Information System	SIEI; Système d'information de l'Emploi et de l'Immigration
EIO; employment and insurance officer	AEA; agent d'emploi et d'assurance
elderly worker; older worker	travailleur âgé
eligibility; entitlement	admissibilité; droit
eligibility criterion; qualifier	critère d'admissibilité; facteur d'admissibilité
eligibility interview	entrevue d'admissibilité
eligibility list; eligible list	liste d'admissibilité
eligibility requirement; requirement of eligibility; qualifying condition	condition d'admissibilité

61

eligible employment	emploi admissible
eligible list; eligibility list	liste d'admissibilité
eligible participant	participant admissible
eligible sponsor	organisme admissible; promoteur admissible
Emergency Employment Service	Service d'emploi d'urgence
emergency manpower planning	planification de la main-d'oeuvre d'urgence
EMP; Employment Maintenance Program	PME; Programme de maintien de l'emploi
employ; hire	embaucher; employer
cf. hiring	
employability; job readiness	aptitude à l'emploi; employabilité; aptitude au travail
employability assessment interview	entrevue d'évaluation de l'employabilité
employability assessment officer	agent d'évaluation de l'aptitude au travail; agent d'évaluation de l'employabilité
employability level	niveau d'employabilité
employability of the labour force	employabilité de la population active
employable; job-ready	apte au travail; employable; prêt au travail; prêt à travailler
employable person with disabilities	personne handicapée apte au travail
employable worker; job-ready client; job-ready worker	travailleur apte au travail; travailleur apte à occuper un emploi; travailleur prêt à occuper un emploi; client apte au travail; client apte à travailler; client prêt à travailler; client prêt à occuper un emploi
employed	actif (adj.); en emploi; occupé; employé (adj.)

employed labour force; employed population	population active occupée; actifs occupés
NOTE This term includes self-employed workers who are not "employees".	NOTA Ce terme désigne les travailleurs à leur compte qui ne sont pas des "employés".
employed worker	travailleur actif; travailleur occupé
employee	employé (n.); salarié (n.)
employee association; employee organization; workers' organization	association d'employés; association de salariés; association de travailleurs
employee client; worker client	client-travailleur
employee contribution	cotisation d'employé; cotisation salariale
employee database	base de données sur les employés
employee development	perfectionnement des employés
Employee Handbook	Guide de l'employé
employee on-duty	employé de service
employee on-loan	employé détaché
employee organization; employee association; workers' organization	association d'employés; association de salariés; association de travailleurs
employee referral slip	fiche de présentation d'un employé
employee representative; labour representative; union representative; union steward; representative of workers	représentant syndical; délégué syndical; représentant des travailleurs
employee rotation; personnel rotation; staff rotation; rotation of staff	rotation des employés; rotation du personnel
employee status	situation de l'employé
employee turnover; labour turnover; staff turnover; turnover	renouvellement du personnel; renouvellement de la main-d'oeuvre; roulement du personnel; roulement de la main-d'oeuvre
employer-based training	formation coordonnée par l'employeur

employer-centered training	formation chez l'employeur
employer client	client-employeur
employer contribution	cotisation d'employeur; cotisation patronale
employer counselling	counselling aux employeurs
employer-employee agreement; contract of employment; labour contract; employment contract; work agreement; work contract	contrat de travail; contrat individuel de travail
employer-employee relations; employer-employee relationship; employment relationship; staff relations; work relations; working relationship	relations employeur-employé; relations de travail; relations avec le personnel; relations avec les employés
employer file	dossier de l'employeur
employer identification	identification de l'employeur
employer identification form	formulaire d'identification de l'employeur
employer market development	amélioration du marché du travail pour les employeurs
employer order; employment offer; job order; job offer; offer of employment	offre de l'employeur; offre d'emploi
employer order received	offre d'emploi reçue
Employer Order Servicing	Service d'inscription des offres d'emploi
employer organization; employers' association; employers' organization; organization of employers; association of employers	association d'employeurs; association patronale; organisation d'employeurs; organisation patronale
employer profile	profil de l'entreprise
employer program officer	agent de programmes liés aux employeurs
employer record	fiche de l'employeur
employer registration	inscription de l'employeur
employer relations	relations avec les employeurs
employer relations officer; ERO	agent chargé des relations avec les employeurs; ARE

employer requirements	exigences des employeurs; besoins des employeurs
employer's account	compte d'employeur
employers' association; employers' organization; association of employers; organization of employers; employer organization	association d'employeurs; association patronale; organisation d'employeurs; organisation patronale
employer service consultant	expert-conseil des services aux employeurs
employer services; services to employers	services aux employeurs
Employer's Guide; Employer's Handbook	Guide de l'employeur
employer's kit	cahier de documentation de l'employeur
employers' organization; association of employers; employer organization; employers' association; organization of employers	association d'employeurs; association patronale; organisation d'employeurs; organisation patronale
employer specialist	spécialiste des services aux employeurs
employer's representative; representative of employer; management representative	représentant de l'employeur; représentant patronal; représentant de la direction; délégué patronal
employer visit	visite aux employeurs
employing agency	organisme employeur
employing department	ministère employeur
employment SEE hiring	
employment; job; position; occupation	emploi; poste; profession
employment accident; industrial accident; occupational accident; occupational injury; work accident; work injury	accident du travail; accident professionnel
Employment Act	Loi sur l'emploi

employment agency; employment bureau; employment office; hiring hall; placement agency; placement service; labour exchange service

bureau de placement; agence de placement; service de placement; bureau d'embauchage

Employment and Immigration Advisory Council
SEE Canada Employment and Immigration Advisory Council

Employment and Immigration Canada; EIC

Emploi et Immigration Canada; EIC

NOTE This term includes the Canada Employment and Immigration Commission and the Department of Employment and Immigration.

NOTA Ce terme désigne à la fois la Commission de l'emploi et de l'immigration du Canada et le ministère de l'Emploi et de l'Immigration.

Employment and Immigration Department and Commission Act

Loi sur le ministère et sur la Commission de l'emploi et de l'immigration

Employment and Immigration Information System; EIIS

Système d'information de l'Emploi et de l'Immigration; SIEI

Employment and Immigration Reorganization Act

Loi régissant l'emploi et l'immigration

employment and insurance officer; EIO

agent d'emploi et d'assurance; AEA

employment application; job application

demande d'emploi

employment aptitude test

test d'aptitude à l'emploi

employment assistance; employment subsidy

aide à l'emploi; aide au placement

employment assistance interview

entrevue d'aide au placement; entrevue sur les services d'emploi

employment authorization; work permit; license; permit

permis de travail; permis d'exercice; permis; licence

employment barrier; barrier to employment; job barrier

obstacle à l'emploi

employment bureau; employment agency; hiring hall; employment office; placement agency; placement service; labour exchange service

bureau de placement; agence de placement; service de placement; bureau d'embauchage

employment conditions SEE conditions of employment	
employment contract; employer- employee agreement; contract of employment; labour contract; work contract; work agreement	contrat de travail; contrat individuel de travail
employment counselling; placement counselling	counselling d'emploi
employment counselling interview	entrevue de counselling d'emploi
employment counselling services	services de counselling d'emploi
employment counsellor	conseiller en emploi; conseiller en matière d'emploi
employment cut-back	réduction d'emplois
employment cut-back; manpower reduction; work force reduction; reduction in personnel; reduction of staff; staff reduction	réduction des effectifs; compression des effectifs; réduction du personnel; compression du personnel
employment cycle	cycle du marché du travail
employment data	données sur l'emploi
employment development; employment incentive; job stimulation	développement de l'emploi; stimulation de l'emploi
employment development measure	mesure de stimulation de l'emploi
employment development policy	politique de stimulation de l'emploi
employment-disadvantaged youth	jeunes défavorisés sur le marché du travail; jeunes défavorisés sur le plan de l'emploi
employment discrimination; discrimination in employment	discrimination dans l'emploi; discrimination dans l'embauche
employment earnings; employment income	revenu d'emploi
employment equity; EE; equal employment opportunities (f.c.); EEO (f.c.)	équité en matière d'emploi; EE
Employment Equity Act	Loi sur l'équité en matière d'emploi

employment equity advisory committee	comité consultatif de l'équité en matière d'emploi
employment equity agreement	accord d'équité en matière d'emploi
employment equity consultant	expert-conseil de l'équité en matière d'emploi
employment equity coordinator	coordonnateur de l'équité en matière d'emploi
Employment Equity/Human Resources Planning Conference	Conférence sur l'équité en matière d'emploi et la planification des ressources humaines
Employment Equity Incentive Fund [Ont.]	Fonds d'encouragement à l'équité d'emploi [Ont.]
employment equity plan	plan d'équité en matière d'emploi
employment equity practitioner	responsable de l'équité en matière d'emploi
employment equity program	programme d'équité en matière d'emploi
Employment Equity Regulations	Règlement sur l'équité en matière d'emploi
employment equity reporting form	formulaire de rapport sur l'équité en matière d'emploi
Employment Equity Steering Committee	Comité de direction de l'équité en matière d'emploi
employment-generating activity	activité génératrice d'emplois; activité de création d'emplois
employment-generating expenditures	dépenses de création d'emplois
employment-generating potential	possibilités de création d'emplois
employment-generating project; job creation project	projet de création d'emplois
employment generation; job creation; job generation; provision of employment	création d'emplois
employment goal	objectif d'emploi
employment growth	croissance de l'emploi

employment growth rate	taux de croissance de l'emploi
employment history; work background; work history; past experience; previous work experience	antécédents professionnels; antécédents de travail; expérience acquise; expérience professionnelle antérieure
employment impact	répercussions sur l'emploi
employment incentive; employment development; job stimulation	stimulation de l'emploi; développement de l'emploi
Employment Incentives Program	Programme de stimulation de l'emploi
employment income; employment earnings	revenu d'emploi
employment integration; job entry	intégration professionnelle
employment level; level of employment	niveau d'emploi
Employment Maintenance Program; EMP	Programme de maintien de l'emploi; PME
Employment Manual; EA Manual	Guide de l'emploi; Guide EA
employment market; job market; labour market	marché de l'emploi; marché du travail
employment market advisor; labour market advisor	conseiller en marché du travail
employment market information; labour market intelligence; labour market information	renseignements sur le marché du travail; information sur le marché du travail
employment needs	besoins en matière d'emploi
employment network	réseau des services d'emploi
employment of a seasonal nature; seasonal employment; seasonal job; seasonal work	emploi saisonnier; travail saisonnier
employment offer; employer order; job offer; job order; offer of employment	offre d'emploi; offre de l'employeur
employment office; employment agency; employment bureau; hiring hall; placement agency; placement service; labour exchange service	bureau de placement; agence de placement; service de placement; bureau d'embauchage
employment officer	agent d'emploi

employment opening; employment opportunity; employment outlook; employment prospect; job opening; job opportunity; job outlook; job prospect; opportunity for employment; work opportunity	débouché; perspective d'emploi; occasion d'emploi; possibilité d'emploi
employment opportunity library	service de documentation sur les débouchés
employment orientation; job orientation; occupational counselling; vocational counselling; vocational guidance; career counselling; career guidance	orientation professionnelle; counselling professionnel
employment outlook; employment prospect; job opening; job opportunity; job outlook; job prospect; opportunity for employment; work opportunity; employment opening; employment opportunity	débouché; perspective d'emploi; occasion d'emploi; possibilité d'emploi
employment pattern	courbe de l'emploi; tendance de l'emploi
employment period; period of employment	période d'emploi
employment plan	plan de recrutement
employment policy	politique d'emploi
Employment-Population ratio; E-P ratio	ratio emploi-population; rapport emploi-population; ratio E-P; rapport E-P
employment practice	pratique d'emploi; méthode d'emploi
employment preparation project	projet préparatoire à l'emploi
employment problem	problème d'emploi; difficulté d'emploi
employment profile; job profile	profil d'emploi
employment program; employment-related program	programme d'emploi
Employment Program for the Disadvantaged and Handicapped	Programme d'emploi des personnes défavorisées et handicapées

employment prospect; job opening; job opportunity; job outlook; job prospect; opportunity for employment; work opportunity; employment opening; employment opportunity; employment outlook	débouché; perspective d'emploi; occasion d'emploi; possibilité d'emploi
employment protection; employment security; job security; security of employment	sécurité d'emploi
employment qualifications; occupational qualification(s); occupational skill	qualification professionnelle; compétence professionnelle
employment registration; registration for employment; registration for work	inscription en vue d'un emploi; inscription pour un emploi
employment-related activities	activités liées à l'emploi
employment-related criteria	critères d'emploi
employment-related program; employment program	programme d'emploi
employment-related programs and services	programmes et services relatifs à l'emploi; programmes et services d'emploi
employment relationship; employer-employee relations; employer-employee relationship; staff relations; work relations; working relationship	relations employeur-employé; relations de travail; relations avec les employés; relations avec le personnel
employment representative	représentant auprès des employeurs
Employment Secretariat	Secrétariat du développement du marché du travail
employment security; employment protection; job security; security of employment	sécurité d'emploi
employment service	service d'emploi
Employment Service for Employee Clients	Service d'emploi aux travailleurs
Employment Service for Employer Clients	Service d'emploi aux employeurs
Employment Service of Canada	Service de placement du Canada
Employment Services	Services d'emploi

employment services consultant	expert-conseil en services d'emploi
employment services control system	système de contrôle des services d'emploi
employment services headquarters	bureau central des services d'emploi
employment services revitalization	revitalisation des services d'emploi
employment situation	situation de l'emploi
employment specialist	spécialiste en emploi
employment spin-off	création d'emplois par effet de multiplication; création d'emploi par effet d'entraînement
employment standard	norme d'emploi
employment status; labour force status; work situation	situation d'activité; situation professionnelle
employment stock	nombre de personnes employées
employment strategy	stratégie d'emploi
employment subsidy; employment assistance	aide à l'emploi; aide au placement
Employment Survey	Enquête sur l'emploi
employment system	système d'emploi
employment tax credit	crédit d'impôt à l'emploi
Employment Tax Credit Act	Loi sur le crédit d'impôt à l'emploi
Employment Tax Credit Program; ETCP	Programme de crédit d'impôt à l'emploi; PCIE
Employment Tax Credit Program Regulations	Règlement du programme de crédit d'impôt à l'emploi
employment threat	menace pour l'emploi
employment validation; offer of employment validation	validation de l'offre d'emploi
employment validation program	programme de validation des offres d'emploi
employment visa	visa d'emploi

employment with the Public Service	emploi dans la fonction publique
end of a notice period	terme d'un délai de préavis
enforced idleness	inactivité obligatoire
enforcement of an act	application d'une loi
engage via contract	engager à contrat
enhance future employability	accroître l'aptitude au travail; accroître l'employabilité
enrolment; registration	inscription
enrolment rate	taux d'inscription
enrolment statistics	statistiques sur les effectifs
enter employment; take employment	prendre un emploi
enterprise development project	projet d'établissement d'une entreprise
enterprise project; business plan	projet d'entreprise
entertainment industry	domaine du spectacle; monde du spectacle
enter the labour force	se joindre à la population active; s'intégrer à la population active; intégrer la population active (à éviter)
entitled to work	autorisé à travailler
entitlement; eligibility	admissibilité; droit
entrance and completion standard	norme d'admission et de réussite
entrance level	niveau d'entrée en fonction
entrance requirement; entry requirement; entry requisite	condition d'exercice (d'un métier, d'une profession)
entrant SEE labour force entrant	
entrepreneurial skills	talents d'entrepreneur
entrepreneurship	entreprenariat; esprit d'entreprise

entry clients	nouveaux actifs
Persons entering the labour force.	Personnes qui se joignent à la population active.
entry-level job	poste au bas de l'échelle; emploi de débutant; emploi de premier échelon
entry-level skill	compétence du niveau de débutant
entry-level skills development; entry-level training	formation des débutants
Entry Option	option Intégration
NOTE This option is part of the Job Entry Program.	NOTA Cette option fait partie du programme Intégration professionnelle.
entry requirement; entry requisite; entrance requirement	condition d'exercice (d'un métier, d'une profession)
entry skill; basic skill; generic skill	qualification de base; compétence de base
EO matrix; education-occupation matrix	matrice E-P; matrice études-professions
E-P ratio; Employment-Population ratio	ratio E-P; ratio emploi-population; rapport emploi-population; rapport E-P
equal access to job	chances égales d'emploi
equal employment opportunities (f.c.); EEO (f.c.); employment equity; EE	équité en matière d'emploi; EE
equal employment opportunity measure	mesure d'équité en matière d'emploi
equality of condition	égalité de situation
equality of means; equality of opportunity	égalité des chances
equality of outcomes	égalité des résultats
equality of treatment	égalité de traitement
Equal Opportunities for Women Program	Programme de promotion de la femme

Equal Opportunity for Handicapped Program	Programme d'équité en matière d'emploi pour les personnes handicapées
equal opportunity measures	mesures d'équité en matière d'emploi
equal pay for equal work	à travail égal, salaire égal
equal pay for work of equal value	parité salariale pour des fonctions équivalentes
equivalent occupation	travail analogue
ER; economic region	RE; région économique
ERO; employer relations officer	ARE; agent chargé des relations avec les employeurs
established employer	employeur établi
established organization	organisme établi; organisme reconnu
established procedure	modalité établie; procédure établie
estimated demand and supply	l'offre et la demande prévues
estimated project cost	coût estimatif du projet
estimate of occupational shortages	estimation des pénuries par profession
ETCP; Employment Tax Credit Program	PCIE; Programme de crédit d'impôt à l'emploi
ethnic characteristic	trait ethnique
European student tobacco workers movement	programme de récolte du tabac pour étudiants européens
evaluate the performance	évaluer le rendement
evaluation; assessment	évaluation
evaluation framework	structure d'évaluation; cadre d'évaluation
evaluation report of an employee	rapport d'appréciation d'un employé; rapport d'évaluation
evaluation system	système d'évaluation
examination fees	frais d'examen
examination paper	questionnaire d'examen

exception reporting	rapport concernant les anomalies
excess demand	demande excédentaire
excess labour surplus	surplus de main-d'oeuvre excédentaire
exchange of information	échange d'information; échange de renseignements
Exchange of Young Farmers between Canada and Luxembourg	Échange de jeunes agriculteurs entre le Canada et le Luxembourg
Exchange of Young Specialists and Technicians	Échange des jeunes spécialistes et techniciens
exchange program	programme d'échanges
excluded category	catégorie d'exemption; catégorie exemptée
NOTE pursuant to the Public Service Employment Act, Revised Statutes of Canada, 1985	NOTA d'après la Loi sur l'emploi dans la fonction publique, Lois révisées du Canada (1985)
excluded employee	employé exempté
NOTE pursuant to the Public Service Employment Act, Revised Statutes of Canada, 1985	NOTA d'après la Loi sur l'emploi dans la fonction publique, Lois révisées du Canada (1985)
exclusion of a position	exemption d'un poste
NOTE pursuant to the Public Service Employment Act, Revised Statutes of Canada, 1985	NOTA d'après la Loi sur l'emploi dans la fonction publique, Lois révisées du Canada (1985)
exclusive service	service d'un conseiller particulier
excusable absence; excused absence leave	absence motivée; absence justifiée
execute the office of	exécuter la charge de
executive assistant	adjoint de direction; attaché de direction; adjoint exécutif
executive director	directeur exécutif

executive head; executive officer	cadre exécutif; cadre de direction
executive job; executive position; managerial position	poste de direction
Executive Manpower Planning and Development Program	Programme de planification et de perfectionnement des cadres
executive officer; executive head	cadre exécutif; cadre de direction
executive position; executive job; managerial position	poste de direction
exemption; waiver	dispense; exemption
exemption letter	lettre de dispense
exempt staff	personnel exonéré
	NOTA Employés qui ne sont pas assujettis à la Loi sur l'emploi dans la fonction publique.
ex gratia payment	paiement à titre gracieux
ex-inmate	ancien détenu; ex-détenu
existing employment opportunity	débouché existant
existing position	poste existant
existing staff	personnel en place
exit interview	entrevue de fin d'emploi; entrevue de cessation d'emploi; entrevue de départ
expansion of an industry	développement d'une industrie; expansion d'une industrie; essor d'une industrie
expansion of employment; increase in employment	hausse de l'emploi; expansion de l'emploi; progression de l'emploi; augmentation de l'emploi
expected period of employment; period of expected employment	période d'emploi prévue
expenditure record	registre des dépenses
expenditure restraint; budgetary constraint	restriction budgétaire; restriction des dépenses

expense claim procedure	procédure de remboursement des dépenses
experienced worker	travailleur expérimenté; travailleur chevronné
experiential learning	apprentissage par l'expérience
expert counselling	conseil d'expert
expert interviewing	entrevue par un expert
expert testing	test par un expert
expiration of term of office	expiration d'un mandat
exploratory assistance	aide à la prospection
exploratory grant	subvention de prospection
exploratory trip	voyage de prospection
Extended Employment Counselling Centre for Disabled Persons	Centre de counselling d'emploi pour les personnes handicapées
Extended Employment Counselling for Disabled Persons	Services de counselling d'emploi pour les personnes handicapées
Extended Training Leave Option	option Congé prolongé pour fin de formation
NOTE Former option of the Skill Investment Program which was replaced by the Continuing Employment Option.	NOTA Option du programme Acquisition de compétences qui a été remplacée par l'option Emploi continu.
extension course	cours de perfectionnement
extension of appointment	prolongation de nomination
extension of employment	prolongation d'emploi
extension to a work agreement	extension d'une entente de travail; reconduction d'un contrat de travail
external agency	organisme externe
external consultant	conseiller de l'extérieur
external labour force	population active externe; main-d'oeuvre externe
external staffing	dotation des postes par voie de recrutement externe
external training class	classe de formation externe

external user	usager externe
extra-duty pay	indemnité de fonctions supplémentaires
extraordinary material costs	frais exceptionnels liés au matériel
extras	frais supplémentaires
extreme demand; ED	très forte demande; TFD

f

FAA; Financial Administration Act	Loi sur la gestion des finances publiques; Loi sur l'administration financière (app. ant.); LAF (app. ant.)
facility	établissement; installation; service
fact-finding	enquête; recherche; sondage; étude
fact-finding report; report of investigation	rapport d'enquête; rapport de recherche; rapport d'étude
factual knowledge	connaissance concrète
fair and equitable treatment	traitement juste et équitable
fair employment practice	pratique loyale en matière d'emploi
fair wages	juste salaire
false statement	fausse déclaration
family allowance; family benefit	allocation familiale; prestation familiale
family life education	éducation familiale
family responsibilities	charges familiales
family worker	travailleur familial
farm asset value	valeur de l'actif agricole
Farm Credit Corporation	Société du crédit agricole
Farm Debt Review Panel	Comité d'examen du système de financement agricole

farm employment; agricultural employment	emploi agricole
Farmers in Transition Program [Ont.]; FIT	Programme d'aide aux agriculteurs en période de transition économique [Ont.]; APTE
Farm Financial Assistance Policy	politique d'aide financière à l'agriculture
farm income growth	croissance du revenu agricole
farming community	collectivité agricole
farming industry	industrie agricole
farm labour contractor	entrepreneur en main-d'oeuvre agricole
farm labour market; agricultural labour market	marché du travail agricole
farm labour shortage	pénurie de main-d'oeuvre agricole
farm organization	organisme agricole; organisation agricole
farm work	travail agricole
farm worker; agricultural worker	travailleur agricole
Fashion Design Training in Industry Program [Ont.]	Programme de formation industrielle de dessinateurs de mode [Ont.]
favourable decision	décision favorable
FBDB; Federal Business Development Bank	BFD; Banque fédérale de développement
FCP; Federal Contractors Program	PCF; Programme de contrats fédéraux
feasibility study	étude de faisabilité
Federal Business Development Bank; FBDB	Banque fédérale de développement; BFD
federal civil service	fonction publique fédérale
Federal Contractors Program; FCP	Programme de contrats fédéraux; PCF
federal contribution	contribution du gouvernement fédéral; contribution fédérale

Federal German Academic Exchange Service	Service ouest-allemand d'échanges académiques
NOTE The German abbreviation "DAAD" which is often used in English and French Texts stands for "Deutscher Akademischer Austauschdienst".	NOTA L'abréviation allemande "DAAD" qui est souvent utilisée dans les textes anglais et français signifie "Deutscher Akademischer Austauschdienst".
federal income tax	impôt fédéral sur le revenu
federal information bank	banque fédérale de données
Federal Labour Intensive Program; FLIP	Programme fédéral à forte concentration de main-d'oeuvre; PFFCM
NOTE abolished program	NOTA programme supprimé
federal labour intensive project	projet fédéral à forte proportion de main-d'oeuvre; projet fédéral à forte concentration de main-d'oeuvre
Federal Labour Intensive Projects Employment Regulations	Règlement sur l'emploi dans le cadre des projets fédéraux à forte proportion de main-d'oeuvre
federally regulated employer	employeur régi par le gouvernement fédéral; employeur sous juridiction fédérale
federal-provincial adult occupational training agreement	accord fédéral-provincial sur la formation professionnelle des adultes
federal-provincial agricultural employment agreement	accord fédéral-provincial sur l'emploi agricole
Federal-Provincial Agricultural Employment Committee	Comité fédéral-provincial de l'emploi agricole
Federal-Provincial Agricultural Employment Development Conference	Conférence fédérale-provinciale sur le développement de l'emploi agricole
Federal-Provincial Council on Educational Leave	Conseil fédéral-provincial du congé-éducation
Federal-Provincial Employment Committee	Comité fédéral-provincial de l'emploi

federal-provincial employment loan program	programme fédéral-provincial de prêts pour la création d'emplois
Federal-Provincial Joint Training Committee	Comité fédéral-provincial de la formation
Federal-Provincial Manpower Needs Committee; Joint Federal-Provincial Manpower Needs Committee	Comité fédéral-provincial des besoins en main-d'oeuvre
Federal/Provincial/Territorial Inventory of Programs of Assistance to Youth	Répertoire des programmes fédéraux, provinciaux et territoriaux à l'intention des jeunes
federal/provincial/territorial training agreements	accords de formation fédéraux-provinciaux ou fédéraux-territoriaux
NOTE Usually, the federal government signs a training agreement with each province or territory. It is not an agreement between the three levels of government.	NOTA Normalement, l'administration fédérale signe un accord de formation avec chaque province ou territoire. Il ne s'agit pas d'un accord entre les trois paliers de gouvernement.
Federal-Provincial Training Agreement	Accord fédéral-provincial sur la formation
Federal-Provincial Vocational Rehabilitation Program	Programme fédéral-provincial de réadaptation professionnelle
Federal-Provincial Working Group on Farm Finance	Groupe de travail fédéral-provincial sur le financement agricole
Federal Strategy for Labour Adjustment	Stratégie fédérale d'adaptation de la main-d'oeuvre
federation of labour	fédération des travailleurs
fee; professional fees	honoraires
fee-charging	payant
feedback	rétroaction
feedback mechanism	mécanisme de rétroaction
feeder group	groupe de relève
feeder occupation	profession préparatoire
fee-for-service	rémunération à l'acte

fee-payer trainee	étudiant indépendant; stagiaire payant
fellow employee; coworker	compagnon de travail; collègue
Fellowship Program for Young Scientists	Programme de bourses à des jeunes scientifiques
female labour force	population active féminine; main-d'oeuvre féminine
female participation rate; women's participation rate	1. taux d'activité des femmes; taux de participation des femmes
	2. taux de représentativité des femmes (équité en matière d'emploi)
female student entrepreneur	étudiante entrepreneure
field level, at	au niveau local; sur place; sur le plan local; à l'échelle locale
field office; local office; LO	bureau local; BL
field office project officer	agent de projet du bureau local
field official	agent local
Field Operational Support System; FOSS	Système de soutien des opérations des bureaux locaux; SSOBL
field worker	travailleur sur place
file search	consultation de dossiers
fill a job; fill a position; staff a position	pourvoir à un poste; pourvoir un poste
fill a job order	répondre à une offre d'emploi
fill a position; fill a job; staff a position	pourvoir à un poste; pourvoir un poste
filled job order; filled order; order completed; order filled	offre satisfaite; offre d'emploi satisfaite
filled vacancy; vacancy filled	vacance comblée
filler card	carte-message; fiche d'information
filter question	question de sélection

final approval	approbation définitive; approbation finale
final claim	demande finale
final payment holdback	retenue sur le paiement final
Financial Administration Act; FAA	Loi sur la gestion des finances publiques; Loi sur l'administration financière (app. ant.); LAF (app. ant.)
financial assistance; financial incentive	aide financière; incitation financière; encouragement financier; stimulant financier
financial audit; audit; auditing	vérification; vérification comptable; vérification des comptes
financial commitment	engagement financier
financial commitment number	numéro d'engagement financier
financial incentive; financial assistance	aide financière; incitation financière; encouragement financier; stimulant financier
financial requirements	besoins financiers; besoins de financement
financial resources	ressources financières
finding	constatation; conclusion; découverte; résultat
finish date of a project	date de clôture d'un projet
firm employment offer	offre ferme d'emploi
fiscal year	année financière; exercice
FIT; Farmers in Transition Program [Ont.]	APTE; Programme d'aide aux agriculteurs en période de transition économique [Ont.]
fit-up cost	coûts d'aménagement
fixed capital	capital fixe
fixed-rate wage reimbursement	remboursement des salaires à taux forfaitaire
flat allowance	allocation forfaitaire

flexible hours; flextime; personalized working hours; personalized hours of work	horaire variable; horaire flexible; horaire dynamique; horaire individualisé; horaire personnalisé; horaire souple; horaire de travail personnalisé; horaire de travail personnel
flexible work schedule	horaire variable de travail
flextime; flexible hours; personalized working hours; personalized hours of work	horaire flexible; horaire variable; horaire souple; horaire dynamique; horaire individualisé; horaire personnalisé; horaire de travail personnalisé; horaire de travail personnel
FLIP SEE Federal Labour Intensive Program	
floater; itinerant worker; transient worker	travailleur migrant; travailleur itinérant
floating counsellor	conseiller itinérant
floating holiday	congé mobile
floating staff; flying job squad	équipe volante
flow chart; organizational chart	organigramme
flow data	données sur la mobilité
flow of workers	mouvement de travailleurs; déplacement des travailleurs
fluctuating work load	charge de travail fluctuante
flying job squad; floating staff	équipe volante
FOIL; Forward Occupational Imbalance Listing	LADP; Liste anticipative des déséquilibres dans les professions
follow-up (n.)	rappel; relance; suivi; suite
follow up (v.)	assurer le suivi; assurer la relance; donner suite
follow-up consultation	consultation de suivi
follow-up of an order	relance d'une offre d'emploi
follow-up review	vérification postérieure; étude de suivi

85

Footwear and Tanning Industries Adjustment Program	Programme de redressement des industries de la chaussure et du tannage
foreign agriculture worker	travailleur agricole étranger
foreign consultant	expert-conseil étranger
foreign recruiting; foreign worker recruitment; off-shore recruitment	recrutement de travailleurs étrangers; recrutement à l'étranger
Foreign Seasonal Agricultural Workers Program	Programme des travailleurs agricoles saisonniers étrangers
foreign supply source	source étrangère de main-d'oeuvre
foreign worker; off-shore worker	travailleur étranger
Foreign Worker Monitoring System	Système de contrôle des travailleurs étrangers
Foreign Worker Program	Programme des travailleurs étrangers
foreign worker recruitment; foreign recruiting; off-shore recruitment	recrutement de travailleurs étrangers; recrutement à l'étranger
Foreign Worker Recruitment and Control Program	Programme de recrutement et de contrôle des travailleurs étrangers
Foreign Worker Recruitment Program	Programme de recrutement de travailleurs étrangers
foreign worker request	demande de travailleurs étrangers
foreman	contremaître
forestry trainee	stagiaire forestier
formal amendment	modification officielle
formal application	demande officielle
formal education; level of education; level of study; level of schooling; schooling; academic attainment; education; educational level	niveau d'instruction; études; niveau d'études; niveau de scolarité; scolarité; formation scolaire
formal notice to employer	avis formel à l'employeur

formal notification of lay(-)off	1. avis officiel de licenciement NOTA à caractère permanent 2. avis officiel de mise à pied NOTA à caractère temporaire
formal training	formation régulière
Forward Occupational Imbalance Listing; FOIL	Liste anticipative des déséquilibres dans les professions; LADP
FOSS; Field Operational Support System	SSOBL; Système de soutien des opérations des bureaux locaux
freeze on hiring	gel de l'embauchage
frictional unemployment	chômage frictionnel; chômage résiduel
fringe benefits	avantages sociaux
front-end activity NOTE in the Canada Employment Centres	activité du service d'accueil NOTA dans les Centres d'emploi du Canada
front-end position	poste des services d'accueil et des services assistés
frontier development	développement des régions éloignées
frozen seniority	protection de l'ancienneté; ancienneté bloquée
fulfil the functions of a position	exercer les fonctions d'un poste
full employment	plein-emploi; plein emploi
full-time employee	employé à plein temps; employé à temps plein
full-time employment; full-time job	emploi à plein temps; emploi à temps plein
full-time labour force	population active à plein temps; population active à temps plein
full-time status	statut d'employé à temps plein; statut d'employé à plein temps

full-time trainee	stagiaire à plein temps; stagiaire à temps plein
full-time training	formation à plein temps; formation à temps plein
full-year worker	travailleur à plein temps; travailleur à temps plein
functional direction; functional guidance	orientation fonctionnelle; conseils fonctionnels; direction fonctionnelle
functional illiteracy	analphabétisme fonctionnel
functional mobility	mobilité fonctionnelle
functional transfer	mutation fonctionnelle
functioning level of a student	niveau d'aptitude d'un étudiant
functioning of the labour market; labour market operations; operation of labour market	rouages du marché du travail; fonctionnement du marché du travail
funding agreement; contribution agreement	accord de financement
funding criteria	critères de financement
funding formula	mode de financement
funding level	niveau de financement
funding source	source de financement
funds committed	fonds engagés
furlough leave	congé d'ancienneté
further education	éducation complémentaire

g

gainful employment	emploi lucratif; emploi rémunérateur
GATB; General Aptitude Test Battery	BGTA; Batterie générale de tests d'aptitudes
GAW; guaranteed annual wage	SAG; salaire annuel garanti
general aptitude test	test d'aptitudes générales

General Aptitude Test Battery; GATB	Batterie générale de tests d'aptitudes; BGTA
General Aptitude Test Battery External Users Program	Programme d'utilisation de la Batterie générale de tests d'aptitudes par les organismes extérieurs
general counsellor	conseiller général
general employment incentives programs	programmes généraux de stimulation de l'emploi
General Industrial Training; GIT	Formation générale dans l'industrie; FGI

NOTE This program was abolished with the implementation of the Canadian Jobs Strategy.

NOTA Ce programme a été supprimé à la suite de la mise en oeuvre de la Planification de l'emploi.

general manpower counselling	counselling général de la main-d'oeuvre
General Projects Option	option Projets généraux

NOTE This option is part of the Job Development Program of the Canadian Jobs Strategy.

NOTA Cette option fait partie du programme Développement de l'emploi de la Planification de l'emploi.

general satisfaction rating	indice de satisfaction générale
general welfare assistance	prestations générales d'aide sociale
generate employment	créer des emplois
generic position	poste générique
A position which may be filled by an individual from one group of classification related to his own.	Poste pouvant être occupé par un individu appartenant à l'un des groupes de classification similaire au sien.
generic skill; basic skill; entry skill	compétence de base; qualification de base
generic skill training	formation professionnelle générale
geographical distribution of jobs	répartition géographique des emplois
geographic location	secteur géographique

geographic mobility	mobilité géographique
geographic recruitment area	région géographique de recrutement; zone géographique de recrutement; secteur géographique de recrutement
GIT SEE General Industrial Training	
Glossary of Interest Profiles	Glossaire des profils d'intérêts
going rate; prevailing rate	taux courant; taux pratiqué; taux en vigueur
grade (n.)	année d'études
grade level	niveau scolaire
graduate	diplômé; finissant; ex-participant
graduate assistant	assistant à l'enseignement; adjoint diplômé (dans un CEC)
graduate placement officer	agent de placement diplômé
graduate school	école des études supérieures; école du cycle supérieur
graduation	obtention d'un diplôme
grant (n.)	subvention
granting of certificates	délivrance de certificats
Grants and Contributions Program	Programme des subventions et des contributions
Grants to Voluntary Organizations Program	Programme de subventions aux organismes bénévoles
grid-aid to occupational choices	grille de sélection des professions
grievance	grief
gross commitment	engagement brut
gross wages	salaire brut
group counselling strategy	stratégie de counselling en groupe
group information session	séance d'information en groupe
group leader	animateur

group session	séance de groupe
group session and self-service policy	politique des services individuels et des services de groupe
group training	formation en groupe
growth sector	secteur en croissance
guaranteed annual wage; GAW	salaire annuel garanti; SAG
guest worker; immigrant worker	travailleur invité; travailleur immigrant
guidance; counselling	orientation; counselling
guidance counsellor	conseiller en orientation; orienteur
guideline	directive; principe directeur; ligne directrice; ligne de conduite
Guide to Applicants; Applicant Guide	Guide à l'intention des auteurs de demande
Guide to Proponents	Guide des auteurs de propositions
Guide to Proposal Development	Guide d'élaboration des propositions

h

half-time allowance	allocation de demi-temps; allocation de mi-temps
handicapped employee; disabled employee; disabled worker	employé handicapé; travailleur handicapé
Handicapped Employment Program [Ont.]	Programme d'emploi des personnes handicapées [Ont.]
handicapped person; disabled (n.); disabled person	personne handicapée
hands-on experience; practical experience; practical work experience; on-the-job experience	expérience pratique; expérience pratique de travail; expérience en milieu de travail; expérience concrète du travail; expérience acquise en cours d'emploi

91

hands-on training; in-house training; in-service training; on-the-job training; training on-the-job; on-site training; on-the-job learning	formation pratique; formation interne; formation en cours d'emploi; formation sur place; formation sur le tas; formation sur les lieux de travail; formation en milieu de travail
Handy Help Program	Programme de dépannage
hard-core unemployed; chronically unemployed; long-term unemployed	chômeur chronique; chômeur de longue date
hard-core unemployment; chronic unemployment; long-term unemployment	chômage chronique; chômage endémique; chômage de longue durée
hard-to-fill job	emploi difficile à doter; emploi difficile à combler
hard-to-fill order	offre difficile à combler
hard-to-place client	client difficile à placer
harvest worker	travailleur affecté à la récolte
hazardous occupation	emploi dangereux
Headquarters; National Headquarters; NHQ	Administration centrale; AC
Health Activities Summer Employment Program for Students	Programme d'emploi d'été pour étudiants dans le domaine de la santé
health care services; medical services	services de santé
health insurance; medical benefits insurance; medicare	assurance-maladie
health insurance plan	régime d'assurance-maladie
health manpower	main-d'oeuvre sanitaire
health standard	norme sanitaire; norme de santé
hearing board	organisme d'enquête
hearing impaired employee	employé malentendant
Helping Canada Work	Pour un Canada actif
help wanted index	indice de l'offre d'emploi

hidden unemployment; disguised unemployment; concealed unemployment	chômage camouflé; chômage déguisé; chômage invisible
high demand occupation	profession à forte demande
higher-level skill	niveau élevé de compétence
higher-level technical skills	compétences techniques de haut niveau
higher position; senior position	poste supérieur
higher-skilled industrial training	formation de travailleurs hautement spécialisés dans l'industrie
higher-skill occupation; highly qualified occupation; highly skilled occupation	profession hautement spécialisée; profession de haute spécialisation; profession de haute qualification
higher-skill trade; high-skilled trade; highly skilled trade	métier hautement spécialisé; métier de haute spécialisation
high-growth industrial sector	secteur industriel à forte croissance
high-growth region	région à forte croissance
high labour turnover; high worker turnover	roulement élevé de personnel; roulement élevé des travailleurs
high-level conference	conférence à haut niveau
high-level job	poste élevé; poste de prestige
high level of unemployment	taux de chômage élevé
highly cyclical job	emploi hautement cyclique
highly qualified; highly skilled	hautement qualifié; hautement spécialisé
highly qualified manpower	main-d'oeuvre hautement qualifiée
Highly Qualified Manpower Post-censal Survey; HQMPS	Enquête postcensale sur la main-d'oeuvre hautement spécialisée; EPMHS
Highly Qualified Manpower Survey	Enquête sur la main-d'oeuvre hautement qualifiée

93

highly qualified occupation; highly skilled occupation; higher-skill occupation	profession de haute qualification; profession de haute spécialisation; profession hautement spécialisée
Highly Qualified Western Manpower Thrust Fund	Caisse d'expansion de la main-d'oeuvre hautement spécialisée de l'Ouest
highly skilled; highly qualified	hautement spécialisé; hautement qualifié
highly skilled blue-collar worker	col bleu hautement qualifié
highly skilled occupation; higher-skill occupation; highly qualified occupation	profession de haute spécialisation; profession hautement spécialisée; profession de haute qualification
highly skilled professional employee	professionnel hautement qualifié
highly skilled technical employee	employé hautement qualifié du domaine technique
highly skilled trade; high-skilled trade; higher-skill trade	métier hautement spécialisé; métier de haute spécialisation
highly skilled work	travail hautement spécialisé
highly skilled worker	ouvrier hautement qualifié; travailleur hautement qualifié
High Opportunity Occupations Inventory	Répertoire des professions très en demande
High-school Apprenticeship Program [Ont.]	Programme d'apprentissage au secondaire [Ont.]
high-school leaving certificate	attestation de fin d'études secondaires
high seasonal demand	demande saisonnière élevée; forte demande saisonnière
high-skilled trade; higher-skill trade; highly skilled trade	métier hautement spécialisé; métier de haute spécialisation
high-skill shortage	pénurie de main-d'oeuvre hautement qualifiée
high-skill technical work	travail technique hautement spécialisé

94

high-skill trades training	formation de travailleurs hautement qualifiés
high-skill training	formation hautement spécialisée
high-technology industry	industrie de pointe
high turnover	roulement élevé
high unemployment	chômage élevé; fort taux de chômage
high-unemployment pocket	zone à fort taux de chômage
high worker turnover; high labour turnover	roulement élevé des travailleurs; roulement élevé de personnel
hire; employ	embaucher; employer
cf. hiring	
hire; recruit	recruter
cf. hiring	
hire a contract person	embaucher quelqu'un à forfait
Hire-a-Student Campaign	Campagne de promotion de l'emploi des étudiants
Hire-a-Student Program	Programme de promotion de l'emploi des étudiants
Hire-a-Student Week	Semaine de promotion de l'emploi des étudiants
hired labour; hired portion of the labour force	salariés (n.); main-d'oeuvre salariée
hire staff	embaucher du personnel
hiring; employment	embauchage

Action par laquelle un employeur retient les services d'un employé.

hiring; recruiting; recruitment	recrutement

Ensemble des activités qui consistent à rechercher des candidats de manière à pourvoir aux postes dans une organisation.

hiring arrangement	1. disposition relative à l'embauchage
	2. disposition relative au recrutement
hiring conditions SEE conditions of employment	
hiring cost	1. coût d'embauchage
	2. coût de recrutement
hiring criterion	1. critère de recrutement
	2. critère d'embauchage
hiring hall; employment agency; employment bureau; employment office; placement agency; placement service; labour exchange service	bureau de placement; bureau d'embauchage; agence de placement; service de placement
hiring policy	1. politique d'embauchage
	2. politique de recrutement
hiring policy for employment counsellors	politique de recrutement des conseillers en matière d'emploi
hiring practice	méthode d'embauchage
holdback; deduction	retenue; déduction
holder	détenteur; titulaire
holiday; public holiday; statutory holiday	jour férié; congé; fête légale
holiday bonus	prime de vacances
holiday credit	crédit de congé; congés accumulés
holiday pay; vacation pay	paye de vacances
homebound employment	travail à domicile
Horticultural Labour Demand-Supply Information Project	Projet d'information sur l'offre et la demande de main-d'oeuvre horticole
hospital benefits insurance	assurance-hospitalisation

hourly earnings	gains horaires
hourly paid worker	travailleur rémunéré à l'heure; travailleur horaire
hourly rate	taux horaire
hourly wage	rémunération horaire; salaire horaire
hourly wage rate	taux horaire de salaire; taux de traitement horaire; taux de salaire horaire
hours of work; working hours	durée du travail; heures de travail
household	famille; ménage
household income	revenu familial
HQMPS; Highly Qualified Manpower Post-censal Survey	EPMHS; Enquête postcensale sur la main-d'oeuvre hautement spécialisée
HRP; human resource(s) planning	PRH; planification des ressources humaines
human capital; human resource(s)	ressources humaines; capital humain
Human Resource Planning Agreement	Accord de planification des ressources humaines
Human Resource Planning Board	Commission de planification des ressources humaines
human resource(s); human capital	ressources humaines; capital humain
human resource(s) agreement	accord sur les ressources humaines
human resource(s) development; labour development	mise en valeur des ressources humaines
human resource(s) management	gestion des ressources humaines
human resource(s) office; recruitment office	bureau de recrutement
human resource(s) plan	plan des ressources humaines
human resource(s) planning; HRP	planification des ressources humaines; PRH
human resource(s) supply	ressources humaines disponibles

human resource(s) utilization	utilisation des ressources humaines
human rights agency	organisme voué aux droits de la personne
human rights code	code des droits de la personne
Human Rights Commission	Commission des droits de la personne
human rights complaint	plainte relative aux droits de la personne
human rights expert	agent des droits de la personne
human rights tribunal	tribunal des droits de la personne

i

IAEA
SEE International Agricultural
Exchange Association

IAESTE; International Association for Exchange of Students for Technical Experience	Association internationale pour l'échange d'étudiants en vue de l'acquisition d'une expérience technique
IAEVG; International Association for Educational and Vocational Guidance	AIOSP; Association internationale d'orientation scolaire et professionnelle
IAPES; International Association of Personnel in Employment Security [USA]	IAPES; International Association of Personnel in Employment Security [USA]
IAS; Industrial Adjustment Service	SAAI; Service d'aide à l'adaptation de l'industrie
IAS Joint Committee; Industrial Adjustment Service Joint Committee	comité mixte du SAAI; comité mixte du Service d'aide à l'adaptation de l'industrie
ICED; Interdepartmental Committee on Employment Development	CISE; Comité interministériel de stimulation de l'emploi
ICO; Index to Canadian Occupations	RPC; Répertoire des professions canadiennes
IEP; International Exchange Program	PEI; Programme d'échanges internationaux
IFAP; Indian Fishermen's Assistance Program	PAPI; Programme d'aide aux pêcheurs indiens

IIDP; Internal Indigenous Development Program	PIPA; Programme interne de perfectionnement des autochtones
ILAP SEE Industrial and Labour Adjustment Program	
illegal worker	travailleur non autorisé
illiteracy	analphabétisme
illiterate person	analphabète (n.)
ILO; International Labour Office	BIT; Bureau international du Travail
ILO; International Labour Organization	OIT; Organisation internationale du Travail
immediate employment opportunities component	composante de création immédiate d'emplois
immediate experience	vécu immédiat
Immigrant Women Employment Counselling Service	Centre préparatoire à l'emploi pour femmes immigrantes
immigrant worker; guest worker	travailleur invité; travailleur immigrant
implement	mettre en oeuvre; appliquer; mettre en application; mettre sur pied
implementation; delivery	mise en oeuvre; mise en application; application; mise sur pied; exécution
implementation schedule	calendrier de mise en oeuvre
imprest journal	journal des avances
inactive file; dormant file	dossier inactif
incapable of working	incapable de travailler
incentive	encouragement; stimulant; incitant
incentive agreement	accord d'encouragement
incentive award; incentive bonus; production bonus	prime d'encouragement; prime de rendement
Incentive Award Board	Conseil des primes d'encouragement

Incentive Award Plan	Régime des primes d'encouragement
incentive bonus; production bonus; incentive award	prime de rendement; prime d'encouragement
incentive program	programme d'encouragement; programme de subventions
incidence of unemployment	fréquence du chômage
income	revenu
income bracket	tranche de revenu
income distribution	répartition du revenu
income maintenance; income support	soutien du revenu; garantie de revenu
income protection	protection du revenu
income security program	programme de sécurité du revenu
income supplement	supplément de revenu
income support; income maintenance	soutien du revenu; garantie de revenu
incompetence	incompétence
incorporated company	entreprise constituée en société
increase in employment; expansion of employment	augmentation de l'emploi; progression de l'emploi; hausse de l'emploi; expansion de l'emploi
increase minimum wage	augmenter le taux du salaire minimum; hausser le taux du salaire minimum; relever le taux du salaire minimum; majorer le taux du salaire minimum
increase one's employability	accroître son employabilité
incremental employment	emploi supplémentaire; emploi additionnel
incremental non-salary resources	ressources non salariales supplémentaires
incremental recurring costs	coûts ordinaires supplémentaires
incremental staff	personnel supplémentaire

incubator; incubator mall; business incubator	incubateur; incubateur d'entreprises; centre d'incubation d'entreprises
	Centre dans lequel sont regroupés divers services d'aide à la mise sur pied de nouvelles entreprises.
incumbent; job holder	titulaire; titulaire d'un poste; titulaire d'un emploi
indefinite employment	emploi de durée indéterminée
independent assessment	évaluation indépendante
independent assessor	vérificateur indépendant
independent job search	recherche d'emploi autonome
independent review group	groupe d'étude indépendant
independent worker; self-employed worker	travailleur indépendant; travailleur à son compte; travailleur autonome
in-depth interview	entrevue-conseil
indeterminate appointment	nomination pour une période indéterminée
indeterminate position	poste de durée indéterminée
Index to Canadian Occupations; ICO	Répertoire des professions canadiennes; RPC
Indian and Eskimo Recruitment and Development Program	Programme de recrutement et de perfectionnement des Indiens et des Esquimaux
Indian and Inuit Recruitment and Development Program	Programme de recrutement et de perfectionnement des Indiens et des Inuit
Indian Economic Development Program	Programme de développement économique des Indiens
Indian Fishermen's Assistance Program; IFAP	Programme d'aide aux pêcheurs indiens; PAPI
Indian labour force; Indian work force	Indiens actifs; main-d'oeuvre indienne
Indian Youth Employment Program	Programme d'emploi des jeunes Indiens

Indigenous Employment Strategy	stratégie d'emploi des autochtones
indirect assistance	aide indirecte
indirect employment	emploi indirect
indirect labour; indirect workers; non-production workers	main-d'oeuvre indirecte; personnel auxiliaire
individualized instruction; individual learning	apprentissage individuel; enseignement individualisé
Individualized Learning System	mode d'enseignement individualisé; système d'enseignement individualisé
individual learning; individualized instruction	apprentissage individuel; enseignement individualisé
individually subsidized jobs; ISJ	emplois subventionnés individuellement; ESI
Individually Subsidized Jobs Option; ISJ Option	option Emplois subventionnés individuellement; option ESI
NOTE This option is part of the Job Development Program of the Canadian Jobs Strategy.	NOTA Cette option fait partie du programme Développement de l'emploi de la Planification de l'emploi.
individual skills	talents personnels
individual training action plan	plan d'action individuel en matière de formation
individual training program	programme de formation individuelle
industrial accident; employment accident; occupational accident; occupational injury; work accident; work injury	accident du travail; accident professionnel
Industrial Adjustment Assistance Program	Programme d'aide à l'adaptation industrielle
industrial adjustment consultant	conseiller en adaptation industrielle
Industrial Adjustment Service; IAS	Service d'aide à l'adaptation de l'industrie; SAAI
Industrial Adjustment Service Joint Committee; IAS Joint Committee	comité mixte du Service d'aide à l'adaptation de l'industrie; comité mixte du SAAI

Industrial and Labour Adjustment Program; ILAP	Programme d'aide à l'adaptation de l'industrie et de la main-d'oeuvre; PAAIM
NOTE This program was replaced by the Community Futures Program of the Canadian Jobs Strategy.	NOTA Ce programme a été remplacé par le programme Développement des collectivités de la Planification de l'emploi.
industrial composite average weekly wages and salaries	salaires et traitements hebdomadaires moyens pour l'ensemble des industries
industrial consultant	expert-conseil sectoriel; conseiller sectoriel
Industrial Development Programs	Programmes de développement industriel
industrial development strategy	stratégie de développement industriel
industrial disease; occupational disease; occupational illness	maladie professionnelle
industrial dispute; labour conflict; labour dispute	conflit du travail; conflit de travail; différend du travail
industrial incentive	subvention à l'industrie
Industrial Labour Market Institute	Institut du marché du travail industriel
Industrial Labour Market Planning and Adjustment	Planification et adaptation du marché du travail dans l'industrie
industrial manpower committee	comité de la main-d'oeuvre industrielle
industrial policy	politique industrielle
industrial relations	relations du travail; relations industrielles
Industrial Research Assistance Program	Programme d'aide à la recherche industrielle
industrial sector; industry sector	secteur industriel
industrial skills training	formation dans les compétences industrielles

industrial trade skill; trades skill	compétence dans les métiers
industrial training; industry-based training; training-in-industry	formation dans l'industrie
industrial training assistance	aide à la formation dans l'industrie
industrial training consultant	expert-conseil de la formation dans l'industrie
industrial training contract; training-in-industry contract	contrat de formation dans l'industrie
Industrial Training Program	Programme de formation dans l'industrie
industrial training project	projet de formation dans l'industrie
industry	secteur d'activité; branche d'activité; branche d'industrie
Industry and Community Development Panel	Comité d'expansion industrielle et communautaire
Industry and Labour Adjustment Committee	Comité d'aide à l'adaptation de l'industrie et de la main-d'oeuvre
industry association	association d'industries; association industrielle
industry-based training; training-in-industry; industrial training	formation dans l'industrie
industry code	code d'activité économique
industry sector; industrial sector	secteur industriel
industry sector assistance	aide à l'industrie
industry shut-down; plant closure	fermeture d'usine
information interview	entrevue d'information
information mapping	enseignement séquentiel
NOTE learning technique	NOTA technique didactique

information system	système d'information
infra-red hearing system	appareil auditif à l'infrarouge
infrastructure preparation	préparation d'infrastructure
infrastructure project	projet d'infrastructure
in-house committee	comité interne
in-house training; in-service training; on-the-job training; training on-the-job; on-site training; on-the-job learning; hands-on training	formation interne; formation en cours d'emploi; formation sur place; formation sur le tas; formation pratique; formation sur les lieux de travail; formation en milieu de travail
initial training	formation initiale
injury-on-duty leave	congé d'accident de travail
inmate employment	emploi des détenus
in-migration	migration d'entrée
Innovations Program SEE National Labour Market Innovations Program	
in-plant training	formation en entreprise; formation en industrie
in-production training	formation avec production
Practical training at a work station not geared to production that can however result in production in the Skill Shortages Program.	Formation pratique à un poste réel, non axée sur la production, mais pouvant s'accompagner de production, dans le cadre du Programme relatif aux pénuries de main-d'oeuvre.
input	1. renseignements; données

2. apport; contribution; intrant; facteur de production |
| in-school training program | programme de formation en établissement; programme de formation en classe |

in-service training; on-the-job training; training on-the-job; in-house training; on-site training; on-the-job learning; hands-on training	formation interne; formation en cours d'emploi; formation sur place; formation sur le tas; formation pratique; formation sur les lieux de travail; formation en milieu de travail
institute of technology	institut de technologie
institutional classroom training; institutional training	formation en établissement
institutional overhead costs	frais généraux des établissements de formation
institutional skill training	formation spécialisée en établissement
institutional training; institutional classroom training	formation en établissement
instructional material; course material; training aid; training material	matériel didactique; aide(s) didactique(s)
instructor	instructeur
instrument of delegation	instrument de délégation
intake day	jour de l'admission; jour de l'inscription
integrated training file	dossier intégré de la formation
integrated work station	poste de travail fusionné
integrate functions	fusionner des fonctions
integration	intégration; fusionnement
integration of tasks	fusionnement des tâches
integration process	processus d'intégration; processus de fusionnement
intelligence system	système de renseignements
intended occupation	profession envisagée; emploi envisagé
intensive counselling	counselling intensif; counselling poussé
intensive training	formation intensive; formation poussée
intent discrimination	discrimination intentionnelle

Interdepartmental Committee on Employment Development; ICED	Comité interministériel de stimulation de l'emploi; CISE
Interdepartmental Committee on Industrial Policies and Strategies	Comité interministériel de la politique et de la stratégie industrielles
Interdepartmental Committee on Native Employment	Comité interministériel de l'emploi des autochtones
Interdepartmental Committee on Occupational Forecasting	Comité interministériel des prévisions relatives aux professions
Interdepartmental Committee on the Taxation of Women	Comité interministériel sur les femmes et l'impôt
Interdepartmental Working Committee for the Evaluation of Manpower Training	Comité d'étude interministériel chargé d'évaluer la formation de la main-d'oeuvre
interest pattern	profil d'intérêts
interest test	test d'intérêts
intergovernmental organization	organisme intergouvernemental
interim; acting	intérimaire; par intérim; provisoire; temporaire
interim employment	emploi provisoire; emploi temporaire
interim report	rapport provisoire
Intermediate Management Advanced Orientation Program	Programme avancé de formation en gestion intermédiaire
Internal Indigenous Development Program; IIDP	Programme interne de perfectionnement des autochtones; PIPA
internal labour force	main-d'oeuvre interne
internal migration	migration interne; migration intérieure
internal migration flow	mouvement migratoire intérieur
internal placement	placement interne

International Agricultural Exchange Association; IAEA	Association internationale pour les échanges en agriculture
	NOTA Appellation non officielle proposée par les rédacteurs du Yearbook of International Organizations.
International Agricultural Youth Exchange Programs	Programmes d'échanges internationaux de jeunes agriculteurs
International Association for Educational and Vocational Guidance; IAEVG	Association internationale d'orientation scolaire et professionnelle; AIOSP
International Association for Exchange of Students for Technical Experience; IAESTE	Association internationale pour l'échange d'étudiants en vue de l'acquisition d'une expérience technique
International Association for Students of Economics and Commerce; AIESEC	Association internationale des étudiants en sciences économiques et commerciales; AIESEC
International Association of Personnel in Employment Security [USA]; IAPES	International Association of Personnel in Employment Security [USA]; IAPES
International Conference on Trends in Industrial and Labour Relations	Conférence internationale sur les tendances en relations industrielles et en relations du travail
International Exchange Program; IEP	Programme d'échanges internationaux; PEI
International Federation of Training and Development Organizations	Fédération internationale des organisations de formation et de développement
International Labour Office; ILO	Bureau international du Travail; BIT
International Labour Organization; ILO	Organisation internationale du Travail; OIT
International Standard Classification of Occupations; ISCO	Classification internationale type des professions; CITP
International Student Exchange Movement	Programme international d'échange d'étudiants

International Student Summer Employment Programmes; ISSEP	Programmes internationaux de l'emploi d'été des étudiants; PIEEE
International Worker Exchange Movement	Programme international d'échange de travailleurs
International Young Workers Employment Programmes; IYWEP	Programmes d'échanges internationaux pour l'emploi des jeunes travailleurs; PEIEJT
International Youth and Student Employment Exchange Program	Programme d'échanges internationaux de jeunes travailleurs et d'étudiants
International Youth Employment Exchange Program	Programme international d'échanges pour l'emploi des jeunes
International Youth Employment Programs	Programmes internationaux d'emploi des jeunes
internship	stage; internat
Internship Program with Non-Profit Organizations; Non-Profit Organization Internships Program	Programme de stages dans des organismes sans but lucratif
inter-occupational mobility; occupational mobility	mobilité professionnelle; mobilité interprofessionnelle
interpersonal relations	relations interpersonnelles
interplant transfer	mutation chez un même employeur
interprovincial and non-interprovincial trades	métiers à reconnaissance interprovinciale et sans reconnaissance interprovinciale
Interprovincial Committee on Occupational Analysis	Comité interprovincial de l'analyse des professions
interprovincial examination	examen interprovincial
interprovincial labour mobility	mobilité interprovinciale des travailleurs
interprovincial migration	migration interprovinciale
Interprovincial Occupational Analysis Program	Programme interprovincial d'analyse des professions
Interprovincial Red Seal; Red Seal	Sceau rouge interprovincial; Sceau rouge

Interprovincial Standards Examination Committee; ISEC	Comité d'examen des normes interprovinciales; CENI
Interprovincial Standards Program Co-ordinating Committee; ISPCC	Comité de coordination du Programme des normes interprovinciales; CCPNI
Interprovincial Standards Program (Red Seal)	Programme des normes interprovinciales (Sceau rouge)
interprovincial trade	métier à reconnaissance interprovinciale
interregional adjustment	adaptation interrégionale
interregional imbalance	déséquilibre interrégional
interruption of earnings	arrêt de rémunération
INTO; Introduction to Non-Traditional Occupations	IPNT; Initiation aux professions non traditionnelles
introduction to employer; referral to employment	présentation à un employeur; recommandation à un employeur; mise en rapport avec l'employeur
Introduction to Non-Traditional Occupations; INTO	Initiation aux professions non traditionnelles; IPNT
inventory of clients; client index; client inventory	répertoire des clients; fichier des clients
inventory of employment and manpower measures	répertoire des programmes d'emploi et de main-d'oeuvre
inventory of jobs	liste d'emplois
inventory of job seekers	répertoire des chercheurs d'emploi
Inventory of Registered Clients	Répertoire des clients inscrits
Inventory of Sources of Labour Market Data and Information	Répertoire des sources de données sur le marché du travail
inventory registration	inscription au répertoire
investigate a complaint	examiner une plainte; enquêter au sujet d'une plainte; instruire une plainte
ISCO; International Standard Classification of Occupations	CITP; Classification internationale type des professions

ISEC; Interprovincial Standards Examination Committee	CENI; Comité d'examen des normes interprovinciales
ISJ; individually subsidized jobs	ESI; emplois subventionnés individuellement
ISJ Option SEE Individually Subsidized Jobs Option	
isolated community	région isolée
isolated post	poste isolé
isolated post allowance	prime d'éloignement
ISPCC; Interprovincial Standards Program Co-ordinating Committee	CCPNI; Comité de coordination du Programme des normes interprovinciales
ISSEP; International Student Summer Employment Programmes	PIEEE; Programmes internationaux de l'emploi d'été des étudiants
issuance of social insurance numbers	délivrance des numéros d'assurance sociale
issue (v.)	1. délivrer

NOTA pour les certificats, permis, licences, passeports et documents

2. émettre

NOTA pour les chèques, actions, obligations, billets de banque et timbres

item	article; rubrique; point; question
itinerant office	bureau itinérant
itinerant point of service	point de service itinérant
itinerant service	service itinérant
itinerant worker; floater; transient worker	travailleur migrant; travailleur itinérant
IYWEP; International Young Workers Employment Programmes	PEIEJT; Programmes d'échanges internationaux pour l'emploi des jeunes travailleurs

JAN
SEE Job Accommodation Network

Japanese Agricultural Trainee Movement	Mouvement des stagiaires agricoles japonais
JIC; Job Information Centre	CIE; Centre d'information sur l'emploi
JIC screening interview	entrevue de présélection au CIE
JIC service record	dossier des services du CIE
job; employment; position; occupation	emploi; poste; profession
job access	accès à l'emploi
Job Accommodation Network [USA]; JAN	Service d'information sur les aménagements (prop.); JAN
	Réseau américain d'aide à l'emploi dont la fonction est de soutenir et d'assister les employeurs désireux de recruter des travailleurs handicapés.
job analysis	analyse des emplois; analyse des tâches
job and labour market information	information sur les emplois et le marché du travail
job application; employment application	demande d'emploi
job assessment	évaluation professionnelle
job bank	banque d'emplois
job barrier; barrier to employment; employment barrier	obstacle à l'emploi
job board	tableau d'affichage des offres d'emploi
job card	fiche d'emploi
job category	catégorie d'emploi
job classification	classification des emplois

job clearance	mise en circulation des offres
cf. clearance	
job confirmation	confirmation d'emploi
job content	contenu d'un emploi; nature du travail
job conversion; conversion	conversion; conversion des postes
Job Corps; Job Corps Program	Compagnie de travailleurs; programme Compagnie de travailleurs

NOTE This program was abolished with the implementation of the Canadian Jobs Strategy.

NOTA Ce programme a été supprimé à la suite de la mise en oeuvre de la Planification de l'emploi.

job creation; job generation; provision of employment; employment generation	création d'emplois
Job Creation and Employment Services	Services de placement et de création d'emplois
job creation funds	crédits affectés à la création d'emplois
job creation program	programme de création d'emplois
job creation project; employment-generating project	projet de création d'emplois
job creation project officer	agent de projet de création d'emplois
Job Creation Strategy	Stratégie de création d'emplois
job description; position description	description de poste
job development; career development; occupational upgrading; professional development; skill upgrading; vocational development	perfectionnement professionnel

Job Development Program	programme Développement de l'emploi
NOTE This program is part of the Canadian Jobs Strategy.	NOTA Ce programme fait partie de la Planification de l'emploi.
job dislocation; job displacement	suppression d'emploi
job dissatisfaction	insatisfaction au travail; insatisfaction professionnelle
job duty statement	exposé de fonctions
job engineering	organisation scientifique du travail
job enrichment	valorisation du travail; enrichissement des tâches; enrichissement du travail
job entry; employment integration	intégration professionnelle
Job Entry; Job Entry Program	Intégration professionnelle; programme Intégration professionnelle
NOTE This program is part of the Canadian Jobs Strategy.	NOTA Ce programme fait partie de la Planification de l'emploi.
job evaluation	évaluation des emplois; évaluation des postes de travail; évaluation des tâches; qualification du travail
job evaluation program	programme d'évaluation des emplois; programme d'évaluation des postes de travail; programme d'évaluation des tâches; programme de qualification du travail
job experience; work experience	expérience de travail; expérience professionnelle
Job Experience Program for New-Entrants on the Labour Market	Programme d'expérience professionnelle pour les nouveaux actifs
Job Experience Program for Recent School Leavers	Programme d'expérience professionnelle pour ceux qui viennent de quitter l'école

job exploration	prospection du marché du travail
job exposure	consultation des offres d'emploi
Job Exposure Program	Programme d'information sur l'emploi
job factor	critère d'emploi
job file	dossier des emplois
job filled	poste rempli; poste pourvu
Job Finding Club	Club de placement
job-finding skills; job-hunting method; job-search skills; job-search technique	techniques de recherche d'emploi; méthode de recherche d'emploi
job generation; employment generation; job creation; provision of employment	création d'emplois
job grading	classement des emplois; classification des tâches
job group analysis	analyse selon le groupe d'emploi
job holder; incumbent	titulaire d'un emploi; titulaire d'un poste; titulaire
job hunter; job seeker; job searcher	chercheur d'emploi; demandeur d'emploi; personne en quête d'emploi; personne à la recherche d'un emploi
job-hunting method; job-finding skills; job-search technique; job-search skills	méthode de recherche d'emploi; techniques de recherche d'emploi
Job Information Centre; JIC	Centre d'information sur l'emploi; CIE
job interview	entrevue d'emploi
joblessness; unemployment	chômage
job maintenance; job retention	maintien de l'emploi
job market; labour market; employment market	marché du travail; marché de l'emploi

job matching; job-worker matching; worker-job matching	1. adéquation de l'offre et de la demande d'emploi
	2. jumelage d'emplois et de travailleurs; jumelage emploi-travailleur; appariement des offres et des demandes d'emploi; jumelage travailleur-emploi; jumelage des travailleurs et des emplois; appariement des demandes et des offres d'emploi
job matching system	système de jumelage d'emplois et de travailleurs
job offer; job order; employment offer; employer order; offer of employment	offre d'emploi; offre de l'employeur
job opening; job opportunity; job outlook; job prospect; opportunity for employment; work opportunity; employment opening; employment opportunity; employment outlook; employment prospect	débouché; perspective d'emploi; occasion d'emploi; possibilité d'emploi
Job Opportunities Survey; JOS	Enquête sur les occasions d'emploi; EOE
job opportunity; job outlook; job prospect; opportunity for employment; work opportunity; employment opening; employment opportunity; employment outlook; employment prospect; job opening	débouché; perspective d'emploi; occasion d'emploi; possibilité d'emploi
job opportunity list	liste des occasions d'emploi
job order; employment offer; employer order; job offer; offer of employment	offre d'emploi; offre de l'employeur
job-order file	fichier des offres d'emploi
job order in clearance; clearance order; cleared order; order placed in clearance	offre mise en circulation; offre d'emploi mise en circulation
cf. clearance	

job-order maintenance clerk	commis à la conservation des offres d'emploi
job order process; order servicing	traitement des offres d'emploi
job order referral	présentation pour fins d'emploi
job order service summary	résumé du service assuré à l'égard de l'offre
job order servicing	suite à donner aux offres d'emploi
job-order status	état de l'offre d'emploi
job-order taking; order taking; order entry	réception des offres d'emploi; enregistrement des offres d'emploi; inscription des offres d'emploi
job orientation; career counselling; career guidance; vocational guidance; vocational counselling; occupational counselling; employment orientation	orientation professionnelle; counselling professionnel
Job Orientation and Motivation Project; JOMP	Projet d'orientation et de motivation professionnelles; POMP
job outlook; job prospect; opportunity for employment; work opportunity; employment opening; employment opportunity; employment outlook; employment prospect; job opening; job opportunity	débouché; perspective d'emploi; occasion d'emploi; possibilité d'emploi
job performance	rendement au travail
job placement; placement; labour exchange	placement
job posting	affichage des emplois
job preparation	préparation à l'emploi
job profile; employment profile	profil d'emploi
job prospect; opportunity for employment; work opportunity; employment opening; employment opportunity; employment outlook; employment prospect; job opening; job opportunity; job outlook	débouché; occasion d'emploi; possibilité d'emploi; perspective d'emploi

job readiness; employability	aptitude au travail; aptitude à l'emploi; employabilité
job readiness course	cours de préparation à l'emploi
job-ready; employable	prêt à travailler; apte au travail; prêt au travail; employable
job-ready client; job-ready worker; employable worker	client apte au travail; client apte à travailler; client prêt à travailler; client prêt à occuper un emploi; travailleur apte à occuper un emploi; travailleur prêt à occuper un emploi; travailleur apte au travail
job redefinition; job redesign; job restructuring	redéfinition des tâches; restructuration des emplois
job referral service; referral service	service de présentation
job-related barrier	obstacle lié à l'emploi
job-related education	enseignement axé sur les carrières
job-relatedness	rapport avec l'emploi
job-related training	formation liée à l'emploi
job requirements	qualifications requises; exigences de poste; exigences de l'emploi; qualités requises
job restructuring; job redefinition; job redesign	restructuration des emplois; redéfinition des tâches
job retention; job maintenance	maintien de l'emploi
job rotation	rotation des postes de travail; rotation d'emplois
job rotation assignment plan	programme d'affectation par rotation
job satisfaction; work satisfaction	satisfaction professionnelle; satisfaction dans le travail; satisfaction au travail
JOBSCAN	JOBSCAN
JOBSCAN-based checklist	liste de contrôle JOBSCAN
job search	recherche d'emploi

job-search counselling	counselling de recherche d'emploi
job searcher; job hunter; job seeker	personne à la recherche d'un emploi; chercheur d'emploi; demandeur d'emploi; personne en quête d'emploi
Job-Search Program	Programme de recherche d'emploi
job-search skills; job-finding skills; job-hunting method; job-search technique	méthode de recherche d'emploi; techniques de recherche d'emploi
job-search statement	déclaration de recherche active d'emploi
job-search technique; job-hunting method; job-search skills; job-finding skills	méthode de recherche d'emploi; techniques de recherche d'emploi
job security; security of employment; employment protection; employment security	sécurité d'emploi
job seeker; job hunter; job searcher	personne à la recherche d'un emploi; chercheur d'emploi; demandeur d'emploi; personne en quête d'emploi
Job Seekers Bulletin	Bulletin des chercheurs d'emploi
job seeker's calling card	carte de présentation du chercheur d'emploi
job-seeking unemployed; unemployed job-seeker	chômeur à la recherche d'un emploi
job selection assistance	aide à la sélection d'un emploi
job sharing; job splitting; job twinning	partage d'emploi; partage de poste
job site; work site; work place; place of employment; workplace	lieu de travail
job skill; work skill	aptitude professionnelle; capacité professionnelle
job specification	définition du poste de travail; exigences de l'emploi
job splitting; job twinning; job sharing	partage d'emploi; partage de poste
job stability	stabilité d'emploi

job stimulation; employment development; employment incentive	stimulation de l'emploi; développement de l'emploi
job success	réussite professionnelle
job task	tâche d'un poste
job tenure	ancienneté dans l'emploi; durée d'occupation d'un emploi
job title	appellation d'emploi; désignation de fonction
job training; career training; occupational training; skill training; vocational training; vocational education	formation professionnelle
job twinning; job sharing; job splitting	partage d'emploi; partage de poste
job vacancy; vacant position; vacancy	vacance; emploi vacant; poste vacant
job vacancy survey; vacancy survey	enquête sur les postes vacants
Job Voucher	Attestation
job-worker matching; worker-job matching; job matching	1. adéquation de l'offre et de la demande d'emploi
	2. jumelage d'emplois et de travailleurs; jumelage emploi-travailleur; appariement des offres et des demandes d'emploi; jumelage travailleur-emploi; jumelage des travailleurs et des emplois; appariement des demandes et des offres d'emploi
job zone	zone d'emploi
joint committee	comité mixte
joint consultation	consultation mixte
joint consultation committee	comité mixte de consultation
Joint Employee Assistance Program	Programme conjoint d'aide aux employés

Joint Federal-Provincial Manpower Needs Committee; Federal-Provincial Manpower Needs Committee	Comité fédéral-provincial des besoins en main-d'oeuvre
joint labour-management committee; joint union/management committee	comité mixte patronal-syndical
Joint Labour Market Needs Committee	Comité mixte des besoins en main-d'oeuvre
joint project	projet mixte; projet conjoint
joint task force; joint working group	groupe de travail mixte; groupe d'étude mixte
joint training session	séance de formation mixte
joint union/management committee; joint labour-management committee	comité mixte patronal-syndical
joint working group; joint task force	groupe de travail mixte; groupe d'étude mixte
JOMP; Job Orientation and Motivation Project	POMP; Projet d'orientation et de motivation professionnelles
JOS; Job Opportunities Survey	EOE; Enquête sur les occasions d'emploi
journeyman; tradesman	compagnon; homme de métier
journeyman certificate; journeyman paper	certificat de compagnon
junior occupation	profession subalterne
junior staff	subalternes (n.); employés subalternes; personnel subalterne
Junior Staff Development Program	Programme de perfectionnement des agents subalternes
jurisdiction	1. compétence; juridiction; autorité; sphère de compétence; zone de responsabilité
	2. champ d'application; domaine d'attributions
just cause	motif valable

k

key employer	employeur clé
key industrial sector	secteur industriel clé
key job	emploi clé; poste clé
key occupation	profession clé
knowledge test	test de connaissances
known local demand	demande locale connue
Kuder Interest Test	Test d'intérêts de Kuder
Kuder Preference Record	Test des préférences de Kuder

l

labour adjustment	adaptation de la main-d'oeuvre
labour adjustment benefits	prestations d'adaptation pour les travailleurs
Labour Adjustment Benefits Act	Loi sur les prestations d'adaptation pour les travailleurs
Labour Adjustment Fund	Fonds d'adaptation de la main-d'oeuvre
labour adjustment program	programme d'aide à l'adaptation de la main-d'oeuvre
Labour Adjustment Review Board	Office d'aide à l'adaptation des travailleurs
labour agreement; collective agreement; labour-management contract; union contract	convention collective (de travail)
labour assessment; manpower assessment	étude de main-d'oeuvre
labour assessment incentive agreement; manpower assessment incentive agreement (f.c.)	accord d'encouragement aux études de main-d'oeuvre
labour code	code du travail
labour conflict; industrial dispute; labour dispute	conflit de travail; différend du travail; conflit du travail

labour contract; employer-employee agreement; contract of employment; employment contract; work agreement; work contract	contrat de travail; contrat individuel de travail
labour cost	coût de la main-d'oeuvre; coût de main-d'oeuvre
labour council	conseil du travail
labour demand; demand for workers; manpower demand; worker demand	demande de main-d'oeuvre; demande de travailleurs
labour demand analysis	analyse de la demande de main-d'oeuvre
labour development; human resource(s) development	mise en valeur des ressources humaines
labour dispute; industrial dispute; labour conflict	conflit de travail; différend du travail; conflit du travail
labourer; unskilled worker	manoeuvre; travailleur non qualifié
labour exchange; job placement; placement	placement
Labour Exchange Component	Composante du placement
labour exchange inventory	répertoire du service de placement
labour exchange process	processus de placement des travailleurs
labour exchange service; placement service; placement agency; employment agency; employment bureau; employment office; hiring hall	agence de placement; bureau de placement; service de placement; bureau d'embauchage
labour expert	spécialiste du domaine du travail
labour federation	fédération du travail
labour force; work force; manpower; workforce; active population; working population	population active; main-d'oeuvre; actifs (n.); travailleurs
labour force absorption	intégration à la population active
labour force adjustment; manpower adjustment; work force adjustment	réaménagement des effectifs

123

labour force analyst; manpower analyst	analyste de la main-d'oeuvre; analyste de la population active
labour force attachment; attachment to the labour force; labour market attachment	participation au marché du travail
labour force behaviour	comportement de la population active; comportement de la main-d'oeuvre
labour force characteristics	caractéristiques de la population active
Labour Force Development Strategy; LFDS	Stratégie de mise en valeur de la main-d'oeuvre; SMMO
labour force distribution	répartition de la population active
labour force entrant; new entrant; new labour force entrant	nouvel actif; nouveau venu sur le marché du travail; entrant sur le marché du travail; primo-demandeur d'emploi
labour force growth	croissance de la population active; accroissement de la population active
labour force increase	augmentation de la population active
labour force participation rate	taux d'activité de la population active; taux d'activité de la main-d'oeuvre
labour force re-entrant	rentrant sur le marché du travail
labour force requirements; labour needs; labour requirements; manpower needs; manpower requirements; workforce requirements; worker requirement	besoins en main-d'oeuvre; effectif nécessaire
labour force status; employment status; work situation	situation d'activité; situation professionnelle
Labour Force Survey; LFS	Enquête sur la population active; EPA
labouring occupation	profession de manoeuvre; emploi de manoeuvre

labour instability	instabilité de la main-d'oeuvre
labour intensive industrial development	développement industriel à prédominance de main-d'oeuvre
labour intensive industry	industrie de main-d'oeuvre; industrie à forte densité de main-d'oeuvre; industrie à forte proportion de main-d'oeuvre; industrie à forte concentration de main-d'oeuvre
labour intensive project	projet à forte densité de main-d'oeuvre; projet à forte concentration de main-d'oeuvre; projet à forte proportion de main-d'oeuvre
labour law	droit du travail
labour legislation	législation du travail
labour-management committee	comité patronal-syndical
labour-management consultation	consultation ouvrière-patronale; consultation patronale-syndicale
Labour-Management Consultation Committee; LMCC	Comité de consultation patronale-syndicale; CCPS
labour-management contract; collective agreement; labour agreement; union contract	convention collective (de travail)
labour-management organization	organisme patronal-syndical
labour-management work force	groupe de travail patronal-syndical
labour market; job market; employment market	marché du travail; marché de l'emploi
labour market absorption capacity	capacité d'absorption du marché du travail
labour market adjustment	adaptation au marché du travail
labour market advisor; employment market advisor	conseiller en marché du travail
labour market analysis	analyse du marché du travail
labour market analyst	analyste du marché du travail
labour market area	zone du marché du travail

125

labour market assessment	évaluation du marché du travail
labour market attachment; attachment to the labour force; labour force attachment	participation au marché du travail
labour market conditions	situation du marché du travail; conjoncture du marché du travail; état du marché du travail
labour market demand; demand side of the labour market	demande sur le marché du travail
labour market development	développement du marché du travail; évolution du marché du travail
Labour Market Development Task Force SEE Task Force on Labour Market Development	
labour market dislocation; manpower dislocation; dislocation of the labour market	perturbation du marché du travail; désorganisation du marché du travail
labour market dynamics	dynamique du marché du travail
labour market efficiency	efficacité du marché du travail
labour market entry difficulties	problèmes d'intégration au marché du travail
labour market equilibrium	équilibre du marché du travail
labour market flow	mouvement sur le marché du travail
labour market growth	croissance du marché du travail
labour market imbalance	déséquilibre du marché du travail
labour market information; labour market intelligence; employment market information	information sur le marché du travail; renseignements sur le marché du travail
labour market information system; labour market intelligence system	système d'information sur le marché du travail; système de renseignements sur le marché du travail
labour market integration	intégration au marché du travail

labour market intelligence; employment market information; labour market information	renseignements sur le marché du travail; information sur le marché du travail
Labour Market Intelligence Service	Service de renseignements sur le marché du travail
labour market intelligence system; labour market information system	système de renseignements sur le marché du travail; système d'information sur le marché du travail
labour market liaison	liaison avec le marché du travail
labour market needs; market requirements; needs of the labour market	besoins du marché du travail
labour market operations; functioning of the labour market; operation of labour market	rouages du marché du travail; fonctionnement du marché du travail
labour market participant	actif (n.)
labour market partners	intervenants sur le marché du travail
labour market performance	rendement du marché du travail
labour market planner	planificateur du marché du travail
labour market policies	mesures visant le marché du travail
labour market policy	politique du marché du travail
labour market position of women	situation des femmes sur le marché du travail
labour market pressure	pressions exercées sur le marché du travail
labour market programs	programmes relatifs au marché du travail
labour market research	recherche sur le marché du travail
labour market response	1. mesure relative au marché du travail
	2. intervention sur le marché du travail

labour market sector; labour market zone; segment of labour market	secteur du marché du travail
labour market slack	ralentissement du marché du travail
labour market stabilization	stabilisation du marché du travail
labour market strategy	stratégie du marché du travail
labour market structure	structure du marché du travail
labour market system	système du marché du travail
labour market trend	tendance du marché du travail
labour market zone; segment of labour market; labour market sector	secteur du marché du travail
labour mobility; manpower mobility; worker mobility; work force mobility	mobilité de la main-d'oeuvre; mobilité des travailleurs
Labour Mobility and Assessment Incentives Regulations	Règlement sur l'encouragement à la mobilité et aux études de main-d'oeuvre
labour mobility incentive agreement; manpower mobility incentive agreement (f.c.)	accord d'encouragement à la mobilité de la main-d'oeuvre
labour movement	mouvement ouvrier
labour needs; labour force requirements; labour requirements; manpower needs; manpower requirements; workforce requirements; worker requirement	besoins en main-d'oeuvre; effectif nécessaire
labour organization; labour union; trade union; union	syndicat; organisation syndicale
labour pool; pool of workers	réservoir de main-d'oeuvre; réserve de travailleurs; bassin de main-d'oeuvre; bassin de travailleurs
labour price	prix de la main-d'oeuvre
labour product	produit travaillistique
labour recruiting area	zone de recrutement de la main-d'oeuvre

labour representative; union steward; union representative; employee representative; representative of workers	délégué syndical; représentant syndical; représentant des travailleurs
labour requirements; labour force requirements; labour needs; manpower needs; manpower requirements; workforce requirements; worker requirement	besoins en main-d'oeuvre; effectif nécessaire
labour saving (adj.)	économisant du travail; générateur d'économie de main-d'oeuvre
labour saving device	dispositif d'économie de main-d'oeuvre
labour scarcity; labour shortage; manpower shortage; under-supply of workers; worker shortage; occupational shortage	pénurie de main-d'oeuvre; pénurie de travailleurs; manque de main-d'oeuvre
labour services; manpower services	services de main-d'oeuvre
labour shortage; labour scarcity; under-supply of workers; manpower shortage; worker shortage; occupational shortage	pénurie de travailleurs; pénurie de main-d'oeuvre; manque de main-d'oeuvre
labour standards	normes du travail
labour supply; manpower supply; supply of labour; supply of workers; worker availability; availability of manpower	offre de main-d'oeuvre; disponibilité de main-d'oeuvre; travailleurs disponibles; main-d'oeuvre disponible; offre de travailleurs
labour supply growth	croissance de l'offre de main-d'oeuvre
labour surplus; manpower surplus; surplus manpower; manpower redundancy; redundancy of manpower	main-d'oeuvre excédentaire; excédent de main-d'oeuvre
labour surplus area	secteur en excédent de main-d'oeuvre
labour turnover; employee turnover; staff turnover; turnover	roulement du personnel; roulement de la main-d'oeuvre; renouvellement du personnel; renouvellement de la main-d'oeuvre
labour union; labour organization; trade union; union	syndicat; organisation syndicale

LAC; Local Advisory Council	CCL; Conseil consultatif local
lack of occupational skills	manque de compétences professionnelles
lack of skill	manque de qualification; manque de compétence
lack of work; work shortage	manque de travail; pénurie de travail
lack of work experience	manque d'expérience pratique
LAEB; Local Agricultural Employment Board; Local Agricultural Manpower Board (f.c.); LAMB (f.c.)	CLEA; Commission locale de l'emploi agricole; Commission locale de la main-d'oeuvre agricole (app. ant.); CLMA (app. ant.)
laid-off	1. mis à pied; mis en disponibilité NOTA perte d'emploi temporaire 2. licencié NOTA perte d'emploi permanente
LAMB (f.c.); Local Agricultural Manpower Board (f.c.); Local Agricultural Employment Board; LAEB	CLMA (app. ant.); Commission locale de la main-d'oeuvre agricole (app. ant.); Commission locale de l'emploi agricole; CLEA
language deficiency	connaissance insuffisante de la langue
language instructor	moniteur de langue; professeur de langue
Language Knowledge Examination; LKE	Examen de connaissance de la langue; ECL
language policy	politique linguistique
language requirement	exigence linguistique
language training	cours de langue; formation linguistique
Language Training Program	Programme de cours de langue; Programme d'enseignement des langues

lapsing funds; slippage funds	fonds inutilisés; fonds non utilisés; fonds non reportables; fonds en excédent
lateral transfer	mutation latérale
lawful bargaining agent	agent de négociation légitime
lawful strike	grève légale
lay(-)off (n.); short-term lay(-)off; temporary lay(-)off	mise à pied; mise en disponibilité
	NOTA perte d'emploi temporaire
lay(-)off (n.); permanent lay(-)off	licenciement
	NOTA perte d'emploi permanente
lay off (v.)	1. mettre à pied; mettre en disponibilité
	2. licencier
lay(-)off procedure	procédure de mise à pied
Layoff Reporting System	Transmission de données sur les licenciements
LCSC; Local Community Service Centres	CLSC; Centres locaux de services communautaires
LEAD corporation	société CLÉ
lead department	ministère directeur
LEAD Program SEE Local Employment Assistance and Development Program	
learning by doing	apprentissage par la pratique
learning difficulty; learning disability; learning disorder	trouble d'apprentissage; difficulté d'apprentissage
learning experience	expérience d'apprentissage
Learning Individualized for Canadians Program; LINC Program	Programme d'enseignement individuel canadien; PEIC
leave; leave of absence; authorized absence; authorized leave	absence autorisée; congé autorisé; autorisation d'absence; permis d'absence

leave for development purposes; skill development leave; career development leave	congé de perfectionnement
leave for training purposes	congé de formation
leave of absence; leave; authorized absence; authorized leave	absence autorisée; congé autorisé; autorisation d'absence; permis d'absence
leave record	registre des congés
leave the labour force; withdraw from the labour force	quitter la vie active; quitter les rangs de la population active
leave without pay; absence without pay	congé non payé; congé sans salaire; congé sans traitement; congé sans solde
leave with pay; paid leave; time off with pay; paid holiday	congé rémunéré; congé payé
legal advisor	conseiller juridique
legal and applied titles	appellations légales et titres d'usage
legal employment requirement	condition légale de travail
legally eligible to work	légalement admissible à travailler
legally employable	légalement employable
legally entitled to work	légalement autorisé à travailler
legal resident	résident autorisé
Legislated Employment Equity Program	Programme légiféré d'équité en matière d'emploi
legislated ratio of journeymen to apprentices	proportion autorisée par la loi de compagnons par rapport aux apprentis
length of service	états de service
length of time worker available	durée de disponibilité du travailleur
length of unemployment	durée du chômage
letter of application	lettre de demande d'emploi
letter of discharge	lettre de congédiement
letter of intent	lettre d'intention

letter of reprimand	lettre de réprimande
letter of understanding	lettre d'accord; lettre d'entente
level III client; disadvantaged client	client de palier III; client défavorisé
level of education; level of study; level of schooling; schooling; academic attainment; education; educational level; formal education	niveau d'études; niveau de scolarité; scolarité; niveau d'instruction; études; formation scolaire
level of employment; employment level	niveau d'emploi
level of position; position level	niveau de poste
level of schooling; academic attainment; education; educational level; formal education; level of education; level of study; schooling	niveau d'études; niveau de scolarité; scolarité; niveau d'instruction; études; formation scolaire
level of service	niveau de service
level of skill; competence level; skill level	niveau de qualification; niveau de compétence
level of study; level of schooling; schooling; academic attainment; education; educational level; level of education; formal education	niveau d'études; niveau de scolarité; scolarité; niveau d'instruction; études; formation scolaire
level of unemployment; unemployment rate	taux de chômage
levy-grant system	système de subventions par prélèvement
LFDS; Labour Force Development Strategy	SMMO; Stratégie de mise en valeur de la main-d'oeuvre
LFS; Labour Force Survey	EPA; Enquête sur la population active
liaison officer	agent de liaison
license; permit; work permit; employment authorization	licence; permis; permis de travail; permis d'exercice
licensed, be	détenir un permis
licensee	détenteur d'autorisation

licensing	octroi de permis; autorisation d'exploiter
licensing agreement	accord d'autorisation
licensing requirement	réglementation professionnelle
life skills	dynamique de la vie; connaissances élémentaires; connaissances de base; connaissances pratiques; autonomie fonctionnelle
life skills coach	animateur de cours de dynamique de la vie; animateur de cours d'apprentissage de l'autonomie fonctionnelle
life skills course	cours de dynamique de la vie; cours d'apprentissage de l'autonomie fonctionnelle
life skills program	programme de dynamique de la vie; programme d'apprentissage de l'autonomie fonctionnelle
life skills training	formation en dynamique de la vie; apprentissage de l'autonomie fonctionnelle
light screening service	service de présélection
LINC Program; Learning Individualized for Canadians Program	PEIC; Programme d'enseignement individuel canadien
line management	gestion des services hiérarchiques
line manager	cadre hiérarchique; cadre axial; cadre organique
LITAC; Local Industrial Training Advisory Council	CCLFI; Conseil consultatif local de la formation industrielle
Literacy Corps	Équipes d'alphabétisation
literacy council	conseil d'alphabétisation
literacy training course	cours d'alphabétisation
literacy tutor	professeur de cours d'alphabétisation
live file; active file	dossier actif
live-in worker	travailleur résidant

living allowance; subsistence allowance	indemnité de séjour; allocation de subsistance
living-away from home allowance	allocation de séjour hors du foyer
living expenses	frais de subsistance
LKE; Language Knowledge Examination	ECL; Examen de connaissance de la langue
LLMCC; Local Labour-Management Consultation Committee	CLCPS; Comité local de consultation patronale-syndicale
LMCC; Labour-Management Consultation Committee	CCPS; Comité de consultation patronale-syndicale
LO; local office; field office	BL; bureau local
loan guarantee	garantie d'emprunt
local action group	groupe d'action local
Local Advisory Council; LAC	Conseil consultatif local; CCL
Local Agricultural Employment Board; LAEB; Local Agricultural Manpower Board (f.c.); LAMB (f.c.)	Commission locale de l'emploi agricole; CLEA; Commission locale de la main-d'oeuvre agricole (app. ant.); CLMA (app. ant.)
Local Community Service Centres; LCSC	Centres locaux de services communautaires; CLSC
local economic development	développement économique local
local economic development assistance	aide au développement économique local
Local Employment Assistance and Development Program; LEAD Program	Programme de croissance locale de l'emploi; programme CLÉ
NOTE This program was phased out with the implementation of the Canadian Jobs Strategy.	NOTA Ce programme a été supprimé progressivement à la suite de la mise en oeuvre de la Planification de l'emploi.
local employment development activity	activité locale de stimulation de l'emploi
local employment growth	croissance de l'emploi dans les collectivités
local government	administration locale

local government agency	organisme de l'administration locale
local holiday	congé local
Local Industrial Training Advisory Council; LITAC	Conseil consultatif local de la formation industrielle; CCLFI
local labour council	conseil syndical local
Local Labour-Management Consultation Committee; LLMCC	Comité local de consultation patronale-syndicale; CLCPS
local labour market	marché du travail local
locally engaged casual employees	employés occasionnels recrutés sur place
locally engaged employees report	rapport sur les employés recrutés sur place
local market	marché local
local native employment counsellor	conseiller local en emploi des autochtones
local office; LO; field office	bureau local; BL
Local Pay Centre; LPC	Centre local de la paye; CLP
local planning strategy	stratégie de planification locale; stratégie d'intervention locale
local prevailing rate	taux en vigueur dans la localité
local resident	résident de la localité
local strike centre	centre local de coordination en temps de grève
local training council	conseil local de formation
local vacancy	emploi vacant local
local wage rate	taux de salaire dans la région
locked-out worker	travailleur visé par un lock-out; travailleur soumis à un lock-out
lock-out	lock(-)out
lone parent family; one-parent family; single parent family	famille monoparentale
longitudinal evaluation	évaluation longitudinale

long-range employment-related plan	plan de création d'emplois à long terme
long-term contract	contrat à long terme
long-term employment; long-term job	emploi de longue durée
long-term lay(-)off	mise à pied de longue durée
long-term manpower shortage	pénurie persistante de main-d'oeuvre
long-term training	formation à long terme
long-term unemployed; chronically unemployed; hard-core unemployed	chômeur de longue date; chômeur chronique
long-term unemployment; chronic unemployment; hard-core unemployment	chômage chronique; chômage endémique; chômage de longue durée
looking for work	à la recherche d'un emploi; en quête d'un emploi
lost wage	salaire perdu
lower level administrative job	poste d'administration de niveau inférieur
lower level skill training	formation peu spécialisée
low-growth region; slow-growth region	région à faible croissance; région à croissance lente
low-level skill development	acquisition de compétences peu spécialisées
low-level training course	cours de formation de base
low morale	absence de motivation
low productivity	faible productivité
low-skilled	peu spécialisé
low-skilled occupation	profession de spécialisation réduite; profession peu spécialisée
low-wage job	emploi peu rémunérateur
LPC; Local Pay Centre	CLP; Centre local de la paye
lump sum	montant forfaitaire
lump sum adjustment	rajustement forfaitaire

lump sum allowance	indemnité forfaitaire
lump sum grant	subvention forfaitaire
Luxembourg-Quebec Young Farmers Exchange	Échange de jeunes agriculteurs entre le Québec et le Luxembourg

m

MAB; Ministerial Advisory Board	CC; Commission consultative
macroeconomic model	modèle macro-économique
macroeconomic policy	politique macro-économique
maintain employment level	maintenir le niveau d'emploi
maintenance occupation	profession liée à l'entretien
maintenance personnel	personnel d'entretien
major group; MG	grand groupe; GG
NOTE Canadian Classification and Dictionary of Occupations	NOTA Classification canadienne descriptive des professions
make up wages	compléter le salaire
make-work program	programme ponctuel de création d'emplois
maladjustment	déséquilibre
male-dominated occupation	profession à prédominance masculine; profession habituellement exercée par des hommes
male labour force	population active masculine
male participation rate	taux d'activité des hommes; taux de participation des hommes
management	1. gestion
	2. direction; dirigeants; gestionnaires; cadres; patronat
Management Advancement Program	Programme de perfectionnement des gestionnaires

Management Assignment Program; MAP	Programme d'affectation des cadres; PAC
management category; managerial category	catégorie de la gestion
Management Consultative Services	Services consultatifs de gestion
Management Improvement Secretariat	Secrétariat du perfectionnement de la gestion
Management Information System; MIS	Système d'information de gestion; SIG
management level	palier de direction; palier administratif
management of counselling	gestion du counselling
management report	rapport de gestion
management representative; representative of employer; employer's representative	délégué patronal; représentant patronal; représentant de la direction; représentant de l'employeur
Management Resources Information System	Système d'information des ressources de gestion
management skills	compétences en gestion
management trainee program	programme de formation en gestion
management training	formation en gestion; formation des cadres
Management Training Program	Programme de formation des cadres
manager	gestionnaire; directeur; cadre; dirigeant
managerial and confidential exclusions	exclusion des préposés à la gestion ou à des fonctions confidentielles
managerial category; management category	catégorie de la gestion
managerial consultant	expert-conseil en gestion
managerial position; executive job; executive position	poste de direction
managing coordinator	coordonnateur de stages

mandatory retirement	retraite obligatoire
mandatory retirement age; automatic retirement age; compulsory retirement age	âge obligatoire de la retraite
manipulative skill	aptitude manuelle; aptitude psychomotrice
manpower; labour force; workforce; work force; active population; working population	main-d'oeuvre; population active; actifs (n.); travailleurs
manpower adjustment; labour force adjustment; work force adjustment	réaménagement des effectifs
manpower adjustment agreement	accord d'adaptation de la main-d'oeuvre
Manpower Adjustment Committee	Comité d'adaptation de la main-d'oeuvre
manpower adjustment plan	plan d'adaptation de la main-d'oeuvre
manpower allowance	allocation de main-d'oeuvre
manpower analyst; labour force analyst	analyste de la main-d'oeuvre; analyste de la population active
Manpower and Social Affairs Commission; MSAC	Commission de la main-d'oeuvre et des affaires sociales; CMAS
Manpower and Social Affairs Committee	Comité de la main-d'oeuvre et des affaires sociales
manpower assessment; labour assessment	étude de main-d'oeuvre
manpower assessment incentive agreement (f.c.); labour assessment incentive agreement	accord d'encouragement aux études de main-d'oeuvre
manpower consultant	expert-conseil en main-d'oeuvre
Manpower Consultative Service; MCS	Service consultatif de la main-d'oeuvre; SCM

NOTE This service was replaced by the Industrial Adjustment Service.

NOTA Ce service a été remplacé par le Service d'aide à l'adaptation de l'industrie.

manpower counsellor	conseiller en main-d'oeuvre

manpower delivery system	système de prestation de services de main-d'oeuvre
manpower demand; demand for workers; labour demand; worker demand	demande de main-d'oeuvre; demande de travailleurs
manpower development; development of manpower	perfectionnement de la main-d'oeuvre
manpower dislocation; labour market dislocation; dislocation of the labour market	désorganisation du marché du travail; perturbation du marché du travail
manpower forecast	prévision des besoins en main-d'oeuvre
manpower information	données sur la main-d'oeuvre; renseignements sur la main-d'oeuvre; information sur la main-d'oeuvre
manpower inventory	relevé des effectifs; liste des effectifs; inventaire des ressources en main-d'oeuvre; recensement de la main-d'oeuvre; répertoire de main-d'oeuvre
manpower mobility; labour mobility; worker mobility; work force mobility	mobilité de la main-d'oeuvre; mobilité des travailleurs
manpower mobility incentive agreement (f.c.); labour mobility incentive agreement	accord d'encouragement à la mobilité de la main-d'oeuvre
Manpower Mobility Regulations	Règlement sur la mobilité de la main-d'oeuvre
manpower movement; worker displacement; movement of workers	déplacement de la main-d'oeuvre; déplacement des travailleurs
manpower needs; labour requirements; labour force requirements; labour needs; manpower requirements; workforce requirements; worker requirement	besoins en main-d'oeuvre; effectif nécessaire
Manpower Needs Committee; MNC	Comité des besoins en main-d'oeuvre; CBM
Manpower Needs Technical Sub-Committee	Sous-comité technique des besoins en main-d'oeuvre
manpower plan; work force plan	plan de main-d'oeuvre

141

manpower planning; work force planning	planification de la main-d'oeuvre; planification des effectifs
Manpower Planning and Training Council	Conseil de planification et de formation de la main-d'oeuvre
Manpower Planning Board	Conseil de planification de la main-d'oeuvre
Manpower Planning Committee	Comité de planification de la main-d'oeuvre
manpower planning measure	mesure de planification de la main-d'oeuvre
manpower planning procedure	procédure de planification de la main-d'oeuvre
manpower planning system	système de planification de la main-d'oeuvre
manpower policy	politique de main-d'oeuvre
Manpower Policy Council; MPC	Conseil d'élaboration de la politique de main-d'oeuvre; CEPM
manpower problem	problème de main-d'oeuvre
manpower profile	profil de main-d'oeuvre
manpower program	programme de main-d'oeuvre
manpower recruitment	recrutement de la main-d'oeuvre
manpower reduction; work force reduction; employment cut-back; reduction in personnel; reduction of staff; staff reduction	réduction des effectifs; compression du personnel; réduction du personnel; compression des effectifs
manpower redundancy; redundancy of manpower; surplus manpower; labour surplus; manpower surplus	excédent de main-d'oeuvre; main-d'oeuvre excédentaire
manpower requirements; labour force requirements; labour needs; labour requirements; manpower needs; workforce requirements; worker requirement	besoins en main-d'oeuvre; effectif nécessaire
manpower resources	ressources en main-d'oeuvre
Manpower Service Commission [GBR]; MSC	Manpower Service Commission [GBR]; MSC
manpower services; labour services	services de main-d'oeuvre

manpower service to employers	service de main-d'oeuvre aux employeurs
manpower shortage; labour scarcity; labour shortage; under-supply of workers; worker shortage; occupational shortage	pénurie de main-d'oeuvre; pénurie de travailleurs; manque de main-d'oeuvre
manpower source; supply source	source de main-d'oeuvre; source de travailleurs
manpower strategy	stratégie de main-d'oeuvre
manpower supply; labour supply; supply of labour; supply of workers; worker availability; availability of manpower	offre de main-d'oeuvre; offre de travailleurs; disponibilité de main-d'oeuvre; main-d'oeuvre disponible; travailleurs disponibles
manpower supply and demand	l'offre et la demande de main-d'oeuvre; l'offre et la demande de travailleurs
manpower surplus; labour surplus; surplus manpower; manpower redundancy; redundancy of manpower	excédent de main-d'oeuvre; main-d'oeuvre excédentaire
manpower training	formation de la main-d'oeuvre
Manpower Training Research Program	Programme de recherche sur la formation de la main-d'oeuvre
manpower utilization; utilization of manpower	utilisation de la main-d'oeuvre
Manpower Vocational Training Commission [Que.]; MVTC	Commission de formation professionnelle de la main-d'oeuvre [Québec]; CFP
manual client information record	fichier manuel de renseignements sur les clients
manual dexterity	dextérité manuelle
manual labour	travail manuel; travail physique
manual worker; blue-collar worker	col bleu; travailleur manuel
manufacturing industry	industrie manufacturière; industrie de la fabrication
manufacturing sector	secteur de la fabrication; secteur manufacturier
MAP; Management Assignment Program	PAC; Programme d'affectation des cadres

marginal benefit	avantage accessoire; avantage complémentaire
marginally employed	1. sous-employé
	2. employé de façon intermittente
marginal worker	travailleur employé de façon intermittente
marginal worker; under-employed worker	travailleur sous-employé
marital status	état matrimonial; état civil
marketability	possibilité de faire valoir les compétences du client
marketable skill	aptitude monnayable; compétence monnayable
market adjustment mechanism	mécanisme d'adaptation du marché du travail
market demand	demande sur le marché
market driven training	formation à l'initiative du secteur privé
marketing clients to employers	présentation des clients aux employeurs
marketing of a worker	mise en valeur d'un travailleur
marketing strategy	stratégie de promotion
marketing visit	visite de recherche de débouchés
market penetration	présence sur le marché du travail; percée sur le marché du travail; rayon d'action sur le marché du travail
market requirements; labour market needs; needs of the labour market	besoins du marché du travail
market work activity	activité rémunérée; activité productive rémunérée
mass lay(-)off	licenciement collectif
master agreement; umbrella agreement; blanket agreement	entente-cadre; entente générale; accord-cadre

master file	fichier principal
master registration	inscription principale
matching SEE job matching	
maternity leave; pregnancy leave	congé de maternité
maximum allowable weekly wage	salaire hebdomadaire maximal admissible
maximum federal contribution	contribution fédérale maximale
maximum performance level	niveau maximal de rendement
maximum rate of pay	taux de traitement maximal; taux de salaire maximal
maximum wage reimbursement	remboursement maximal au titre des salaires
maximum weekly allowance payable	allocation hebdomadaire maximale payable
MCE; measurement counselling effectiveness	ERC; évaluation du rendement des conseillers
MCS SEE Manpower Consultative Service	
meal allowance	indemnité de repas
measurement counselling effectiveness; MCE	évaluation du rendement des conseillers; ERC
mechanical skills	compétences en mécanique
median salary	salaire médian
medical benefits insurance; health insurance; medicare	assurance-maladie
medical certificate	certificat médical
medical clearance; medical clearance certificate	certificat de santé
medical examination	visite médicale; examen médical
medical services; health care services	services de santé
medicare; health insurance; medical benefits insurance	assurance-maladie
medium-skilled; semi-skilled	de spécialisation moyenne

medium-skilled occupation; semi-skilled occupation	profession de spécialisation moyenne
medium-term employment growth	croissance de l'emploi à moyen terme; progression de l'emploi à moyen terme
meet a demand	satisfaire à une demande; répondre à une demande
meet a goal	atteindre un objectif
meet criteria	répondre à des critères
meet employer requirements	répondre aux exigences de l'employeur
meet labour market needs	répondre aux besoins du marché du travail
meet the job requirements	satisfaire aux exigences de l'offre d'emploi; répondre aux exigences de l'emploi
mega project	grand projet; mégaprojet; projet d'envergure
memorandum of understanding; statement of understanding	protocole d'entente
mentor	conseiller

Personne qui assume l'encadrement d'un stagiaire. |
mentoring; mentorship	encadrement
Merit Award Program	Programme des primes au mérite
merit increase	augmentation de salaire au mérite; augmentation au mérite
merit principle	principe du mérite
Metis and Non-Status Indian; MNSI	Métis et Indien non inscrit; MINI
Metro CEC	CEC métropolitain
ex.: Winnipeg Metro CEC	ex. : CEC métropolitain de Winnipeg
Metro CEC Manager; Metro Manager	directeur de CEC métropolitain
metropolitan centre	centre métropolitain

146

Metropolitan Order Processing System; MOPS	Système de traitement des offres d'emploi des secteurs métropolitains; STOE
metro region	région métropolitaine
Mexican agricultural worker	travailleur agricole du Mexique
Mexican Seasonal Agricultural Workers Program	Programme des travailleurs agricoles saisonniers du Mexique
Mexican Seasonal Workers Program	Programme des travailleurs saisonniers du Mexique
MG SEE major group	
micro-CHOICES	micro-CHOIX
middle level manpower	travailleurs du niveau intermédiaire
middle management level	niveau de la gestion intermédiaire; niveau des cadres intermédiaires
middle manager	cadre intermédiaire; cadre moyen
mid-term occupational imbalance	déséquilibre à moyen terme par profession
migration flow	mouvement migratoire
MILAP SEE Modified Industry and Labour Adjustment Program	
minimum hourly rate	taux horaire minimal
minimum legal working age	âge minimum légal pour travailler
minimum wage	salaire minimum
Minimum Wage Board; MWB	Conseil du salaire minimum; CSM
minimum wage legislation	législation du salaire minimum
minimum wage rate	taux de salaire minimum
mini-registration	inscription partielle
Ministerial Advisory Board; MAB	Commission consultative; CC
Minister's Office; MO	Cabinet du Ministre; CM

minor duty	fonction mineure
minor group	sous-groupe
NOTE Canadian Classification and Dictionary of Occupations	NOTA Classification canadienne descriptive des professions
minority group	groupe minoritaire
MIS; Management Information System	SIG; Système d'information de gestion
MNC; Manpower Needs Committee	CBM; Comité des besoins en main-d'oeuvre
MNSI; Metis and Non-Status Indian	MINI; Métis et Indien non inscrit
MO; Minister's Office	CM; Cabinet du Ministre
mobility	mobilité
mobility agreement	accord de mobilité
mobility allowance	allocation de mobilité
mobility assistance	aide à la mobilité
mobility grant	subvention à la mobilité; subvention de mobilité
Mobility Incentive Agreement	Accord d'encouragement à la mobilité
mobility rate	taux de mobilité
mobilize the labour force	mobiliser la population active
mock interview	simulation d'entrevue
model interview	entrevue type
moderator	modérateur
Modified Industry and Labour Adjustment Program; MILAP	Programme modifié d'aide à l'adaptation de l'industrie et de la main-d'oeuvre; PMAAIM
NOTE This program was phased-out and replaced by the Community Futures Program of the Canadian Jobs Strategy.	NOTA Ce programme a été supprimé progressivement et remplacé par le programme Développement des collectivités de la Planification de l'emploi.

modular training	formation par modules
monetary payment	rétribution monétaire
monitor; supervise	contrôler; superviser; vérifier
monitoring	surveillance; contrôle; vérification
monitoring mechanism	mécanisme de contrôle
monitoring of job orders	contrôle des offres d'emploi
monitoring report	rapport de contrôle; rapport de surveillance
monitoring system	système de vérification; système de surveillance; système de contrôle
monitoring visit	visite d'inspection; visite de contrôle
monthly instalment; monthly remittance	mensualité; versement mensuel
monthly report on employment operations	rapport mensuel sur les activités de placement
monthly wage	salaire mensuel
monthly wage rate	taux de salaire mensuel
MOPS; Metropolitan Order Processing System	STOE; Système de traitement des offres d'emploi des secteurs métropolitains
MOPS transaction coding sheet - CCDO responsibility chart	Feuille de codage des transactions du STOE - Diagramme de répartition des codes de la CCDP
MOPS transaction coding sheet - push-pull matrix	Feuille de codage des transactions du STOE - Matrice d'extraction automatique
movement SEE displacement	
movement of workers; worker displacement; manpower movement	déplacement des travailleurs; déplacement de la main-d'oeuvre
moving allowance; relocation allowance	indemnité de déménagement; allocation de déménagement
moving costs; removal expenses	frais de déménagement

Moving On Program	Programme "Moi je sais comment"
MPC; Manpower Policy Council	CEPM; Conseil d'élaboration de la politique de main-d'oeuvre
MSAC; Manpower and Social Affairs Commission	CMAS; Commission de la main-d'oeuvre et des affaires sociales
MSC; Manpower Service Commission [GBR]	MSC; Manpower Service Commission [GBR]
multi-earner family	famille à revenus multiples; famille à plusieurs revenus
multiple job holder	travailleur occupant plus d'un emploi
multiple jobholding; dual jobholding; concurrent employments	cumul d'emplois; emplois simultanés; emplois parallèles
multiple placements	placements multiples
Municipal Winter Works Incentive Program	Programme d'encouragement des travaux d'hiver dans les municipalités
MVTC; Manpower Vocational Training Commission [Que.]	CFP; Commission de formation professionnelle de la main-d'oeuvre [Québec]
MWB; Minimum Wage Board	CSM; Conseil du salaire minimum

n

NAB; National Assessment Board	CNE; Comité national d'évaluation
NAIS; National Applicant Inventory System	Répertoire national des candidats
named referral	1. candidat nommément désigné
	2. présentation d'un candidat désigné
NAP; Native Access Program	PAA; Programme d'accès pour les autochtones
narrative report	compte rendu; rapport circonstancié; rapport détaillé

National Agriculture Employment Conference	Conférence nationale sur l'emploi agricole
National Applicant Inventory System; NAIS	Répertoire national des candidats
National Assessment Board; NAB	Comité national d'évaluation; CNE
National Association of Sheltered Workshops and Homebound Programs	Association nationale des programmes de travail à la maison et dans les ateliers protégés
National Business Drive for Jobs Committee	Comité national de la Promotion des initiatives privées
National Career Planning and Review Committee	Comité national d'étude et de planification des carrières
National Centre for Productivity and Employment Growth	Centre national pour l'accroissement de la productivité et de l'emploi
national clearance consultant	expert-conseil national en matière de mise en circulation

cf. clearance

national clearance system; nation-wide clearance system	système national de mise en circulation

cf. clearance

National Commission on Physician Manpower	Commission nationale de la main-d'oeuvre médicale
National Consultation Action Committee; NCAC	Comité national de consultation et d'action; CNCA
National Consultation on Vocational Counselling	Consultation nationale sur l'orientation professionnelle
national cooperative education conference	conférence nationale sur l'alternance travail-études
National Day Care Information Centre	Centre national d'information sur la garde de jour
National Emergency Manpower Authority; NEMA	Administration nationale de la main-d'oeuvre d'urgence; ANMU
National Employment and Immigration Consultation Committee	Comité consultatif national de l'emploi et de l'immigration

151

National Employment and Training
Steering Committee

National Employment Committee

National Employment Expansion and
Development Program; NEED
Program

NOTE This program was phased-out
with the implementation of the
Canadian Jobs Strategy.

National Employment Expansion and
Development Program Regional
Boards; NEED Regional Boards

National Employment Service

National Employment Service Office

National Employment Service
Regulations

National Employment Services
System; NESS

National Field Office; National
Projects Office

national generic job

National Graduate Survey; NGS

National Headquarters; NHQ;
Headquarters

National Indigenous Development
Program; NIDP

National Industrial Manpower
Committee

National Innovations Advisory
Committee; NIAC

Comité directeur national de
l'emploi et de la formation

Comité national de placement

Programme de relance de l'aide
à l'emploi; programme RELAIS

NOTA Ce programme a été
supprimé progressivement à la
suite de la mise en oeuvre de la
Planification de l'emploi.

Conseils régionaux de relance de
l'aide à l'emploi; Conseils
régionaux RELAIS

Service national de placement

Bureau du Service national de
placement

Règlement sur le Service
national de placement

Système national des services
d'emploi; SNSE

Bureau des projets nationaux

Équivalent d'un bureau local de
l'aide à l'innovation qui est
chargé des projets concernant
plusieurs provinces. Ce bureau
fait partie du Programme d'aide
à l'innovation.

poste générique national

Enquête nationale auprès des
diplômés; END

Administration centrale; AC

Programme national de
perfectionnement des
autochtones; PNPA

Comité national de la
main-d'oeuvre industrielle

Comité consultatif national sur
les innovations; CCNI

National Inventory of Vocational Aids	Inventaire national des appareils auxiliaires de travail
National Job Bank; NJB	Banque nationale d'emplois; BNE
National Job Bank Control Centre; NJB Control Centre	Centre de contrôle de la Banque nationale d'emplois; Centre de contrôle de la BNE
National Job Bank Inventory	Répertoire de la Banque nationale d'emplois
National Job Marketing Service	Service national de diffusion des emplois
national labour force	population active nationale
National Labour-Management Consultation Committee; NLMCC	Comité national de consultation patronale-syndicale; CNCPS
National Labour Market Innovations Program; Innovations Program	Programme national d'aide à l'innovation liée au marché du travail; Programme d'aide à l'innovation
NOTE This program is part of The Canadian Jobs Strategy.	NOTA Ce programme fait partie de la Planification de l'emploi.
national longitudinal survey	enquête longitudinale nationale
National Manpower Advisory Council	Conseil consultatif national de la main-d'oeuvre
National Manpower Committee	Comité national de la main-d'oeuvre
National Manpower Planning Agency	Office national de planification de la main-d'oeuvre
National Mobility Task Force	Groupe de travail national sur la mobilité de la main-d'oeuvre
National Occupational Classification; NOC	Classification nationale des professions; CNP
National Private Sector Working Group on COPS	Groupe de travail national du secteur privé sur le SPPC
National Projects Office SEE National Field Office	
National Review Board	Comité national d'étude

National Review Committee	Comité d'examen national
NOTE Outreach Program	NOTA programme Extension
National Skills Development Advisory Board	Conseil consultatif national sur le perfectionnement des compétences
National Steering Committee on Employment and Training	Comité national de direction sur l'emploi et la formation
National Steering Committee on Employment Services	Comité national de direction des services d'emploi
National Survey of Learning Needs	Enquête nationale sur les besoins d'apprentissage
National Systems and Services	Systèmes et services nationaux
National Task Force on Construction Mobility	Groupe d'étude national sur la mobilité des travailleurs de la construction
National Task Force on Labour Shortages	Groupe national d'étude sur la pénurie de travailleurs
National Technical and Vocational Training Advisory Council	Conseil consultatif national de la formation technique et professionnelle
National Training Act	Loi nationale sur la formation
National Training Conference	Conférence nationale sur la formation
National Training Program	Programme national de formation
National Training Regulations	Règlement national sur la formation
national union	syndicat national
National Vocational Aid Fund	Caisse pour les appareils auxiliaires de travail
National Workshop on Placement	Atelier national sur le placement
National Workshop on Skill Development Leave	Atelier national sur le congé de perfectionnement
National Youth Advisory Council	Conseil consultatif national de la jeunesse
National Youth Advisory Group; NYAG	Groupe consultatif national pour l'emploi des jeunes; GCNEJ

National Youth Service Program; NYSP	Programme du service national d'emploi des jeunes; PSNJ
nation-wide clearance system; national clearance system	système national de mise en circulation

cf. clearance

Native Access Program; NAP	Programme d'accès pour les autochtones; PAA
native allocation	allocation aux autochtones
Native Awareness Program	Programme de sensibilisation des autochtones
Native Contribution Program	Programme des contributions à l'intention des autochtones
Native Council of Canada; NCC	Conseil national des autochtones du Canada; CNAC
native development corporation	société d'expansion autochtone
native employment	emploi des autochtones
Native Employment Contribution Program	Programme de contribution à l'emploi des autochtones
Native Employment Coordinator	coordonnateur de l'emploi des autochtones
Native Employment Counsellor	conseiller en emploi des autochtones
Native Employment Policy	politique d'emploi des autochtones
Native Employment Policy Implementation Committee; NEPIC	Comité d'application de la politique d'emploi des autochtones; CAPEA
Native Employment Program	Programme d'emploi des autochtones
Native Employment Program Improvement Group	Groupe d'étude sur les programmes d'emploi des autochtones
Native Equal Opportunity Program	Programme d'équité en matière d'emploi pour les autochtones
Native Housing Program	Programme de logement des autochtones

Native Internship Program; NIP	Programme des stagiaires autochtones; PSA
Native Manpower Planning Grants Program	Programme de subventions à la planification de la main-d'oeuvre autochtone
native-oriented position	poste axé sur les services aux autochtones
Native Reception Centres	Centres d'accueil des autochtones
native staff advisor	conseiller spécial auprès du personnel autochtone
Native Summer Employment Program	Programme d'emploi d'été pour les autochtones
Native Summer Student Employment Program	Programme d'emploi d'été pour les étudiants autochtones
Native Women's group	groupe de femmes autochtones
native worker; aboriginal worker	travailleur autochtone
Native Youth Career Advancement Program	Programme d'avancement professionnel de la jeunesse autochtone
Native Youth Intern Program; NYIP	Programme interne d'emploi des jeunes autochtones; PIEJA
Native Youth Leadership Development	Développement des qualités d'animateur chez les jeunes autochtones
natural labour market	marché du travail naturel
natural rate of employment	taux naturel d'emploi
natural rate of unemployment	taux naturel de chômage
NCAC; National Consultation Action Committee	CNCA; Comité national de consultation et d'action
NCC; Native Council of Canada	CNAC; Conseil national des autochtones du Canada
NCP; Northern Careers Program	PCGN; Programme des carrières du Grand-Nord
necessary skills	compétences requises

NEED Program
SEE National Employment Expansion
and Development Program

NEED Regional Boards; National Employment Expansion and Development Program Regional Boards	Conseils régionaux RELAIS; Conseils régionaux de relance de l'aide à l'emploi
needs of the labour market; labour market needs; market requirements	besoins du marché du travail
NEMA; National Emergency Manpower Authority	ANMU; Administration nationale de la main-d'oeuvre d'urgence
NEPIC; Native Employment Policy Implementation Committee	CAPEA; Comité d'application de la politique d'emploi des autochtones
NESS; National Employment Services System	SNSE; Système national des services d'emploi
net farm income	revenu agricole net
net income	revenu net
net migration	migration nette
net payable wages	salaire net payable
net wages; take home pay	salaire net
neutral employment practice; objective employment practice	pratique d'emploi impartiale; pratique d'emploi objective; méthode objective d'embauchage
neutral employment system; non-discriminatory employment system	système d'emploi non discriminatoire; système d'emploi neutre; méthode d'emploi neutre
newcomer	nouvel arrivant; nouveau venu
New Directions	Nouvelles directions
	NOTA titre d'un bulletin de gestion sur la revitalisation des services d'emploi
new entrant; new labour force entrant; labour force entrant	nouvel actif; nouveau venu sur le marché du travail; entrant sur le marché du travail; primo-demandeur d'emploi
newsletter	bulletin d'information
NGS; National Graduate Survey	END; Enquête nationale auprès des diplômés

NHQ; National Headquarters; Headquarters	AC; Administration centrale
NIAC; National Innovations Advisory Committee	CCNI; Comité consultatif national sur les innovations
NIDP; National Indigenous Development Program	PNPA; Programme national de perfectionnement des autochtones
night course	cours du soir
NIP; Native Internship Program	PSA; Programme des stagiaires autochtones
NJB; National Job Bank	BNE; Banque nationale d'emplois
NJB Control Centre; National Job Bank Control Centre	Centre de contrôle de la BNE; Centre de contrôle de la Banque nationale d'emplois
NLMCC; National Labour-Management Consultation Committee	CNCPS; Comité national de consultation patronale-syndicale
NOC; National Occupational Classification	CNP; Classification nationale des professions
nominal roll of workers	liste de travailleurs; liste nominale; liste nominative
nomination list	liste des candidats
non-apprenticeable occupation	métier sans apprentissage
non-apprentice trainee	stagiaire non apprenti
non available for work	non disponible pour travailler; non disposé à travailler
non-bona fide occupational requirement	exigence professionnelle injustifiée
Non-Career-Oriented Summer Employment Program; NON-COSEP	Programme d'emplois d'été non axés sur la carrière; PEENAC
non-consensus project	projet n'ayant pas fait l'unanimité
non-contributory pension plan	régime de pension non contributif; régime de retraite non contributif
NON-COSEP; Non-Career-Oriented Summer Employment Program	PEENAC; Programme d'emplois d'été non axés sur la carrière
non-cyclical unemployment	chômage non cyclique

158

non-delegated position	poste non visé par la délégation (des pouvoirs)
non-demand occupation	profession saturée; profession encombrée
non-discrimination	non-discrimination
non-discriminatory employment system; neutral employment system	système d'emploi non discriminatoire; système d'emploi neutre; méthode d'emploi neutre
non-farm self-employment	emploi autonome non agricole
non-funded summer job	emploi d'été non subventionné
non-government employment	emploi dans le secteur parapublic
non-immigrant (n.)	non-immigrant (n.)
non-immigrant worker	travailleur non immigrant
non-imperative appointment	nomination non impérative
non-incorporated company	entreprise non constituée en société
non-inflationary approach	méthode non inflationniste
non-interest bearing loan	prêt sans intérêt
non-interprovincial trade	métier sans reconnaissance provinciale
non-job-ready client	client non prêt à l'emploi
non-labour force; non-working population; persons not in the labour force	non-actifs (n.); population inactive; inactifs (n.)
non-MAB constituency; non-Ministerial Advisory Board constituency	circonscription sans CC; circonscription sans Commission consultative
non-market activity	activité non rémunérée; activité productive non rémunérée
non-metropolitan community	collectivité non métropolitaine
non-Ministerial Advisory Board constituency; non-MAB constituency	circonscription sans Commission consultative; circonscription sans CC
non-native (adj.)	non autochtone (adj.)

159

non-production workers; indirect labour; indirect workers	personnel auxiliaire; main-d'oeuvre indirecte
non-professional activity	activité paraprofessionnelle
non-profit employment agency	agence de placement sans but lucratif
non-profit organization	organisme à but non lucratif; organisme sans but lucratif; organisation sans but lucratif
Non-Profit Organization Internships Program; Internship Program with Non-Profit Organizations	Programme de stages dans des organismes sans but lucratif
non-profit sector employment	emploi dans le secteur des organismes sans but lucratif
non-public employees	employés du secteur parapublic
non-recoverable	non remboursable
non-recurring cost	coût extraordinaire
non-referral of clients	non-présentation des clients
non-representative work force	effectif non représentatif
non-return lay(-)off	travailleur mis à pied non réintégré
non-salary cost	coût non salarial
non-salary resource	ressource non salariale
non-standard job	poste non normalisé
non-standard work week; NSWW	semaine de travail non standard; STNS
Non-Status Indian	Indien non inscrit

non-traditional job; non-traditional occupation	1. emploi non traditionnel; profession non traditionnelle
	2. emploi traditionnellement réservé aux hommes; emploi traditionnellement masculin; profession traditionnellement réservée aux hommes; poste traditionnellement masculin
	NOTA Lorsqu'il est question de femmes exerçant des emplois non traditionnels.
	3. emploi traditionnellement réservé aux femmes; emploi traditionnellement féminin; profession traditionnellement réservée aux femmes; poste traditionnellement féminin
	NOTA Il arrive parfois qu'il soit question d'hommes qui occupent des postes non traditionnels.
non-traditional training for women	formation des femmes dans les métiers non traditionnels
non-transferable skill	compétence à débouché unique
non-union establishment	établissement non syndiqué
non-unionized; unorganized	non syndiqué (adj.)
non-union shop; open shop	atelier libre; atelier non syndiqué
non-wage labour cost	coût de main-d'oeuvre non salarial
non-working day	jour de repos; jour d'inactivité; jour non ouvrable; jour chômé
non-working population; persons not in the labour force; non-labour force	non-actifs (n.); inactifs (n.); population inactive
normal employment level	niveau normal d'emploi
normal gross weekly earnings	salaire hebdomadaire brut normal
normal part-time day	journée de travail normale à temps partiel

normal residence	résidence habituelle
normal retirement age	âge normal de la retraite
normal school-leaving age; regular school-leaving age	âge normal de fin de scolarité
normal work force	effectif normal
normal working day	journée de travail normale
normal work week; NWW; basic work week; BWW; standard work week; SWW	semaine normale de travail; SNT
Northern Careers Appointments Regulations	Règlement sur des nominations pour les Carrières dans le Grand-Nord
Northern Careers Program; NCP	Programme des carrières du Grand-Nord; PCGN
Northern Community Program	Programme des collectivités du Nord
Northern Summer Employment Program	Programme d'emploi d'été dans le Nord
notice of lay(-)off	avis de licenciement
notice of overpayment	avis de trop-payé; avis de paiement en trop; avis de versement excédentaire
notice of referral to training	avis d'inscription à un cours de formation
notice of suspension	avis de suspension
notice period	délai de préavis
notified vacancy; registered vacancy; vacancy notified	vacance signalée; poste vacant signalé
notify	informer; aviser
not in the labour force	inactif (adj.)
not paid week	semaine non payée
NSWW; non-standard work week	STNS; semaine de travail non standard
number of vacancies offered per employer order	nombre de postes vacants par offre d'emploi

NWW; normal work week; basic work week; BWW; standard work week; SWW	SNT; semaine normale de travail
NYAG; National Youth Advisory Group	GCNEJ; Groupe consultatif national pour l'emploi des jeunes
NYIP; Native Youth Intern Program	PIEJA; Programme interne d'emploi des jeunes autochtones
NYSP; National Youth Service Program	PSNJ; Programme du service national d'emploi des jeunes

O————————————————————————————————————

OADR; Occupational and Area Demand Report	RDPS; Rapport sur la demande par profession et par secteur
O and M; operation and maintenance	F & E; fonctionnement et entretien
OAS; Old Age Security	SV; Sécurité de la vieillesse
objective employment practice; neutral employment practice	pratique d'emploi objective; pratique d'emploi impartiale; méthode objective d'embauchage
obsolete occupation	profession désuète
obtain employment; secure employment	trouver un emploi; décrocher un emploi; obtenir un emploi
obtain experience	acquérir de l'expérience
OCAP; Ontario Career Action Program	Programme Opération expérience pratique Ontario
occupation; employment; job; position	profession; emploi; poste
occupational accident; employment accident; industrial accident; occupational injury; work accident; work injury	accident du travail; accident professionnel
occupational activity	activité professionnelle
occupational alternative	option professionnelle
occupational analysis	analyse des professions

Occupational Analysis Program	Programme d'analyse des professions
Occupational Analysis System	Système d'analyse des professions
Occupational and Area Demand Rating Committee	Comité de la cote de la demande par profession et par secteur
Occupational and Area Demand Report; OADR	Rapport sur la demande par profession et par secteur; RDPS
occupational and speech therapy	ergothérapie et orthophonie
occupational and trade analysis	analyse des professions et métiers
Occupational and Trade Analysis Program	Programme d'analyse des professions et métiers
occupational and vocational characteristic	caractéristique professionnelle
occupational aptitude pattern	profil d'aptitudes professionnelles
occupational area; occupational sector; occupational field	secteur professionnel; domaine professionnel
occupational category	catégorie professionnelle
occupational certification; qualification certificate; trade proficiency certificate; certificate of competence; certificate of competency; certificate of proficiency; certificate of qualification	certificat professionnel; certificat d'aptitude professionnelle; certificat de qualification; certificat de capacité
occupational checklist	liste de contrôle des professions
occupational choice; career choice; career decision	choix professionnel; choix d'une profession; choix de carrière
occupational classification system	système de classification des professions
occupational cluster; occupational group	groupe de professions; groupe professionnel
occupational code; occupation code	code de profession; code professionnel
occupational coding	codage des professions; codification des professions

occupational concentration	concentration professionnelle
occupational counselling; career counselling; career guidance; job orientation; vocational guidance; vocational counselling; employment orientation	counselling professionnel; orientation professionnelle
occupational data exchange; ODE	échange de données sur les professions; EDP
occupational demand; occupational requirements	demande par profession; demande dans la profession
occupational demand forecasting	prévision de la demande par profession
occupational demand rating	cote de la demande dans la profession
occupational detail table	liste détaillée par profession
occupational disease; occupational illness; industrial disease	maladie professionnelle
occupational dissimilarity	disparité professionnelle
occupational distribution	répartition par profession
occupational economic model	modèle économique de la situation professionnelle
Occupational Employment Survey; OES	Enquête sur la profession des salariés; EPS
occupational environment	milieu professionnel
occupational exploration questionnaire; OEQ	questionnaire d'exploration des professions; QEP
occupational field; occupational area; occupational sector	domaine professionnel; secteur professionnel
occupational forecast; occupational forecasting	prévisions par profession; prévisions relatives aux professions
occupational goal; career goal; career objective; vocational development objective	objectif professionnel; but professionnel; objectif de carrière
occupational group; occupational cluster	groupe de professions; groupe professionnel
occupational group arrangement	agencement par groupe de professions

occupational growth rate	taux de croissance des professions
occupational hazard	risque d'accident du travail
occupational health	hygiène professionnelle; hygiène du travail
Occupational Health and Safety Committee	Comité d'hygiène et de sécurité au travail
occupational illness; occupational disease; industrial disease	maladie professionnelle
occupational imbalance	déséquilibre dans les professions
occupational imbalances report; OIR	rapport sur les déséquilibres par profession; RDP
occupational information; vocational information	information sur les carrières; information sur les professions
Occupational Information and Career Exploration System	Système de renseignements sur les professions
occupational injury; employment accident; industrial accident; occupational accident; work accident; work injury	accident du travail; accident professionnel
occupational interest	intérêt professionnel
occupational literature	documentation sur les professions
occupational mobility; inter-occupational mobility	mobilité professionnelle; mobilité interprofessionnelle
occupational norm; occupational standard; professional standard	norme professionnelle
Occupational Outlook Conference	Conférence sur les perspectives dans les professions
occupational outlook information	données prévisionnelles sur les professions
occupational proficiency level	niveau de compétence professionnelle
occupational profile	profil des professions
occupational projections	projections sur les professions

occupational qualification(s); occupational skill; employment qualifications	qualification professionnelle; compétence professionnelle
occupational requirement rating; ORR	cote de la demande par profession; CDP
occupational requirements	exigences professionnelles
occupational requirements; occupational demand	demande par profession; demande dans la profession
occupational safety	sécurité du travail; sécurité professionnelle
occupational safety and health	sécurité et hygiène du travail
Occupational Safety and Health Reference Centre	Centre de référence en sécurité et hygiène au travail
occupational sector; occupational area; occupational field	secteur professionnel; domaine professionnel
occupational segregation	ségrégation professionnelle; discrimination profession- nelle; inégalité d'accès aux professions
occupational shortage; labour scarcity; manpower shortage; labour shortage; under-supply of workers; worker shortage	pénurie de main-d'oeuvre; pénurie de travailleurs; manque de main-d'oeuvre
occupational shortage indicator	indicateur de pénurie de main- d'oeuvre par profession
occupational shortages survey	enquête sur les professions en pénurie
occupational skill; occupational qualification(s); employment qualifications	compétence professionnelle; qualification professionnelle
occupational skills training	formation professionnelle spécialisée
occupational specialization	spécialisation professionnelle
occupational standard; occupational norm; professional standard	norme professionnelle
occupational structure	structure professionnelle; ensemble des professions
occupational supply	offre dans les professions

occupational supply and demand	l'offre et la demande par profession
occupational surplus indicator	indicateur d'excédent de main-d'oeuvre par profession
occupational title; occupation name	titre de profession
occupational training; career training; job training; skill training; vocational training; vocational education	formation professionnelle
occupational training course; vocational course; skill training course; skill course	cours de formation professionnelle
occupational unit group	groupe de base des salariés
	NOTA Dans l'équité en matière d'emploi, ce groupe représente une sous-catégorie professionnelle.
occupational upgrading; career developpment; job development; professional development; skill upgrading; vocational development	perfectionnement professionnel
occupation code; occupational code	code professionnel; code de profession
occupation data	données sur les professions
occupation exclusion code	indicatif d'exclusion de la profession
occupation file	fichier des professions
occupation in short supply; shortage occupation	profession en pénurie de main-d'oeuvre
occupation in teaching	carrière dans l'enseignement
occupation name; occupational title	titre de profession
ODE; occupational data exchange	EDP; échange de données sur les professions
OEQ; occupational exploration questionnaire	QEP; questionnaire d'exploration des professions
OES; Occupational Employment Survey	EPS; Enquête sur la profession des salariés

offer of employment; employment offer; employer order; job offer; job order	offre d'emploi; offre de l'employeur
offer of employment validation; employment validation	validation de l'offre d'emploi
offer of referral	offre de présentation
office automation	bureautique
office duty; office work	travail de bureau
office employee; clerical employee; clerical worker; office worker	employé de bureau
Office for Employment Services	Bureau des services de placement
office manager	chef de bureau; directeur (d'un Centre d'emploi du Canada)
Office of Native Employment	Bureau du recrutement des autochtones
officer; official	fonctionnaire; employé; agent; préposé; dirigeant; représentant officiel
officer-in-charge	chef; responsable; agent responsable
office staff; clerical personnel; clerical staff	personnel de bureau
office work; office duty	travail de bureau
office worker; clerical employee; clerical worker; office employee	employé de bureau
official; officer	fonctionnaire; employé; agent; préposé; dirigeant; représentant officiel
official licensee	concessionnaire officiel
official use only; for official use; for official use only	réservé à l'administration; réservé
off reserve	à l'extérieur de la réserve
off-season employment	emploi de morte-saison
off-season period	morte-saison

off-shore labour	main-d'oeuvre étrangère
off-shore recruitment; foreign recruiting; foreign worker recruitment	recrutement de travailleurs étrangers; recrutement à l'étranger
off-shore worker; foreign worker	travailleur étranger
off-the-job	hors du milieu de travail
off-the-job training	formation extérieure; formation institutionnelle; formation à l'extérieur de l'entreprise; formation hors du cadre du travail; formation hors des lieux de travail; formation hors travail
OFL; Ontario Federation of Labour	FTO; Fédération du travail de l'Ontario
OIR; occupational imbalances report	RDP; rapport sur les déséquilibres par profession
old age pension	pension de vieillesse
Old Age Security; OAS	Sécurité de la vieillesse; SV
older worker; elderly worker	travailleur âgé
on-call worker	travailleur en disponibilité
on-campus office	bureau sur le campus
on-campus recruiting; on-campus recruitment	recrutement sur le campus
on-campus services	services sur le campus
oncoming labour force	future main-d'oeuvre
one-earner family; one-income family	famille à revenu unique
one-parent family; single parent family; lone parent family	famille monoparentale
one rate of pay	taux de rémunération fixe
one-step service	service unifié
one-time cost	coût exceptionnel
one-to-one training	formation individuelle
one-way travel costs	frais de voyage aller seulement

one-year-out-of-school rule	obligation d'avoir quitté l'école depuis un an
ongoing consultation	consultation permanente
ongoing employment; ongoing job; continuing employment; continuing job; continuous employment; continuous job; steady job	emploi continu
ongoing labour market program	programme permanent du marché du travail
ongoing program	programme permanent
on-site day care facility	garderie sur les lieux
on-site monitoring	contrôle sur place; surveillance sur place
on-site registration	inscription sur place
on-site review	vérification sur place
on-site service	service sur place
on-site training; in-service training; on-the-job learning; on-the-job training; in-house training; training on-the-job; hands-on training	formation en cours d'emploi; formation en milieu de travail; formation interne; formation pratique; formation sur le tas; formation sur place; formation sur les lieux de travail
on-site visit	visite sur place
Ontario Career Action Program; OCAP	Programme Opération expérience pratique Ontario
Ontario Employee Assistance Program	Programme d'aide aux employés de l'Ontario
Ontario Employment Standards Act	Loi sur les normes de travail de l'Ontario
Ontario Federation of Labour; OFL	Fédération du travail de l'Ontario; FTO
Ontario Provincial Youth Secretariat	Secrétariat à la jeunesse de l'Ontario
Ontario Region Innovations Assessment Committee	Comité d'évaluation des innovations de la région de l'Ontario

Ontario Summer Program for Young People	Programme d'emploi d'été de l'Ontario à l'intention des jeunes
Ontario Traineeship Program	Programme Apprenti-stage [Ont.]
Ontario Youth Employment Program; OYEP	Programme d'emploi pour les jeunes de l'Ontario; PEJO
on-the-job	sur les lieux de travail; sur place; en cours d'emploi; sur le tas
on-the-job experience; practical experience; practical work experience; hands-on experience	expérience en milieu de travail; expérience concrète du travail; expérience acquise en cours d'emploi; expérience pratique; expérience pratique de travail
on-the-job learning; in-service training; on-site training; on-the-job training; in-house training; training on-the-job; hands-on training	formation en cours d'emploi; formation sur le tas; formation pratique; formation en milieu de travail; formation interne; formation sur place; formation sur les lieux de travail
on-the-job program	programme en cours d'emploi
on-the-job training; training-on-the job; in-house training; in-service training; on-site training; on-the-job learning; hands-on training	formation interne; formation en cours d'emploi; formation sur place; formation sur le tas; formation pratique; formation sur les lieux de travail; formation en milieu de travail
O-P; over(-)payment	trop-payé; paiement en trop; versement excédentaire
open competition	concours public; concours externe
open display order; open display vacancy	offre sans intermédiaire NOTA Il s'agit d'offres avec le nom de l'employeur placées sur les tableaux d'affichage des offres d'emploi dans le cadre du libre-service des CEC.
open labour market	marché du travail normal
open shop; non-union shop	atelier libre; atelier non syndiqué

operating budget; operational budget	1. budget de fonctionnement
	NOTA organismes sans but lucratif
	2. budget d'exploitation
	NOTA organismes à but lucratif
operating costs	1. frais d'exploitation; charges d'exploitation; coûts d'exploitation
	NOTA organismes à but lucratif
	2. frais de fonctionnement; charges de fonctionnement; coûts de fonctionnement
	NOTA organismes sans but lucratif
operating expenditure	dépenses de fonctionnement
operating expenses	charges d'exploitation
NOTE profit-making organizations	NOTA organismes à but lucratif
operational budget; operating budget	1. budget de fonctionnement
	NOTA organismes sans but lucratif
	2. budget d'exploitation
	NOTA organismes à but lucratif
operational budgeting	budgétisation des opérations
operational framework	cadre d'exploitation; cadre de fonctionnement; structure opérationnelle
operational guideline	ligne directrice opérationnelle
operational objective	objectif opérationnel
operational personnel; operational staff	exécutants (n.); personnel opérationnel
operational phase	phase opérationnelle
operational plan	plan opérationnel

operational planning	planification opérationnelle
operational project	projet en cours; projet en activité
operational report	rapport sur les activités; rapport opérationnel
operational responsibility	responsabilité fonctionnelle; responsabilité opérationnelle
operational staff; operational personnel	exécutants (n.); personnel opérationnel
operation and maintenance; O and M	fonctionnement et entretien; F & E
operation of a program	fonctionnement d'un programme
operation of labour market; functioning of the labour market; labour-market operations	fonctionnement du marché du travail; rouages du marché du travail
opportunity cost	coût d'opportunité
Opportunity Development Bank	Banque d'expansion économique
Opportunity Development Corporation	Société d'expansion économique
opportunity for advancement; advancement potential; potential for advancement; promotability; promotional opportunity; promotion opportunity; promotion potential	1. possibilité d'avancement 2. possibilité de promotion
opportunity for employment; work opportunity; employment opening; employment opportunity; employment outlook; employment prospect; job opening; job opportunity; job outlook; job prospect	débouché; perspective d'emploi; occasion d'emploi; possibilité d'emploi
O-P recovery; over(-)payment recovery	recouvrement des trop-payés; recouvrement des paiements en trop; recouvrement des versements excédentaires
optional retirement	retraite facultative
optional retirement age	âge de retraite facultative
Options North	Options North

Orchestral Placement Service	Service de placement des orchestres
order SEE job order	
order amended	offre d'emploi modifiée
order cancelled	offre annulée
order completed; filled job order; filled order; order filled	offre satisfaite; offre d'emploi satisfaite
order computer record	fichier de contrôle automatisé des offres
order data entry routine	sous-programme d'entrée de données sur les offres d'emploi
order display; order posting; posting of orders	affichage des offres d'emploi
order entry; job-order taking; order taking	inscription des offres d'emploi; enregistrement des offres d'emploi; réception des offres d'emploi
order filled; filled job order; filled order; order completed	offre d'emploi satisfaite; offre satisfaite
order maintenance	tenue à jour des offres d'emploi
order placed in clearance; cleared order; clearance order; job order in clearance	offre mise en circulation; offre d'emploi mise en circulation
cf. clearance	
order posting; order display; posting of orders	affichage des offres d'emploi
order query	demande de renseignements sur les offres d'emploi
order register	registre des offres d'emploi
order servicing; job order process	traitement des offres d'emploi
order taking; job-order taking; order entry	enregistrement des offres d'emploi; réception des offres d'emploi; inscription des offres d'emploi

order taking and referral control clerk	commis à l'enregistrement des offres et au contrôle des présentations
order taking clerk	commis à l'enregistrement des offres
order taking service	service d'enregistrement des offres d'emploi
organizational chart; flow chart	organigramme
organizational phase	phase organisationnelle
organizational requirement	exigence organisationnelle
organizational structure	structure organisationnelle; structure de l'organisation
Organization Changes Task Force - Canadian Jobs Strategy	Groupe de travail sur les modifications structurelles - Planification de l'emploi
organization of employers; association of employers; employer organization; employers' association; employers' organization	association d'employeurs; association patronale; organisation d'employeurs; organisation patronale
organize a project	mettre sur pied un projet
organized labour	mouvement syndical; travail organisé; syndicalisme
orientation	orientation; initiation
orientation course	cours d'orientation
orientation program for new employees	programme d'initiation des nouveaux employés
original application	demande initiale
original budget	budget initial
original office	bureau d'origine
originating CEC	CEC d'origine; CEC de départ
ORR; occupational requirement rating	CDP; cote de la demande par profession
out-migration	migration de sortie

out-of-production training	formation sans production
Academic training offered in the workplace and not geared to production in the Skill Shortages Program.	Formation théorique, en milieu de travail, non axée sur la production dans le cadre du Programme relatif aux pénuries de main-d'oeuvre.
output	extrant; production; produit; rendement
Outreach; Outreach Program	programme Extension; Programme d'extension des services de main-d'oeuvre
Outreach application	demande visant un projet Extension
Outreach officer	agent du programme Extension
Outreach Program; Outreach	programme Extension; Programme d'extension des services de main-d'oeuvre
Outreach project	projet Extension
Outreach recruitment program	programme Extension pour le recrutement
outset of programs	lancement des programmes
outside agency	organisme extérieur
outside earnings	revenu de l'extérieur
outstanding cheque	chèque en circulation
outstanding commitment	engagement en cours
outstanding loan	prêt impayé; prêt non remboursé; prêt en cours
outstanding vacancy	vacance à combler
outworker	travailleur à domicile
overall assessment	évaluation globale
overall completion date	date générale d'achèvement
overall costs; overhead; overhead costs	frais généraux
overall demand	demande globale

overall employability	possibilité globale d'emploi; employabilité globale
over-allocation of resources	affectation excédentaire des ressources
overall performance	rendement général
overall policy	politique cadre; politique globale
over-concentration	surreprésentation
over-employed (n.)	personne suremployée
overemployment; over-full employment	suremploi
over-expenditure	dépassement (de crédit)
over-full employment; overemployment	suremploi
overhead; overhead costs; overall costs	frais généraux
overnight accommodation allowance	allocation d'hébergement de nuit
over(-)payment; O-P	trop-payé; paiement en trop; versement excédentaire
over(-)payment recovery; O-P recovery	recouvrement des trop-payés; recouvrement des paiements en trop; recouvrement des versements excédentaires
overseas clearance	mise en circulation à l'étranger; mise en circulation d'une offre d'emploi à l'étranger
cf. clearance	
overseas clearance procedures	formalités de mise en circulation à l'étranger; procédures de mise en circulation à l'étranger
cf. clearance	
over-supply of workers; worker surplus	surplus de travailleurs; excédent de travailleurs
overtime	temps supplémentaire; surtemps [CAN]; heures supplémentaires

overtime pay; premium for extra duty	prime d'heures supplémentaires; prime de surtemps [CAN]; prime de temps supplémentaire
overtime provision	disposition relative aux heures supplémentaires
overtime rate of pay	taux de rémunération des heures supplémentaires
overutilization of employees	sur-utilisation des employés
OYEP; Ontario Youth Employment Program	PEJO; Programme d'emploi pour les jeunes de l'Ontario

p ———————————————————————

paid employee	employé rémunéré
paid holiday; paid leave; leave with pay; time off with pay	congé payé; congé rémunéré
paid vacation	vacances payées; congé annuel payé
paid week	semaine payée
paid worker	travailleur rémunéré
paper-screening	examen du dossier
para(-)public; semipublic; quasi-public	para(-)public
parental leave	congé parental
parent CEC	CEC central
parent corporation	société mère
parent office	bureau central
Parks Canada Summer Recruitment Program	Programme d'emploi d'été de Parcs Canada
parolee	libéré conditionnel
partial pay; part wages	salaire partiel; traitement partiel
partial wage reimbursement	remboursement partiel des frais salariaux
participant	participant

Participant Handbook	Guide du participant
participant record	fiche du participant
participation rate	1. taux d'activité; taux de participation
	2. taux de représentativité (équité en matière d'emploi)
participation rate standard	taux de représentativité type
particulars of an employee	situation d'un employé
particulars of job offered	détails de l'emploi offert
partnership	1. collaboration; association; partenariat
	NOTA dans un sens général
	2. société de personnes; société en nom collectif
	NOTA organisation des entreprises
part-time	temps partiel
part-time course	cours à temps partiel
part-time employee; part-timer	employé à temps partiel
part-time employment; part-time job	emploi à temps partiel
Part-Time Employment Regulations	Règlement sur l'emploi à temps partiel
part-time instruction	enseignement à temps partiel
part-time job; part-time employment	emploi à temps partiel
part-time position	poste à temps partiel
part-timer; part-time employee	employé à temps partiel
part-timer; part-time worker	travailleur à temps partiel
part wages; partial pay	salaire partiel; traitement partiel
PAS; position analysis schedule	FAP; fiche d'analyse de poste

past experience; previous work experience; employment history; work background; work history	antécédents professionnels; antécédents de travail; expérience acquise; expérience professionnelle antérieure
patronage	favoritisme
pattern	1. tendance; courbe
	2. modèle; type
patterns of employment of trainees	tendances de l'emploi des stagiaires
pattern of unemployment; unemployment pattern	tendance du chômage; courbe du chômage
pay; salary; remuneration; wage	rémunération; paye; salaire; traitement
pay barrier	barrière de rémunération
paycheck	chèque de paye
pay cycle; pay period	période de paye; cycle de paye
pay equity	égalité de rémunération
pay increase; pay increment; salary increase; salary increment; wage increase; wage increment	augmentation d'échelon; augmentation de salaire; hausse de salaire
pay inequity	rémunération inéquitable
paying job vacancy	poste vacant rémunérateur
paying office; pay office	bureau payeur; bureau de paye
pay level; salary level; wage level	niveau de rémunération; niveau de traitement; niveau des salaires
paylist; payroll; earnings record; paysheet	liste de paye; livre de paye; feuille de paye
payment	paiement; remboursement; versement; indemnité
payment for effort	paiement en fonction de l'effort
payment for results	paiement en fonction des résultats

payment in kind	rétribution en nature; rémunération en nature; paiement en nature
payment of allowances	versement des allocations
payment of union fees	paiement des cotisations syndicales
payment of wages	versement des salaires
payment record	dossier des versements effectués
payment record card	fiche des paiements
payment voucher	pièce de dépense
pay-off call back	rappel des employés licenciés
pay office; paying office	bureau de paye; bureau payeur
pay period; pay cycle	période de paye; cycle de paye
pay plan; compensation plan; compensation system; wage plan	régime de rémunération; système de rémunération
pay rate; rate of pay; wage rate; salary rate	taux de rémunération; taux de salaire; taux de traitement
Pay Research Bureau	Bureau de recherches sur les traitements
NOTE Public Service Staff Relations Board	NOTA Commission des relations de travail dans la Fonction publique
payroll; paysheet; paylist; earnings record	livre de paye; liste de paye; feuille de paye
payroll deduction	retenue à la source; retenue salariale
payroll service	service de paye
payroll tax	charges sociales; cotisations sociales
pay scale; salary range; salary scale; range of wages; scale of wages; wage range; wage scale	échelle de(s) salaires; échelle de rémunération; échelle de traitement; échelle salariale
paysheet; earnings record; paylist; payroll	feuille de paye; livre de paye; liste de paye

PDS; Position Description System	SDP; Système de description des postes
PE; planning environment	EP; environnement de la planification
peak labour pool	service de main-d'oeuvre en périodes de pointe
peak load pool; temporary employment agency; temporary help agency; temporary help contractor; temporary help service contractor	agence d'aide temporaire; agence de dépannage; agence de placement temporaire
peak work load period	période de pointe
penetration (of a CEC)	rayon d'action (d'un CEC); présence
pension	pension
pensionable service	services validables; services ouvrant droit à pension
Pension Appeals Board	Commission d'appel des pensions
Pension Benefits Standards Act	Loi sur les normes des prestations de pension
pensioner	pensionné (n.)
pension fund	fonds de pension; caisse de retraite; fonds de retraite
pension plan; retirement plan; superannuation plan	régime de pension; régime de retraite
NOTE The term "superannuation plan" generally refers to the pension plans of Canadian Public Service employees.	
pension portability; portability of pensions	transférabilité des pensions
per capita allocation	allocation par habitant; allocation par tête
per capita income	revenu par tête; revenu par habitant
per day; per diem	par jour
per diem allowance	indemnité quotidienne
per diem price	tarif quotidien; coût quotidien

per diem rate	taux quotidien
performance	rendement
performance appraisal; performance assessment; performance evaluation	appréciation du rendement; évaluation du rendement
performance evaluation system	système d'évaluation du rendement; méthode d'évaluation du rendement
performance indicator	indicateur de rendement
performance measure	mesure du rendement; mesure de la performance
performance measurement system	système de mesure de la performance; système de mesure du rendement
performance pay	rémunération au rendement
performance profile	profil de rendement
performance rating scale	échelle de notation du rendement
performance requirement	aptitude requise
Performance Review and Evaluation Appraisal; PREA	Rapport d'évaluation et étude du rendement; RÉÉR
performance review process	processus d'examen du rendement
performance standard; standard of performance	norme de rendement
performance target	objectif de rendement
performance test	test de rendement
perform duties	exercer des fonctions; accomplir des tâches
period of apprenticeship; apprenticeship period	période d'apprentissage
period of employment; employment period	période d'emploi
period of expected employment; expected period of employment	période d'emploi prévue
period of extension	période de prolongation
period of unemployment; spell of unemployment	période de chômage

period of validity	période de validité; durée de validité
period of work experience	période de travail
permanent admission	admission permanente
permanent appointment	nomination permanente
permanent disability payment	indemnité pour incapacité permanente
permanent employee	employé permanent; permanent (n.)
permanent employment; permanent job; permanent position	emploi permanent; poste permanent
permanent full-time employee	employé permanent à temps plein; salarié permanent à temps plein
permanent job; permanent employment; permanent position	emploi permanent; poste permanent
permanent lay(-)off SEE lay(-)off	
permanent part-time employee	salarié permanent à temps partiel; employé permanent à temps partiel
permanent part-time employment	emploi permanent à temps partiel
permanent position; permanent employment; permanent job	poste permanent; emploi permanent
permanent residence	résidence permanente
permanent resident	résident permanent
permanent staff; permanent workforce	effectif permanent; employés permanents; personnel permanent; permanents (n.)
permanent wage subsidy	subvention salariale permanente
permanent worker	travailleur permanent; permanent (n.)
permanent workforce; permanent staff	employés permanents; effectif permanent; personnel permanent; permanents (n.)
permissible federal contribution	contribution fédérale permise

permit; work permit; license; employment authorization	permis; permis de travail; permis d'exercice; licence
permit for averaging hours	permis relatif à la moyenne des heures de travail
per shift	par équipe; par quart; par poste
persistent high level of unemployment	taux de chômage continuellement élevé
persistent shortage	pénurie persistante; pénurie chronique
personal career counselling	orientation professionnelle personnalisée
personal information	renseignements personnels
Personal Information Index	Répertoire des renseignements personnels
personal information sheet	fiche de renseignements personnels
personalized hours of work; personalized working hours; flextime; flexible hours	horaire de travail personnel; horaire de travail personnalisé; horaire dynamique; horaire flexible; horaire variable; horaire souple; horaire individualisé; horaire personnalisé
personalized service	service personnalisé
personalized service to employers	service personnalisé aux employeurs
personalized working hours; flextime; flexible hours; personalized hours of work	horaire de travail personnalisé; horaire de travail personnel; horaire dynamique; horaire flexible; horaire variable; horaire souple; horaire individualisé; horaire personnalisé
personal job-search plan	plan personnel de recherche d'emploi
personal profile; résumé; career history; career profile; career record; career résumé; curriculum vitae; CV	curriculum vitae; CV
personal service	service personnel
personal services contract	marché de services personnels

personal suitability	qualités personnelles
person-day	jour-personne
person employed	personne occupée (statistique); employé (n.)
person entitled to a priority; person with priority entitlement	employé prioritaire
person-month	mois-personne
personnel; staff (n.)	personnel
personnel attrition; attrition	attrition; érosion des effectifs; usure des effectifs
personnel file; personnel record	dossier du personnel
personnel information	information sur le personnel
personnel management	gestion du personnel
personnel move	mutation de personnel
personnel needs; staff resource requirements	besoins en personnel
personnel record; personnel file	dossier du personnel
personnel rotation; employee rotation; staff rotation; rotation of staff	rotation des employés; rotation du personnel
personnel selection leave with pay	congé payé de sélection du personnel
personnel selection officer	agent de sélection du personnel
Personnel Services	Services du personnel
personnel turnover rate	taux de roulement du personnel
persons not in the labour force; non-labour force; non-working population	inactifs (n.); non-actifs (n.); population inactive
person with priority entitlement; person entitled to a priority	employé prioritaire
person-year; staff-year; work year	année-personne; année de travail
person-year impact	incidence sur les années-personnes
person-year shift	mouvement des années-personnes

petty cash	petite caisse
petty cash book	livre de petite caisse; registre de petite caisse
phased application	présentation des demandes par étape
phase out	supprimer progressivement (un programme)
phasing in	mise en place progressive
phasing out	retrait progressif; suppression progressive
physical barrier	obstacle physique; obstacle matériel
physical disability; physical incapacity	incapacité physique
physical handicap	handicap physique
physical incapacity; physical disability	incapacité physique
physically and mentally handicapped	handicapé physique et mental
physically disabled worker; physically handicapped worker	travailleur physiquement handicapé; travailleur handicapé physiquement
physical organization	organisation matérielle
physical resource	ressource matérielle
Physician Manpower Committee	Comité de la main-d'oeuvre médicale
picket; picketer	piquet de grève; piqueteur
picketing	piquetage
picket line	ligne de piquetage
piecework; piecework employment	travail à la pièce
PIGP SEE Productivity Improvement Grant Program	
pilot program	programme pilote; programme témoin; programme expérimental
pilot project	projet pilote

pilot stage	phase pilote
P.I. text; programmed instruction text	T.E.P.; texte d'enseignement programmé
PLACE; Program Leading to the Achievement of Client Employment	PLACE; Programme d'aide aux clients cherchant un emploi
place an order	inscrire une offre d'emploi; transmettre une offre; déposer une offre; communiquer une offre
placement; job placement; labour exchange	placement
placement activity	activité de placement
placement agency; placement service; employment agency; employment bureau; employment office; hiring hall; labour exchange service	agence de placement; bureau de placement; service de placement; bureau d'embauchage
placement by industry	placement par secteur d'activité
placement by occupation	placement par profession
placement committee	comité de placement
placement cost; cost of placement	coût du placement
placement council	conseil de placement
placement counselling; employment counselling	counselling d'emploi
placement counting	dénombrement des placements
placement officer	agent de placement
placement of workers in jobs	placement des travailleurs
placement policy	politique de placement
placement service; placement agency; employment agency; employment bureau; employment office; hiring hall; labour exchange service	agence de placement; bureau de placement; service de placement; bureau d'embauchage
place of business	établissement
place of employment; job site; work place; workplace; work site	lieu de travail

planned activity	activité envisagée; activité prévue
planned trainee duration	durée projetée de formation
planning	planification
planning and accountability process	processus de planification et de responsabilité
planning consultant	expert-conseil en planification
planning cycle	cycle de planification
planning environment; PE	environnement de la planification; EP
plan of action; action plan	plan d'action
plant closure; industry shut-down	fermeture d'usine
PLO; public liaison officer	ALP; agent de liaison avec le public
poaching	maraudage
point of service; POS	point de service; PDS
point of service code	code du point de service
point system	méthode des points
policy guidelines	lignes directrices d'une politique
policy implementation	mise en oeuvre des lignes directrices
policy paper	document d'orientation
policy planning	planification des politiques
policy statement	énoncé de politique; énoncé de principes; déclaration de principes
political partisanship	activité politique partisane
pool of workers; labour pool	réserve de travailleurs; bassin de travailleurs; réservoir de main-d'oeuvre; bassin de main-d'oeuvre
portability of credentials	transférabilité des titres de compétence
portability of pensions; pension portability	transférabilité des pensions

portable pension	pension transférable
portable wage subsidy	subvention salariale transférable
POS; point of service	PDS; point de service
position; employment; job; occupation	poste; emploi; profession
position analysis schedule; PAS	fiche d'analyse de poste; FAP
position description; job description	description de poste
Position Description System; PDS	Système de description des postes; SDP
position level; level of position	niveau de poste
position number	numéro de poste
position of responsibility	poste de responsabilité
position on a short-term basis; term position	poste de durée déterminée
positions of the same level	postes de niveaux comparables
post a job offer	afficher une offre d'emploi
postal application for employment	demande d'emploi postale
post-audit	vérification postérieure; contre-vérification; vérification a posteriori
post-audit program	programme de vérification postérieure; programme de contre-vérification; programme de vérification a posteriori
post-employment counselling; post-placement counselling	counselling postérieur au placement; counselling consécutif au placement
post-employment inquiry	demande ultérieure à l'embauchage
post-employment support service	service de soutien après placement; service de soutien consécutif au placement
poster	affiche

posting	1. affichage
	NOTA sens général
	2. report; inscription
	NOTA comptabilité
posting of appeal notices	affichage des avis d'appel
posting of orders; order display; order posting	affichage des offres d'emploi
post-placement counselling; post-employment counselling	counselling consécutif au placement; counselling postérieur au placement
post-secondary educational institution; post-secondary institution	établissement postsecondaire; établissement d'enseignement postsecondaire
post-secondary graduate	diplômé de niveau postsecondaire
post-secondary institution; post-secondary educational institution	établissement postsecondaire; établissement d'enseignement postsecondaire
Post-Secondary Recruitment Program	Programme de recrutement postsecondaire
post-secondary school	école postsecondaire
post-secondary system	système d'enseignement postsecondaire
post-secondary training	formation postsecondaire
potential candidate	candidat éventuel
potential claimant	prestataire éventuel
potential dropout	décrocheur éventuel
potential employee; prospective employee	employé éventuel
potential employer; prospective employer	employeur éventuel
potential for advancement; advancement potential; opportunity for advancement; promotability; promotional opportunity; promotion opportunity; promotion potential	1. possibilité d'avancement 2. possibilité de promotion

potential for effectiveness	possibilités de rendement
potential manpower supply	offre potentielle de main-d'oeuvre
potential trainee	stagiaire éventuel
potential worker	travailleur éventuel
POWA SEE Program for Older Worker Adjustment	
PPR; project performance review	ERP; examen du rendement du projet
practical experience; hands-on experience; practical work experience; on-the-job experience	expérience pratique; expérience pratique de travail; expérience en milieu de travail; expérience concrète du travail; expérience acquise en cours d'emploi
practical training course	cours de formation pratique
practical work experience; hands-on experience; practical experience; on-the-job experience	expérience pratique; expérience pratique de travail; expérience en milieu de travail; expérience concrète du travail; expérience acquise en cours d'emploi
PREA; Performance Review and Evaluation Appraisal	RÉÉR; Rapport d'évaluation et étude du rendement
pre-apprenticeship	préapprentissage
pre-apprenticeship course	cours préparatoire à l'apprentissage
pre-apprenticeship training program	programme de formation préalable à l'apprentissage
pre-arranged employment; arranged employment	emploi réservé
pre-assessment consultation	consultation de pré-évaluation
pre-employment counselling	counselling antérieur au placement
pre-employment course	cours d'initiation au travail
pre-employment inquiry	demande préalable à l'emploi; demande antérieure à l'embauchage
pre-employment orientation	initiation au travail

193

pre-employment orientation session	séance d'initiation au travail
pre-employment test	test de sélection préliminaire; épreuve d'admission
pre-employment training	formation préalable à l'emploi
preferential benefit	avantage préférentiel
preferential employment	emploi prioritaire
preferential treatment	traitement préférentiel; traitement de faveur
preferred employment	emploi privilégié
pregnancy leave; maternity leave	congé de maternité
preliminary examination allowance	allocation de visite préliminaire
preliminary examination living allowance	allocation de subsistance pour visite préliminaire
preliminary examination (of the locality)	visite préliminaire (de la localité)
prelingual deafness	surdité prélinguistique
pre-MAB assessment worksheet; pre-Ministerial Advisory Board assessment worksheet	fiche d'évaluation préalable de la CC; fiche d'évaluation préalable de la Commission consultative
premium; bonus	prime; boni; gratification
premium for extra duty; overtime pay	prime de surtemps [CAN]; prime de temps supplémentaire; prime d'heures supplémentaires
premium reduction	réduction du taux de cotisation
premium reduction disqualification notice	avis d'inadmissibilité à une réduction du taux de cotisation
premium reduction qualification notice	avis d'admissibilité à une réduction du taux de cotisation
prepare an application	rédiger une demande
pre-retirement (n.)	préretraite
pre-retirement benefits	prestations de préretraite

pre-retirement counselling	counselling préparatoire à la retraite; counselling préalable à la retraite
pre-retirement package	documentation sur la préretraite
pre-retirement planning program	programme de planification de la retraite
pre-screening; screening; screening process	présélection; sélection préliminaire; sélection préalable
prescribed person	personne autorisée; représentant désigné
pre-selected worker	travailleur présélectionné
preselection of workers	présélection des travailleurs; sélection préliminaire des travailleurs
present employer	employeur actuel
present work force; current supply	effectif actuel; offre de main-d'oeuvre actuelle; offre actuelle
pre-trades training course	cours de formation préparatoire à l'emploi
pre-training	formation préalable
pre-training interview	entrevue préalable à la formation
prevailing rate; going rate	taux en vigueur; taux courant; taux pratiqué
prevailing rate of pay; prevailing wage rate	taux de salaire courant; taux de traitement courant
preventive employment measure	mesure préventive d'emploi
previous employment; previous job	emploi antérieur
previous position	poste antérieur
previous work experience; past experience; employment history; work background; work history	antécédents de travail; antécédents professionnels; expérience professionnelle antérieure; expérience acquise
pre-vocational training; vocational preparation	préparation professionnelle; enseignement préprofessionnel; formation préalable à la spécialisation; initiation à la profession

primary industry; primary sector	secteur primaire; industrie primaire
primary labour force	population active primaire
primary occupation; prime occupation	profession principale
primary sector; primary industry	secteur primaire; industrie primaire
prime occupation; primary occupation	profession principale
prime occupational code	code de la profession principale
print (v.)	écrire en lettres moulées; inscrire en lettres moulées; écrire en caractères d'imprimerie
prior approval	autorisation préalable; approbation préalable
Priority Clearance System	Régime d'autorisation en matière de priorités
priority referral	présentation prioritaire
priorization	établissement des priorités
priorize	classer par ordre de priorité; établir l'ordre de priorité
prior year agreement	accord de l'année précédente
Privacy Act	Loi sur la protection des renseignements personnels
privacy and human rights	protection de la vie privée et droits de la personne
privacy commissioner	commissaire à la protection de la vie privée
Privacy Handbook	Guide de la protection des renseignements personnels
privacy legislation	législation relative à la protection de la vie privée
privacy register	registre des renseignements personnels
private adjustment committee	comité privé d'adaptation

Private Business Colleges and Trade Vocational Schools Survey	Enquête sur les écoles de métiers, les écoles professionnelles et les collèges commerciaux privés
private disposable income	revenu personnel disponible
private employment agency	agence de placement privée
Private Employment Incentives Program	Programme de stimulation de l'emploi dans le secteur privé
private job search	recherche d'emploi individuelle
Private Purchase Training Agreement	Accord sur l'achat de cours de formation à des établissements privés
private sector	secteur privé
private sector employer	employeur du secteur privé
private sector employment	emploi dans le secteur privé; emploi du secteur privé
private sector employment development	stimulation de l'emploi dans le secteur privé; développement de l'emploi dans le secteur privé
private sector steering group for COPS; private sector steering group for the Canadian Occupational Projection System	groupe d'orientation de la consultation du secteur privé aux fins du SPPC; groupe d'orientation de la consultation du secteur privé aux fins du Système de projections des professions au Canada
PRO; public relations officer	ARP; agent de relations publiques
probation; probationary period; probation period; trial period	période de probation; période d'essai; période probatoire; probation; stage; stage probatoire
probationary employee	stagiaire; employé à l'essai
probationary period; probation period; trial period; probation	période de probation; stage probatoire; période d'essai; période probatoire; probation; stage
probation report	rapport de stage
procedures	procédures; formalités; marche à suivre; méthodes

197

process (v.)	traiter
processing centre	centre de traitement
processing industry	industrie de transformation
production bonus; incentive award; incentive bonus	prime d'encouragement; prime de rendement
production bottleneck	asphyxie de la production; engorgement de la production
production employee; production worker	employé de la production; travailleur à la production; travailleur de la production
productive career	carrière productive
productive continuing employment	emploi productif continu
productive employment; productive work	emploi productif; travail productif
productive worker	travailleur productif
productivity	productivité
productivity growth	croissance de la productivité
Productivity Improvement Grant Program; PIGP	Programme de subventions à l'accroissement de la productivité; PSAP
NOTE Regional Industrial Expansion Canada grants	NOTA subventions de Expansion industrielle régionale Canada
productivity of the labour force	productivité de la population active
productivity training	sensibilisation à la productivité
professional	professionnel (n.); membre d'une profession libérale
professional association	association professionnelle
professional body	organisme professionnel
professional category	catégorie des professions libérales; catégorie des professionnels

professional development; career development; job development; occupational upgrading; skill upgrading; vocational development	perfectionnement professionnel
professional fees; fee	honoraires
professional integrity	intégrité professionnelle
professional job; professional occupation	profession libérale
professional job opening	débouché dans les professions libérales
professional licensing authority; professional licensing body	organisme de réglementation professionnelle
professional licensing examination	examen du permis d'exercer (la profession)
professional occupation; professional job	profession libérale
professional personnel; professional staff	personnel professionnel
professional recruiter	recruteur professionnel
professional retraining; booster training; retraining; refresher training; updating of skills; upgrading; vocational retraining; vocational upgrading; re-skilling	perfectionnement; recyclage; recyclage professionnel
professional service	service professionnel; acte professionnel
professional staff; professional personnel	personnel professionnel
professional standard; occupational norm; occupational standard	norme professionnelle
professional status	situation dans la profession
proficiency test; skill test	test de compétence(s)
proficient (in an occupation)	expert (dans une profession); chevronné
Profile Sheet for the Canadian Occupational Interest Inventory	Feuille de profil – Inventaire canadien d'intérêts professionnels

profit making	à but lucratif
profit-seeking company	entreprise à but lucratif
program activity code	code d'activité d'un programme
program cost analysis	analyse des coûts d'un programme
program criteria	critères d'un programme
program delivery; program implementation	exécution de programme; mise en oeuvre de programme
program description	description de programme
program development	élaboration de programme
program eligibility interview	entrevue d'admissibilité aux programmes
program evaluation	évaluation de programme
program forecast	prévision de programme
Program for Older Worker Adjustment; POWA	Programme d'adaptation pour les travailleurs âgés; PATA
NOTE Labour Canada program	NOTA programme de Travail Canada
Program for the Advancement of Industrial Technology	Programme pour l'avancement de la technologie
program funding	financement de programme
program implementation; program delivery	exécution de programme; mise en oeuvre de programme
Program Leading to the Achievement of Client Employment; PLACE	Programme d'aide aux clients cherchant un emploi; PLACE
program management	gestion de programme
program manager	directeur de programme; chargé de programme
programmed instruction text; P.I. text	texte d'enseignement programmé; T.E.P.
program officer	agent de programme
program official	responsable de programme
progressive employment practice	pratique d'emploi progressive
progressive increase	hausse progressive

progress report	rapport d'étape
prohibited grounds of discrimination	motifs illicites de discrimination
project	projet
project agreement	accord relatif au projet
project approval	approbation de projet
project coordinator	coordonnateur de projet
project cost	coût d'un projet
project design	conception de projet
project developer	auteur de projet
project development	élaboration de projet
projected demand	demande projetée
projected manpower requirement	projection des besoins en main-d'oeuvre
project evaluator	évaluateur de projet
project final report	rapport final d'un projet
project funds	fonds d'un projet
project-generated revenue; project revenue	recettes d'un projet
project interim report	rapport intérimaire d'un projet; rapport provisoire d'un projet
projection	projection
projective tests	tests projectifs
project leader	chef de projet; chargé de projet
project management schedule	calendrier des activités d'un projet
project manager	directeur de projet
project monitoring	contrôle de projet
project name; title of proposal	titre de projet
project number	numéro de projet
project officer	agent de projet

project operation	activité de projet
project participant	participant au projet
project performance review; PPR	examen du rendement du projet; ERP
project plan	plan de projet
project profile	profil de projet
project profile update	mise à jour du profil de projet
Project Proposal Development Assistance Program	Programme d'aide à l'élaboration des propositions de projet
project record	livre d'un projet; dossier d'un projet
project renewal	prolongation de projet
project revenue; project-generated revenue	recettes d'un projet
Project Review Committee	Comité d'examen des projets
Project Second Career	Projet seconde carrière
project sponsor	parrain de projet
project status	état de projet
project submission	présentation de projet
project time record	relevé du temps consacré au projet
project worker	employé d'un projet
promotability; opportunity for advancement; promotion opportunity; promotion potential; promotional opportunity; potential for advancement; advancement potential	1. possibilité d'avancement 2. possibilité de promotion
promotable employee	employé apte à être promu
promote	favoriser; promouvoir
promote equality of opportunity	promouvoir l'égalité des chances
promote hiring	promouvoir l'embauchage

promotion; advancement	1. avancement Progression d'un employé au sein d'une organisation. 2. promotion Avancement d'un employé à un poste supérieur à celui qu'il occupait précédemment.
promotional campaign	campagne de publicité; campagne publicitaire
promotional opportunity; promotion opportunity; promotability; promotion potential; opportunity for advancement; potential for advancement; advancement potential	1. possibilité d'avancement 2. possibilité de promotion
promotion plan	régime de promotion
promotion policy	politique d'avancement
promotion potential; advancement potential; opportunity for advancement; potential for advancement; promotability; promotional opportunity; promotion opportunity	1. possibilité d'avancement 2. possibilité de promotion
proof of identity	justification d'identité
proponent	auteur de proposition
proportionate representation	représentation proportionnelle
proposal	proposition
proposal development	élaboration de proposition
proposal for training; training proposal	offre de formation; projet de formation; proposition de formation
proposal information	renseignements sur le projet
proposed period of employment	période d'emploi proposée
proprietorship; sole proprietorship	entreprise individuelle; entreprise personnelle
pro rata basis, on a	au prorata

proscribed discrimination	motifs de distinction illicite
NOTE Canadian Human Rights Act	NOTA Loi canadienne sur les droits de la personne
prospective employee; potential employee	employé éventuel
prospective employer; potential employer	employeur éventuel
provide a service	fournir un service; assurer un service
provide contra-cyclical employment	stimuler l'emploi pendant les périodes de chômage cyclique
provide counselling	offrir un service de counselling
provide incentives	octroyer une subvention; accorder une subvention
provide information	transmettre de l'information; fournir de l'information; communiquer de l'information; donner de l'information
province of destination	province de destination
provincial agency	organisme provincial
Provincial Agricultural Employment Development Committee	Comité provincial du développement de l'emploi agricole
provincial apprenticeship credit system	régime provincial de crédits d'apprentissage
provincial apprenticeship program	programme provincial d'apprentissage
provincial apprenticeship representative	représentant provincial de l'apprentissage
provincial apprenticeship system	système provincial de l'apprentissage
provincial authorities	responsables provinciaux; autorités provinciales
provincial completion of apprenticeship certificate	certificat provincial de fin d'apprentissage; certificat d'apprentissage provincial
provincial completion of qualification certificate	certificat de qualification provincial

provincial employment office	bureau d'emploi provincial; bureau de placement provincial
provincial employment standard	norme d'emploi provinciale
provincial employment standards respecting agricultural workers	normes provinciales régissant l'emploi des travailleurs agricoles
provincial employment support program	programme provincial de soutien de l'emploi
provincial health insurance program; provincial medicare plan	régime provincial d'assurance-maladie
provincial labour force	population active provinciale; population active des provinces
provincial labour standards	normes provinciales du travail
provincial manager	directeur du bureau provincial
provincial medicare plan; provincial health insurance program	régime provincial d'assurance-maladie
provincial officer; provincial official	fonctionnaire provincial
provincial physician manpower committee	comité provincial de la main-d'oeuvre médicale
provincial priority	priorité provinciale
Provincial Programs Oriented to Youth Employment	Liste des programmes provinciaux orientés vers l'emploi des jeunes
provincial remittance	versement à la province
provincial/territorial student venture capital program	programme provincial ou territorial d'octroi de capital-risque aux étudiants
provincial trade advisory committees	comités consultatifs provinciaux des métiers
provincial training authority	autorité provinciale compétente en matière de formation
provincial training plan	programme provincial de formation
provision	disposition; stipulation; clause

provision of an act	disposition d'une loi
provision of employment; employment generation; job creation; job generation	création d'emplois
provision of employment services	prestation de services d'emploi
provision of services; delivery of services	prestation de services
PS; Public Service	FP; fonction publique
psychiatric disability	déficience psychiatrique
psychometric instrument	instrument psychométrique
psychometric test	test psychométrique
psychometrist; test administrator	psychométricien
public administration	administration publique
public affairs; public relations	relations publiques
public and private bodies	organismes publics et privés
public assistance	assistance publique
public employee; public servant; public service employee	fonctionnaire
public employment agency; public employment service	agence de placement publique; service de placement public; service d'emploi public
public funds; public money	fonds publics; deniers publics
Public Health Association	Association d'hygiène publique
public holiday; statutory holiday; holiday	jour férié; fête légale; congé
public liaison officer; PLO	agent de liaison avec le public; ALP
public money; public funds	deniers publics; fonds publics
public relations; public affairs	relations publiques
public relations officer; PRO	agent de relations publiques; ARP
public school	école publique
public sector	secteur public
public sector enterprise	entreprise du secteur public

public servant; public employee; public service employee	fonctionnaire
Public Service; PS	fonction publique; FP
Public Service Administrative Manpower Recruitment and Development Program	Programme de recrutement et de perfectionnement du personnel administratif de la Commission de la fonction publique
public service employee; public employee; public servant	fonctionnaire
Public Service Employment Act	Loi sur l'emploi dans la fonction publique; Loi sur l'emploi dans la Fonction publique (app. ant.)
Public Service Employment Regulations	Règlement sur l'emploi dans la fonction publique; Règlement sur l'emploi dans la Fonction publique (app. ant.)
Public Service Rearrangement and Transfer of Duties Act	Loi sur les restructurations et les transferts d'attributions dans l'administration publique; Loi sur les remaniements et transferts dans la Fonction publique (app. ant.)
Public Service recruitment	recrutement pour la fonction publique
	NOTA activité des Centres d'emploi du Canada
Public Service Staff Relations Act	Loi sur les relations de travail dans la fonction publique; Loi sur les relations de travail dans la Fonction publique (app. ant.)
Public Service Superannuation Act	Loi sur la pension de la fonction publique; Loi sur la pension de la Fonction publique (app. ant.)
Public Service Superannuation Plan	Régime de pension de retraite de la fonction publique
Public Service Terms and Conditions of Employment Regulations	Règlement sur les conditions d'emploi dans la fonction publique
purchase of diagnostic services	achat de services de diagnostic

purchase of training; training purchase	achat de formation
Purchase of Training Option	option Achat de formation
NOTE This option is part of most Canadian Jobs Strategy programs. Purchases can be either direct or indirect.	NOTA Cette option fait partie de la plupart des programmes de la Planification de l'emploi. Il peut s'agir d'achats directs ou indirects.
purchase procedures	procédures d'achat de cours; modalités d'achat de cours
push-pull matrix	matrice d'extraction automatique
put an order in clearance	mettre une offre d'emploi en circulation
cf. clearance	

q

QPP; Quebec Pension Plan	RRQ; Régime de rentes du Québec
qualification; competence; competency; skill	qualification; aptitude; capacités; compétence; habileté
qualification certificate; certificate of competence; certificate of competency; certificate of proficiency; certificate of qualification; trade proficiency certificate; occupational certification	certificat professionnel; certificat d'aptitude professionnelle; certificat de qualification; certificat de capacité
qualifications	titres et qualités; qualités requises; conditions de candidature
qualification standard; selection standard	norme de sélection
qualification system	système d'accréditation
qualified; skilled	qualifié
qualified applicant; qualified candidate	1. candidat qualifié
	2. candidat compétent

qualified available client	client qualifié disponible
qualified candidate; qualified applicant	1. candidat compétent
	2. candidat qualifié
qualified journeyman	homme de métier qualifié; compagnon qualifié
qualified labour; skilled labour; skilled manpower	main-d'oeuvre qualifiée
qualified student	étudiant qualifié
qualified worker; skilled worker; skilled craftsman	1. travailleur qualifié; ouvrier qualifié
	2. travailleur compétent
qualifier; eligibility criterion	facteur d'admissibilité; critère d'admissibilité
qualifying condition; eligibility requirement; requirement of eligibility	condition d'admissibilité
qualifying examination	examen d'admission
qualifying period	période d'admissibilité; période de référence
quality of service measurement	mesure de la qualité des services
quantifiable employment	emploi quantifiable
quarterly report	rapport trimestriel
quarterly statistical report	rapport statistique trimestriel
quasi-public; semipublic; para(-)public	para(-)public
Quebec Pension Plan; QPP	Régime de rentes du Québec; RRQ
quit	démissionner

r ————————————————————————————————

RAC
SEE Regional Assessment Committee

racial balance	équilibre racial

racial discrimination	discrimination raciale
racial harassment	harcèlement en raison de la race
racial imbalance	déséquilibre racial
raise standards	hausser les normes; relever les normes
range	catégorie; fourchette (de salaires); gamme (de programmes)
range of wages; salary scale; salary range; wage range; wage scale; scale of wages; pay scale	échelle de(s) salaires; échelle de traitement; échelle salariale; échelle de rémunération
rate of absenteeism; absenteeism rate	taux d'absentéisme
rate of absorption of labour market entrants	taux d'absorption des nouveaux venus sur le marché du travail
rate of allowances; allowance rate	taux des allocations
rate of pay; pay rate; wage rate; salary rate	taux de traitement; taux de salaire; taux de rémunération
rate of reimbursement	taux de remboursement
rate of retention; retention rate	taux de conservation des effectifs; taux de conservation des employés; taux de conservation du personnel; taux de maintien en fonction
rate of time and a half; time and a half rate	taux majoré de moitié
rate of training allowances	taux des allocations de formation
rate the performance of an employee	coter le rendement d'un employé
rationale	raison d'être; justification; motif
rationale for designation	motif de la désignation
RCC; Regional Computer Centre	CRI; Centre régional d'informatique
RC-T; Revenue Canada Taxation	RC-I; Revenu Canada Impôt

RDIA; Regional Development Incentives Act	LSDR; Loi sur les subventions au développement régional
RDRP; Regional Development and Retention Program	PRPM; Programme régional de perfectionnement et de maintien de l'emploi
re-allocation of funds	réaffectation de crédits
re-appointment	nouvelle nomination; renomination
re-appointment on the expiry of the term of office	renouvellement de mandat
reasonable accommodation; reasonable accommodation measures	mesures raisonnables d'adaptation
reasonable grounds	motifs raisonnables
reason for dependence	lien de dépendance
reason for leaving course	motif d'abandon du cours
reason for non-referral	raison de la non-présentation
reasoning skill	capacité de raisonnement
reassessment	réévaluation
reassign	réaffecter
reassignment; redeployment (of existing resources, manpower, staff)	réorganisation; réaffectation; redéploiement; redistribution (des effectifs, de la main-d'oeuvre, du personnel)
reassignment of duties	redistribution des fonctions
recall (n.); call-back (n.)	rappel au travail; rappel
recall a worker	rappeler un travailleur; réembaucher un travailleur
recall list; call-back list	liste de rappel; liste de rappel au travail
recall service	service de rappel
receipt of a job order	arrivée d'une offre d'emploi; réception d'une offre d'emploi
receiving CEC	CEC d'arrivée
recent graduate	nouveau diplômé

reception	accueil; réception
recipient SEE beneficiary	
recipient of benefits SEE beneficiary	
reclassification of a position	reclassification d'un poste
recognized occupation	profession reconnue
recognized union	syndicat reconnu; syndicat agréé
recommendation for ministerial approval	recommandation au Ministre pour approbation
recommendation to Minister's office	recommandation au Cabinet du Ministre
recommend for promotion	recommander en vue d'une promotion; recommander l'avancement (d'un employé)
reconciliation; reconciliation of accounts	rapprochement; rapprochement des comptes
record	document; dossier; registre
recording	inscription; enregistrement
record keeping	tenue de dossiers; tenue de registres
record of approval	document d'approbation
record of attendance; attendance list; attendance record; attendance register; attendance sheet	feuille des présences; fiche de présence; registre des présences
record of commitments; commitment record	registre des engagements
Record of Employment; ROE	Relevé d'emploi; RDE
record of employment validation	validation du relevé d'emploi; validation du RDE
record of gross earnings	relevé de la rémunération brute
record of payments	relevé des paiements
Record of Positions	Registre des postes

records management	gestion des documents
recover a tax credit	récupérer un crédit d'impôt
recoverable	récupérable; remboursable
recruit; hire	recruter
cf. hiring	
recruited worker	travailleur recruté
recruiting SEE hiring	
recruiting information form	formulaire de renseignements pour fins de recrutement
recruiting program; recruitment program	programme de recrutement
recruiting specialist	spécialiste en recrutement
recruitment SEE hiring	
recruitment and referral service	service de recrutement et de présentation
recruitment and selection	recrutement et sélection
recruitment area	zone de recrutement; secteur de recrutement
recruitment costs	frais de recrutement
recruitment drive	campagne de recrutement
recruitment office; human resource(s) office	bureau de recrutement
recruitment of workers; worker recruitment	recrutement de travailleurs
recruitment practice	pratique de recrutement
recruitment process	mode de recrutement; processus de recrutement
recruitment program; recruiting program	programme de recrutement
Recruitment Program for Administrative Trainees	Programme de recrutement des stagiaires en administration
recruitment service	service de recrutement

recruitment strategy	stratégie de recrutement
recruitment system	système de recrutement
recurrent education	éducation récurrente (à intervalles irréguliers); éducation périodique
recurrent training	formation périodique; formation récurrente
recurring non-salary costs	coûts non salariaux ordinaires
red-circled position	poste déclaré surévalué
red circling	constat de surévaluation de poste
redeployment; reassignment (of existing resources, manpower, staff)	réorganisation; réaffectation; redéploiement; redistribution (des effectifs, de la main-d'oeuvre, du personnel)
redesign a job	redéfinir un emploi; restructurer un emploi
redesigned job	emploi redéfini; emploi restructuré
Red Seal; Interprovincial Red Seal	Sceau rouge; Sceau rouge interprovincial
Red-seal certificate	certificat portant le sceau rouge
Red-seal examination	examen en vue de l'obtention du sceau rouge
Red Seal Program	Programme du Sceau rouge
reduced work week; short work week	semaine de travail réduite
reduce the probationary period	écourter le stage
reduction in personnel; reduction of staff; staff reduction; work force reduction; manpower reduction; employment cut-back	compression du personnel; réduction du personnel; réduction des effectifs; compression des effectifs
reduction of adjustment assistance	réduction de l'aide à l'adaptation
reduction of staff; reduction in personnel; staff reduction; work force reduction; manpower reduction; employment cut-back	compression du personnel; réduction du personnel; réduction des effectifs; compression des effectifs
redundancy notice	avis au personnel excédentaire

redundancy of manpower; manpower redundancy; surplus manpower; labour surplus; manpower surplus

excédent de main-d'oeuvre; main-d'oeuvre excédentaire

redundant worker; surplus employee

employé excédentaire; travailleur surnuméraire; travailleur excédentaire

re-employ

réengager; réembaucher; réemployer

re-employment; rehiring

réemploi; réembauchage; réengagement

re-enter employment; return to employment (v.); resume work

reprendre un emploi; reprendre le travail; retourner au travail

re-enter the labour force

réintégrer le marché du travail; revenir sur le marché du travail; réintégrer la population active; rentrer sur le marché du travail

re-entrant
SEE labour force re-entrant

re-entry

réintégration; reprise d'activité

re-entry into the labour force

retour sur le marché du travail; réinsertion professionnelle; réintégration professionnelle; rentrée sur le marché du travail

Re-Entry Option

option Réintégration

NOTE   This option is part of the Job Entry Program of the Canadian Jobs Strategy.

NOTA   Cette option fait partie du programme Intégration professionnelle de la Planification de l'emploi.

reestablishment allowance; resettlement allowance

allocation de réinstallation

reestablishment grant

subvention au titre de la réorientation

reestablish one's eligibility

avoir droit à un complément d'aide; être à nouveau admissible

215

refer	1. recommander; envoyer; orienter; présenter; diriger
	2. inscrire (à un cours)
refer an order	transmettre une offre d'emploi
refer applicants to available employment	diriger les candidats vers les emplois vacants
reference check	vérification des références; contrôle des références
reference position	poste repère
refer for employment	présenter à un employeur
refer for training	envoyer à un cours de formation; inscrire à un cours de formation
referral and placement in jobs	présentations et placements
referral CEC	CEC de présentation
referral control	contrôle des présentations
referral date	date de présentation; date d'envoi
referral desk	bureau de présentation
referral follow-up	suivi des présentations
referral follow-up report	rapport de suivi des présentations
referral form	formulaire de présentation
referral in person	présentation en personne
referral interview	entrevue de présentation
referral notice	avis de présentation
referral of clients	présentation des clients
referral officer	agent de présentation
referral of workers to jobs	présentation des travailleurs à l'employeur
referral-placement ratio; referral to placement ratio	ratio présentations-placements
referral procedure	procédure de présentation

referral record	fiche de présentation à un employeur
referral service; job referral service	service de présentation
referral slip	feuille de présentation
referral to a job	orientation vers un emploi
referral to employment, for	à présenter à l'employeur
referral to employment; introduction to employer	présentation à un employeur; mise en rapport avec l'employeur; recommandation à un employeur
referral to placement ratio; referral-placement ratio	ratio présentations-placements
referral transaction	document de présentation
referral verification	vérification des présentations
referred to a job interview	convoqué à une entrevue
referred to training	dirigé vers un cours de formation; inscrit à un cours de formation; envoyé à un cours de formation
referred worker	travailleur présenté à l'employeur
referring agency	organisme de présentation
refresher training; booster training; professional retraining; retraining; updating of skills; upgrading; vocational retraining; vocational upgrading; re-skilling	perfectionnement; recyclage; recyclage professionnel
refund request; claim	demande de remboursement
refusal of adjustment assistance	aide à l'adaptation refusée
refuse a job offer	refuser une offre d'emploi
regional agricultural consultant	conseiller agricole régional
Regional Assessment Committee; RAC	Comité d'évaluation régional; CER
NOTE LEAD Program	NOTA Programme CLÉ

regional business assistance workshop	atelier régional sur l'aide à l'entreprise
regional classification advisor	conseiller régional en classification
regional clearance coordinator	coordonnateur régional de la mise en circulation

cf. clearance

Regional Computer Centre; RCC	Centre régional d'informatique; CRI
regional consulting service	service consultatif régional
regional contact person	agent régional de liaison
regional coordinator	coordonnateur régional
regional development	développement régional
Regional Development and Retention Program; RDRP	Programme régional de perfectionnement et de maintien de l'emploi; PRPM
Regional Development Incentives Act; RDIA	Loi sur les subventions au développement régional; LSDR
Regional Development Incentives Board	Commission sur les subventions au développement régional
Regional Development Incentives Program	Programme de subventions au développement régional
Regional Development Incentives Regulations	Règlement sur les subventions au développement régional
regional distribution	répartition régionale
regional economic expansion	expansion économique régionale
Regional Economic Services	Services économiques régionaux
regional economist	économiste régional
regional employment coordinator	coordonnateur régional de l'emploi
regional employment equity consultant	expert-conseil régional de l'équité en matière d'emploi
Regional Employment Equity Consultative Services	Services consultatifs régionaux de l'équité en matière d'emploi

regional employment equity coordinator	coordonnateur régional de l'équité en matière d'emploi
Regional Equal Opportunity for Women Committee [Ont.]	Comité régional de promotion de la femme [Ont.]
regional headquarters; RHQ; regional office	bureau régional; BR
regional headquarters strike centre	centre régional de coordination en temps de grève
Regional Industrial Manpower Committee	Comité régional de la main-d'oeuvre industrielle
Regional Initiative Program	Programme des initiatives régionales
regional intelligence officer	agent régional du renseignement
Regional Interdepartmental Review Committee	Comité d'étude régional interministériel
Regional Labour-Management Consultation Committee; RLMCC	Comité régional de consultation patronale-syndicale; CRCPS
regional labour market	marché du travail régional
Regional List of Vacant Positions; RLVP	Liste régionale des emplois vacants; LREV
regional manager	gestionnaire régional
Regional Manpower Planning Board	Conseil régional de la planification de la main-d'oeuvre
regional office; regional headquarters; RHQ	bureau régional; BR
regional office log	registre du bureau régional
regional office manager	chef du bureau régional
regional officer	agent régional
Regional Operational Statistics Directory	Répertoire régional des statistiques opérationnelles
regional operations	activités régionales
regional Outreach coordinator	coordonnateur régional du programme Extension
regional personnel advisor	conseiller régional en personnel
Regional Personnel Services System; RPSS	Système régional des services du personnel; SRSP

Regional Program Coordinator	coordonnateur régional de programme
Regional Review Committee	Comité d'examen régional
NOTE Outreach Program	NOTA programme Extension
regional staff	personnel régional
Regional Summer Employment Packages	initiatives régionales d'emploi d'été
regional testing specialist	spécialiste régional en administration de tests
cf. testing	
regional unemployment	chômage régional
regional unemployment rate	taux de chômage régional
regional youth consultant; RYC	expert-conseil Jeunesse régional; EJR
Regional Youth Consultants Conference; RYC Conference	Conférence des experts-conseils Jeunesse régionaux
register (v.)	inscrire; s'inscrire
registered	inscrit
registered charitable organization	organisme de bienfaisance reconnu
registered educational leave savings plan; RELSP	régime enregistré d'épargne-études; REEE
registered partnership	société en nom collectif enregistrée; société de personnes enregistrée
Registered Savings Training Program	Régime enregistré d'épargne-formation
registered unemployed individual	chômeur inscrit
registered vacancy; notified vacancy; vacancy notified	vacance signalée; poste vacant signalé
register of courses purchased	registre des cours achetés
registration; enrolment	inscription
registration by mail	inscription par la poste

registration document	document d'inscription
registration file	dossier d'inscription
registration for employment; registration for work; employment registration	inscription en vue d'un emploi; inscription pour un emploi
registration form	formulaire d'inscription
registration for work; registration for employment; employment registration	inscription pour un emploi; inscription en vue d'un emploi
registration interview	entrevue d'inscription
registration of employment vacancies	inscription des emplois vacants
registration process	processus d'inscription
registration, selection and referral process	processus d'inscription, de sélection et de présentation
registration without assistance; self-registration	auto-inscription
registration without employment	inscription sans emploi
regrouping of occupations	regroupement des professions
regular allowance	allocation régulière; allocation ordinaire
regular employment	emploi régulier
regular job placement; regular placement	placement dans un emploi régulier
regular pay cheque	chèque de paye régulier
regular permanent address	adresse permanente habituelle
regular placement; regular job placement	placement dans un emploi régulier
regular position	poste régulier
regular school-leaving age; normal school-leaving age	âge normal de fin de scolarité
regular straight-time	temps régulier simple
regular vacancy	vacance ordinaire; emploi régulier vacant
regular validation procedure	formalité ordinaire de validation

regulated occupation	profession réglementée
regulation	règlement
Regulations for the Administration of the Interprovincial Standards Examinations	Règlement concernant la tenue des examens normalisés interprovinciaux
rehabilitation	réadaptation; réhabilitation
rehabilitation leave	congé de réadaptation
NOTE for military personnel	NOTA pour le personnel militaire
rehabilitative service	service de réhabilitation; service de réadaptation
rehiring; re-employment	réembauchage; réemploi; réengagement
reimbursement authorization	autorisation de remboursement
reinstatement officer	agent de réintégration
NOTE services to veterans	NOTA services aux anciens combattants
reinstatement period	période de réintégration
re-interview	nouvelle entrevue
rejection	refus; rejet
rejection on probation	renvoi en cours de stage
related costs	frais connexes
related experience	expérience connexe
related job; allied occupation; allied trade	emploi connexe; métier connexe; emploi apparenté
related worker	travailleur assimilé
relative employability	employabilité relative
relaxed criteria	critères élargis
release (v.)	renvoyer
release an employee with pay	accorder un congé payé
released	renvoyé

released worker	travailleur renvoyé
release for incapacity	renvoi pour incapacité
release of funds	déblocage de fonds
release of information	communication de renseignements; publication de renseignements
relevant data	renseignements pertinents; données pertinentes
relevant work area	zone de travail pertinente
relevant work experience	expérience de travail pertinente
reliability	fiabilité
reliable work force	main-d'oeuvre sûre
relief worker	employé supplémentaire; travailleur d'appoint; travailleur de secours; travailleur de relève
relocate	déménager
relocate an industry	transplanter une industrie
relocation	1. réinstallation (fonction publique)
	2. déplacement (mobilité de la main-d'oeuvre)
	3. déménagement
relocation allowance; moving allowance	indemnité de déménagement; allocation de déménagement
relocation and exploratory assistance	aide au déplacement et à la prospection
Relocation and Travel Assistance Option	option Aide au déplacement et aide de voyage
NOTE This option is part of most Canadian Jobs Strategy programs.	NOTA Cette option fait partie de la plupart des programmes de la Planification de l'emploi.
relocation assistance	aide au déplacement
relocation costs	coûts de réinstallation
relocation grant	subvention de déplacement

223

relocation service agreement	contrat de services de réinstallation
RELSP; registered educational leave savings plan	REEE; régime enregistré d'épargne-études
remedial action; remedial measure	mesure corrective; mesure rectificatrice; mesure de redressement
remedial education	éducation corrective
remedial measure; remedial action	mesure de redressement; mesure corrective; mesure rectificatrice
remote area	région reculée; région éloignée
removal expenses; moving costs	frais de déménagement
remuneration; pay; salary; wage	traitement; rémunération; salaire; paye
remuneration adjustment	rajustement de rémunération
remuneration ceiling	plafond de rémunération
remuneration for duties	rémunération des fonctions
remuneration paid	rémunération versée
remuneration supplement; top-up; top-up to wages	supplément de rémunération; complément salarial
remunerative work	travail rémunérateur
Renewable Resource Conservation Employment Program	Programme d'emplois axés sur la conservation des ressources renouvelables
renewal application for premium reduction	demande renouvelée de réduction de la cotisation
renewal of a contract	renouvellement d'un contrat
rental contract	contrat de location
repayment terms	modalités de remboursement
repeat code	code de remplacement
repeater	réitérant
repeat sponsor	promoteur réitérant; promoteur à parrainage multiple
replacement income	revenu de remplacement

replacement job; alternate employment; alternate occupation; alternative employment; alternative occupation	autre emploi; autre profession; emploi de substitution; nouvel emploi; métier secondaire; profession de rechange
replacement worker	travailleur suppléant
report for an interview	se présenter à une entrevue
report for duty; report for work	se présenter au travail
reporting	communication de rapports; transmission de données
reporting period; report period dates	période de référence; période visée; période visée par le rapport
reporting requirement instructions	instructions sur la manière d'établir les rapports
report of interview	rapport d'entrevue
report of investigation; fact-finding report	rapport d'enquête; rapport de recherche; rapport d'étude
report of medical examiner	rapport du médecin examinateur
Report on Employment Operations by Industry	Rapport sur l'emploi dans l'industrie
Report on Industrial Dispute Resulting in Work Stoppage	Rapport de conflit du travail entraînant un arrêt de travail
Report on Registered Clients and Vacancies	Rapport sur les clients inscrits et les emplois vacants
report period dates; reporting period	période visée par le rapport; période visée; période de référence
representative	représentant; délégué
representative farm worker	travailleur agricole représentatif
representative of employer; employer's representative; management representative	représentant de l'employeur; représentant patronal; délégué patronal; représentant de la direction
representative of workers; labour representative; union steward; union representative; employee representative	représentant des travailleurs; représentant syndical; délégué syndical

request for additional information	demande de renseignements complémentaires
request for approval of expenditures	demande d'approbation de dépenses
request for career-oriented student	offre d'emploi axé sur la carrière
request for change	demande de changement; demande de modification
request for classification and for staffing action	demande de classification et de dotation en personnel
Request for Contract Amendment form	formulaire de demande de modification de l'accord
request for contract payment	demande de paiement contractuel
request for new or revised form	demande de création ou de révision des formulaires
request for referral	demande de présentation
request for special referral	demande de présentation d'un travailleur spécialement désigné
request for supplementary contribution	demande de contribution supplémentaire
request for transfer; transfer request	demande de mutation
request to establish a standing advance	demande d'établissement d'une avance permanente
required hiring date	date prévue d'embauchage
required to report for duty, be	être tenu de se présenter au travail
required training	formation nécessaire
requirement of eligibility; eligibility requirement; qualifying condition	condition d'admissibilité
requirement of the employment market	1. exigence du marché de l'emploi
	2. besoin du marché de l'emploi
requisition a cheque	demander un chèque

requisition for cheque; cheque requisition	demande de chèque
requisition form	formulaire de commande
requisition form; application form	formulaire de demande
requisition for return of contributions	demande de remboursement des cotisations
requisitioning authority	autorisation de commande
research grants program	programme de subventions à la recherche
research phase	période de recherche
Research Projects Group	Groupe des travaux de recherche
reserve labour force	population active de réserve
Reserve Training Program	Programme de formation des réservistes
resettlement allowance; reestablishment allowance	allocation de réinstallation
residential counsellor	conseiller à domicile
resident status	statut de résident
resignation	démission
re-skilling; retraining; updating of skills; upgrading; vocational retraining; vocational upgrading; booster training; professional retraining; refresher training	recyclage; perfectionnement; recyclage professionnel
resolve in favour of	trancher en faveur de
resource allocation	affectation des ressources; répartition des ressources; allocation des ressources
resource centre	centre de documentation
resource development project	projet de mise en valeur des ressources
Resource Group on Part-time Employment	Groupe d'étude sur le travail à temps partiel
resource level	niveau des ressources
resource person	spécialiste; personne-ressource

resource planning and productivity improvement	planification des ressources et accroissement de la productivité
resource requirements	besoins en ressources
resource securing process	processus de mobilisation des ressources
resource utilization report	rapport d'utilisation des ressources
responsibility	attribution; responsabilité
responsibility centre	centre de responsabilité
responsibility centre manager	gestionnaire de centre de responsabilité
responsible for	chargé de
responsible officer	agent compétent
restraint measure	mesure de restriction
restriction of output	restriction de production
result of referral	résultat de la présentation
résumé; career history; career profile; career record; career résumé; curriculum vitae; CV; personal profile	curriculum vitae; CV
resume work; re-enter employment; return to employment (v.)	retourner au travail; reprendre un emploi; reprendre le travail
resumption of work	reprise du travail
retail trade	commerce de détail
retain employment; stay on a job	garder un emploi; conserver un emploi
retention	maintien de l'effectif; maintien en fonction
retention of documents	conservation des documents
retention of files	conservation des dossiers
retention rate; rate of retention	taux de maintien en fonction; taux de conservation des effectifs; taux de conservation des employés; taux de conservation du personnel

retention rate for students; student retention rate	taux de persévérance scolaire
retention strategy	stratégie de maintien en fonction
retire	prendre sa retraite
retiree	retraité (n.)
retirement	retraite
retirement age	âge de la retraite
retirement plan SEE pension plan	
retirement planning	planification de la retraite
retraining; upgrading; vocational upgrading; updating of skills; refresher training; booster training; professional retraining; vocational retraining; re-skilling	recyclage; perfectionnement; recyclage professionnel
retraining course; upgrading course	cours de recyclage
retraining of manpower	recyclage de la main-d'oeuvre
Re-Training Option	option Recyclage
NOTE This option is part of the Skill Investment Program.	NOTA Cette option fait partie du programme Acquisition de compétences.
retraining program; upgrading program	programme de recyclage
retroactive increase in wages	augmentation rétroactive de salaire
retroactive payment	paiement rétroactif
retroactive remuneration	rémunération rétroactive
return (n.)	aller-retour
returning resident	résident de retour (au pays)

returning students	étudiants poursuivant leurs études (à l'automne)
	NOTA Dans le cas des étudiants qui, pour obtenir un emploi d'été, doivent poursuivre leurs études.
return to employment (n.)	retour au travail
return to employment (v.); resume work; re-enter employment	reprendre un emploi; retourner au travail; reprendre le travail
revenue	recettes
Revenue Canada Taxation; RC-T	Revenu Canada Impôt; RC-I
Revenue Canada Taxation Employer Number	numéro d'employeur de Revenu Canada Impôt
reverse discrimination	discrimination à rebours
reverting to a position	réintégration dans un poste
review	contrôle; étude; examen; révision
review a salary	réviser un salaire
review board; review committee	comité de révision; comité d'examen; comité d'étude
reviewing officer	agent de révision
revised guidelines	lignes directrices révisées
revitalization initiative	initiative de revitalisation; activité de revitalisation; mesure de revitalisation
revitalization program	programme de revitalisation
revitalization team	équipe de la revitalisation
revitalization trial project	projet de mise à l'essai de la revitalisation
revitalized employment service	service d'emploi revitalisé
revival	inscription renouvelée; réinscription; renouvellement de l'inscription
revocation of an appointment	révocation d'une nomination

revoke a designation	annuler une désignation
NOTE Term used in the Skill Shortages Program.	NOTA Terme utilisé dans le cadre du Programme relatif aux pénuries de main-d'oeuvre.
revoke an appointment	révoquer une nomination
RHQ; regional headquarters; regional office	BR; bureau régional
riding office	bureau de circonscription
rights and obligations	droits et obligations
right to appeal; appeal right	droit d'appel
risk, at	vulnérable; exposé (adj.)
RLMCC; Regional Labour-Management Consultation Committee	CRCPS; Comité régional de consultation patronale-syndicale
RLVP; Regional List of Vacant Positions	LREV; Liste régionale des emplois vacants
ROE; Record of Employment	RDE; Relevé d'emploi
role-play	simulation; jeu de rôle
rotating strike	grève tournante
rotational assignment; rotational nominations	affectations par rotation; affectations successives
rotational training	formation par affectations successives
rotation of staff; employee rotation; personnel rotation; staff rotation	rotation du personnel; rotation des employés
routine task	tâche habituelle
routine work	travail courant
RPSS; Regional Personnel Services System	SRSP; Système régional des services du personnel
rural area	région rurale
rural community	collectivité rurale
rural municipality	municipalité rurale

RYC; regional youth consultant	EJR; expert-conseil Jeunesse régional
RYC Conference; Regional Youth Consultants Conference	Conférence des experts-conseils Jeunesse régionaux

S

safeguards (in an agreement)	clauses de garantie (d'un accord)
safety equipment	équipement de sécurité
safety precaution	mesure de sécurité
safety shoes	chaussures de sécurité
salaried employee; salaried worker; wage-earner	salarié; employé salarié
salary; pay; wage; remuneration	rémunération; traitement; salaire; paye
salary adjustment	rajustement des salaires
salary costing	établissement du coût salarial; calcul du coût salarial
salary costs	coûts salariaux
salary differential; salary gap; wage differential; wage gap; difference in wages; earnings differential	différence salariale; différence de salaires; écart salarial; écart de salaires
salary differential between men and women	écart entre le salaire des hommes et celui des femmes
salary-dollar costing	montant des salaires; calcul des salaires
salary gap; salary differential; wage differential; wage gap; difference in wages; earnings differential	différence salariale; différence de salaires; écart salarial; écart de salaires
salary increase; salary increment; wage increase; wage increment pay increase; pay increment	augmentation de salaire; augmentation d'échelon; hausse de salaire

salary level; pay level; wage level	niveau de traitement; niveau de rémunération; niveau des salaires
salary range; wage range; salary scale; wage scale; range of wages; scale of wages; pay scale	échelle de(s) salaires; échelle de traitement; échelle de rémunération; échelle salariale
salary rate; wage rate; pay rate; rate of pay	taux de salaire; taux de traitement; taux de rémunération
salary replacement; wage replacement	indemnité de traitement; indemnité de salaire
salary scale; scale of wages; wage scale; wage range; salary range; range of wages; pay scale	échelle de(s) salaires; échelle de traitement; échelle salariale; échelle de rémunération
salary section	échelon de rémunération
salary structure; wage structure	structure des salaires; structure salariale; structure des traitements
salary surplus	excédent de rémunération
sales worker	employé du secteur de la vente
sampling methodology	méthode d'échantillonnage
SAPP; Special Assignment Pay Plan	PRAS; Programme de rémunération d'affectation spéciale
SAR; social assistance recipient; welfare recipient	BAS; bénéficiaire d'aide sociale; assisté social
SATB; Specific Aptitude Test Battery	BPTA; Batterie particulière de tests d'aptitudes
satellite Outreach unit	sous-section satellite du programme Extension
satisfy a manpower requirement	combler un besoin de main-d'oeuvre
satisfy special industrial requirements	répondre à des besoins particuliers de l'industrie
savings fund	fonds d'épargne
savings plan	régime d'épargne

SBL
SEE Student Business Loans

scale of wages; salary range;   échelle salariale; échelle de(s)
  salary scale; range of wages;   salaires; échelle de
  wage scale; wage range; pay   traitement; échelle de
  scale   rémunération

SCAN
SEE Second Career Assistance
Network

scan records   parcourir les dossiers;
                             dépouiller les dossiers

scheduled hours of work   heures normales de travail

scheduled intake course   cours à inscription préétablie

scheduled interview   entrevue fixée

schedule of a contract   annexe d'un contrat

schedule of rates   échelle des taux

scheduling   établissement de calendrier

school board   conseil scolaire; commission
                             scolaire

school credit   crédit d'études

schooling; level of schooling;   scolarité; niveau de scolarité;
  academic attainment; education; niveau d'instruction; études;
  educational level; formal   niveau d'études; formation
  education; level of education;   scolaire
  level of study

schooling pattern   type d'études

school-leaver   partant (n.); jeune en fin de
                             scolarité

school-leaving age   âge limite de la fréquentation
                             scolaire obligatoire; âge
                             légal de fin de scolarité

school-leaving certificate   attestation de fin d'études

school record   dossier scolaire

school-related position   emploi lié au domaine d'étude

school term   semestre scolaire

school visit program   programme de visite des
                             établissements d'enseignement

school year   année scolaire

Scientific and Technical Employment Program; STEP	Programme de création d'emplois scientifiques et techniques; PCEST
SCOOT; Steering Committee on Operational Training	CDNFO; Comité de direction nationale en formation opérationnelle
scoring key	clé de correction
screen	présélectionner; faire une sélection préliminaire
screening; screening process; pre-screening	présélection; sélection préliminaire; sélection préalable
screening board	jury de présélection
screening interview	entrevue de présélection
screening of job applicants	présélection des candidats à l'emploi
screening process; screening; pre-screening	sélection préliminaire; présélection; sélection préalable
screen out	éliminer à la présélection
SCTT; straight copy typing test	TTD; test de transcription dactylographique
SDT; Stenographic Dictation Test	TS; test de sténographie
seasonal adjustment	désaisonnalisation
seasonal agricultural travel assistance	aide de voyage en vue d'un emploi agricole saisonnier
Seasonal Agricultural Travel Assistance Program	Programme d'aide de voyage aux fins du travail agricole saisonnier
seasonal agricultural work; seasonal agriculture work	travail agricole saisonnier; emploi agricole saisonnier
Seasonal Agricultural Workers Program	Programme des travailleurs saisonniers agricoles
seasonal agriculture work; seasonal agricultural work	travail agricole saisonnier; emploi agricole saisonnier
seasonal agriculture worker	travailleur agricole saisonnier
seasonal demand; seasonal requirement	demande saisonnière

235

seasonal employee; seasonal worker	employé saisonnier; saisonnier (n.); travailleur saisonnier
seasonal employment; employment of a seasonal nature; seasonal job; seasonal work	emploi saisonnier; travail saisonnier
seasonal employment variations; seasonality of employment	oscillations saisonnières de l'emploi; fluctuations saisonnières de l'emploi
seasonal factor	facteur saisonnier
seasonality of employment; seasonal employment variations	fluctuations saisonnières de l'emploi; oscillations saisonnières de l'emploi
seasonal job; employment of a seasonal nature; seasonal employment; seasonal work	emploi saisonnier; travail saisonnier
seasonal labour force; seasonal manpower	main-d'oeuvre saisonnière
seasonally adjusted	désaisonnalisé; après désaisonnalisation
seasonally-adjusted unemployment rate	taux de chômage désaisonnalisé
seasonal manpower; seasonal labour force	main-d'oeuvre saisonnière
seasonal office	bureau saisonnier
seasonal operation	activité saisonnière
seasonal requirement; seasonal demand	demande saisonnière
seasonal unemployment	chômage saisonnier
seasonal work; employment of a seasonal nature; seasonal employment; seasonal job	travail saisonnier; emploi saisonnier
seasonal worker; seasonal employee	travailleur saisonnier; saisonnier (n.); employé saisonnier
second an employee	détacher un employé
secondary activity	activité secondaire
secondary employer	second employeur
secondary employment spin-off	création d'emplois secondaires par effet de multiplication

secondary income	revenu d'appoint; revenu additionnel; revenu supplémentaire
secondary labour force	population active secondaire
secondary wage earner	salarié secondaire
Second Career Assistance Network; SCAN	Service de préparation à une seconde carrière; SPSC
NOTE National Defence Canada program	NOTA programme de Défense nationale Canada
second career counselling	counselling préparatoire à une seconde carrière
Second Career Project	Programme de seconde carrière
second career seminar	atelier de préparation à une seconde carrière
NOTE Seminar organized for military personnel facing compulsory release.	NOTA Atelier organisé pour le personnel militaire qui doit prendre une retraite obligatoire.
seconded staff	personnel détaché
secondment agreement	contrat de détachement
secondment of an employee	détachement d'un employé
section	1. section

NOTA de façon générale

2. partie

NOTA d'un formulaire

3. article

NOTA d'une loi

sector analysis	analyse sectorielle
sectorial outlook	perspectives sectorielles
sector task force	groupe de travail sectoriel; groupe d'étude sur les secteurs d'activité
secular labour force	population active en général

secured employment; assured employment; assured job	emploi assuré; emploi garanti
secure employment; obtain employment	trouver un emploi; obtenir un emploi; décrocher un emploi
secure job; stable employment	emploi stable
security classification	classification de sécurité; classification sécuritaire
security clearance certificate	certificat d'autorisation de sécurité
security of employment; employment security; job security; employment protection	sécurité d'emploi
sedentary work	travail sédentaire
SED Option SEE Severely Employment Disadvantaged Option	
SEEC; Student Employment Experience Centre	CERET; Centre pour étudiants à la recherche d'une expérience de travail
SEED SEE Summer Employment/Experience Development	
seed money	capitaux d'amorçage; capitaux de lancement; capitaux de démarrage
seek employment	chercher un emploi; être à la recherche d'un emploi; être en quête d'emploi
segment of labour market; labour market sector; labour market zone	secteur du marché du travail
segregation of duties; division of duties; work allocation; workload breakdown; work distribution	répartition des tâches; distribution du travail; répartition du travail
SEI Option SEE Self-Employment Incentive Option	
seizure of pay	saisie de paie
selected area	secteur déterminé; secteur choisi

selected occupation	profession choisie
selection board	jury de sélection
selection board member	membre d'un jury de sélection
selection criterion; criterion for selection	critère de sélection
selection of a worker	sélection d'un travailleur
selection of clients	sélection des clients
selection procedure; selection process	méthode de sélection; modalités de sélection; processus de sélection
selection review board	jury de révision de la sélection
selection standard; qualification standard	norme de sélection
selection test	test de sélection
selective employment measure	mesure sélective d'emploi
self and group services	services individuels et services de groupe
self-appraisal questionnaire	questionnaire d'auto-évaluation
Self-Contained Youth Employment Centre	Centre d'Emploi Jeunesse détaché
self-counselling aid	instrument personnel de counselling
self-directed learner	autodidacte (n.)
self-education	auto-apprentissage
self-employed	indépendant; autonome; à son propre compte
self-employed apprentice	apprenti autonome
self-employed entrepreneur	entrepreneur autonome; entrepreneur indépendant
self-employed fisherman	pêcheur à son compte; pêcheur indépendant
self-employed worker; independent worker	travailleur à son compte; travailleur indépendant; travailleur autonome

self-employment	travail indépendant; activité indépendante
self-Employment Incentive Option; SEI Option	option Encouragement à l'activité indépendante; option EAI
NOTE This option is part of the Community Futures Program.	NOTA Cette option fait partie du programme Développement des collectivités.
self-help group	groupe d'entraide
self-identification	auto-identification
self-identification form	formulaire d'auto-identification
self-identify	s'identifier; s'auto-identifier
self-instructional counselling	counselling programmé
self-instruction manual	manuel d'enseignement séquentiel; manuel d'enseignement programmé
self-operated business	commerce autonome
self-registration; registration without assistance	auto-inscription
self-reliance handbook	guide d'auto-développement
self-service	libre-service
self-service delivery	administration du libre-service
self-service facility	installation de libre-service
self-sufficiency	autonomie; autarcie
self-sufficient	autarcique; autonome
self-sustaining employment	emploi viable
seminar	colloque; séminaire
semi-professional	semi-professionnel
semipublic; para(-)public; quasi-public	para(-)public
semi-sheltered employment	emploi semi-protégé
semi-skilled; medium-skilled	de spécialisation moyenne

semi-skilled labour; semi-skilled manpower	main-d'oeuvre spécialisée
semi-skilled manual worker	travailleur manuel spécialisé
semi-skilled occupation; medium-skilled occupation	profession de spécialisation moyenne
semi-skilled training	formation d'ouvriers spécialisés
semi-skilled worker	travailleur spécialisé; ouvrier spécialisé
Senior Citizen Job Bureau	Bureau d'emploi du troisième âge
senior executive; upper level manager; senior manager; senior level manager	cadre supérieur; cadre dirigeant; cadre de direction
senior executive category	catégorie de la haute direction
senior industrial consultant	expert-conseil sectoriel supérieur; conseiller sectoriel supérieur
seniority	ancienneté; années de service
senior level manager; senior manager; upper level manager; senior executive	cadre supérieur; cadre dirigeant; cadre de direction
senior management	haute direction; cadres supérieurs; cadres dirigeants
Senior Management Development Program	Programme de perfectionnement des cadres supérieurs
senior management occupation	profession de cadre supérieur
senior manager; upper level manager; senior executive; senior level manager	cadre supérieur; cadre dirigeant; cadre de direction
senior officer	agent principal
senior official	haut fonctionnaire
senior personnel	personnel de niveau supérieur
senior position; higher position	poste supérieur
senior project officer	agent principal de projet
sensitivity material	matériel de sensibilisation

separated employee	employé ayant quitté son emploi
separate from a job	cesser d'exercer un emploi
separation; termination of employment; termination	cessation d'emploi; départ
separation certificate	certificat de cessation d'emploi
Separation Clearance Report	Formalités de fin d'emploi
separation pay; terminal pay; severance pay	indemnité de cessation d'emploi; indemnité de fin d'emploi
separation schedule	calendrier des départs
service an order	traiter une offre
service centre	centre de services
service contract; contract of service	marché de services
service cost; administration expenses; administrative expenses; administrative costs	frais d'administration; frais administratifs; frais de gestion
service delivery policy	politique de prestation des services
service employment	emploi dans le secteur des services
service industry; service sector; tertiary sector	secteur des services; secteur tertiaire
service limitation	restriction de service
service need determination	détermination des besoins en services; détermination des besoins de services
service occupation; service trade	profession dans le domaine des services; profession du secteur tertiaire; profession dans le secteur des services
service-producing sector	secteur de la production des services
service request	demande de services
service sector; service industry; tertiary sector	secteur des services; secteur tertiaire
services for the physically and mentally handicapped	services aux handicapés physiques et mentaux

242

Services Office; SO	Bureau des services; BS
services to employers; employer services	services aux employeurs
services to employers standards	normes des services aux employeurs
Services to Post-Secondary Students Program; SPSSP	Programme de services aux étudiants du postsecondaire; PSEP
Services to Secondary School Students in Preparing for Employment	Services aux étudiants du secondaire - Programme de préparation au travail
services to workers	services aux travailleurs
service trade; service occupation	profession du secteur tertiaire; profession dans le domaine des services; profession dans le secteur des services
service unit	module de service
service worker	travailleur du secteur tertiaire; employé du secteur des services
set forth in a contract	prévoir au contrat
set rate	taux fixe
set standard	norme établie
settle a dispute	régler un conflit
set up a program; develop a program	élaborer un programme; établir un programme
set wages	fixer les salaires
severance pay; separation pay; terminal pay	indemnité de fin d'emploi; indemnité de cessation d'emploi
severely disadvantaged person	personne fortement défavorisée
severely employment disadvantaged individual	personne fortement défavorisée sur le plan de l'emploi

Severely Employment Disadvantaged Option; SED Option	option Personnes fortement défavorisées sur le plan de l'emploi; option PFDE
NOTE This option is part of the Job Entry Program.	NOTA Cette option fait partie du programme Intégration professionnelle.
sex-based occupational segregation	ségrégation professionnelle fondée sur le sexe
sexual harassment	harcèlement sexuel
SGF; Skills Growth Fund	CACP; Caisse d'accroissement des compétences professionnelles
shareable costs	frais partageables
shared-cost program	programme à frais partagés
sheltered employment	emploi protégé
sheltered workshop	atelier protégé
sheltered workshop supervisor	superviseur d'atelier protégé
shift	quart; équipe
shift differential; shift premium	prime de poste
shifting patterns of demand for labour	fluctuations de la demande de main-d'oeuvre
shift log report	rapport de quart
shift premium; shift differential	prime de poste
shift work	travail par équipes; travail par postes
shift worker	travailleur posté; travailleur de quarts; travailleur de postes; travailleur d'équipes
shift work week; SWW	semaine de travail à horaire irrégulier; STHI
shortage; short supply	pénurie
shortage occupation; occupation in short supply	profession en pénurie de main-d'oeuvre
shortage of skilled workers	pénurie de travailleurs qualifiés
short supply; shortage	pénurie

Short-Term Assignment Program	Programme d'affectations temporaires
short-term contract	contrat à court terme
short-term employment; short-term job; temporary job; short-term work; temporary employment	emploi à court terme; emploi de courte durée; emploi temporaire; travail temporaire
short-term job creation program	programme de création d'emplois à court terme
short-term lay(-)off SEE lay(-)off	
short-term staff	employés occasionnels
short-term training	formation à court terme
short-term work; short-term employment; short-term job; temporary job; temporary employment	emploi temporaire; emploi à court terme; emploi de courte durée; travail temporaire
short-term worker; temporary employee; temporary help employee; temporary worker	employé temporaire; travailleur temporaire; temporaire (n.)
short work week; reduced work week	semaine de travail réduite
shutdown of a company	fermeture d'une entreprise
SIC; Standard Industrial Classification, 1980	CTI; Classification type des industries, 1980
sick leave	congé de maladie
signing authority	pouvoir de signature
signing authority; signing officer; approving officer; authorizing officer; authorizing agent	agent approbateur; agent autorisé; fondé de pouvoir; signataire autorisé
sign-language interpreter	interprète gestuel
simulated on-the-job-training	formation pratique par simulation
SIN; social insurance number	NAS; numéro d'assurance sociale
single household head	chef de famille monoparentale
single industry community	collectivité à industrie unique; collectivité monoindustrielle; collectivité à vocation unique

single parent family; lone parent family; one-parent family	famille monoparentale
single-skilled employee	travailleur à compétence unique
single-vacancy job order	offre d'emploi ne comportant qu'un poste vacant
single worker	travailleur célibataire
SIR; social insurance registration	IAS; immatriculation aux assurances sociales
SJC SEE Summer Job Corps	
SJF and PD; Special Job Finding and Placement Drive	CSREP; Campagne spéciale de recherche d'emploi et de placement
skill; competence; competency; qualification	compétence; qualification; habileté; capacités; aptitude
skill acquisition system	système d'acquisition de compétences
skill bottleneck	goulot d'étranglement des compétences
skill category	catégorie de compétences
skill cluster	groupe de compétences particulières
skill coding system	système de codage des compétences
skill course; occupational training course; skill training course; vocational course	cours de formation professionnelle
skill development leave; career development leave; leave for development purposes	congé de perfectionnement
skill development program	programme de perfectionnement professionnel
skilled; qualified	qualifié
skilled craftsman; skilled worker; qualified worker	1. travailleur qualifié; ouvrier qualifié
	2. travailleur compétent
skilled labour; qualified labour; skilled manpower	main-d'oeuvre qualifiée

skilled labour shortage; skill shortage	pénurie de main-d'oeuvre qualifiée; pénurie de main-d'oeuvre spécialisée
skilled manpower; qualified labour; skilled labour	main-d'oeuvre qualifiée
skilled staff; specialized staff; trained personnel	personnel qualifié; personnel spécialisé
skilled trades training; skill trades training	formation dans les métiers spécialisés
skilled trades training course	cours de formation dans les métiers spécialisés
skilled trades training system	système de formation dans les métiers spécialisés
skilled worker; qualified worker; skilled craftsman	1. travailleur qualifié; ouvrier qualifié
	2. travailleur compétent
skill improvement	amélioration des compétences; perfectionnement des compétences
skill in demand	qualification recherchée; compétences recherchées
Skill Investment Program	programme Acquisition de compétences
NOTE This program is part of the Canadian Jobs Strategy.	NOTA Ce programme fait partie de la Planification de l'emploi.
skill level; competence level; level of skill	niveau de compétence; niveau de qualification
skill needs	besoins en main-d'oeuvre qualifiée
skill profile	profil des compétences
skill requirement	aptitude exigée; exigence professionnelle; compétence requise
skills	connaissances; qualités; compétences
skills and knowledge	connaissances et compétences

Skills Growth Fund; SGF	Caisse d'accroissement des compétences professionnelles; CACP
skill shortage; skilled labour shortage	pénurie de main-d'oeuvre qualifiée; pénurie de main-d'oeuvre spécialisée
Skill Shortages Program	Programme relatif aux pénuries de main-d'oeuvre
NOTE This program is part of the Canadian Jobs Strategy.	NOTA Ce programme fait partie de la Planification de l'emploi.
skills passport	passeport-formation
skill test; proficiency test	test de compétence(s)
skill trades training; skilled trades training	formation dans les métiers spécialisés
skill training; career training; job training; occupational training; vocational training; vocational education	formation professionnelle
skill training course; occupational training course; skill course; vocational course	cours de formation professionnelle
skill upgrading; career development; job development; occupational upgrading; professional development; vocational development	perfectionnement professionnel
slack period	période creuse
sliding scale reimbursement formula	formule de remboursement à échelle mobile
sliding wage scale	échelle mobile de salaire
slippage	surplus accumulé; écart
slippage funds; lapsing funds	fonds en excédent; fonds non utilisés; fonds inutilisés; fonds non reportables
slippage rate	taux d'écart
slowdown; slowing down of work; work slowdown	grève perlée; ralentissement de la production; ralentissement de travail

slow-growth region; low-growth region	région à croissance lente; région à faible croissance
slowing down of work; work slowdown; slowdown	grève perlée; ralentissement de la production; ralentissement de travail
Small Area Estimates Program	Programme des estimations relatives aux secteurs restreints
small business	petite entreprise
Small Business Initiative Survey	Enquête sur les services à la petite entreprise
Small Business Training Option	Option Formation du personnel de la petite entreprise
Small Equipment Mechanics Program	Programme de formation des mécaniciens de matériel léger
SO; Services Office	BS; Bureau des services
SOC; Standard Occupational Classification	CTP; Classification type des professions
social agency; social service organization	organisme de services sociaux
social allowance	allocation sociale
social assistance; social welfare	aide sociale; assistance sociale
social assistance recipient; SAR; welfare recipient	bénéficiaire d'aide sociale; BAS; assisté social
Social Assistance Recipient Agreement; Agreement on Enhancing the Employability of Social Assistance Recipients	Accord sur l'amélioration de l'aptitude à l'emploi des assistés sociaux
social barrier	obstacle social
social development agency	agence de développement social
social development officer	agent de développement social
Social Development policy reserve; Social Development reserve	réserve du développement social; réserve d'intervention du développement social
social fabric	structure sociale
social fairness	justice sociale
social group	groupe social

social insurance	assurance sociale
social insurance card	carte d'assurance sociale
social insurance number; SIN	numéro d'assurance sociale; NAS
social insurance records	registres d'assurance sociale
social insurance registration; SIR	immatriculation aux assurances sociales; IAS
social opportunity cost	coût social
social partners	partenaires sociaux; interlocuteurs sociaux
Social Planning Council	Conseil de planification sociale
social security	sécurité sociale
social security review	révision de la sécurité sociale
social service officer	agent du service social
social service organization; social agency	organisme de services sociaux
social skills	compétences facilitant la vie en société
social support program	programme d'aide sociale
social welfare; social assistance	aide sociale; assistance sociale
socio-economic disparity index	indice des disparités socio-économiques
soft sector	secteur mou
NOTE textile, clothing, footwear and furniture	NOTA textile, vêtement, chaussure et meubles
sole proprietorship; proprietorship	entreprise individuelle; entreprise personnelle
solicitation of projects	sollicitation de projets
sounding board advice on ...	recommandations sur ...
source of employment	source de travail
source population	population source
special adjustment assistance	aide spéciale à l'adaptation
Special Adjustment Committee	Comité spécial d'adaptation

Special Assignment Pay Plan; SAPP	Programme de rémunération d'affectation spéciale; PRAS
special assistance	aide spéciale
Special Committee on Employment Opportunities	Comité spécial sur les perspectives d'emploi
Special Committee on the Participation of Visible Minorities in Canadian Society	Comité spécial sur la participation des minorités visibles à la société canadienne
Special Committee on the Disabled and the Handicapped	Comité spécial concernant les invalides et les handicapés
special costs	frais spéciaux
special counselling	counselling spécial
special education	éducation spéciale
special employment initiatives	initiatives spéciales pour l'emploi
Special Employment Initiatives Program	Programme des initiatives spéciales pour l'emploi
Special Employment Initiatives Secretariat	Secrétariat des initiatives spéciales pour l'emploi
special employment measure	mesure spéciale d'emploi
Special Interview Program	Programme d'entrevues spéciales
specialized employment service unit	unité spécialisée des services d'emploi
specialized job placement service	service spécialisé de placement
specialized placement service for handicapped persons	service spécialisé de placement à l'intention des personnes handicapées
specialized points of service	bureaux spécialisés
specialized services to students	services spécialisés pour les étudiants
specialized skill	spécialisation; compétence particulière
specialized staff; trained personnel; skilled staff	personnel spécialisé; personnel qualifié
specialized training	formation spécialisée
specialized training technique	technique de formation spécialisée

Specialized Youth Unit; SYU	Unité spécialisée de services aux jeunes; USSJ
Special Job Finding and Placement Drive; SJF and PD	Campagne spéciale de recherche d'emploi et de placement; CSREP
Special Labour Adjustment Response Fund	Fonds spécial d'aide à l'adaptation des travailleurs
special leave	congé spécial
special needs client	client spécial; client aux besoins spéciaux
Special Needs Client Employment Service	Service d'emploi à l'intention des clients spéciaux
special needs clients counselling	counselling des clients spéciaux
special needs counsellor	conseiller des clients spéciaux
special needs officer	préposé aux clients spéciaux
special officers' development course	cours spécial de perfection- nement des fonctionnaires
Special Placement Committee	Comité spécial de placement
special programs counsellor	conseiller en matière de programmes spéciaux
special recruitment program	programme spécial de recrutement
special regional allocation	affectation régionale spéciale
special services	services spéciaux
Special Testing and Counselling Services	Services spéciaux de tests et de counselling
special training allowance	allocation spéciale de formation
special training initiative	initiative spéciale de formation
special training program	programme spécial de formation
special travel assistance	aide spéciale de voyage
special travel grant	subvention spéciale de voyage
special treatment	traitement d'exception
specialist counsellor	conseiller spécialisé
specific approval	approbation expresse

Specific Aptitude Test Battery; SATB	Batterie particulière de tests d'aptitudes; BPTA
specific job assignment	affectation particulière
specific job category	catégorie particulière d'emploi
specific job order	offre d'emploi précise
specific named worker	travailleur nommément désigné
specific open competition	concours public à date limite précise
specific requirement	exigence explicite; exigence précise
specific vocational preparation; SVP	préparation professionnelle spécifique; PPS
specified period appointment; term appointment	nomination pour une période déterminée
speed of referral	rapidité de présentation
spell of unemployment; period of unemployment	période de chômage
spending freeze	blocage des dépenses
spin-off	effet de multiplication; retombées
split employment period	période d'emploi interrompue
split shift	poste fractionné
SPO; student placement officer	APE; agent de placement des étudiants
sponsor (n.)	promoteur
sponsor (v.)	parrainer; promouvoir
sponsored job	emploi parrainé
sponsored program	programme parrainé
sponsor-employer agreement	entente promoteur-employeur
sponsoring agency; sponsoring organization	organisme promoteur; organisme parrain
sponsoring department	ministère promoteur; ministère parrain

sponsoring organization; sponsoring agency	organisme promoteur; organisme parrain
Sponsor's Handbook	Guide du promoteur
sponsorship	parrainage
sponsor's monthly activity report	rapport mensuel du promoteur
sponsor's officer	représentant du promoteur
spot referral	présentation immédiate
SPSSP; Services to Post-Secondary Students Program	PSEP; Programme de services aux étudiants du postsecondaire
stable employment; secure job	emploi stable
stable work force	main-d'oeuvre stable
staff (n.); personnel	personnel
staff allocation	distribution du personnel
staff a position	doter un poste
	NOTA Terme utilisé à la fonction publique.
staff a position; fill a job; fill a position	pourvoir un poste; pourvoir à un poste
staff a report	diffuser un rapport; faire circuler un rapport
staff at the working level	personnel au niveau de travail
staff a vacant position	doter un poste vacant
staff change	changement de personnel
staff cut	coupure de personnel
staff development	perfectionnement du personnel
staff development program	programme de perfectionnement du personnel
staffer; staffing officer	agent de dotation en personnel; agent de dotation
staff freeze	blocage de la dotation en personnel; gel de la dotation en personnel
staff increase	accroissement de personnel

staffing	dotation en personnel
staffing action	mesure de dotation en personnel
staffing action form	formule de dotation en personnel
staffing action request	demande de dotation en personnel
staffing audit	vérification de la dotation
staffing audit and review	vérification et examen de la dotation
staffing authority	pouvoirs de dotation
staffing consultant	conseiller en dotation; expert-conseil en dotation
staffing delegation	délégation des pouvoirs de dotation
staffing file	dossier de dotation
staffing group	personnel chargé de la dotation
staffing guide	guide de dotation
staffing method; staffing process	méthode de dotation; processus de dotation
staffing moratorium	gel des effectifs
staffing of a position	dotation d'un poste
staffing officer; staffer	agent de dotation en personnel; agent de dotation
staffing process; staffing method	méthode de dotation; processus de dotation
staffing trainee	stagiaire en dotation
staff interchange	permutation des employés
staff movement	mouvement du personnel
staff on strength	employés faisant partie de l'effectif
staff reduction; reduction in personnel; reduction of staff; work force reduction; manpower reduction; employment cut-back	compression du personnel; réduction du personnel; réduction des effectifs; compression des effectifs

staff relations; work relations; working relationship; employer-employee relations; employment relationship; employer-employee relationship	relations de travail; relations avec le personnel; relations avec les employés; relations employeur-employé
staff relations officer	agent des relations de travail
staff resource requirements; personnel needs	besoins en personnel
staff rotation; employee rotation; personnel rotation; rotation of staff	rotation du personnel; rotation des employés
staff secondment	détachement de personnel
staff selection process	processus de sélection du personnel
staff training; training of personnel	formation du personnel
Staff Training and Development Program	Programme de formation et de perfectionnement du personnel
staff training day	jour de formation professionnelle
staff training equipment	matériel de formation du personnel
staff turnover; employee turnover; labour turnover; turnover	roulement du personnel; roulement de la main-d'oeuvre; renouvellement du personnel; renouvellement de la main-d'oeuvre
staff-year; person-year; work year	année-personne; année de travail
staggered hours	horaire décalé; horaire échelonné
standard	norme
standard clause	clause type
Standard Industrial Classification, 1980; SIC	Classification type des industries, 1980; CTI
standardized test	test normatif
standard national job	poste normalisé à l'échelle nationale
Standard Occupational Classification; SOC	Classification type des professions; CTP

standard of behaviour	norme de comportement
standard of evaluation	norme d'évaluation
standard of performance; performance standard	norme de rendement
standard of service	norme de service
standard of services to employer	norme des services aux employeurs
standard rate of production	taux de production normalisé
standard training plan	plan de formation normalisé
standard weekly hours	horaire hebdomadaire normal
standard work week; SWW; basic work week; BWW; normal work week; NWW	semaine normale de travail; SNT
stand-by list; waitlist	liste d'attente
standby work force	réserve de main-d'oeuvre disponible
Standing Committee on Agriculture	Comité permanent de l'agriculture
Standing Committee on Labour, Employment and Immigration	Comité permanent du travail, de l'emploi et de l'immigration
standing offer	offre permanente
start date of the job	date de début de l'emploi
starting salary; starting wage	salaire initial; salaire de départ
start referral	première présentation
start-up cost	coût de lancement; frais de lancement
statement of agreement	protocole d'accord
statement of income	état du revenu; relevé des gains; déclaration du revenu
statement of qualifications	énoncé de qualités
statement of understanding; memorandum of understanding	protocole d'entente
status Indian	Indien inscrit

status of a trainee	situation d'un stagiaire
status of women	situation de la femme
Status of Women Canada	Condition féminine Canada
status report on employees	rapport sur la situation des employés
status unclear	avis partagé
NOTE at project assessment phase	NOTA à l'étape de l'évaluation des projets
statutory	prévu par la loi; légal
statutory benefit	avantage prévu par la loi
statutory declaration	déclaration sous serment
statutory holiday; public holiday; holiday	congé; fête légale; jour férié
statutory increase; automatic increase	augmentation automatique
stay on a job; retain employment	conserver un emploi; garder un emploi
steady job; continuing employment; continuing job; continuous employment; continuous job; ongoing employment; ongoing job	emploi continu
steady worker	travailleur assidu
steering committee	comité de direction; comité directeur; comité d'orientation (du CCCEI)
Steering Committee on Operational Training; SCOOT	Comité de direction nationale en formation opérationnelle; CDNFO
Stenographic Dictation Test; SDT	test de sténographie; TS
STEP; Scientific and Technical Employment Program	PCEST; Programme de création d'emplois scientifiques et techniques
STEP; Support for Technology and Enhanced Productivity	AAPT; Aide à l'accroissement de la productivité au moyen de techniques

STG; supplementary transition grant	SST; subvention supplémentaire de transition
stigmatized job	emploi déprécié
stimulate employment	stimuler l'emploi
stock data	données sur l'effectif
stop-and-go industry	industrie à activité intermittante
stoppage of work; disruption of employment; work stoppage	arrêt de travail
store-front office	bureau d'accès facile
straight copy typing test; SCTT	test de transcription dactylographique; TTD
straight-time pay	salaire régulier; salaire normal
straight-time rate	taux de base
strategic objective	objectif stratégique
strategic planning	planification stratégique
strike	grève
strike centre	centre de coordination en temps de grève
strike log	registre des activités relatives à la grève
striker; striking employee; striking worker	gréviste; travailleur en grève
struck off strength	rayé de l'effectif
structural adjustment	ajustement structurel
structural discrimination; systematic discrimination; systemic discrimination	discrimination systématique; discrimination structurelle; discrimination systémique
structural policy	politique structurelle
structural unemployment	chômage structurel
structured analysis technique	technique d'analyse structurée
student assessment form	formulaire d'évaluation des étudiants
student assistance	aide aux étudiants

student authorization	permis de séjour pour étudiants
Student Business Loans; SBL	Prêts aux étudiants entrepreneurs; PÉE
NOTE Challenge program	NOTA programme Défi
Student Business Program	Programme des entreprises d'étudiants
Student Community Service Program	Programme des services communautaires pour étudiants
student counselling	counselling des étudiants
student employee	étudiant salarié
Student Employment Experience Centre; SEEC	Centre pour étudiants à la recherche d'une expérience de travail; CERET
Student Employment Program	Programme d'emploi pour étudiants
student entrepreneur	étudiant entrepreneur
student exchange movement	mouvement d'échange d'étudiants
student job	emploi pour étudiant
student labour	main-d'oeuvre étudiante
student labour surplus	main-d'oeuvre étudiante excédentaire
student labour surplus rate	taux de main-d'oeuvre étudiante excédentaire
student loan	prêt étudiant
student mobility	mobilité des étudiants
student mobility grant	subvention de mobilité destinée aux étudiants; aide à la mobilité des étudiants; subvention de mobilité des étudiants
Student Mobility Program	Programme de mobilité des étudiants
student placement	placement d'étudiants; placement des étudiants
student placement officer; SPO	agent de placement des étudiants; APE

student recruitment	recrutement d'étudiants
student retention rate; retention rate for students	taux de persévérance scolaire
student staff	personnel étudiant
student summer employment	emploi d'été des étudiants
Student Summer Employment Program	Programme d'emploi d'été des étudiants
Student Summer Job Creation Program	Programme de création d'emplois d'été pour les étudiants
Student Venture Capital Program [N.B.]	Capital d'entreprise pour étudiants [N.-B.]
Student/Youth Employment Centre [Man.]; SYEC	Centre d'emploi pour les étudiants et les jeunes [Man.]; CEPÉJ
study of employer behaviour	étude du comportement des employeurs
Sub-Committee on the Employment of Native Northerners	Sous-comité de l'emploi des autochtones du Nord
Sub-Committee on the Tobacco-Growing Industry	Sous-comité du secteur de la tabaculture
NOTE Agriculture Canada	NOTA Agriculture Canada
Sub-committee on Women's Employment	Sous-comité de la main-d'oeuvre féminine
subcontracting	sous-traitance
subcontractor	sous-traitant
sub-objective	sous-objectif
sub-office; subsidiary; branch office	bureau auxiliaire; succursale
subsidiary; subsidiary company	filiale
subsidiary agreement	entente auxiliaire; accord auxiliaire
Subsidiary Agreement concerning the Canada-Yukon Small Business Training Program	Accord auxiliaire concernant le Programme Canada-Yukon de formation du personnel de la petite entreprise
subsidiary company; subsidiary	filiale

subsidization of wages	octroi de subventions salariales
subsidize a job	subventionner un emploi
subsidized employee	travailleur subventionné
subsidized employment	emploi subventionné
subsidized loan	prêt subventionné
subsistence allowance; living allowance	allocation de subsistance; indemnité de séjour
substantive position	poste d'attache
successful applicant	auteur dont la demande a été acceptée
successful employer standard	profil de l'employeur modèle
successful placement	placement judicieux; placement réussi; placement fructueux
succession planning	planification de la relève
suffer a reduction in wages	subir une réduction de salaire
Suggestion Award Committee	Comité des primes à l'initiative
Suggestion Award Program	Programme des primes à l'initiative
suitable employment	emploi convenable; emploi approprié; emploi satisfaisant
suitable labour	main-d'oeuvre adéquate; main-d'oeuvre suffisante
suitable worker	travailleur compétent; travailleur approprié
summary job description	description sommaire de poste
summer employment; summer job	emploi d'été
Summer Employment/Experience Development; SEED	Emploi d'été/Expérience de travail; EEET
NOTE one of the components of the Challenge program	NOTA un des éléments du programme Défi
Summer Employment Initiatives for Students	Initiatives d'emploi d'été des étudiants
Summer Employment Program	Programme d'emploi d'été

summer holidays	vacances annuelles
summer job; summer employment	emploi d'été
Summer Job Corps; SJC	Compagnie des travailleurs d'été; CTE
NOTE abolished program	NOTA programme supprimé
summer student employment project	projet d'emploi d'été pour étudiants
Summer Student Exchange Program	Programme d'échanges pour l'emploi d'été des étudiants
Summer Trades Experience [Ont.]	Programme de stage d'été lié à un métier [Ont.]
summer youth unemployment	chômage d'été chez les jeunes
sunset clause; sunset review clause	disposition de temporisation; mesure de temporisation
superannuation plan SEE pension plan	
supernumerary (adj.)	surnuméraire (adj.); excédentaire
supernumerary position	poste excédentaire
Supernumerary Special Constables Program	Programme des gendarmes spéciaux surnuméraires
NOTE Royal Canadian Mounted Police	NOTA Gendarmerie royale du Canada
supervise; monitor	superviser; contrôler; vérifier
supervised employment	emploi sous supervision; emploi supervisé
supervised full-time employment	emploi à plein temps supervisé
supervise over the work	contrôler le travail
supervision of employees	supervision des employés
supervisor	surveillant; superviseur
supervisory costs	frais de supervision
supervisory experience	expérience en supervision

supervisory position	poste de surveillant; poste de supervision
supplementary allowance	allocation supplémentaire
supplementary instruction	directive complémentaire
supplementary personal history form	formule de renseignements personnels supplémentaires
supplementary transition grant; STG	subvention supplémentaire de transition; SST
Supplementary Transition Grant Card	Carte de déclaration concernant la subvention supplémentaire de transition
Supplementary Transition Grant Worksheet	Feuille d'information concernant la subvention supplémentaire de transition
supply and demand; demand and supply	l'offre et la demande
supply and demand of the labour market	l'offre et la demande sur le marché du travail
supply and mobility of skilled tradespeople	offre et mobilité des travailleurs qualifiés
supply area	région de recrutement
supply imbalance	déséquilibre de l'offre
supply of labour; supply of workers; labour supply; manpower supply; worker availability; availability of manpower	offre de main-d'oeuvre; disponibilité de main-d'oeuvre; offre de travailleurs; travailleurs disponibles; main-d'oeuvre disponible
supply program	programme portant sur l'offre de main-d'oeuvre
supply-side activities	activités du côté de l'offre
supply-side deficiency	lacune sur le plan de l'offre
supply-side measures	mesures visant l'offre
supply-side strategy	stratégie axée sur l'offre
supply source; manpower source	source de main-d'oeuvre; source de travailleurs
support	aide; soutien; appui

Support for Technology and Enhanced Productivity; STEP	Aide à l'accroissement de la productivité au moyen de techniques; AAPT
supportive service; support service	service de soutien
support measure	mesure de soutien
support service; supportive service	service de soutien
support staff	employés de soutien; personnel de soutien
surplus	excédent; surplus
surplus employee; redundant worker	employé excédentaire; travailleur surnuméraire; travailleur excédentaire
surplus labour area	région en surplus de main-d'oeuvre; région en excédent de main-d'oeuvre
surplus manpower; labour surplus; manpower surplus; redundancy of manpower; manpower redundancy	main-d'oeuvre excédentaire; excédent de main-d'oeuvre
surplus occupation	profession en excédent de main-d'oeuvre
Survey of Annual Patterns	Enquête sur l'activité annuelle
Survey of Community College Enrolments	Enquête sur l'effectif des collèges communautaires
Survey of Trade-Vocational School Enrolments	Enquête sur l'effectif des écoles de métiers et des écoles professionnelles
Survey of University Enrolments	Enquête sur l'effectif des universités
survey questionnaire	questionnaire de sondage; questionnaire d'enquête
suspension of an employee	suspension d'un employé
sustain employment	soutenir l'emploi
SVP; specific vocational preparation	PPS; préparation professionnelle spécifique
SWW; shift work week	STHI; semaine de travail à horaire irrégulier

265

SWW; standard work week; basic work week; BWW; normal work week; NWW	SNT; semaine normale de travail
SYEC; Student/Youth Employment Centre [Man.]	CEPÉJ; Centre d'emploi pour les étudiants et les jeunes [Man.]
syndicate; task force; task group	groupe de travail; atelier; groupe d'étude
systematic discrimination; structural discrimination; systemic discrimination	discrimination systémique; discrimination systématique; discrimination structurelle
system barrier	obstacle systémique
systemic discrimination; structural discrimination; systematic discrimination	discrimination systémique; discrimination systématique; discrimination structurelle
SYU; Specialized Youth Unit	USSJ; Unité spécialisée de services aux jeunes

t _____

TAAP; Transition Adjustment Assistance Program	PTAR; Programme temporaire d'assistance au recyclage
take effect	entrer en vigueur
take employment; enter employment	prendre un emploi
take home pay; net wages	salaire net
taken on strength	porté à l'effectif
take on strength	porter à l'effectif
TAP; Temporary Assignments Program	PAT; Programme d'affectations temporaires
target date	date d'échéance
target group	groupe cible; groupe visé; groupe ciblé
target group worker	travailleur des groupes cibles
target population	population cible; population visée
task	tâche

task definition	définition des tâches
task force; syndicate; task group	groupe d'étude; groupe de travail; atelier
Task Force on Labour Market Development	Groupe d'étude de l'évolution du marché du travail
Task Force on Manpower Services to Native People	Groupe de travail sur les services de main-d'oeuvre aux autochtones
Task Force on Micro-Electronics and Employment	Groupe de travail sur la micro-électronique et l'emploi
task group; syndicate; task force	groupe de travail; groupe d'étude; atelier
task inventory	répertoire des tâches; relevé des tâches
task-oriented	axé sur des tâches précises
taxable income	revenu imposable
tax consultant	fiscaliste-conseil
tax credit for providing employment	crédit d'impôt pour les emplois
tax expenditure program	programme de dépenses fiscales
taxonomy of skills	classification des capacités; taxonomie des habiletés
taxpayer	contribuable
tax year	année d'imposition
teaching experience	expérience de l'enseignement
team basis, on a	en équipe
technical advisor	conseiller technique
technical aid; technical assistance	aide technique
Technical and Vocational Training Assistance Act; TVTAA	Loi sur l'assistance à la formation technique et professionnelle; LAFTP
technical assistance; technical aid	aide technique
technical information	renseignements techniques

technical language training course	cours de terminologie technique
Technical Service Council	Conseil de placement professionnel
technical training	formation technique
technological change	changement technologique; évolution technologique
technological unemployment	chômage technologique
telephone follow-up	suivi téléphonique
telephone referral	présentation téléphonique
temporary assignment	affectation temporaire
Temporary Assignments Program; TAP	Programme d'affectations temporaires; PAT
temporary downturn	ralentissement temporaire de l'économie
temporary employee; short-term worker; temporary help employee; temporary worker	employé temporaire; travailleur temporaire; temporaire (n.)
temporary employment; short-term employment; short-term job; short-term work; temporary job	emploi temporaire; emploi à court terme; emploi de courte durée; travail temporaire
temporary employment agency; peak load pool; temporary help agency; temporary help contractor; temporary help service contractor	agence d'aide temporaire; agence de dépannage; agence de placement temporaire
temporary employment grant	subvention d'emploi temporaire
temporary foreign worker	travailleur étranger temporaire
temporary help agency; peak load pool; temporary employment agency; temporary help contractor; temporary help service contractor	agence de dépannage; agence de placement temporaire; agence d'aide temporaire
temporary help company employee	employé d'une agence de placement temporaire
temporary help contractor; peak load pool; temporary employment agency; temporary help agency; temporary help service contractor	agence d'aide temporaire; agence de dépannage; agence de placement temporaire

temporary help employee; short-term worker; temporary worker; temporary employee	employé temporaire; temporaire (n.); travailleur temporaire
temporary help service contractor; peak load pool; temporary employment agency; temporary help agency; temporary help contractor	agence d'aide temporaire; agence de placement temporaire; agence de dépannage
temporary income support	revenu d'appoint temporaire
temporary job; short-term employment; short-term job; short-term work; temporary employment	travail temporaire; emploi temporaire; emploi à court terme; emploi de courte durée
temporary job creation	création d'emplois temporaires
temporary lay(-)off SEE lay(-)off	
temporary mobility grant	subvention à la mobilité temporaire
temporary relocation	déplacement temporaire
temporary residence	résidence temporaire
temporary shutdown	fermeture temporaire
temporary wage subsidy	subvention salariale temporaire
temporary worker; short-term worker; temporary help employee; temporary employee	travailleur temporaire; temporaire (n.); employé temporaire
tentative work plan	plan de travail provisoire
tenure	période d'affectation; durée des fonctions
tenure of office	durée d'un mandat
term (adj.)	d'une durée déterminée
term appointment; specified period appointment	nomination pour une période déterminée
term employee	employé nommé pour une période déterminée
term employment	emploi d'une durée déterminée
term employment opportunities	occasions d'emploi temporaire

terminal pay; separation pay; severance pay	indemnité de cessation d'emploi; indemnité de fin d'emploi
terminate a contract	résilier un contrat
termination; termination of employment; separation	cessation d'emploi; départ
termination date (of a project)	date d'achèvement (d'un projet)
termination of a contract	résiliation d'un contrat; expiration d'un contrat
termination of an agreement	résiliation d'un accord; expiration d'un accord
termination of employment; termination; separation	cessation d'emploi; départ
termination of services	cessation des services
termination process	processus de cessation d'emploi
term of a program	durée d'un programme
term of employment	durée d'emploi
term position; position on a short-term basis	poste de durée déterminée
terms and conditions of a program	modalités d'application d'un programme
terms and conditions of employment SEE conditions of employment	
terms and conditions of work SEE work conditions	
terms of an agreement	dispositions d'une entente; clauses d'une entente
terms of reference	1. mandat; pouvoirs; attributions
	2. cadre de référence; paramètres
Territorial Assessment Committee	Comité d'évaluation territorial
NOTE LEAD Program	NOTA programme CLÉ
territorial official	fonctionnaire territorial

tertiary sector; service industry; service sector	secteur tertiaire; secteur des services
test administrator; psychometrist	psychométricien
tester and scorer	examinateur et correcteur
testing	administration de tests; tests; testing (à éviter)

NOTA Il serait préférable de remplacer le substantif anglais "testing" par "administration de tests" ou "tests".

testing certification	certificat en administration de tests; accréditation en administration de tests

cf. testing

Testing Certification Program; Certification in Testing Program	Programme d'accréditation en testing

cf. testing

testing device	instrument de test
testing service	service d'administration de tests; service de tests

cf. testing

test room	salle de tests
test supplier	fournisseur de test
test user	usager de test
thin labour market; tight labour market	marché du travail restreint; marché du travail serré
third party	tierce partie; tiers
third party insurance; third party liability insurance	assurance de responsabilité civile
third sector	secteur de l'économie sociale; tiers secteur
third sector employment	emploi dans le tiers secteur

three-phased counselling system	système de counselling en trois étapes
thrust of a program	grandes lignes d'un programme; orientation d'un programme; but d'un programme
Tier 1 committee	comité consultatif du premier palier
Tier 1 Sector Task Force	Groupe consultatif du premier palier
tightening of the job market	rétrécissement du marché du travail; resserrement du marché du travail
tight labour market; thin labour market	marché du travail serré; marché du travail restreint
time absent from work	période d'absence du travail
time and a half rate; rate of time and a half	taux majoré de moitié
time frame	délai
time off	congé
time off with pay; leave with pay; paid leave; paid holiday	congé rémunéré; congé payé
time worked	heures travaillées
TIP; Training Improvement Program	PPF; Programme de perfectionnement de la formation
title of proposal; project name	titre de projet
TL; transportation loan	PT; prêt de transport
tokenism	geste symbolique
tombstone data	données de base
top-up; top-up to wages; remuneration supplement	supplément de rémunération; complément salarial
total allocation	allocation totale; allocation globale
TPH; training place host	organisme d'accueil; entreprise d'accueil
TPHIS; Training Place Host Information System	SIOA; Système d'information sur les organismes d'accueil

trade; craft	métier; corps de métier
trade ability	compétence dans un métier
Trade Advisory Committee	Comité consultatif sur les métiers
trade and technical courses	cours professionnels et techniques
trade and vocational enrolment	effectif des écoles de formation professionnelle et technique
trade industry	secteur du commerce
trade proficiency certificate; certificate of competence; certificate of competency; certificate of proficiency; certificate of qualification; qualification certificate; occupational certification	certificat professionnel; certificat d'aptitude professionnelle; certificat de qualification; certificat de capacité
tradesman; journeyman	compagnon; homme de métier
tradesman's qualification certificate	certificat de compétence d'homme de métier
trades skill; industrial trade skill	compétence dans les métiers
trade standard	norme de métier
trades training	formation dans les métiers
tradeswoman	femme de métier
trade union; labour union; union; labour organization	syndicat; organisation syndicale
Trade Union Advisory Committee	Commission syndicale consultative
trade union personnel	personnel syndical
traditional career path	schème de carrière traditionnel
traditional job barrier	obstacle traditionnel à l'emploi
train a worker	former un travailleur
trained occupation	profession spécialisée
trained personnel; skilled staff; specialized staff	personnel qualifié; personnel spécialisé
trainee	stagiaire

trainee allowance	allocation de stagiaire
trainee apprentice	apprenti stagiaire
trainee attendance	assiduité des stagiaires; présence des stagiaires
trainee attendance register	registre des présences des stagiaires
trainee claim data	données concernant la demande du stagiaire
trainee client	client stagiaire
trainee commuting allowance	allocation de trajets quotidiens des stagiaires
trainee documentation	1. inscription du stagiaire
	2. fiche d'inscription du stagiaire
Trainee Exchange Office	Bureau d'échange de stagiaires
Trainee Exchange Program	Programme d'échange de stagiaires
trainee look-out notice	avis de recherche de stagiaires
trainee placement	placement des stagiaires
trainee placement service	service de placement des stagiaires
trainee position; training position	poste de stagiaire; poste de formation
trainee questionnaire	questionnaire à l'intention des stagiaires
trainee reimbursement rate	taux de remboursement des stagiaires
trainee selection	sélection des stagiaires
trainees' employability	employabilité des stagiaires
trainee's initial referral	inscription initiale du stagiaire
trainee travel assistance	aide pour voyages de stagiaire
trainee travel grant	subvention de voyage de stagiaire

trainer; training officer	moniteur; formateur; agent de formation
trainer/instructor	moniteur ou instructeur
training	formation
training, in	en formation
training activity	activité de formation
training agency	organisme de formation
training agreement	accord de formation
training aid; training material; course material; instructional material	aide(s) didactique(s); matériel didactique
training allowance; training benefit	allocation de formation; prestation de formation
training and development report	rapport sur la formation et le perfectionnement
training area; training centre	centre de formation
training assistance	aide à la formation
training benefit; training allowance	prestation de formation; allocation de formation
Training Benefit Commitment Register	Registre des engagements – allocations de formation
training budget	budget de formation
training CEC	CEC de formation
training centre; training area	centre de formation
training charges; training costs	frais de formation; coûts de formation
training client	client en formation
training content inventory	répertoire de programmes types de formation
training costs; training charges	coûts de formation; frais de formation
training course	cours de formation
Training Course Code Index	Index des codes pour les cours de formation
training course display	présentoir sur la formation

training director	directeur de la formation
Training-Employment Assistance Program	Programme d'aide à la formation et au placement
Training Expenses Claim Form	Demande de remboursement des frais de formation
training file	dossier de formation
Training for Small Business Adjustment	Formation visant l'adaptation de la petite entreprise
training funds	fonds destinés à la formation; crédits affectés à la formation
training goal	objectif de formation
training graduates	finissants des cours de formation
Training Improvement Program; TIP	Programme de perfectionnement de la formation; PPF
Training in a Work Setting Program; TWSP	Programme de formation dans un milieu de travail; PFMT
training-in-industry; industrial training; industry-based training	formation dans l'industrie
training-in-industry contract; industrial training contract	contrat de formation dans l'industrie
training institution; training supplier	établissement de formation
training manager	gestionnaire affecté à la formation
training material; training aid; course material; instructional material	matériel didactique; aide(s) didactique(s)
training method	méthode de formation
training module	module de formation
training needs; training requirements	besoins en formation; besoins en matière de formation
training of apprentices	formation des apprentis
training officer; trainer	agent de formation; formateur; moniteur

training of personnel; staff training	formation du personnel
training of trainees	formation des stagiaires
training on-the-job; on-the-job training; in-house training; in-service training; on-site training; on-the-job learning; hands-on training	formation interne; formation en cours d'emploi; formation sur place; formation sur le tas; formation pratique; formation sur les lieux de travail; formation en milieu de travail
training on-the-job for disadvantaged workers	formation en cours d'emploi pour les travailleurs défavorisés
training on-the-job for skill shortages	formation en cours d'emploi pour contrer la pénurie de travailleurs qualifiés
training open file	fichier sur la formation
Training Opportunities for Natives	Formation à l'intention des autochtones
training package	ensemble pédagogique (multimédia)
training period	période de formation
training place control system	liste de contrôle des places de cours
training place host; TPH	organisme d'accueil; entreprise d'accueil
Training Place Host Guide	Guide de l'organisme d'accueil
Training Place Host Information Form	Fiche de renseignements sur l'organisme d'accueil
Training Place Host Information System; TPHIS	Système d'information sur les organismes d'accueil; SIOA
training place	place de formation; place de cours
training plan	plan de formation
training policy	politique de formation
training position; trainee position	poste de formation; poste de stagiaire
training priorities	priorités de formation
training profile	profil de formation

training program	programme de formation
training proposal; proposal for training	projet de formation; proposition de formation; offre de formation
training purchase; purchase of training	achat de formation
training referral	inscription à la formation; inscription à un cours de formation
training requirements	exigences en matière de formation
training requirements; training needs	besoins en formation; besoins en matière de formation
Training Research and Development Station; TRANDS	Bureau de la recherche et des études sur la formation
training resources and publications centre	centre de ressources et de publications sur la formation
training school	école de formation
training service	service de formation
training session	séance de formation
training specialist	spécialiste en formation
training supplier; training institution	établissement de formation
training suspension notice	avis d'interruption de la formation
training system	système de formation
training technical services	services techniques de la formation
training technique	technique de formation
Training Trust Fund Option; TTF Option	option Fonds de fiducie pour la formation; option FFF
NOTE This option is part of the Skill Investment Program.	NOTA Cette option fait partie du programme Acquisition de compétences.
training vacancy	place de formation vacante
training volume; volume of training	nombre de cours de formation

training workshop	atelier de formation
train staff	former le personnel
TRANDS; Training Research and Development Station	Bureau de la recherche et des études sur la formation
transfer	1. mutation (gestion)
	2. transfert; cession (droit)
	3. virement (de fonds) (finances)
transferability	transférabilité
transferable skills	compétences polyvalentes
transfer an employee	muter un employé
transfer-in	transfert-entrée
NOTE Canada Employment Centre activity	NOTA activité des Centres d'emploi du Canada
transfer inventory	répertoire des demandes de mutations
transfer notice	avis de mutation
transfer of resources	redistribution des ressources
transfer of seniority rights	transfert des droits d'ancienneté
transfer-out (n.)	transfert-sortie
NOTE Canada Employment Centre activity	NOTA activité des Centres d'emploi du Canada
transfer payment	paiement de transfert
transfer record	dossier de mutation
transferred occupation	profession reclassée
transfer request; request for transfer	demande de mutation
transfer without competition	mutation sans concours
transient worker; floater; itinerant worker	travailleur migrant; travailleur itinérant

Transition Adjustment Assistance Program; TAAP	Programme temporaire d'assistance au recyclage; PTAR
transitional project	projet de transition
transition program	programme de réorientation
transmittal	envoi
transportation expenses; travel costs; travel expenses	frais de déplacement; frais de transport; frais de voyage
transportation loan; TL	prêt de transport; PT
travel allowance	allocation de voyage
travel assistance	aide de voyage
travel assistance for temporary employment	aide de voyage en vue d'un emploi temporaire
travel authority number	numéro d'autorisation de voyage
travel costs; travel expenses; transportation expenses	frais de voyage; frais de déplacement; frais de transport
travel grant	subvention de voyage
travel grant to seasonal agricultural work	subvention de voyage aux fins du travail agricole saisonnier
travel grant to temporary employment	subvention de voyage en vue d'un emploi temporaire
travel leave	congé de déplacement
Treasury Board Relocation Directive	Directive du Conseil du Trésor sur la réinstallation
Treasury Board Travel Directive	Directive du Conseil du Trésor sur les voyages
trial period; probation period; probationary period; probation	période d'essai; période probatoire; période de probation; stage probatoire; probation; stage
TTF Option SEE Training Trust Fund Option	
tuition fees; course fees	frais de scolarité
turnover; staff turnover; employee turnover; labour turnover	roulement de la main-d'oeuvre; roulement du personnel; renouvellement du personnel; renouvellement de la main-d'oeuvre

turnover rate	taux de roulement
TVTAA; Technical and Vocational Training Assistance Act	LAFTP; Loi sur l'assistance à la formation technique et professionnelle
two-earner family; two-income family	famille à deux revenus
two-parent family	famille biparentale
two-tier recruitment process	formule de recrutement à deux volets
TWSP; Training in a Work Setting Program	PFMT; Programme de formation dans un milieu de travail
type of applicant	genre de candidat
type of employment	genre d'emploi
type of occupations	catégorie de professions
type of shop	genre d'atelier
type of staff	catégorie de salariés
type of work	genre de travail

U

UCPA; University and College Placement Association	APUC; Association de placement universitaire et collégial
UEI; Unique Employer Identifier	CIE; Code d'identification des employeurs
UI; unemployment insurance	a.-c.; assurance-chômage
UI Act; Unemployment Insurance Act	Loi sur l'assurance-chômage
UI claimant; unemployment insurance claimant; UI recipient; unemployment insurance recipient	prestataire d'assurance-chômage
UI exhaustee; unemployment insurance exhaustee	bénéficiaire ayant épuisé son droit aux prestations d'assurance-chômage; prestataire en fin de droit
UI-Job creation project	projet créateur d'emplois de l'Assurance-chômage

281

UI recipient; unemployment insurance recipient; UI claimant; unemployment insurance claimant	prestataire d'assurance-chômage
UK Agricultural Trainees	stagiaires agricoles du Royaume-Uni
UK-Ontario Student Agricultural Education and Work Exchange	Programme de travail et d'études en agriculture à l'intention des étudiants du Royaume-Uni et de l'Ontario
UK-Ontario Young Farmers Exchange	Échange de jeunes agriculteurs entre le Royaume-Uni et l'Ontario
umbrella agreement; master agreement; blanket agreement	entente-cadre; entente générale; accord-cadre
umbrella occupational designation	titre générique de profession
umbrella organization	organisme-cadre
unacceptable project	projet inacceptable
unallowable costs	coûts non admissibles
unauthorized absence; unexcused absence; absence without leave	absence non autorisée; absence sans autorisation
unauthorized employment	emploi non autorisé
uncertain labour supply	fluctuation de l'offre de main-d'oeuvre
unconfirmed referral	présentation non confirmée
under a program	dans le cadre d'un programme
under-employed worker; marginal worker	travailleur sous-employé
underemployment	sous-emploi
underfilling	sous-classement
undergraduate student	étudiant du premier cycle
underpayment	moins-payé; versement insuffisant
under-representation	sous-représentation
underskilled	sous-qualifié

under-supply of workers; labour scarcity; labour shortage; manpower shortage; worker shortage; occupational shortage	pénurie de travailleurs; pénurie de main-d'oeuvre; manque de main-d'oeuvre
undertaking	1. engagement
	2. entreprise
under the provisions of the act	aux termes de la loi; en vertu de la loi
under the supervision of	sous la surveillance de
underutilization of employees	sous-utilisation des employés
unemployable worker	travailleur inemployable
unemployed; without employment	en chômage; sans emploi; inactif (adj.)
unemployed client	client en chômage
unemployed individual; unemployed worker	chômeur; travailleur en chômage
unemployed job-seeker; job-seeking unemployed	chômeur à la recherche d'un emploi
unemployed trainee	stagiaire-chômeur
unemployed worker; unemployed individual	chômeur; travailleur en chômage
unemployed youth	jeune en chômage; jeune chômeur
unemployment action centre	centre d'action pour chômeurs; centre d'aide aux chômeurs
unemployment; joblessness	chômage
unemployment insurance; UI	assurance-chômage; a.-c.
Unemployment Insurance Act; UI Act	Loi sur l'assurance-chômage
unemployment insurance claimant; UI claimant; unemployment insurance recipient; UI recipient	prestataire d'assurance-chômage
unemployment insurance exhaustee; UI exhaustee	bénéficiaire ayant épuisé son droit aux prestations d'assurance-chômage; prestataire en fin de droit

283

Unemployment Insurance-Job Creation Pilot Program	Programme pilote de création d'emplois - Assurance-chômage
unemployment insurance recipient; UI recipient; unemployment insurance claimant; UI claimant	prestataire d'assurance-chômage
unemployment level	niveau de chômage
unemployment pattern; pattern of unemployment	courbe du chômage; tendance du chômage
unemployment rate; level of unemployment	taux de chômage
unencumbered funds	fonds non grevés
unequal treatment	traitement inégal
unexcused absence; absence without leave; unauthorized absence	absence non autorisée; absence sans autorisation
unfilled demand for worker; unfilled order	offre d'emploi non satisfaite
unfilled vacancy	vacance non comblée
union; labour union; trade union; labour organization	syndicat; organisation syndicale
union contract; collective agreement; labour-management contract; labour agreement	convention collective (de travail)
union dues	cotisations syndicales
union hiring hall	bureau de placement syndical; bureau d'embauchage syndical
unionization	syndicalisation
unionized	syndiqué
union local	section locale du syndicat
Union Management Joint Consultation Committee	Comité consultatif mixte patronal-syndical
union member	syndiqué (n.)
union membership	affiliation syndicale; appartenance syndicale
union representative; labour representative; union steward; employee representative; representative of workers	représentant syndical; délégué syndical; représentant des travailleurs

union shop	atelier syndical
union steward; labour representative; union representative; employee representative; representative of workers	délégué syndical; représentant syndical; représentant des travailleurs
Unique Employer Identifier; UEI	Code d'identification des employeurs; CIE
unit cost	coût unitaire
unit labour cost	coût unitaire de la main-d'oeuvre
unit of business	statistiques opérationnelles
An operational output based on defined volumes recorded during a reporting period.	Résultats d'un programme ou d'une opération exprimés sous forme de volumes définis qu'on a enregistrés au cours de la période visée.
unit of work	unité de travail
unit of work station; work area; work station; workstation	poste de travail; aire de travail
University and College Placement Association; UCPA	Association de placement universitaire et collégial; APUC
university-based training program	programme de formation universitaire
university credit	crédit universitaire
university recruitment program	programme de recrutement dans les universités
unlawful strike	grève illégale
unorganized; non-unionized	non syndiqué (adj.)
unreported earnings	gains non signalés
unresolved dispute	conflit non réglé
unselected worker	travailleur non sélectionné
unskilled	non spécialisé; non qualifié
unskilled labour; common labour	main-d'oeuvre non qualifiée
unskilled occupation	profession non spécialisée

unskilled worker; labourer	travailleur non qualifié; manoeuvre
unsuccessful candidate	candidat non reçu; candidat non retenu
unsuccessful referral	présentation infructueuse
unsupervised farm worker	travailleur agricole non supervisé
update (n.)	mise à jour
update (v.)	mettre à jour
updating of skills; booster training; professional retraining; retraining; upgrading; vocational retraining; vocational upgrading; refresher training; re-skilling	recyclage; perfectionnement; recyclage professionnel
up-front cost	coût initial
upgrade (v.)	recycler
upgrading; booster training; professional retraining; refresher training; retraining; updating of skills; vocational retraining; vocational upgrading; re-skilling	recyclage; perfectionnement; recyclage professionnel
upgrading course; retraining course	cours de recyclage
upgrading program; retraining program	programme de recyclage
upper level management position	poste de haute direction
upper level manager; senior manager; senior executive; senior level manager	cadre supérieur; cadre dirigeant; cadre de direction
upward mobility	mobilité ascendante
urbanized core	noyau urbanisé
urban labour market	marché du travail urbain
USA Tobacco Specialists Program	Programme des travailleurs américains spécialistes du tabac
user-fee service	service payant

user trial	essai par les utilisateurs; essai auprès des utilisateurs
user-trial manager	directeur des essais par les utilisateurs
User-Trial Program	Programme des essais par les utilisateurs
user-trial specifications	normes relatives aux essais par les utilisateurs
usual occupation	emploi habituel; profession habituelle
utilities	services publics
utilization analysis	analyse de l'utilisation
utilization of manpower; manpower utilization	utilisation de la main-d'oeuvre
utilization rate	taux d'utilisation

V

vacancy; vacant position; job vacancy	poste vacant; emploi vacant; vacance
vacancy cancellation; cancelled vacancy	vacance annulée; annulation d'une vacance; annulation de postes vacants; emploi vacant annulé; poste vacant annulé
vacancy cancellation rate; VCR	taux de vacances annulées; TVA
vacancy control	contrôle des postes vacants
vacancy data	données sur les postes vacants
vacancy filled; filled vacancy	vacance comblée
vacancy fill rate; VFR	taux de vacances comblées; TVC
vacancy notified; notified vacancy; registered vacancy	vacance signalée; poste vacant signalé
vacancy recorded	vacance inscrite; poste vacant inscrit
vacancy survey; job vacancy survey	enquête sur les postes vacants
vacant position; job vacancy; vacancy	poste vacant; emploi vacant; vacance

vacant position listing	relevé des postes vacants; relevé des vacances
vacate a position	quitter un poste; libérer un poste
vacated position	poste libéré
vacation; vacation leave; annual leave	vacances; congé annuel
vacation pay; holiday pay	paye de vacances
validated offer of employment	offre d'emploi validée
validation criterion	critère de validation
validation exemption category	catégorie de personnes dispensées de la validation; catégorie dispensée de la validation
validation visit statistics	statistiques sur les visites de validation chez les employeurs
valid job offer	offre d'emploi valide
variable work week; VWW	semaine de travail variable
VAST; Vocational Adult Secondary Training Project	Programme de formation professionnelle de niveau secondaire pour adultes
VCR; vacancy cancellation rate	TVA; taux de vacances annulées
verification of dependants' earnings	vérification des gains des personnes à charge
vestibule training	initiation; formation préparatoire
veterans' disability pension	pension d'invalidité des anciens combattants
VFR; vacancy fill rate	TVC; taux de vacances comblées
victim of cyclical unemployment	chômeur conjoncturel
VIP; Voluntary Initiatives Program	PIV; Programme Initiatives-Volontariat
visible minority	minorité visible
Visible Minority Employment Program; VMEP	Programme de recrutement des membres des minorités visibles; PRMV
visit-in	visite de l'employeur

visit-out	visite chez l'employeur
visit report	rapport de visite
visually impaired person	malvoyant (n.)
VMEP; Visible Minority Employment Program	PRMV; Programme de recrutement des membres des minorités visibles
vocational	professionnel (adj.)
Vocational Adult Secondary Training Project; VAST	Programme de formation professionnelle de niveau secondaire pour adultes
vocational aid	appareil auxiliaire de travail
vocational aid inventory	inventaire des appareils auxiliaires de travail
vocational centre	centre de formation professionnelle
vocational counselling; career counselling; career guidance; vocational guidance; job orientation; occupational counselling; employment orientation	orientation professionnelle; counselling professionnel
vocational counselling tool	instrument d'orientation professionnelle
vocational counsellor	conseiller d'orientation professionnelle; orienteur
vocational course; occupational training course; skill course; skill training course	cours de formation professionnelle
vocational decision-making	prise de décision professionnelle
vocational development; career development; job development; occupational upgrading; professional development; skill upgrading	perfectionnement professionnel
vocational development objective; career goal; career objective; occupational goal	objectif professionnel; but professionnel; objectif de carrière
vocational development plan	plan de perfectionnement professionnel

vocational education; career training; job training; skill training; occupational training; vocational training	formation professionnelle
Vocational Education Act	Loi de l'enseignement professionnel
NOTE 1931	NOTA 1931
Vocational Education Program	Programme d'enseignement professionnel
vocational guidance; career counselling; career guidance; job orientation; vocational counselling; occupational counselling; employment orientation	orientation professionnelle; counselling professionnel
vocational information; occupational information	information sur les professions; information sur les carrières
vocational preference inventory	inventaire des préférences professionnelles
vocational preparation; pre-vocational training	préparation professionnelle; enseignement préprofessionnel; formation préalable à la spécialisation; initiation à la profession
vocational rehabilitation	réadaptation professionnelle
Vocational Rehabilitation of Disabled Persons Act; VRDP Act	Loi sur la réadaptation professionnelle des personnes handicapées; Loi sur la réadaptation professionnelle des invalides (app. ant.); LRPI (app. ant.)
Vocational Rehabilitation of Disabled Persons Program	Programme de réadaptation professionnelle des invalides
Vocational Rehabilitation Program	Programme de réadaptation professionnelle
vocational rehabilitation service	service de réadaptation professionnelle
Vocational Rehabilitation Services Program [Ont.]	Programme des services de réadaptation professionnelle [Ont.]

vocational retraining; booster training; professional retraining; refresher training; retraining; updating of skills; upgrading; vocational upgrading; re-skilling	perfectionnement; recyclage; recyclage professionnel
vocational school	école de métiers
vocational training; career training; job training; occupational training; skill training; vocational education	formation professionnelle
Vocational Training Co-ordination Act	Loi sur la coordination de la formation professionnelle
NOTE 1942	NOTA 1942
vocational upgrading; booster training; professional retraining; refresher training; retraining; updating of skills; upgrading; vocational retraining; re-skilling	perfectionnement; recyclage; recyclage professionnel
volume of training; training volume	nombre de cours de formation
volume of workload; work load; workload; case load	volume de travail; charge de travail
voluntary agency; voluntary organization; volunteer agency	organisme bénévole; organisation bénévole
voluntary basis, on a	à titre bénévole; bénévolement
voluntary group	groupe bénévole
Voluntary Initiatives Program; VIP	Programme Initiatives-Volontariat; PIV
voluntary leaving of employment	abandon volontaire d'un emploi
voluntary organization; voluntary agency; volunteer agency	organisation bénévole; organisme bénévole
voluntary separation	départ volontaire
voluntary unemployed	chômeur volontaire
volunteer agency; voluntary agency; voluntary organization	organisme bénévole; organisation bénévole
volunteer literacy tutor	professeur bénévole de cours d'alphabétisation

volunteer work	travail bénévole
volunteer worker	travailleur bénévole; bénévole (n.)
voucher	pièce justificative
VRDP Act; Vocational Rehabilitation of Disabled Persons Act	Loi sur la réadaptation professionnelle des personnes handicapées; Loi sur la réadaptation professionnelle des invalides (app. ant.); LRPI (app. ant.)
vulnerability checklist	liste de contrôle des secteurs vulnérables
VWW; variable work week	semaine de travail variable

W
___

wage; salary; pay; remuneration	traitement; rémunération; salaire; paye
wage aspirations; wage expectations	aspirations salariales
wage conditions; details of salaries	conditions salariales
wage control	contrôle des salaires
wage demand	revendication salariale; demande salariale
wage differential; wage gap; earnings differential; salary differential; salary gap; difference in wages	différence de salaires; écart salarial; différence salariale; écart de salaires
wage-earner; salaried employee; salaried worker	salarié; employé salarié
wage economy	économie de salaires
wage expectations; wage aspirations	aspirations salariales
wage gap; difference in wages; salary gap; earnings differential; salary differential; wage differential	écart salarial; écart de salaires; différence de salaires; différence salariale
wage increase; wage increment; pay increase; pay increment; salary increase; salary increment	hausse de salaire; augmentation de salaire; augmentation d'échelon

wage level; salary level; pay level	niveau de rémunération; niveau de traitement; niveau des salaires
wage loss insurance	assurance-salaire
wage loss insurance plan; WLIP; wage loss replacement plan	régime d'assurance-salaire; RAS
Wage Loss Program	Programme d'assurance-salaire
wage loss replacement plan; wage loss insurance plan; WLIP	régime d'assurance-salaire; RAS
wage paid	salaire versé
wage per week; weekly wage; weekly pay	salaire hebdomadaire
wage plan; compensation plan; compensation system; pay plan	régime de rémunération; système de rémunération
wage range; salary range; wage scale; salary scale; range of wages; scale of wages; pay scale	échelle de rémunération; échelle de(s) salaires; échelle salariale; échelle de traitement
wage rate; pay rate; rate of pay; salary rate	taux de rémunération; taux de salaire; taux de traitement
wage reimbursement	remboursement au titre du salaire
wage replacement; salary replacement	indemnité de salaire; indemnité de traitement
wage required	salaire exigé
wages actually paid	salaires réellement payés
wage scale; salary range; wage range; salary scale; scale of wages; range of wages; pay scale	échelle de(s) salaire(s); échelle salariale; échelle de traitement; échelle de rémunération
wages paid in cash	rémunération en espèces
wage standard	norme salariale
wage structure; salary structure	structure des salaires; structure des traitements; structure salariale

wage subsidy	subvention salariale
wage subsidy claim	demande de subvention salariale
Wage Subsidy Program	Programme de subvention salariale
wage trend	courbe des salaires
waiting period	délai de carence; délai d'attente
waitlist; stand-by list	liste d'attente
waiver; exemption	dispense; exemption
waiver list	liste de dispenses
walk-in interview	entrevue sans rendez-vous
walkout	débrayage
WAP; Work Activity Projects	Projets d'adaptation au travail
WAT; Work Adjustment Training	PAT; Programme d'adaptation au travail
WCCS SEE Women's Career Counselling Service	
weekly allowance; allowance per week	allocation hebdomadaire
weekly attendance record	fiche de présence hebdomadaire
weekly income support	soutien du revenu hebdomadaire
weekly insurable earnings	rémunération hebdomadaire assurable
weekly pay; weekly wage; wage per week	salaire hebdomadaire
weekly pay before deductions	salaire hebdomadaire brut
weekly pay period	période hebdomadaire de paye
weekly report	rapport hebdomadaire
weekly wage; weekly pay; wage per week	salaire hebdomadaire
weekly wage rate	taux de rémunération hebdomadaire
welfare benefits; welfare payment	prestations d'aide sociale

Welfare Office	bureau du Bien-être social
welfare payment; welfare benefits	prestations d'aide sociale
welfare plan	régime d'aide sociale
welfare rate	taux de prestations d'aide sociale
welfare recipient; social assistance recipient; SAR	assisté social; bénéficiaire d'aide sociale; BAS
welfare status	statut d'assisté social
well-being	mieux-être
white-collar (n.); white-collar worker	col blanc (n.)
white-collar job	emploi de col blanc
white-collar worker; white-collar (n.)	col blanc (n.)
wholly dependent for support	entièrement à la charge de quelqu'un
WI; Work Interchange	AJ; Activité Jeunesse
wildcat strike	grève sauvage
wind up a company	liquider une entreprise
winter and summer job creation programs	programmes de création d'emplois d'été et d'hiver
winter works program	programme de travaux d'hiver
withdrawal	désistement; retrait
withdraw from a training course	se retirer d'un cours; abandonner un cours
withdraw from the labour force; leave the labour force	quitter la vie active; quitter les rangs de la population active
withhold a service	refuser un service
within an agreement	dans le cadre d'un accord
within the meaning of	au sens de
within the terms of the agreement	en vertu de l'accord; aux termes de l'accord

without employment; unemployed	sans emploi; en chômage; inactif (adj.)
WLIP; wage loss insurance plan; wage loss replacement plan	RAS; régime d'assurance-salaire
Women Employment Resource Centre	Centre préparatoire à l'emploi pour femmes
Women's Bureau	Bureau de la main-d'oeuvre féminine
Women's Career Counselling Service; WCCS	Service d'orientation au travail pour les femmes; SOTF
NOTE private organization in Ottawa	NOTA organisme privé à Ottawa
Women's Career Planning Inventory	Répertoire de planification de carrière des femmes
women's consultant	expert-conseil en emploi des femmes
women's coordinator; women's employment coordinator	coordonnateur de l'emploi des femmes
women's employment	emploi des femmes
Women's Employment Awareness Week	Semaine de sensibilisation à l'emploi des femmes
women's employment coordinator; women's coordinator	coordonnateur de l'emploi des femmes
Women's Employment Group	Groupe de l'emploi des femmes
Women's Employment Plan of Action	Plan d'action pour l'emploi des femmes
Women's Employment Program	Programme d'emploi des femmes
women's employment strategy	stratégie d'emploi des femmes
Women's Employment Strategy Plan of Action	Plan d'action de la stratégie d'emploi des femmes
women's participation rate; female participation rate	1. taux d'activité des femmes; taux de participation des femmes
	2. taux de représentativité des femmes (équité en matière d'emploi)

word-of-mouth recruitment system	système de recrutement de bouche à oreille
work (v.)	travailler; exercer un emploi
work accident; employment accident; industrial accident; occupational accident; occupational injury; work injury	accident du travail; accident professionnel
Work Activity Projects; WAP	Projets d'adaptation au travail
work adjustment	adaptation au travail
Work Adjustment Training; WAT	Programme d'adaptation au travail; PAT
work agreement; employment contract; employer-employee agreement; contract of employment; labour contract; work contract	contrat de travail; contrat individuel de travail
work allocation; division of duties; segregation of duties; work distribution; workload breakdown	répartition du travail; répartition des tâches; distribution du travail
work area; work station; workstation; unit of work station	aire de travail; poste de travail
work assessment	évaluation du travail
work assignment	attribution des tâches
work attendance	présence au travail
work background; employment history; past experience; previous work experience; work history	antécédents professionnels; antécédents de travail; expérience acquise; expérience professionnelle antérieure
work clothing	vêtement de travail

work conditions; terms and conditions of work; working conditions

conditions de travail

Conditions pertaining to the worker's job environment, such as hours of work, safety, paid holidays and vacations, rest period, free clothing or uniforms, possibilities of advancement, etc. Many of these are included in the collective agreement and subject to collective bargaining.

Le bureau des recherches de Travail Canada considère comme conditions de travail les éléments suivants : durée du travail, jours fériés payés, vacances annuelles payées, régimes privés de caisses de retraite, assurances collectives, congés rémunérés de deuil, congés payés pour service judiciaire, taux de rémunération du travail régulièrement exécuté le samedi et le dimanche, travail par poste, indemnités de cessation d'emploi, etc.

work contract; employment contract; employer-employee agreement; contract of employment; labour contract; work agreement

contrat de travail; contrat individuel de travail

work cycle

cycle de travail

work day; working day

jour ouvrable; jour de travail

work desired

travail souhaité

work disincentive

contre-incitation au travail

work distribution; division of duties; segregation of duties; work allocation; workload breakdown

répartition du travail; répartition des tâches; distribution du travail

work element

élément de travail

work environment; working environment

milieu de travail; ambiance de travail

worker

travailleur; ouvrier

worker accommodation

logement des travailleurs

worker availability; labour supply; manpower supply; supply of labour; supply of workers; availability of manpower

offre de main-d'oeuvre; offre de travailleurs; disponibilité de main-d'oeuvre; travailleurs disponibles; main-d'oeuvre disponible

Worker-Centred Adjustment Option

option Adaptation des travailleurs

worker client; employee client	client-travailleur
worker client file	fichier des clients-travailleurs
worker client inventory	répertoire des clients-travailleurs
worker client marketing	recherche de débouchés pour les clients-travailleurs
worker client service record	dossier des services au client-travailleur
worker demand; demand for workers; labour demand; manpower demand	demande de travailleurs; demande de main-d'oeuvre
worker displacement; manpower movement; movement of workers	déplacement de la main-d'oeuvre; déplacement des travailleurs
worker-job matching; job matching; job-worker matching	1. adéquation de l'offre et de la demande d'emploi
	2. jumelage d'emplois et de travailleurs; jumelage emploi-travailleur; appariement des offres et des demandes d'emploi; jumelage travailleur-emploi; jumelage des travailleurs et des emplois; appariement des demandes et des offres d'emploi
worker maintenance	soutien des travailleurs
Worker Maintenance Agreement	Entente relative au soutien des travailleurs
	NOTA emploi agricole
worker mobility; labour mobility; manpower mobility; work force mobility	mobilité des travailleurs; mobilité de la main-d'oeuvre
worker morale	moral des travailleurs
worker orientation	initiation des travailleurs
Worker Orientation Agreement	Accord relatif à l'initiation du travailleur
worker paid on piece-work basis	salarié rémunéré à la pièce
worker performance	rendement du travailleur

worker recruitment; recruitment of workers	recrutement de travailleurs
worker referral service	service de présentation aux employeurs
worker registration	inscription du travailleur
worker registration data	données sur les travailleurs inscrits
worker requirement; workforce requirements; labour force requirements; labour needs; labour requirements; manpower needs; manpower requirements	effectif nécessaire; besoins en main-d'oeuvre
worker's compensation; workmen's compensation	indemnisation des accidentés du travail; indemnisation des accidents du travail
worker shortage; labour scarcity; labour shortage; manpower shortage; under-supply of workers; occupational shortage	pénurie de travailleurs; pénurie de main-d'oeuvre; manque de main-d'oeuvre
workers' organization; employee organization; employee association	association d'employés; association de salariés; association de travailleurs
worker's qualifications	qualifications d'un travailleur
workers' replacement rate	taux de remplacement des travailleurs
worker stability	stabilité d'un travailleur
worker status	situation d'un travailleur
worker surplus; over-supply of workers	surplus de travailleurs; excédent de travailleurs
work experience; job experience	expérience de travail; expérience professionnelle
Work Experience Program	programme Expérience de travail
work experience program	programme d'initiation à la vie professionnelle
work flow; workflow	acheminement du travail; déroulement du travail; marche du travail

workforce; work force; manpower; labour force; active population; working population	main-d'oeuvre; population active; actifs (n.); travailleurs
work force adjustment; labour force adjustment; manpower adjustment	réaménagement des effectifs
work force composition	composition des effectifs
work force mobility; labour mobility; manpower mobility; worker mobility	mobilité de la main-d'oeuvre; mobilité des travailleurs
work force plan; manpower plan	plan de main-d'oeuvre
work force planning; manpower planning	planification de la main-d'oeuvre; planification des effectifs
work force reduction; manpower reduction; employment cut-back; reduction in personnel; reduction of staff; staff reduction	réduction des effectifs; compression des effectifs; réduction du personnel; compression du personnel
work force reduction procedures	méthodes de réduction des effectifs
workforce requirements; labour force requirements; labour needs; labour requirements; manpower needs; manpower requirements; worker requirement	besoins en main-d'oeuvre; effectif nécessaire
work habit	habitude de travail
work history; past experience; employment history; previous work experience; work background	expérience acquise; antécédents de travail; antécédents professionnels; expérience professionnelle antérieure
Work Incentive Program [Ont.]	Programme d'incitation au travail [Ont.]
working age	âge actif
working-age labour force; working-age population	population d'âge actif; population en âge de travailler
Working Committee on Employment Services	Comité de travail sur les services d'emploi
working conditions SEE work conditions	
working day; work day	jour ouvrable; jour de travail

301

working document; working paper	document de travail
working environment; work environment	ambiance de travail; milieu de travail
Working Experience Program - Youth Program	Programme d'expérience professionnelle - Programme à l'intention des jeunes
Working Holiday Program	Programme d'emploi d'été
working hour	heure de travail; heure ouvrable
working hours; hours of work	heures de travail; durée du travail
working knowledge of a language	connaissance pratique d'une langue
working level	niveau de travail
working life	vie active; vie professionnelle
working paper; working document	document de travail
Working Party on Employment Strategy	Groupe de travail sur la stratégie d'emploi
Working Party on Vocational Education and Training	Groupe de travail sur l'enseignement et la formation professionnels
working poor	travailleurs à faible revenu; petits salariés
working population; active population; workforce; work force; manpower; labour force	population active; actifs (n.); main-d'oeuvre; travailleurs
working relationship; employer-employee relations; employment relationship; staff relations; work relations; employer-employee relationship	relations employeur-employé; relations de travail; relations avec le personnel; relations avec les employés
working status of spouse	activité professionnelle du conjoint
work injury; employment accident; industrial accident; occupational accident; occupational injury; work accident	accident du travail; accident professionnel
work instrument; work tool	instrument de travail; outil de travail

302

Work Interchange; WI	Activité Jeunesse; AJ
workload; work load; volume of workload; case load	volume de travail; charge de travail
workload breakdown; division of duties; segregation of duties; work allocation; work distribution	répartition des tâches; répartition du travail; distribution du travail
workload forecast	prévision du volume de travail; prévision de la charge de travail
workload shift	variation de la charge de travail
work measurement standard	norme de mesure du travail
workmen's compensation; worker's compensation	indemnisation des accidents du travail; indemnisation des accidentés du travail
workmen's compensation benefit	indemnité d'accident du travail
workmen's compensation claim; accident claim	demande d'indemnisation pour accident du travail
work objective	objectif de travail
work on a long-term basis (v.)	occuper un emploi à long terme
work opportunity; employment opening; employment opportunity; employment outlook; employment prospect; job opening; job opportunity; job outlook; job prospect; opportunity for employment	débouché; perspective d'emploi; occasion d'emploi; possibilité d'emploi
work order	ordre de travail
work orientation program	programme de préparation au travail
Work Orientation Workshops; WOW	Ateliers d'orientation au travail; AOT
NOTE Challenge program	NOTA programme Défi
work performed	travail accompli; fonctions remplies
work permit; employment authorization; permit; license	permis de travail; permis d'exercice; permis; licence

303

workplace; work place; job site; place of employment; work site	lieu de travail
Workplace-Based Training Option	option Formation en milieu de travail
NOTE This option is part of the Skill shortages Program.	NOTA Cette option fait partie du Programme relatif aux pénuries de main-d'oeuvre.
work plan	plan de travail
work process	méthode de travail
work relations; employer-employee relations; employment relationship; staff relations; working relationship; employer-employee relationship	relations employeur-employé; relations de travail; relations avec le personnel; relations avec les employés
work satisfaction; job satisfaction	satisfaction professionnelle; satisfaction au travail; satisfaction dans le travail
work schedule	1. calendrier de travail
	2. horaire de travail
work setting	cadre de travail
work sharing; worksharing	travail partagé
work sharing agreement	accord de travail partagé
work sharing benefits	prestations pour travail partagé
Work Sharing Option	option Travail partagé
NOTE This option is part of the Skill Investment Program.	NOTA Cette option fait partie du programme Acquisition de compétences.
work sharing pilot project	projet expérimental de travail partagé
Work Sharing Program	Programme de travail partagé
work sharing request	demande de travail partagé
worksheet; work sheet	fiche de travail; feuille de travail
workshop	atelier; atelier de travail; séance de travail

workshop curriculum	programme des activités de l'atelier
workshop period	période en atelier
work shortage; lack of work	pénurie de travail; manque de travail
work site; job site; place of employment; workplace; work place	lieu de travail
work situation; employment status; labour force status	situation professionnelle; situation d'activité
work skill; job skill	aptitude professionnelle; capacité professionnelle
work-skill training	initiation aux techniques professionnelles
work slowdown; slowing down of work; slowdown	ralentissement de travail; ralentissement de la production; grève perlée
workstation; work station; work area; unit of work station	poste de travail; aire de travail
work stoppage; disruption of employment; stoppage of work	arrêt de travail
work-study program; cooperative education program	programme d'alternance travail-études
work tool; work instrument	outil de travail; instrument de travail
work-to-rule	grève du zèle
work week; workweek	semaine de travail; semaine ouvrable
work week reduction	réduction des heures de travail
work-week worked	semaine travaillée
work world	monde du travail
work year; person-year; staff-year	année de travail; année-personne
work-year of employment	année-personne d'emploi; année-personne de travail
World Seminar on Employment Counselling	Colloque mondial sur le counselling d'emploi

WOW
SEE Work Orientation Workshops

| WOW Completion Certificate | certificat de participation à l'AOT |

y

YAT; Youth Apprentice Training; Youth Apprenticeship Training	FJA; Formation de jeunes apprentis
YCCC; Youth Career Counselling Centre	COJT; Centre d'orientation des jeunes travailleurs
YCW; Young Canada Works	JCT; Jeunesse Canada au travail
yearly turnover	taux annuel de roulement
year-round project	projet à l'année
year to date; YTD	cumul de l'année; CDA; cumul annuel; CA
YEC; Youth Employment Centre	CEJ; Centre d'emploi Jeunesse
YES; Youth Employment Secretariat	SEJ; Secrétariat de l'emploi des jeunes
YJC; Youth Job Corps	CJT; Compagnie des jeunes travailleurs
Young Canada Works; YCW	Jeunesse Canada au travail; JCT
young entrepreneur	jeune entrepreneur
young worker	jeune travailleur
YouthAction 88	JeunessAction 88
youth advisor	conseiller des jeunes
Youth Advisory Council	Conseil consultatif des jeunes
Youth Affairs; Youth Affairs Group	Affaires de la jeunesse; Groupe des Affaires de la Jeunesse
Youth Agricultural Employment Program	Programme d'emploi agricole à l'intention des jeunes
Youth and Special Client Employment Program	Programme d'emploi des jeunes et des clients spéciaux
Youth Apprenticeship Training; Youth Apprentice Training; YAT	Formation de jeunes apprentis; FJA
Youth Career Counselling Centre; YCCC	Centre d'orientation des jeunes travailleurs; COJT
youth consultant	expert-conseil Jeunesse

Youth Coordinator	coordonnateur de l'emploi des jeunes
youth employment	emploi des jeunes
youth employment and employability	emploi et aptitude au travail des jeunes; emploi et employabilité des jeunes
youth employment and employability measures	mesures relatives à l'emploi et à l'employabilité des jeunes
Youth Employment Centre; YEC	Centre d'emploi Jeunesse; CEJ
Youth Employment Program	Programme d'emploi des jeunes
Youth Employment Secretariat; YES	Secrétariat de l'emploi des jeunes; SEJ
Youth Employment Services	Services d'emploi pour la jeunesse
youth employment strategy	stratégie d'emploi des jeunes
Youth Enterprise Centre	Centre pour les jeunes entrepreneurs
Youth Initiatives; Youth Ventures	Initiatives Jeunesse
Youth Job Corps; YJC	Compagnie des jeunes travailleurs; CJT
youth labour surplus rate	taux de la main-d'oeuvre excédentaire des jeunes
Youth Literacy Corps	Équipes d'alphabétisation des jeunes
Youth Modules	Modules Jeunesse
Youth Opportunity Fund	Caisse Perspectives-Jeunesse
youth-oriented group	groupe s'adressant aux jeunes
Youth Project	Projet Jeunesse
Youth-Related Manpower Program	Programme de main-d'oeuvre à l'intention des jeunes
youth-specific program	programme orienté vers les jeunes; programme axé sur les jeunes
Youth Strategy	Stratégie Jeunesse
Youth Training Act, 1939	Loi de 1939 sur la formation de la jeunesse

Youth Training Option; YTO

NOTE This program was abolished
with the implementation of the
Canadian Jobs Strategy.

Option Formation Jeunesse; OFJ

NOTA Ce programme a été
supprimé à la suite de la mise
en oeuvre de la Planification de
l'emploi.

youth unemployment

chômage des jeunes

Youth Ventures; Youth Initiatives

Initiatives Jeunesse

YTD; year to date

CDA; cumul de l'année; CA; cumul
annuel

YTO
SEE Youth Training Option

Z

zero opportunity cost

coût d'option zéro

zone office

bureau de secteur

a

AAC; Avis d'achat de cours	CPN; Course Purchase Notice
AAO; apprentissage assisté par ordinateur	CAL; computer-assisted learning
AAPT; Aide à l'accroissement de la productivité au moyen de techniques	STEP; Support for Technology and Enhanced Productivity
abaissement du niveau de poste	downgrading of a position
abandon; interruption	discontinuation
abandon de poste	abandonment of position
abandon de scolarité; sortie du système éducatif; décrochage; impersévérance scolaire	drop(-)out (n.)
abandonner; décrocher	drop out (v.)
abandonner un cours; se retirer d'un cours	withdraw from a training course
abandon volontaire d'un emploi	voluntary leaving of employment
abolition d'une fonction; suppression d'une fonction	discontinuance of a function
absence autorisée; congé autorisé; autorisation d'absence; permis d'absence	authorized absence; authorized leave; leave of absence; leave
absence de motivation	low morale
absence justifiée; absence motivée	excusable absence; excused absence leave
absence non autorisée; absence sans autorisation	absence without leave; unauthorized absence; unexcused absence
absentéisme	absenteeism
AC; Administration centrale	NHQ; National Headquarters; Headquarters
a.-c.; assurance-chômage	UI; unemployment insurance

ACALO; Association canadienne des administrateurs de la législation ouvrière	CAALL; Canadian Association of Administrators of Labour Legislation
acceptation; autorisation; approbation	approval
accès à l'emploi	job access
accès au marché du travail	access to the labour market
Accès aux carrières d'après leurs traits; ACT	Access a Career by Traits; ACT
accident du travail; accident professionnel	employment accident; industrial accident; occupational accident; occupational injury; work accident; work injury
accomplir des tâches; exercer des fonctions	perform duties
accord; convention; entente; engagement	agreement
accord à frais partagés	cost-sharing arrangement
accord auxiliaire; entente auxiliaire	subsidiary agreement
Accord auxiliaire concernant le Programme Canada-Yukon de formation du personnel de la petite entreprise	Subsidiary Agreement concerning the Canada-Yukon Small Business Training Program
accord-cadre; entente-cadre; entente générale	master agreement; umbrella agreement; blanket agreement
Accord concernant un emploi subventionné individuellement	Agreement relating to individually subsidized jobs
accord d'adaptation	adjustment agreement
accord d'adaptation de la main-d'oeuvre	manpower adjustment agreement
accord d'autorisation	licensing agreement
accord de financement	contribution agreement; funding agreement
Accord de financement de projets	Agreement relating to Subsidized Projects
accord de formation	training agreement
accord de l'année précédente	prior year agreement

accord de mobilité	mobility agreement
accord d'encouragement	incentive agreement
Accord d'encouragement à la mobilité	Mobility Incentive Agreement
accord d'encouragement à la mobilité de la main-d'oeuvre	labour mobility incentive agreement; manpower mobility incentive agreement (f.c.)
accord d'encouragement aux études de main-d'oeuvre	labour assessment incentive agreement; manpower assessment incentive agreement (f.c.)
Accord de planification des ressources humaines	Human Resource Planning Agreement
accord d'équité en matière d'emploi	employment equity agreement
accord de travail partagé	work sharing agreement
accorder un congé payé	release an employee with pay
accorder une subvention; octroyer une subvention	provide incentives
Accord fédéral-provincial sur la formation	Federal-Provincial Training Agreement
accord fédéral-provincial sur la formation professionnelle des adultes	federal-provincial adult occupational training agreement
accord fédéral-provincial sur l'emploi agricole	federal-provincial agricultural employment agreement
Accord relatif à l'initiation du travailleur	Worker Orientation Agreement
accord relatif au projet	project agreement
accords de formation fédéraux-provinciaux ou fédéraux-territoriaux	federal/provincial/territorial training agreements
Accord sur l'achat de cours de formation à des établissements privés	Private Purchase Training Agreement
Accord sur la main-d'oeuvre agricole (app. ant.); Accord sur l'emploi agricole	Agricultural Employment Agreement; Agricultural Manpower Agreement (f.c.)

Accord sur l'amélioration de l'aptitude à l'emploi des assistés sociaux	Agreement on Enhancing the Employability of Social Assistance Recipients; Social Assistance Recipient Agreement
Accord sur l'emploi agricole; Accord sur la main-d'oeuvre agricole (app. ant.)	Agricultural Manpower Agreement (f.c.); Agricultural Employment Agreement
accord sur les ressources humaines	human resource(s) agreement
accréditation	accreditation; certification
accréditation en administration de tests; certificat en administration de tests	testing certification
accréditation patronale	certification of employer
accroissement de la population active; croissance de la population active	labour force growth
accroissement de personnel	staff increase
accroître l'aptitude au travail; accroître l'employabilité	enhance future employability
accroître son employabilité	increase one's employability
accueil; réception	reception
ACEC; Association canadienne de l'enseignement coopératif	CACE; Canadian Association for Cooperative Education
achat de formation	purchase of training; training purchase
achat de services de diagnostic	purchase of diagnostic services
acheminement du travail; déroulement du travail; marche du travail	work flow; workflow
ACJ; centre Action-Carrière-Jeunesse	CAY; Career Action for Youth centre
acquérir de l'expérience	obtain experience
acquisition de compétences peu spécialisées	low-level skill development
ACT; Accès aux carrières d'après leurs traits	ACT; Access a Career by Traits

acte discriminatoire; pratique discriminatoire	discriminatory practice
acte professionnel; service professionnel	professional service
actif (n.)	labour market participant
actif (adj.); en emploi; occupé; employé (adj.)	employed
actifs (n.); main-d'oeuvre; population active; travailleurs	workforce; work force; manpower; labour force; active population; working population
actifs occupés; population active occupée	employed labour force; employed population
action positive	affirmative action
activité de création d'emplois; activité génératrice d'emplois	employment-generating activity
activité de formation	training activity
activité de placement	placement activity
activité de projet	project operation
activité de revitalisation; mesure de revitalisation; initiative de revitalisation	revitalization initiative
activité du service d'accueil	front-end activity
activité envisagée; activité prévue	planned activity
activité génératrice d'emplois; activité de création d'emplois	employment-generating activity
activité indépendante; travail indépendant	self-employment
Activité Jeunesse; AJ	Work Interchange; WI
activité locale de stimulation de l'emploi	local employment development activity
activité non rémunérée; activité productive non rémunérée	non-market activity
activité paraprofessionnelle	non-professional activity

activité politique partisane	political partisanship
activité prévue; activité envisagée	planned activity
activité productive non rémunérée; activité non rémunérée	non-market activity
activité productive rémunérée; activité rémunérée	market work activity
activité professionnelle	occupational activity
activité professionnelle du conjoint	working status of spouse
activité rémunérée; activité productive rémunérée	market work activity
activité saisonnière	seasonal operation
activités concernant la demande	demand-side activities
activités du côté de l'offre	supply-side activities
activité secondaire	secondary activity
activités liées à l'emploi	employment-related activities
activités régionales	regional operations
adaptation	adjustment
adaptation à un marché en contraction	down-side adjustment
adaptation au marché du travail	labour market adjustment
adaptation au travail	work adjustment
adaptation de la main-d'oeuvre	labour adjustment
adaptation interrégionale	interregional adjustment
adéquation de l'offre et de la demande d'emploi	job-worker matching; worker-job matching; job matching
adjoint de direction; attaché de direction; adjoint exécutif	executive assistant
adjoint diplômé (dans un CEC); assistant à l'enseignement	graduate assistant

adjoint exécutif; adjoint de direction; attaché de direction	executive assistant
administrateur général; sous-chef	deputy head
Administration centrale; AC	Headquarters; National Headquarters; NHQ
administration de tests; tests; testing (à éviter)	testing
administration du libre-service	self-service delivery
administration locale	local government
Administration nationale de la main-d'oeuvre d'urgence; ANMU	National Emergency Manpower Authority; NEMA
administration publique	public administration
administrer un programme; exécuter un programme; appliquer un programme	administer a program
admis; autorisé; admissible; permis	allowable
admissibilité; droit	eligibility; entitlement
admissible; permis; admis; autorisé	allowable
admission continue	continuous intake
admission permanente	permanent admission
adresse permanente habituelle	regular permanent address
AEA; agent d'emploi et d'assurance	EIO; employment and insurance officer
Affaires de la jeunesse; Groupe des Affaires de la Jeunesse	Youth Affairs; Youth Affairs Group
affectation; allocation; répartition; attribution	allocation
affectation de perfectionnement	developmental work assignment
affectation des ressources; répartition des ressources; allocation des ressources	resource allocation
affectation d'étude	educational assignment

affectation d'un employé	assignment of an employee
affectation excédentaire des ressources	over-allocation of resources
affectation intérimaire	acting assignment
affectation particulière	specific job assignment
affectation régionale spéciale	special regional allocation
affectations par rotation; affectations successives	rotational assignment; rotational nominations
affectation temporaire	temporary assignment
affichage	posting
affichage des avis d'appel	posting of appeal notices
affichage des emplois	job posting
affichage des offres d'emploi	order display; order posting; posting of orders
affiche	poster
affiche de concours	competition poster
afficher une offre d'emploi	post a job offer
affiliation syndicale; appartenance syndicale	union membership
âge actif	working age
âge de la retraite	retirement age
âge de retraite facultative	optional retirement age
âge légal de fin de scolarité; âge limite de la fréquentation scolaire obligatoire	school-leaving age
âge minimum légal pour travailler	minimum legal working age
agence d'aide temporaire; agence de dépannage; agence de placement temporaire	peak load pool; temporary employment agency; temporary help agency; temporary help contractor; temporary help service contractor
agence de développement social	social development agency

agence de placement; bureau de placement; bureau d'embauchage; service de placement	hiring hall; employment agency; employment bureau; employment office; placement agency; placement service; labour exchange service
agence de placement privée	private employment agency
agence de placement publique; service de placement public; service d'emploi public	public employment agency; public employment service
agence de placement sans but lucratif	non-profit employment agency
agence de placement temporaire; agence d'aide temporaire; agence de dépannage	temporary help agency; peak load pool; temporary employment agency; temporary help contractor; temporary help service contractor
agencement par groupe de professions	occupational group arrangement
âge normal de fin de scolarité	normal school-leaving age; regular school-leaving age
âge normal de la retraite	normal retirement age
agent; préposé; dirigeant; représentant officiel; fonctionnaire; employé	official; officer
agent approbateur; agent autorisé; fondé de pouvoir; signataire autorisé	approving officer; authorizing agent; authorizing officer; signing officer; signing authority
agent chargé des relations avec les employeurs; ARE	employer relations officer; ERO
agent compétent	responsible officer
agent d'analyse	analysis officer
agent de classification	classification officer
agent de développement social	social development officer
agent de dotation; agent de dotation en personnel	staffer; staffing officer
agent de formation; formateur; moniteur	training officer; trainer
agent de la CEIC	CEIC officer

agent de liaison	liaison officer
agent de liaison avec le public; ALP	public liaison officer; PLO
agent d'emploi	employment officer
agent d'emploi et d'assurance; AEA	employment and insurance officer; EIO
agent de négociation; agent de négociation collective; agent négociateur	collective bargaining agent; bargaining agent
agent de négociation légitime	lawful bargaining agent
agent de placement	placement officer
agent de placement des étudiants; APE	student placement officer; SPO
agent de placement diplômé	graduate placement officer
agent de présentation	referral officer
agent de programme	program officer
agent de programmes liés aux employeurs	employer program officer
agent de projet	project officer
agent de projet de création d'emplois	job creation project officer
agent de projet du bureau local	field office project officer
agent de réintégration	reinstatement officer
agent de relations publiques; ARP	public relations officer; PRO
agent de révision	reviewing officer
agent des droits de la personne	human rights expert
agent de sélection du personnel	personnel selection officer
agent des relations de travail	staff relations officer
agent d'évaluation de l'aptitude au travail; agent d'évaluation de l'employabilité	employability assessment officer
agent de vérification de la conformité	compliance review officer

agent d'orientation professionnelle	career guidance officer
agent d'un Centre d'emploi du Canada	Canada employment officer
agent du programme Extension	Outreach officer
agent du service social	social service officer
agent local	field official
agent négociateur; agent de négociation collective; agent de négociation	bargaining agent; collective bargaining agent
agent principal	senior officer
agent principal de projet	senior project officer
agent régional	regional officer
agent régional de liaison	regional contact person
agent régional du renseignement	regional intelligence officer
agent responsable; chef; responsable	officer-in-charge
âge obligatoire de la retraite	automatic retirement age; compulsory retirement age; mandatory retirement age
Agriculture Jeunesse; AJ	Agriculture for Young Canadians; AYC
aide; soutien; appui	support
Aide à l'accroissement de la productivité au moyen de techniques; AAPT	Support for Technology and Enhanced Productivity; STEP
aide à l'adaptation	adjustment assistance
aide à l'adaptation refusée	refusal of adjustment assistance
aide à la formation	training assistance
aide à la formation dans l'industrie	industrial training assistance
aide à la main-d'oeuvre et aux industries locales	community industry and labour assistance
aide à la mobilité	mobility assistance

aide à la mobilité des étudiants; subvention de mobilité des étudiants; subvention de mobilité destinée aux étudiants	student mobility grant
aide à la prospection	exploratory assistance
aide à la sélection d'un emploi	job selection assistance
aide à l'emploi; aide au placement	employment assistance; employment subsidy
aide à l'industrie	industry sector assistance
aide au déplacement	relocation assistance
aide au déplacement et à la prospection	relocation and exploratory assistance
aide au développement économique local	local economic development assistance
aide au placement; aide à l'emploi	employment assistance; employment subsidy
aide au transport quotidien des travailleurs agricoles; ATQTA	agricultural day-haul transportation assistance; ADTA
aide aux employeurs	assistance for employers
aide aux étudiants	student assistance
aide de voyage	travel assistance
aide de voyage en vue d'un emploi agricole saisonnier	seasonal agricultural travel assistance
aide de voyage en vue d'un emploi temporaire	travel assistance for temporary employment
aide(s) didactique(s); matériel didactique	training aid; training material; course material; instructional material
aide directe	direct assistance
aide financière; incitation financière; encouragement financier; stimulant financier	financial assistance; financial incentive
aide indirecte	indirect assistance
aide-mémoire	briefing book
aide pour voyages de stagiaire	trainee travel assistance

320

aides audio-visuelles; moyens audio-visuels	audio-visual material
aide(s) didactique(s); matériel didactique	instructional material; course material; training aid; training material
aide sociale; assistance sociale	social assistance; social welfare
aide spéciale	special assistance
aide spéciale à l'adaptation	special adjustment assistance
aide spéciale de voyage	special travel assistance
aide technique	technical aid; technical assistance
aide temporaire; main-d'oeuvre occasionnelle	casual labour
AIESEC; Association internationale des étudiants en sciences économiques et commerciales	AIESEC; International Association for Students of Economics and Commerce
AIOSP; Association internationale d'orientation scolaire et professionnelle	IAEVG; International Association for Educational and Vocational Guidance
aire de travail; poste de travail	workstation; work station; work area; unit of work station
AJ; Activité Jeunesse	WI; Work Interchange
AJ; Agriculture Jeunesse	AYC; Agriculture for Young Canadians
ajustement; rajustement; redressement	adjustment
ajustement structurel	structural adjustment
aller-retour	return (n.)
allocation; indemnité	allowance
allocation; répartition; attribution; affectation	allocation
allocation aux autochtones	native allocation
allocation de base	basic allocation; basic allowance
allocation de déménagement; indemnité de déménagement	moving allowance; relocation allowance

allocation de demi-temps; allocation de mi-temps	half-time allowance
allocation de formation; prestation de formation	training allowance; training benefit
allocation de formation autorisée	authorized training allowance
allocation de guerre pour les civils	civilian war allowance
allocation de logement; indemnité d'hébergement	accommodation allowance
allocation de main-d'oeuvre	manpower allowance
allocation de mi-temps; allocation de demi-temps	half-time allowance
allocation de mobilité	mobility allowance
allocation de personne à charge; allocation pour charges de famille	dependant care allowance
allocation de réinstallation	reestablishment allowance; resettlement allowance
allocation de séjour hors du foyer	living-away from home allowance
allocation des ressources; affectation des ressources; répartition des ressources	resource allocation
allocation de stagiaire	trainee allowance
allocation de subsistance; indemnité de séjour	living allowance; subsistence allowance
allocation de subsistance pour visite préliminaire	preliminary examination living allowance
allocation de trajets quotidiens	commuting allowance
allocation de trajets quotidiens des stagiaires	trainee commuting allowance
allocation de visite préliminaire	preliminary examination allowance
allocation de voyage	travel allowance
allocation d'hébergement de nuit	overnight accommodation allowance

allocation familiale; prestation familiale	family allowance; family benefit
allocation forfaitaire	flat allowance
allocation globale; allocation totale	total allocation
allocation hebdomadaire	weekly allowance; allowance per week
allocation hebdomadaire maximale payable	maximum weekly allowance payable
allocation ordinaire; allocation régulière	regular allowance
allocation par habitant; allocation par tête	per capita allocation
allocation pour charges de famille; allocation de personne à charge	dependant care allowance
allocation pour garde d'enfants	child care allowance
allocation régulière; allocation ordinaire	regular allowance
allocations de garde	daycare expenses
allocation sociale	social allowance
allocation spéciale de formation	special training allowance
allocation supplémentaire	supplementary allowance
allocation totale; allocation globale	total allocation
ALP; agent de liaison avec le public	PLO; public liaison officer
alphabétisation	basic literacy training
alternance travail-études; enseignement coopératif	cooperative education
ambiance de travail; milieu de travail	work environment; working environment
amélioration des compétences; perfectionnement des compétences	skill improvement
amélioration du marché du travail pour les employeurs	employer market development

analphabète (n.)	illiterate person
analphabétisme	illiteracy
analphabétisme fonctionnel	functional illiteracy
analyse coûts-avantages; analyse coûts-rendements; analyse de rendement	benefit-cost analysis; cost-benefit analysis
analyse de la demande de main-d'oeuvre	labour demand analysis
analyse de la disponibilité	availability analysis
analyse de l'utilisation	utilization analysis
analyse de rendement; analyse coûts-avantages; analyse coûts-rendements	benefit-cost analysis; cost-benefit analysis
analyse des coûts d'un programme	program cost analysis
analyse des emplois; analyse des tâches	job analysis
analyse des professions	occupational analysis
analyse des professions et métiers	occupational and trade analysis
analyse des tâches; analyse des emplois	job analysis
analyse du marché du travail	labour market analysis
analyse globale	aggregate analysis
analyse sectorielle	sector analysis
analyse selon le groupe d'emploi	job group analysis
analyste de la main-d'oeuvre; analyste de la population active	labour force analyst; manpower analyst
analyste du marché du travail	labour market analyst
ancien détenu; ex-détenu	ex-inmate
ancienneté; années de service	seniority
ancienneté à l'échelle de l'entreprise; ancienneté d'entreprise	corporation seniority; company seniority; company-wide seniority

ancienneté bloquée; protection de l'ancienneté	frozen seniority
ancienneté dans l'emploi; durée d'occupation d'un emploi	job tenure
ancienneté d'entreprise; ancienneté à l'échelle de l'entreprise	company seniority; company-wide seniority; corporation seniority
animateur	group leader
animateur de cours	course leader
animateur de cours d'apprentissage de l'autonomie fonctionnelle; animateur de cours de dynamique de la vie	life skills coach
ANMU; Administration nationale de la main-d'oeuvre d'urgence	NEMA; National Emergency Manpower Authority
année civile	calendar year
année de travail; année-personne	work year; staff year; person-year
année d'études	grade (n.)
année d'imposition	tax year
année financière; exercice	fiscal year
année-personne; année de travail	work year; person-year; staff-year
année-personne d'emploi; année-personne de travail	work-year of employment
année scolaire	school year
années de service; ancienneté	seniority
annexe d'un contrat	schedule of a contract
Annuaire des employeurs des nouveaux diplômés de collège	Directory of Employers of New College Graduates
Annuaire des employeurs des nouveaux diplômés d'université	Directory of Employers of New University Graduates
annulation d'accord; résiliation d'accord	cancellation of agreement
annulation de postes vacants; annulation d'une vacance; vacance annulée; emploi vacant annulé; poste vacant annulé	vacancy cancellation; cancelled vacancy

annuler une désignation	revoke a designation
antécédents de travail; antécédents professionnels; expérience acquise; expérience professionnelle antérieure	work background; employment history; past experience; previous work experience; work history
AOT; Ateliers d'orientation au travail	Work Orientation Workshops; WOW
APE; agent de placement des étudiants	SPO; student placement officer
aperçu de cours; sommaire de cours	course outline
appareil auditif à l'infrarouge	infra-red hearing system
appareil auxiliaire de travail	vocational aid
appariement des demandes et des offres d'emploi; appariement des offres et des demandes d'emploi; jumelage travailleur-emploi; jumelage des travailleurs et des emplois; jumelage d'emplois et de travailleurs; jumelage emploi-travailleur	worker-job matching; job matching; job-worker matching
appariement informatique des offres et des demandes d'emploi	computerized matching of jobs and job seekers
appartenance syndicale; affiliation syndicale	union membership
appel	appeal (n.)
appeler de, en; interjeter appel de	appeal against (v.)
appellation d'emploi; désignation de fonction	job title
appellations légales et titres d'usage	legal and applied titles
application; mise en oeuvre; mise en application; mise sur pied; exécution	implementation; delivery
application d'une loi	enforcement of an act
appliquer; mettre en oeuvre; mettre en application; mettre sur pied	implement

appliquer un programme; administrer un programme; exécuter un programme	administer a program
apport; contribution; intrant; facteur de production	input
appréciation du rendement; évaluation du rendement	performance appraisal; performance assessment; performance evaluation
apprenti (n.)	apprentice; apprentice trainee; apprenticeship trainee
apprenti autonome	self-employed apprentice
apprentissage; formation en apprentissage	apprenticeship; apprenticeship training
apprentissage assisté par ordinateur; AAO	computer-assisted learning; CAL
apprentissage de l'autonomie fonctionnelle; formation en dynamique de la vie	life skills training
apprentissage individuel; enseignement individualisé	individual learning; individualized instruction
apprentissage par la pratique	learning by doing
apprentissage par l'expérience	experiential learning
apprenti stagiaire	trainee apprentice
approbation; acceptation; autorisation	approval
approbation définitive; approbation finale	final approval
approbation d'entente; ratification d'entente	agreement approval
approbation de principe	approval in principle
approbation de projet	project approval
approbation d'une offre d'emploi	approval of a job offer
approbation expresse	specific approval
approbation finale; approbation définitive	final approval
approbation préalable; autorisation préalable	prior approval

appui; aide; soutien	support
après désaisonnalisation; désaisonnalisé	seasonally adjusted
APTE; Programme d'aide aux agriculteurs en période de transition économique [Ont.]	FIT; Farmers in Transition Program [Ont.]
apte au travail; employable; prêt au travail; prêt à travailler	employable; job-ready
aptitude; capacités; compétence; habileté; qualification	qualification; competence; competency; skill
aptitude à l'emploi; employabilité; aptitude au travail	employability; job readiness
aptitude exigée; exigence professionnelle; compétence requise	skill requirement
aptitude manuelle; aptitude psychomotrice	manipulative skill
aptitude monnayable; compétence monnayable	marketable skill
aptitude professionnelle; capacité professionnelle	work skill; job skill
aptitude psychomotrice; aptitude manuelle	manipulative skill
aptitude requise	performance requirement
APUC; Association de placement universitaire et collégial	UCPA; University and College Placement Association
arbitrage	arbitration
ARDA; Loi sur l'aménagement rural et le développement agricole	ARDA; Agricultural and Rural Development Act
ARE; agent chargé des relations avec les employeurs	ERO; employer relations officer
ARP; agent de relations publiques	PRO; public relations officer
arrêt de rémunération	interruption of earnings
arrêt de travail	work stoppage; disruption of employment; stoppage of work
arriéré de salaire	arrear of wages

arrivée d'une offre d'emploi; réception d'une offre d'emploi	receipt of a job order
article	section
article; rubrique; point; question	item
asphyxie de la production; engorgement de la production	production bottleneck
aspiration professionnelle	career aspiration
aspirations salariales	wage expectations; wage aspirations
assiduité; présences	attendance
assiduité; présence aux cours	class attendance
assiduité des stagiaires; présence des stagiaires	trainee attendance
assistance publique	public assistance
assistance sociale; aide sociale	social assistance; social welfare
assistant à l'enseignement; adjoint diplômé (dans un CEC)	graduate assistant
assisté social; bénéficiaire d'aide sociale; BAS	welfare recipient; social assistance recipient; SAR
association; partenariat; collaboration	partnership
Association canadienne de l'enseignement coopératif; ACEC	Canadian Association for Cooperative Education; CACE
Association canadienne des administrateurs de la législation ouvrière; ACALO	Canadian Association of Administrators of Labour Legislation; CAALL
association commerciale	business organization
association communautaire; groupe communautaire; groupe local	community group
association de citoyens; groupe de citoyens	citizens' group
association de développement communautaire	community development association

329

association d'employés; association de salariés; association de travailleurs	workers' organization; employee organization; employee association
association d'employeurs; association patronale; organisation d'employeurs; organisation patronale	employers' organization; association of employers; employer organization; employers' association; organization of employers
Association de placement universitaire et collégial; APUC	University and College Placement Association; UCPA
association de salariés; association de travailleurs; association d'employés	employee association; employee organization; workers' organization
Association d'hygiène publique	Public Health Association
association d'industries; association industrielle	industry association
Association internationale des étudiants en sciences écono- miques et commerciales; AIESEC	International Association for Students of Economics and Commerce; AIESEC
Association internationale d'orientation scolaire et professionnelle; AIOSP	International Association for Educational and Vocational Guidance; IAEVG
Association internationale pour l'échange d'étudiants en vue de l'acquisition d'une expérience technique	International Association for Exchange of Students for Technical Experience; IAESTE
Association internationale pour les échanges en agriculture	International Agricultural Exchange Association; IAEA
Association nationale des programmes de travail à la maison et dans les ateliers protégés	National Association of Sheltered Workshops and Homebound Programs
association patronale; association d'employeurs; organisation d'employeurs; organisation patronale	association of employers; employer organization; employers' association; employers' organization; organization of employers
association professionnelle	professional association
Association Québec-France des stagiaires en agriculture	Association Québec-France of Agricultural Trainees
Association Québec-France (Emplois d'été)	Association Québec-France Working Holiday Movement

assurance-chômage; a.-c.	unemployment insurance; UI
assurance de responsabilité civile	third party insurance; third party liability insurance
assurance-hospitalisation	hospital benefits insurance
assurance-maladie	health insurance; medical benefits insurance; medicare
assurance-salaire	wage loss insurance
assurance sociale	social insurance
assurer des services; fournir des services	deliver services
assurer la relance; assurer le suivi; donner suite	follow up (v.)
assurer un service; fournir un service	provide a service
atelier; groupe d'étude; groupe de travail	task force; syndicate; task group
atelier; atelier de travail; séance de travail	workshop
atelier de formation	training workshop
atelier de préparation à une seconde carrière	second career seminar
atelier de travail; atelier; séance de travail	workshop
atelier fermé	closed shop
atelier libre; atelier non syndiqué	non-union shop; open shop
Atelier national sur le congé de perfectionnement	National Workshop on Skill Development Leave
Atelier national sur le placement	National Workshop on Placement
atelier non syndiqué; atelier libre	non-union shop; open shop
atelier protégé	sheltered workshop
atelier régional sur l'aide à l'entreprise	regional business assistance workshop

Ateliers d'orientation au travail; AOT	Work Orientation Workshops; WOW
atelier syndical	union shop
ATQTA; aide au transport quotidien des travailleurs agricoles	ADTA; agricultural day-haul transportation assistance
à travail égal, salaire égal	equal pay for equal work
attaché de direction; adjoint de direction; adjoint exécutif	executive assistant
atteindre un objectif	meet a goal
Attestation	Job Voucher
attestation de fin d'études	school-leaving certificate
attestation de fin d'études secondaires	high-school leaving certificate
attestation d'exactitude	certification of accuracy
attester; authentifier	certify
attribution; responsabilité	responsibility
attribution; affectation; allocation; répartition	allocation
attribution de places de formation	allocation of training places
attribution des tâches	work assignment
attributions; mandat; pouvoirs	terms of reference
attrition; usure des effectifs; érosion des effectifs	attrition; personnel attrition
augmentation au mérite; augmentation de salaire au mérite	merit increase
augmentation automatique	automatic increase; statutory increase
augmentation d'échelon; augmentation de salaire; hausse de salaire	wage increment; pay increment; salary increment; wage increase; pay increase; salary increase
augmentation de la population active	labour force increase

augmentation de l'emploi; progression de l'emploi; hausse de l'emploi; expansion de l'emploi	increase in employment; expansion of employment
augmentation de salaire; hausse de salaire; augmentation d'échelon	wage increment; pay increment; salary increment; wage increase; pay increase; salary increase
augmentation de salaire au mérite; augmentation au mérite	merit increase
augmentation rétroactive de salaire	retroactive increase in wages
augmenter le taux du salaire minimum; hausser le taux du salaire minimum; relever le taux du salaire minimum; majorer le taux du salaire minimum	increase minimum wage
au sens de	within the meaning of
autarcie; autonomie	self-sufficiency
autarcie économique	economic self-sufficiency
autarcique; autonome	self-sufficient
auteur de demande	applicant
auteur de projet	project developer
auteur de proposition	proponent
auteur dont la demande a été acceptée	successful applicant
authentifier; attester	certify
auto-apprentissage	self-education
autodidacte (n.)	self-directed learner
auto-identification	self-identification
auto-identifier, s'; s'identifier	self-identify
auto-inscription	registration without assistance; self-registration
autonome; à son propre compte; indépendant	self-employed
autonome; autarcique	self-sufficient

autonomie; autarcie	self-sufficiency
autonomie fonctionnelle; dynamique de la vie; connaissances élémentaires; connaissances de base; connaissances pratiques	life skills
autorisation; approbation; acceptation	approval
autorisation d'absence; permis d'absence; absence autorisée; congé autorisé	authorized absence; authorized leave; leave of absence; leave
autorisation de commande	requisitioning authority
autorisation de remboursement	reimbursement authorization
autorisation d'exploiter; octroi de permis	licensing
autorisation préalable; approbation préalable	prior approval
autorisé; admissible; permis; admis	allowable
autorisé à travailler	entitled to work
autorité; sphère de compétence; zone de responsabilité; compétence; juridiction	jurisdiction
autorité provinciale compétente en matière de formation	provincial training authority
autorités compétentes; autorités intéressées	appropriate authorities
autorités provinciales; responsables provinciaux	provincial authorities
autre emploi; autre profession; emploi de substitution; nouvel emploi; métier secondaire; profession de rechange	alternate employment; alternate occupation; alternative employment; alternative occupation; replacement job
auxiliaire (n.); employé auxiliaire; occasionnel (n.); employé occasionnel; travailleur occasionnel	casual employee; casual worker; contingent worker
aux termes de l'accord; en vertu de l'accord	within the terms of the agreement

aux termes de la loi; en vertu de la loi	under the provisions of the act
avancement	advancement; promotion
avancement professionnel; cheminement de carrière; déroulement de carrière; développement de carrière; progression professionnelle	career progress; career progression; career path
avantage accessoire; avantage complémentaire	marginal benefit
avantage préférentiel	preferential benefit
avantage prévu par la loi	statutory benefit
avantages sociaux	fringe benefits
avis au personnel excédentaire	redundancy notice
Avis d'achat de cours; AAC	Course Purchase Notice; CPN
avis d'admissibilité à une réduction du taux de cotisation	premium reduction qualification notice
avis de licenciement	notice of lay(-)off
avis de mutation	transfer notice
avis de paiement en trop; avis de versement excédentaire; avis de trop-payé	notice of overpayment
avis de présentation	referral notice
avis de recherche de stagiaires	trainee look-out notice
avis de suspension	notice of suspension
avis de trop-payé; avis de versement excédentaire; avis de paiement en trop	notice of overpayment
avis d'inadmissibilité à une réduction du taux de cotisation	premium reduction disqualification notice
avis d'inscription à un cours de formation	notice of referral to training
avis d'interruption de la formation	training suspension notice

aviser; informer	notify
avis formel à l'employeur	formal notice to employer
avis officiel de licenciement	formal notification of lay(-)off
avis officiel de mise à pied	formal notification of lay(-)off
avis partagé	status unclear
avoir droit à un complément d'aide; être à nouveau admissible	reestablish one's eligibility
axé sur des tâches précises	task-oriented
axé sur les compétences	competency-based

b

baisse de l'emploi; fléchissement de l'emploi; régression de l'emploi; diminution de l'emploi	decline in employment
banque de données analytiques	analytical data bank
banque d'emplois	job bank
Banque d'expansion économique	Opportunity Development Bank
Banque fédérale de développement; BFD	Federal Business Development Bank; FBDB
banque fédérale de données	federal information bank
Banque nationale d'emplois; BNE	National Job Bank; NJB
barème des allocations	allowance table
barème des allocations de trajets quotidiens	commuting allowance table
barème des déductions	chart of deduction rates
barrière de rémunération	pay barrier
BAS; bénéficiaire d'aide sociale; assisté social	SAR; social assistance recipient; welfare recipient
base de données sur les employés	employee database

bassin de main-d'oeuvre; bassin de travailleurs; réservoir de main-d'oeuvre; réserve de travailleurs	labour pool; pool of workers
Batterie générale de tests d'aptitudes; BGTA	General Aptitude Test Battery; GATB
Batterie particulière de tests d'aptitudes; BPTA	Specific Aptitude Test Battery; SATB
BD; bureau de district	DO; district office
bénéficiaire ayant épuisé son droit aux prestations d'assurance-chômage; prestataire en fin de droit	unemployment insurance exhaustee; UI exhaustee
bénéficiaire d'aide sociale; BAS; assisté social	social assistance recipient; SAR; welfare recipient
bénéficiaire de prestations; prestataire	beneficiary; benefit recipient; recipient; recipient of benefits
bénévole (n.); travailleur bénévole	volunteer worker
bénévolement; à titre bénévole	on a voluntary basis
besoin du marché de l'emploi	requirement of the employment market
besoins de financement; besoins financiers	financial requirements
besoins des employeurs; exigences des employeurs	employer requirements
besoins du marché du travail	labour market needs; market requirements; needs of the labour market
besoins en formation; besoins en matière de formation	training needs; training requirements
besoins en main-d'oeuvre; effectif nécessaire	workforce requirements; labour force requirements; labour needs; labour requirements; manpower needs; manpower requirements; worker requirement
besoins en main-d'oeuvre essentiels	basic manpower needs
besoins en main-d'oeuvre qualifiée	skill needs

besoins en matière de formation; besoins en formation	training needs; training requirements
besoins en matière d'emploi	employment needs
besoins en personnel	personnel needs; staff resource requirements
besoins en ressources	resource requirements
besoins financiers; besoins de financement	financial requirements
BFD; Banque fédérale de développement	FBDB; Federal Business Development Bank
BGTA; Batterie générale de tests d'aptitudes	GATB; General Aptitude Test Battery
BIT; Bureau international du Travail	ILO; International Labour Office
BL; bureau local	LO; local office; field office
blocage de la dotation en personnel; gel de la dotation en personnel	staff freeze
blocage des dépenses	spending freeze
BNE; Banque nationale d'emplois	NJB; National Job Bank
boni; gratification; prime	premium; bonus
BPTA; Batterie particulière de tests d'aptitudes	SATB; Specific Aptitude Test Battery
BR; bureau régional	RHQ; regional headquarters; regional office
branche d'activité; branche d'industrie; secteur d'activité	industry
BS; Bureau des services	SO; Services Office
budget de fonctionnement	operating budget; operational budget
budget de formation	training budget
budget des immobilisations	capital budget
budget des investissements	capital budget
budget d'exploitation	operating budget; operational budget

budget initial	original budget
budgétisation des opérations	operational budgeting
Bulletin des chercheurs d'emploi	Job Seekers Bulletin
bulletin d'information	newsletter
bureau auxiliaire; succursale	sub-office; subsidiary; branch office
bureau central	parent office
bureau central des services d'emploi	employment services headquarters
bureau d'accès facile	store-front office
Bureau d'échange de stagiaires	Trainee Exchange Office
bureau de circonscription	riding office
bureau de district; BD	district office; DO
Bureau de la main-d'oeuvre féminine	Women's Bureau
Bureau de la recherche et des études sur la formation	Training Research and Development Station; TRANDS
bureau d'embauchage; bureau de placement; agence de placement; service de placement	employment bureau; employment agency; hiring hall; employment office; placement agency; placement service; labour exchange service
bureau d'embauchage syndical; bureau de placement syndical	union hiring hall
Bureau d'emploi du troisième âge	Senior Citizen Job Bureau
bureau d'emploi provincial; bureau de placement provincial	provincial employment office
bureau de paye; bureau payeur	paying office; pay office
bureau de placement; agence de placement; service de placement; bureau d'embauchage	employment office; employment agency; employment bureau; hiring hall; placement agency; placement service; labour exchange service
bureau de placement dans des emplois occasionnels	casual labour office

339

bureau de placement provincial; bureau d'emploi provincial	provincial employment office
bureau de placement syndical; bureau d'embauchage syndical	union hiring hall
bureau de présentation	referral desk
bureau de protection de l'enfance	child welfare authority
Bureau de recherches sur les traitements	Pay Research Bureau
bureau de recrutement	human resource(s) office; recruitment office
bureau de secteur	zone office
Bureau des projets nationaux	National Field Office; National Projects Office
Bureau des services; BS	Services Office; SO
Bureau des services de placement	Office for Employment Services
bureau d'origine	original office
bureau du Bien-être social	Welfare Office
Bureau du recrutement des autochtones	Office of Native Employment
Bureau du Service national de placement	National Employment Service Office
Bureau international du Travail; BIT	International Labour Office; ILO
bureau itinérant	itinerant office
bureau local; BL	local office; LO; field office
bureau payeur; bureau de paye	pay office; paying office
bureau régional; BR	regional headquarters; RHQ; regional office
bureau saisonnier	seasonal office
bureau sur le campus	on-campus office
bureautique	office automation
bureaux des SEA; bureaux des Services d'emploi agricole	AES offices; Agricultural Employment Services offices

bureaux spécialisés	specialized points of service
but d'un programme; grandes lignes d'un programme; orientation d'un programme	thrust of a program
but lucratif, à	profit making
but professionnel; objectif professionnel; objectif de carrière	vocational development objective; career goal; career objective; occupational goal

C

CA; cumul annuel; CDA; cumul de l'année	year to date; YTD
Cabinet du Ministre; CM	Minister's Office; MO
CACP; Caisse d'accroissement des compétences professionnelles	SGF; Skills Growth Fund
CADC; Comité d'aide au développement des collectivités	CFC; Community Futures Committee
cadre; dirigeant; gestionnaire; directeur	manager
cadre axial; cadre organique; cadre hiérarchique	line manager
cadre de direction; cadre supérieur; cadre dirigeant	senior manager; upper level manager; senior executive; senior level manager
cadre de direction; cadre exécutif	executive officer; executive head
cadre de fonctionnement; structure opérationnelle; cadre d'exploitation	operational framework
cadre de référence; paramètres	terms of reference
cadre de travail	work setting
cadre d'évaluation; structure d'évaluation	evaluation framework
cadre d'exploitation; cadre de fonctionnement; structure opérationnelle	operational framework

cadre dirigeant; cadre de direction; cadre supérieur	senior executive; upper level manager; senior manager; senior level manager
cadre d'un accord, dans le	within an agreement
cadre d'un programme, dans le	under a program
cadre exécutif; cadre de direction	executive officer; executive head
cadre hiérarchique; cadre axial; cadre organique	line manager
cadre intermédiaire; cadre moyen	middle manager
cadre organique; cadre hiérarchique; cadre axial	line manager
cadres; patronat; direction; dirigeants; gestionnaires	management
cadres dirigeants; cadres supérieurs; haute direction	senior management
cadre supérieur; cadre dirigeant; cadre de direction	senior level manager; senior manager; upper level manager; senior executive
CAE; Centre d'aide aux entreprises	BDC; Business Development Centre
cahier de documentation de l'employeur	employer's kit
cahier de présentation des demandes; cahier des demandes; trousse de présentation des demandes	application kit
Caisse d'accroissement des compétences professionnelles; CACP	Skills Growth Fund; SGF
caisse de retraite; fonds de retraite; fonds de pension	pension fund
Caisse d'expansion de la main-d'oeuvre hautement spécialisée de l'Ouest	Highly Qualified Western Manpower Thrust Fund
Caisse Perspectives-Jeunesse	Youth Opportunity Fund
Caisse pour les appareils auxiliaires de travail	National Vocational Aid Fund

calcul des salaires; montant des salaires	salary-dollar costing
calcul du coût salarial; établissement du coût salarial	salary costing
calendrier de mise en oeuvre	implementation schedule
calendrier des activités d'un projet	project management schedule
calendrier des départs	separation schedule
calendrier de travail	work schedule
CAMAQ; Comité d'adaptation de la main-d'oeuvre aéronautique au Québec	CAMAQ; Committee for Aerospace Manpower Assessment in Quebec
Campagne de promotion de l'emploi des étudiants	Hire-a-Student Campaign
campagne de publicité; campagne publicitaire	promotional campaign
campagne de recrutement	recruitment drive
campagne publicitaire; campagne de publicité	promotional campaign
Campagne spéciale de recherche d'emploi et de placement; CSREP	Special Job Finding and Placement Drive; SJF and PD
Canada au travail; CT	Canada Works; CW
candidat; postulant	applicant
candidat compétent	qualified candidate
candidat éventuel	potential candidate
candidat nommément désigné	named referral
candidat non reçu; candidat non retenu	unsuccessful candidate
candidat qualifié	qualified applicant; qualified candidate
CAP; Programme Cours et affectations de perfectionnement	CAP; Career Assignment Program
capacité d'absorption du marché du travail	labour market absorption capacity
capacité de gagner sa vie	earning capacity

capacité de raisonnement	reasoning skill
capacité professionnelle; aptitude professionnelle	work skill; job skill
capacités; compétence; habileté; qualification; aptitude	qualification; competence; competency; skill
CAPEA; Comité d'application de la politique d'emploi des autochtones	NEPIC; Native Employment Policy Implementation Committee
Capital d'entreprise pour étudiants [N.-B.]	Student Venture Capital Program [N.B.]
capital fixe	fixed capital
capital humain; ressources humaines	human capital; human resource(s)
capitaux d'amorçage; capitaux de démarrage; capitaux de lancement	seed money
caractère confidentiel; confidentialité	confidentiality
caractéristique professionnelle	occupational and vocational characteristic
caractéristiques de la population active	labour force characteristics
carnet d'apprentissage; livret d'apprentissage	apprentices' trade record book; apprenticeship booklet
carrière civile	civilian career
carrière dans l'enseignement	occupation in teaching
carrière productive	productive career
Carrières Canada	Careers Canada
carte d'assurance sociale	social insurance card
Carte de déclaration concernant la subvention supplémentaire de transition	Supplementary Transition Grant Card
carte de présentation du chercheur d'emploi	job seeker's calling card
carte-message; fiche d'information	filler card

CASE; Programme de consultation CASE; Consultation au service des entreprises	CASE; CASE Counselling Program; Counselling Assistance to Small Enterprises
catégorie; fourchette (de salaires); gamme (de programmes)	range
catégorie de compétences	skill category
catégorie de la gestion	management category; managerial category
catégorie de la haute direction	senior executive category
catégorie d'emploi	job category
catégorie de personnes dispensées de la validation; catégorie dispensée de la validation	validation exemption category
catégorie de professions	type of occupations
catégorie de salariés	type of staff
catégorie des professionnels; catégorie des professions libérales	professional category
catégorie d'exemption; catégorie exemptée	excluded category
catégorie dispensée de la validation; catégorie de personnes dispensées de la validation	validation exemption category
catégorie exemptée; catégorie d'exemption	excluded category
catégorie particulière d'emploi	specific job category
catégorie professionnelle	occupational category
CBM; Comité des besoins en main-d'oeuvre	MNC; Manpower Needs Committee
CC; Commission consultative	MAB; Ministerial Advisory Board
CCC; Conseil consultatif de circonscription	CAB; Constituency Advisory Board
CCCE; Conseil canadien des chefs d'entreprises	BCNI; Business Council on National Issues

CCCEI; Conseil consultatif canadien de l'emploi et de l'immigration	CEIAC; Canada Employment and Immigration Advisory Council
CCDP; Classification canadienne descriptive des professions	CCDO; Canadian Classification and Dictionary of Occupations
CCDP; Commission canadienne des droits de la personne	CHRC; Canadian Human Rights Commission
CCL; Conseil consultatif local	LAC; Local Advisory Council
CCLFI; Conseil consultatif local de la formation industrielle	LITAC; Local Industrial Training Advisory Council
CCMG; Conseil canadien de la main-d'oeuvre en génie	CEMC; Canadian Engineering Manpower Council
CCMTP; Centre canadien du marché du travail et de la productivité	CLMPC; Canadian Labour Market Productivity Centre
CCMVN; Comité consultatif de la mise en valeur du Nord	ACND; Advisory Committee on Northern Development
CCNI; Comité consultatif national sur les innovations	NIAC; National Innovations Advisory Committee
CCPEF; Congrès canadien pour la promotion des études chez la femme	CCLOW; Canadian Congress for Learning Opportunities for Women
CCPNI; Comité de coordination du Programme des normes interprovinciales	ISPCC; Interprovincial Standards Program Co-ordinating Committee
CCPS; Comité de consultation patronale-syndicale	LMCC; Labour-Management Consultation Committee
CDA; cumul de l'année; CA; cumul annuel	YTD; year to date
CDNFO; Comité de direction nationale en formation opérationnelle	SCOOT; Steering Committee on Operational Training
CDP; cote de la demande par profession	ORR; occupational requirement rating
CEC; Centre d'emploi du Canada	CEC; Canada Employment Centre
CEC associé	affiliated CEC
CEC central	parent CEC
CEC d'arrivée	receiving CEC

CEC d'autorisation	authorizing CEC
CEC de départ; CEC d'origine	originating CEC
CEC de formation	training CEC
CEC de présentation	referral CEC
CEC d'origine; CEC de départ	originating CEC
CEC doté du SAIC	ACIS CEC
CEC-E; Centre d'emploi du Canada pour étudiants; CEC pour étudiants	CEC-S; Canada Employment Centre for Students; CEC for Students
CEC métropolitain	Metro CEC
CEC pour entreprises commerciales et cadres professionnels	commercial and professional CEC
CEC pour étudiants; CEC-E; Centre d'emploi du Canada pour étudiants	CEC for Students; CEC-S; Canada Employment Centre for Students
CEC-SC; CEC sur le campus; Centre d'emploi du Canada sur le campus	CEC-OC; CEC on Campus; Canada Employment Centre on Campus
CEGEP; collège communautaire	community college
CEIC; Commission de l'emploi et de l'immigration du Canada	CEIC; Canada Employment and Immigration Commission
CEJ; Centre d'emploi Jeunesse	YEC; Youth Employment Centre
CENI; Comité d'examen des normes interprovinciales	ISEC; Interprovincial Standards Examination Committee
centre Action-Carrière-Jeunesse; ACJ	Career Action for Youth centre; CAY
Centre canadien du marché du travail et de la productivité; CCMTP	Canadian Labour Market Productivity Centre; CLMPC
centre d'action pour chômeurs; centre d'aide aux chômeurs	unemployment action centre
Centre d'aide au public Canada	Canada Public Help Centre
centre d'aide aux chômeurs; centre d'action pour chômeurs	unemployment action centre
Centre d'aide aux entreprises; CAE	Business Development Centre; BDC

Centre de contrôle de la Banque nationale d'emplois; Centre de contrôle de la BNE	National Job Bank Control Centre; NJB Control Centre
Centre de contrôle des demandes d'alternance travail-études	Cooperative Education Application Control Centre
centre de coordination en temps de grève	strike centre
Centre de counselling d'emploi pour les personnes handicapées	Extended Employment Counselling Centre for Disabled Persons
centre de documentation	resource centre
centre de documentation sur les carrières	career library
centre de formation	training area; training centre
centre de formation professionnelle	vocational centre
Centre d'emploi du Canada; CEC	Canada Employment Centre; CEC
Centre d'emploi du Canada pour étudiants; CEC-E; CEC pour étudiants	Canada Employment Centre for Students; CEC-S; CEC for Students
Centre d'emploi du Canada sur le campus; CEC-SC; CEC sur le campus	Canada Employment Centre on Campus; CEC-OC; CEC on Campus
Centre d'emploi Jeunesse; CEJ	Youth Employment Centre; YEC
Centre d'Emploi Jeunesse détaché	Self-Contained Youth Employment Centre
Centre d'emploi pour les étudiants et les jeunes [Man.]; CEPÉJ	Student/Youth Employment Centre [Man.]; SYEC
Centre de référence en sécurité et hygiène au travail	Occupational Safety and Health Reference Centre
centre de responsabilité	responsibility centre
centre de ressources et de publications sur la formation	training resources and publications centre
centre de services	service centre
centre de traitement	processing centre
Centre d'évaluation des candidats au CAP	CAP Assessment Centre

Centre d'Immigration Canada; CIC	Canada Immigration Centre; CIC
centre d'incubation d'entreprises; incubateur; incubateur d'entreprises	incubator; incubator mall; business incubator
Centre d'information sur l'emploi; CIE	Job Information Centre; JIC
Centre d'information sur les carrières	Career Information Centre
Centre d'orientation des jeunes travailleurs; COJT	Youth Career Counselling Centre; YCCC
Centre du service au public	Centre for Service to the Public
centre local de coordination en temps de grève	local strike centre
Centre local de la paye; CLP	Local Pay Centre; LPC
centre métropolitain	metropolitan centre
Centre national d'information sur la garde de jour	National Day Care Information Centre
Centre national pour l'accroissement de la productivité et de l'emploi	National Centre for Productivity and Employment Growth
Centre pour étudiants à la recherche d'une expérience de travail; CERET	Student Employment Experience Centre; SEEC
Centre pour les jeunes entrepreneurs	Youth Enterprise Centre
Centre préparatoire à l'emploi pour femmes	Women Employment Resource Centre
Centre préparatoire à l'emploi pour femmes immigrantes	Immigrant Women Employment Counselling Service
centre régional de coordination en temps de grève	regional headquarters strike centre
Centre régional d'informatique; CRI	Regional Computer Centre; RCC
Centres d'accueil des autochtones	Native Reception Centres
Centres locaux de services communautaires; CLSC	Local Community Service Centres; LCSC

349

CEPÉJ; Centre d'emploi pour les étudiants et les jeunes [Man.]

SYEC; Student/Youth Employment Centre [Man.]

CEPM; Conseil d'élaboration de la politique de main-d'oeuvre

MPC; Manpower Policy Council

CER; Comité d'évaluation régional

RAC; Regional Assessment Committee

CERET; Centre pour étudiants à la recherche d'une expérience de travail

SEEC; Student Employment Experience Centre

certificat d'apprentissage

certificate of apprenticeship

certificat d'apprentissage provincial; certificat provincial de fin d'apprentissage

provincial completion of apprenticeship certificate

certificat d'aptitude professionnelle; certificat de qualification; certificat de capacité; certificat professionnel

occupational certification; qualification certificate; trade proficiency certificate; certificate of competence; certificate of competency; certificate of proficiency; certificate of qualification

certificat d'autorisation de sécurité

security clearance certificate

certificat de capacité; certificat professionnel; certificat d'aptitude professionnelle; certificat de qualification

certificate of competence; certificate of competency; certificate of proficiency; certificate of qualification; qualification certificate; trade proficiency certificate; occupational certification

certificat de cessation d'emploi

separation certificate

certificat de compagnon

journeyman certificate; journeyman paper

certificat de compétence d'homme de métier

tradesman's qualification certificate

certificat d'engagement

commitment certificate

certificat de participation à l'AOT

WOW Completion Certificate

certificat de qualification; certificat de capacité; certificat professionnel; certificat d'aptitude professionnelle	certificate of competence; certificate of competency; certificate of proficiency; certificate of qualification; qualification certificate; trade proficiency certificate; occupational certification
certificat de qualification provincial	provincial completion of qualification certificate
certificat de santé	medical clearance; medical clearance certificate
certificat en administration de tests; accréditation en administration de tests	testing certification
certification des comptes	certification of accounts
certificat médical	medical certificate
certificat portant le sceau rouge	Red-seal certificate
certificat professionnel; certificat d'aptitude profes- sionnelle; certificat de qualification; certificat de capacité	certificate of competence; certificate of competency; certificate of proficiency; certificate of qualification; qualification certificate; trade proficiency certificate; occupational certification
certificat provincial de fin d'apprentissage; certificat d'apprentissage provincial	provincial completion of apprenticeship certificate
cessation d'emploi; départ	separation; termination of employment; termination
cessation des services	termination of services
cesser d'exercer un emploi	separate from a job
cession; transfert (droit)	transfer
cession d'un contrat; transfert d'un contrat	assignment of a contract
CFP; Commission de formation professionnelle de la main-d'oeuvre [Québec]	MVTC; Manpower Vocational Training Commission [Que.]
champ d'application; domaine d'attributions	jurisdiction
chances égales d'emploi	equal access to job

351

changement démographique	demographic change
changement de personnel	staff change
changement technologique; évolution technologique	technological change
chargé de	responsible for
chargé de programme	account executive
chargé de programme; directeur de programme	program manager
chargé de projet; chef de projet	project leader
charge de travail; volume de travail	volume of workload; work load; workload; case load
charge de travail fluctuante	fluctuating work load
charges de fonctionnement; coûts de fonctionnement; frais de fonctionnement	operating costs
charges d'exploitation	operating expenses
charges d'exploitation; coûts d'exploitation; frais d'exploitation	operating costs
charges familiales	family responsibilities
charges sociales; cotisations sociales	payroll tax
chaussures de sécurité	safety shoes
chef; responsable; agent responsable	officer-in-charge
chef de bureau; directeur (d'un Centre d'emploi du Canada)	office manager
chef de famille monoparentale	single household head
chef de la direction; directeur général	chief executive officer
chef de projet; chargé de projet	project leader
chef du bureau régional	regional office manager
chemin de vérification; piste de vérification	audit trail

cheminement de carrière; déroulement de carrière; développement de carrière; progression professionnelle; avancement professionnel	career progress; career progression; career path
chèque de paye	paycheck
chèque de paye régulier	regular pay cheque
chèque en circulation	outstanding cheque
chercher un emploi; être à la recherche d'un emploi; être en quête d'emploi	seek employment
chercheur d'emploi; demandeur d'emploi; personne en quête d'emploi; personne à la recherche d'un emploi	job hunter; job seeker; job searcher
chevauchement; double emploi	duplication
chevronné; expert (dans une profession)	proficient (in an occupation)
CHOIX; Système informatisé heuristique d'information professionnelle et d'exploration des carrières	CHOICES; Computerized Heuristic Occupational Information and Career Exploration System
choix de carrière; choix d'une profession; choix professionnel	career choice; career decision; occupational choice
chômage	joblessness; unemployment
chômage, en; sans emploi; inactif (adj.)	unemployed; without employment
chômage camouflé; chômage déguisé; chômage invisible	hidden unemployment; disguised unemployment; concealed unemployment
chômage chronique; chômage endémique; chômage de longue durée	chronic unemployment; long-term unemployment; hard-core unemployment
chômage conjoncturel; chômage cyclique	cyclical unemployment
chômage cyclique; chômage conjoncturel	cyclical unemployment
chômage déguisé; chômage invisible; chômage camouflé	disguised unemployment; concealed unemployment; hidden unemployment

chômage de longue durée; chômage chronique; chômage endémique	chronic unemployment; long-term unemployment; hard-core unemployment
chômage des jeunes	youth unemployment
chômage d'été chez les jeunes	summer youth unemployment
chômage élevé; fort taux de chômage	high unemployment
chômage endémique; chômage chronique; chômage de longue durée	hard-core unemployment; chronic unemployment; long-term unemployment
chômage frictionnel; chômage résiduel	frictional unemployment
chômage invisible; chômage camouflé; chômage déguisé	disguised unemployment; concealed unemployment; hidden unemployment
chômage non cyclique	non-cyclical unemployment
chômage régional	regional unemployment
chômage résiduel; chômage frictionnel	frictional unemployment
chômage saisonnier	seasonal unemployment
chômage structurel	structural unemployment
chômage technologique	technological unemployment
chômeur; travailleur en chômage	unemployed individual; unemployed worker
chômeur à la recherche d'un emploi	job-seeking unemployed; unemployed job-seeker
chômeur chronique; chômeur de longue date	chronically unemployed; hard-core unemployed; long-term unemployed
chômeur conjoncturel	victim of cyclical unemployment
chômeur de longue date; chômeur chronique	chronically unemployed; hard-core unemployed; long-term unemployed
chômeur inscrit	registered unemployed individual
chômeur volontaire	voluntary unemployed
CIC; Centre d'Immigration Canada	CIC; Canada Immigration Centre

CIE; Centre d'information sur l'emploi	JIC; Job Information Centre
CIE; Code d'identification des employeurs	UEI; Unique Employer Identifier
circonscription sans CC; circonscription sans Commission consultative	non-MAB constituency; non-Ministerial Advisory Board constituency
CISE; Comité interministériel de stimulation de l'emploi	ICED; Interdepartmental Committee on Employment Development
CITP; Classification internationale type des professions	ISCO; International Standard Classification of Occupations
CJT; Compagnie des jeunes travailleurs	YJC; Youth Job Corps
classe de formation externe	external training class
classement des emplois; classification des tâches	job grading
classer par ordre de priorité; établir l'ordre de priorité	priorize
classer un poste	classify a position
Classification canadienne descriptive des professions; CCDP	Canadian Classification and Dictionary of Occupations; CCDO
classification des capacités; taxonomie des habiletés	taxonomy of skills
classification de sécurité; classification sécuritaire	security classification
classification des emplois	job classification
classification des tâches; classement des emplois	job grading
Classification internationale type des professions; CITP	International Standard Classification of Occupations; ISCO
Classification nationale des professions; CNP	National Occupational Classification; NOC
classification sécuritaire; classification de sécurité	security classification
Classification-type canadienne des emplois	Canadian Occupational Classification System

355

Classification type des industries, 1980; CTI	Standard Industrial Classification, 1980; SIC
Classification type des professions; CTP	Standard Occupational Classification; SOC
clause; disposition; stipulation	provision
clauses de garantie (d'un accord)	safeguards (in an agreement)
clauses d'une entente; dispositions d'une entente	terms of an agreement
clause type	standard clause
CLCPS; Comité local de consultation patronale-syndicale	LLMCC; Local Labour-Management Consultation Committee
CLDI; Conseil de leadership et de développement industriels [Ont.]	BILD; Board of Industrial Leadership and Development [Ont.]
CLEA; Commission locale de l'emploi agricole; Commission locale de la main-d'oeuvre agricole (app. ant.); CLMA (app. ant.)	LAEB; Local Agricultural Employment Board; Local Agricultural Manpower Board (f.c.); LAMB (f.c.)
clé de correction	scoring key
client apte à travailler; client apte au travail; travailleur apte au travail; client prêt à travailler; client prêt à occuper un emploi; travailleur apte à occuper un emploi; travailleur prêt à occuper un emploi	job-ready client; job-ready worker; employable worker
client aux besoins spéciaux; client spécial	special needs client
client défavorisé; client de palier III	disadvantaged client; level III client
client difficile à placer	hard-to-place client
client-employeur	employer client
client en chômage	unemployed client
client en formation	training client
client inscrit à plusieurs CEC	dual registrant

client non prêt à l'emploi	non-job-ready client
client prêt à occuper un emploi; client prêt à travailler; travailleur apte au travail; travailleur apte à occuper un emploi; travailleur prêt à occuper un emploi; client apte au travail; client apte à travailler	job-ready client; job-ready worker; employable worker
client qualifié disponible	qualified available client
client spécial; client aux besoins spéciaux	special needs client
client stagiaire	trainee client
client-travailleur	worker client; employee client
CLMA (app. ant.); Commission locale de la main-d'oeuvre agricole (app. ant.); Commission locale de l'emploi agricole; CLEA	LAMB (f.c.); Local Agricultural Manpower Board (f.c.); Local Agricultural Employment Board; LAEB
CLP; Centre local de la paye	LPC; Local Pay Centre
CLSC; Centres locaux de services communautaires	LCSC; Local Community Service Centres
Club de placement	Job Finding Club
CM; Cabinet du Ministre	MO; Minister's Office
CMAS; Commission de la main-d'oeuvre et des affaires sociales	MSAC; Manpower and Social Affairs Commission
CNAC; Conseil national des autochtones du Canada	NCC; Native Council of Canada
CNCA; Comité national de consultation et d'action	NCAC; National Consultation Action Committee
CNCPS; Comité national de consultation patronale-syndicale	NLMCC; National Labour-Management Consultation Committee
CNE; Comité national d'évaluation	NAB; National Assessment Board
CNP; Classification nationale des professions	NOC; National Occupational Classification
codage des professions; codification des professions	occupational coding

Code canadien du travail	Canada Labour Code
code d'activité d'un programme	program activity code
code d'activité économique	industry code
code de la profession principale	prime occupational code
code de profession; code professionnel	occupation code; occupational code
code de remplacement	repeat code
code des droits de la personne	human rights code
Code d'identification des employeurs; CIE	Unique Employer Identifier; UEI
code du point de service	point of service code
code du travail	labour code
code professionnel; code de profession	occupational code; occupation code
codification des professions; codage des professions	occupational coding
COJT; Centre d'orientation des jeunes travailleurs	YCCC; Youth Career Counselling Centre
col blanc (n.)	white-collar (n.); white-collar worker
col bleu; travailleur manuel	blue-collar worker; manual worker
col bleu hautement qualifié	highly skilled blue-collar worker
collaboration; association; partenariat	partnership
collectivité	community (n.)
collectivité agricole	farming community
collectivité à industrie unique; collectivité à vocation unique; collectivité monoindustrielle	single industry community
collectivité non métropolitaine	non-metropolitan community
collectivité rurale	rural community
collège communautaire; CEGEP	community college
collègue; compagnon de travail	fellow employee; coworker

colloque; séminaire	seminar
Colloque mondial sur le counselling d'emploi	World Seminar on Employment Counselling
combler un besoin de main-d'oeuvre	satisfy a manpower requirement
Comité chargé des questions autochtones	Committee on Native Issues
Comité communautaire de formation industrielle	Community Industrial Training Committee
Comité consultatif de la jeunesse	Advisory Committee on Youth
Comité consultatif de la mise en valeur du Nord; CCMVN	Advisory Committee on Northern Development; ACND
comité consultatif de l'équité en matière d'emploi	employment equity advisory committee
comité consultatif du premier palier	Tier 1 committee
Comité consultatif mixte patronal-syndical	Union Management Joint Consultation Committee
Comité consultatif national de l'emploi et de l'immigration	National Employment and Immigration Consultation Committee
Comité consultatif national sur les innovations; CCNI	National Innovations Advisory Committee; NIAC
Comité consultatif sur les métiers	Trade Advisory Committee
comité d'adaptation de la main-d'oeuvre	adjustment committee
Comité d'adaptation de la main-d'oeuvre	Manpower Adjustment Committee
Comité d'adaptation de la main-d'oeuvre aéronautique au Québec; CAMAQ	Committee for Aerospace Manpower Assessment in Quebec; CAMAQ
Comité d'aide à l'adaptation de l'industrie et de la main-d'oeuvre	Industry and Labour Adjustment Committee
Comité d'aide au développement des collectivités; CADC	Community Futures Committee; CFC

Comité d'application de la politique d'emploi des autochtones; CAPEA	Native Employment Policy Implementation Committee; NEPIC
Comité de classification	Classification Committee
Comité de consultation patronale-syndicale; CCPS	Labour-Management Consultation Committee; LMCC
Comité de coordination du Programme des normes interprovinciales; CCPNI	Interprovincial Standards Program Co-ordinating Committee; ISPCC
Comité de création d'emplois et du progrès technique	Committee on Job Creation and Technological Developments
comité de direction; comité directeur; comité d'orientation (du CCCEI)	steering committee
Comité de direction de l'équité en matière d'emploi	Employment Equity Steering Committee
Comité de direction nationale en formation opérationnelle; CDNFO	Steering Committee on Operational Training; SCOOT
Comité d'égalité des chances et de traitement pour les travailleuses	Committee on Equality of Opportunity and Treatment of Women Workers
Comité de la cote de la demande par profession et par secteur	Occupational and Area Demand Rating Committee
Comité de la main-d'oeuvre et des affaires sociales	Manpower and Social Affairs Committee
comité de la main-d'oeuvre industrielle	industrial manpower committee
Comité de la main-d'oeuvre médicale	Physician Manpower Committee
Comité de l'emploi des autochtones	Committee on Obstacles to Employment for Natives
Comité de l'emploi des autochtones du Nord	Committee on Employment of Native Northerners
Comité de l'emploi des détenus	Committee on Inmate Employment
comité de placement	placement committee
Comité de planification de la main-d'oeuvre	Manpower Planning Committee

comité de révision; comité d'examen; comité d'étude	review board; review committee
Comité de révision des appels	Appeal Review Committee
Comité des besoins en main-d'oeuvre; CBM	Manpower Needs Committee; MNC
Comité des primes à l'initiative	Suggestion Award Committee
Comité des répercussions des nouvelles technologies sur l'emploi	Committee on Employment Effects of New Technologies
Comité des retombées industrielles et régionales des mégaprojets	Committee on Megaproject Industrial and Regional Benefits
Comité des sous-ministres chargés du développement social	Committee of Social Development Deputies
Comité de travail sur les services d'emploi	Working Committee on Employment Services
comité d'étude; comité de révision; comité d'examen	review board; review committee
Comité d'étude des griefs relatifs à la classification	Classification Grievance Board
Comité d'étude interministériel chargé d'évaluer la formation de la main-d'oeuvre	Interdepartmental Working Committee for the Evaluation of Manpower Training
Comité d'étude régional interministériel	Regional Interdepartmental Review Committee
Comité d'évaluation des innovations de la région de l'Ontario	Ontario Region Innovations Assessment Committee
Comité d'évaluation régional; CER	Regional Assessment Committee; RAC
Comité d'évaluation territorial	Territorial Assessment Committee
comité d'examen; comité d'étude; comité de révision	review board; review committee
Comité d'examen des normes interprovinciales; CENI	Interprovincial Standards Examination Committee; ISEC
Comité d'examen des projets	Project Review Committee
Comité d'examen du système de financement agricole	Farm Debt Review Panel

361

Comité d'examen national	National Review Committee
Comité d'examen régional	Regional Review Committee
Comité d'expansion industrielle et communautaire	Industry and Community Development Panel
Comité d'hygiène et de sécurité au travail	Occupational Health and Safety Committee
comité directeur; comité d'orientation (du CCCEI); comité de direction	steering committee
Comité directeur national de l'emploi et de la formation	National Employment and Training Steering Committee
comité d'orientation (du CCCEI); comité de direction; comité directeur	steering committee
Comité fédéral-provincial de la formation	Federal-Provincial Joint Training Committee
Comité fédéral-provincial de l'emploi	Federal-Provincial Employment Committee
Comité fédéral-provincial de l'emploi agricole	Federal-Provincial Agricultural Employment Committee
Comité fédéral-provincial des besoins en main-d'oeuvre	Federal-Provincial Manpower Needs Committee; Joint Federal-Provincial Manpower Needs Committee
Comité interministériel de la politique et de la stratégie industrielles	Interdepartmental Committee on Industrial Policies and Strategies
Comité interministériel de l'emploi des autochtones	Interdepartmental Committee on Native Employment
Comité interministériel des prévisions relatives aux professions	Interdepartmental Committee on Occupational Forecasting
Comité interministériel de stimulation de l'emploi; CISE	Interdepartmental Committee on Employment Development; ICED
Comité interministériel sur les femmes et l'impôt	Interdepartmental Committee on the Taxation of Women
comité interne	in-house committee
Comité interprovincial de l'analyse des professions	Interprovincial Committee on Occupational Analysis

Comité local de consultation patronale-syndicale; CLCPS	Local Labour-Management Consultation Committee; LLMCC
comité mixte	joint committee
comité mixte de consultation	joint consultation committee
Comité mixte des besoins en main-d'oeuvre	Joint Labour Market Needs Committee
comité mixte du SAAI; comité mixte du Service d'aide à l'adaptation de l'industrie	IAS Joint Committee; Industrial Adjustment Service Joint Committee
comité mixte patronal-syndical	joint labour-management committee; joint union/management committee
Comité national de consultation et d'action; CNCA	National Consultation Action Committee; NCAC
Comité national de consultation patronale-syndicale; CNCPS	National Labour-Management Consultation Committee; NLMCC
Comité national de direction des services d'emploi	National Steering Committee on Employment Services
Comité national de direction sur l'emploi et la formation	National Steering Committee on Employment and Training
Comité national de la main-d'oeuvre	National Manpower Committee
Comité national de la main-d'oeuvre industrielle	National Industrial Manpower Committee
Comité national de la Promotion des initiatives privées	National Business Drive for Jobs Committee
Comité national de placement	National Employment Committee
Comité national d'étude	National Review Board
Comité national d'étude et de planification des carrières	National Career Planning and Review Committee
Comité national d'évaluation; CNE	National Assessment Board; NAB
comité patronal-syndical	labour-management committee
Comité permanent de l'agriculture	Standing Committee on Agriculture
Comité permanent du travail, de l'emploi et de l'immigration	Standing Committee on Labour, Employment and Immigration
comité privé d'adaptation	private adjustment committee

comité provincial de la main-d'oeuvre médicale	provincial physician manpower committee
Comité provincial du développement de l'emploi agricole	Provincial Agricultural Employment Development Committee
Comité régional de consultation patronale-syndicale; CRCPS	Regional Labour-Management Consultation Committee; RLMCC
Comité régional de la main-d'oeuvre industrielle	Regional Industrial Manpower Committee
Comité régional de promotion de la femme [Ont.]	Regional Equal Opportunity for Women Committee [Ont.]
comités consultatifs provinciaux des métiers	provincial trade advisory committees
Comité spécial concernant les invalides et les handicapés	Special Committee on the Disabled and the Handicapped
Comité spécial d'adaptation	Special Adjustment Committee
Comité spécial de placement	Special Placement Committee
Comité spécial sur la participation des minorités visibles à la société canadienne	Special Committee on the Participation of Visible Minorities in Canadian Society
Comité spécial sur les perspectives d'emploi	Special Committee on Employment Opportunities
Comité sur les professions traditionnellement inaccessibles aux femmes	Committee on Non-traditional Occupations for Women
Comité sur les répercussions humaines et sociales de l'automatisation de bureau	Committee on the Human and Social Impact of Office Automation
commencer à travailler; entrer en fonction	begin employment; commence work
commerce autonome	self-operated business
commerce de détail	retail trade
commis	clerk
commis à la conservation des offres d'emploi	job-order maintenance clerk
commis à l'enregistrement des offres	order taking clerk

commis à l'enregistrement des offres et au contrôle des présentations	order taking and referral control clerk
commissaire à la protection de la vie privée	privacy commissioner
Commissaire pour les employeurs	Commissioner for employers
Commissaire pour les travailleurs et travailleuses	Commissioner for workers
Commission canadienne des droits de la personne; CCDP	Canadian Human Rights Commission; CHRC
Commission consultative; CC	Ministerial Advisory Board; MAB
Commission d'appel des pensions	Pension Appeals Board
Commission de formation professionnelle de la main-d'oeuvre [Québec]; CFP	Manpower Vocational Training Commission [Que.]; MVTC
Commission de la main-d'oeuvre et des affaires sociales; CMAS	Manpower and Social Affairs Commission; MSAC
Commission de l'emploi et de l'immigration du Canada; CEIC	Canada Employment and Immigration Commission; CEIC
Commission d'enquête sur le congé-éducation et la productivité	Commission of Enquiry on Educational Leave and Productivity
Commission d'enquête sur les excédents de main-d'oeuvre et les mises à pied	Commission of Enquiry on Redundancies and Lay-offs
Commission de planification des ressources humaines	Human Resource Planning Board
Commission des droits de la personne	Human Rights Commission
Commission locale de l'emploi agricole; Commission locale de la main-d'oeuvre agricole (app. ant.); CLMA (app. ant.); CLEA	Local Agricultural Employment Board; Local Agricultural Manpower Board (f.c.); LAMB (f.c.); LAEB
Commission nationale de la main-d'oeuvre médicale	National Commission on Physician Manpower
commission scolaire; conseil scolaire	school board

Commission sur l'égalité en matière d'emploi	Commission on Equality in Employment
Commission sur les subventions au développement régional	Regional Development Incentives Board
Commission syndicale consultative	Trade Union Advisory Committee
communautaire; local; d'intérêt collectif	community (adj.)
communication de rapports; transmission de données	reporting
communication de renseignements; publication de renseignements	release of information
communiquer de l'information; donner de l'information; transmettre de l'information; fournir de l'information	provide information
communiquer une offre; inscrire une offre d'emploi; transmettre une offre; déposer une offre	place an order
Compagnie des jeunes travailleurs; CJT	Youth Job Corps; YJC
Compagnie des travailleurs d'été; CTE	Summer Job Corps; SJC
Compagnie de travailleurs; programme Compagnie de travailleurs	Job Corps; Job Corps Program
compagnon	buddy
compagnon; homme de métier	journeyman; tradesman
compagnon de travail; collègue	fellow employee; coworker
compagnon qualifié; homme de métier qualifié	qualified journeyman
compétence; qualification; habileté; capacités; aptitude	competence; competency; skill; qualification
compétence; juridiction; autorité; sphère de compétence; zone de responsabilité	jurisdiction
compétence à débouché unique	non-transferable skill

compétence dans les métiers	industrial trade skill; trades skill
compétence dans un métier	trade ability
compétence de base; qualification de base	basic skill; generic skill; entry skill
compétence du niveau de débutant	entry-level skill
compétence monnayable; aptitude monnayable	marketable skill
compétence particulière; spécialisation	specialized skill
compétence professionnelle; qualification professionnelle	employment qualifications; occupational qualification(s); occupational skill
compétence requise; aptitude exigée; exigence professionnelle	skill requirement
compétences; connaissances; qualités	skills
compétences en gestion	management skills
compétences en mécanique	mechanical skills
compétences facilitant la vie en société	social skills
compétences polyvalentes	transferable skills
compétences recherchées; qualification recherchée	skill in demand
compétences requises	necessary skills
compétences techniques de haut niveau	higher-level technical skills
complément salarial; supplément de rémunération	remuneration supplement; top-up; top-up to wages
compléter le salaire	make up wages
comportement de la main-d'oeuvre; comportement de la population active	labour force behaviour
composante; élément	component

composante de création immédiate d'emplois	immediate employment opportunities component
composante de croissance économique	economic growth component
Composante du placement	Labour Exchange Component
composition des effectifs	work force composition
compression des effectifs; compression du personnel; réduction des effectifs; réduction du personnel	work force reduction; manpower reduction; employment cut-back; reduction in personnel; reduction of staff; staff reduction
compressions budgétaires	budget cuts
compte d'employeur	employer's account
compte rendu; rapport circonstancié; rapport détaillé	narrative report
concentration professionnelle	occupational concentration
concept d'aménagement pour accès facile	barrier free design concept
conception de projet	project design
concessionnaire officiel	official licensee
conclusion; constatation; découverte; résultat	finding
concours	competition
concours externe; concours public	open competition
concours public à date limite précise	specific open competition
concours public permanent	continuing open competition
concurrence	competition
condition d'admissibilité	eligibility requirement; requirement of eligibility; qualifying condition
condition d'admission au cours	course prerequisite
condition d'exercice (d'un métier, d'une profession)	entrance requirement; entry requirement; entry requisite

Condition féminine Canada	Status of Women Canada
condition légale de travail	legal employment requirement
conditions de candidature; titres et qualités; qualités requises	qualifications
conditions d'embauchage; conditions d'embauche; conditions d'emploi	conditions of employment; conditions of hiring; employment conditions; hiring conditions; terms and conditions of employment
conditions de travail	work conditions; terms and conditions of work; working conditions
conditions d'exercice des professions au Canada	Canadian occupations entry requirements
conditions salariales	wage conditions; details of salaries
conférence à haut niveau	high-level conference
Conférence des experts-conseils Jeunesse régionaux	Regional Youth Consultants Conference; RYC Conference
Conférence fédérale-provinciale sur le développement de l'emploi agricole	Federal-Provincial Agricultural Employment Development Conference
Conférence internationale sur les tendances en relations industrielles et en relations du travail	International Conference on Trends in Industrial and Labour Relations
Conférence nationale sur la formation	National Training Conference
conférence nationale sur l'alternance travail-études	national cooperative education conference
Conférence nationale sur l'emploi agricole	National Agriculture Employment Conference
Conférence sur l'apprentissage professionnel et industriel	Conference on Apprenticeship in Trades and Industries
Conférence sur l'équité en matière d'emploi et la planification des ressources humaines	Employment Equity/Human Resources Planning Conference
Conférence sur les perspectives dans les professions	Occupational Outlook Conference

confidentialité; caractère confidentiel	confidentiality
confirmation d'emploi	job confirmation
confirmation d'offre d'emploi	confirmation of offer of employment
conflit; différend	dispute
conflit de travail; conflit du travail; différend du travail	industrial dispute; labour conflict; labour dispute
conflit non réglé	unresolved dispute
congé	time off
congé; jour férié; fête légale	holiday; public holiday; statutory holiday
congé annuel; vacances	vacation; vacation leave; annual leave
congé annuel payé; vacances payées	paid vacation
congé autorisé; autorisation d'absence; permis d'absence; absence autorisée	authorized absence; authorized leave; leave of absence; leave
congé compensateur; congé compensatoire; période de repos compensatoire	compensatory holiday; compensatory leave; compensatory time off
congé continu; congé prolongé	block release
congé d'accident de travail	injury-on-duty leave
congé d'ancienneté	furlough leave
congé de déplacement	travel leave
congé de formation	leave for training purposes
congé de maladie	sick leave
congé de maternité	maternity leave; pregnancy leave
congé de perfectionnement	career development leave; leave for development purposes; skill development leave
congé de réadaptation	rehabilitation leave
congé d'étude; congé-éducation	educational leave; education leave

congédiement; renvoi	discharge; dismissal
congédiement arbitraire	arbitrary discharge
congédier; renvoyer	dismiss
congé-éducation; congé d'étude	educational leave; education leave
congé local	local holiday
congé mobile	floating holiday
congé non payé; congé sans salaire; congé sans traitement; congé sans solde	leave without pay; absence without pay
congé parental	parental leave
congé payé; congé rémunéré	leave with pay; paid leave; time off with pay; paid holiday
congé payé de sélection du personnel	personnel selection leave with pay
congé prolongé; congé continu	block release
congé rémunéré; congé payé	paid holiday; paid leave; leave with pay; time off with pay
congés accumulés; crédit de congé	holiday credit
congé sans salaire; congé sans solde; congé sans traitement; congé non payé	absence without pay; leave without pay
congé spécial	special leave
Congrès canadien pour la promotion des études chez la femme; CCPEF	Canadian Congress for Learning Opportunities for Women; CCLOW
Congrès du travail du Canada; CTC	Canadian Labour Congress; CLC
conjoncture du marché du travail; état du marché du travail; situation du marché du travail	labour market conditions
connaissance concrète	factual knowledge
connaissance insuffisante de la langue	language deficiency

connaissance pratique d'une langue	working knowledge of a language
connaissances; qualités; compétences	skills
connaissances de base; connaissances élémentaires; connaissances pratiques; autonomie fonctionnelle; dynamique de la vie	life skills
connaissances et compétences	skills and knowledge
connaissances pratiques; autonomie fonctionnelle; dynamique de la vie; connaissances élémentaires; connaissances de base	life skills
Conseil canadien de la main-d'oeuvre en génie; CCMG	Canadian Engineering Manpower Council; CEMC
Conseil canadien de la main-d'oeuvre et de l'immigration	Canada Manpower and Immigration Council
Conseil canadien des chefs d'entreprises; CCCE	Business Council on National Issues; BCNI
Conseil canadien des relations du travail	Canada Labour Relations Board
conseil consultatif	advisory board
Conseil consultatif canadien de l'emploi et de l'immigration; CCCEI	Canada Employment and Immigration Advisory Council; CEIAC
Conseil consultatif de circonscription; CCC	Constituency Advisory Board; CAB
Conseil consultatif de la situation de la femme	Advisory Council on the Status of Women
Conseil consultatif des jeunes	Youth Advisory Council
Conseil consultatif local; CCL	Local Advisory Council; LAC
Conseil consultatif local de la formation industrielle; CCLFI	Local Industrial Training Advisory Council; LITAC
Conseil consultatif national de la formation technique et professionnelle	National Technical and Vocational Training Advisory Council
Conseil consultatif national de la jeunesse	National Youth Advisory Council

Conseil consultatif national de la main-d'oeuvre	National Manpower Advisory Council
Conseil consultatif national sur le perfectionnement des compétences	National Skills Development Advisory Board
conseil d'alphabétisation	literacy council
Conseil d'élaboration de la politique de main-d'oeuvre; CEPM	Manpower Policy Council; MPC
Conseil de leadership et de développement industriels [Ont.]; CLDI	Board of Industrial Leadership and Development [Ont.]; BILD
conseil de placement	placement council
Conseil de placement professionnel	Technical Service Council
Conseil de planification de la main-d'oeuvre	Manpower Planning Board
Conseil de planification et de formation de la main-d'oeuvre	Manpower Planning and Training Council
Conseil de planification sociale	Social Planning Council
Conseil des primes d'encouragement	Incentive Award Board
conseil d'expert	expert counselling
Conseil du congé-éducation	Council on Educational Leave
Conseil du salaire minimum; CSM	Minimum Wage Board; MWB
conseil du travail	labour council
Conseil fédéral-provincial du congé-éducation	Federal-Provincial Council on Educational Leave
conseiller	counsellor
conseiller	mentor
conseiller; expert-conseil	consultant
conseiller à domicile	residential counsellor
conseiller agricole	agricultural consultant
conseiller agricole régional	regional agricultural consultant

conseiller de l'extérieur	external consultant
conseiller des clients spéciaux	special needs counsellor
conseiller des jeunes	youth advisor
conseiller d'orientation professionnelle; orienteur	vocational counsellor
conseiller du CEC	CEC counsellor
conseiller en adaptation industrielle	industrial adjustment consultant
conseiller en apprentissage	apprenticeship counsellor
conseiller en développement des collectivités	community development consultant
conseiller en dotation; expert-conseil en dotation	staffing consultant
conseiller en emploi; conseiller en matière d'emploi	employment counsellor
conseiller en emploi des autochtones	Native Employment Counsellor
conseiller en main-d'oeuvre	manpower counsellor
conseiller en marché du travail	employment market advisor; labour market advisor
conseiller en matière d'emploi; conseiller en emploi	employment counsellor
conseiller en matière de programmes spéciaux	special programs counsellor
conseiller en orientation; orienteur	guidance counsellor
conseiller général	general counsellor
conseiller itinérant	floating counsellor
conseiller juridique	legal advisor
conseiller local en emploi des autochtones	local native employment counsellor
conseiller régional en classification	regional classification advisor
conseiller régional en personnel	regional personnel advisor

conseiller sectoriel; expert-conseil sectoriel	industrial consultant
conseiller sectoriel supérieur; expert-conseil sectoriel supérieur	senior industrial consultant
conseiller spécial auprès du personnel autochtone	native staff advisor
conseiller spécialisé	specialist counsellor
conseiller technique	technical advisor
conseil local de formation	local training council
Conseil national des autochtones du Canada; CNAC	Native Council of Canada; NCC
Conseil régional de la planifi- cation de la main-d'oeuvre	Regional Manpower Planning Board
conseil scolaire; commission scolaire	school board
conseils fonctionnels; orientation fonctionnelle; direction fonctionnelle	functional direction; functional guidance
Conseils régionaux de relance de l'aide à l'emploi; Conseils régionaux RELAIS	National Employment Expansion and Development Program Regional Boards; NEED Regional Boards
conseil syndical local	local labour council
conservation des documents	retention of documents
conservation des dossiers	retention of files
conserver un emploi; garder un emploi	retain employment; stay on a job
constatation; conclusion; découverte; résultat	finding
constat de surévaluation de poste	red circling
Consultation au service des entreprises; Programme de consultation CASE; CASE	Counselling Assistance to Small Enterprises; CASE Counselling Program; CASE
consultation de dossiers	file search
consultation de pré-évaluation	pre-assessment consultation
consultation des offres d'emploi	job exposure

consultation de suivi	follow-up consultation
consultation mixte	joint consultation
Consultation nationale sur l'orientation professionnelle	National Consultation on Vocational Counselling
consultation ouvrière-patronale; consultation patronale-syndicale	labour-management consultation
consultation permanente	ongoing consultation
contenu d'un emploi; nature du travail	job content
contractuel (n.); travailleur à contrat	contract worker; contract employee
contrat à court terme	short-term contract
contrat à long terme	long-term contract
contrat de détachement	secondment agreement
contrat de formation dans l'industrie	industrial training contract; training-in-industry contract
contrat de location	rental contract
contrat de mise au point	developmental contract
contrat de services de réinstallation	relocation service agreement
contrat de travail; contrat individuel de travail	contract of employment; employment contract; employer-employee agreement; labour contract; work contract; work agreement
Contrat de travail des travailleurs agricoles saisonniers du Mexique au Canada	Agreement for the employment in Canada of seasonal agricultural workers from Mexico
contrat en vigueur	current contract
contrat individuel de travail; contrat de travail	work contract; employment contract; employer-employee agreement; contract of employment; labour contract; work agreement
contre-incitation; effet démobilisateur; effet de dissuasion	disincentive effect
contre-incitation au travail	work disincentive

contremaître	foreman
contrevenir à un engagement	breach a commitment
contre-vérification; vérification a posteriori; vérification postérieure	post-audit
contribuable	taxpayer
contribution; apport; intrant; facteur de production	input
contribution; cotisation	contribution
contribution au titre des salaires	contribution for wages
contribution du gouvernement fédéral; contribution fédérale	federal contribution
contribution fédérale autorisée	allowable federal contribution
contribution fédérale maximale	maximum federal contribution
contribution fédérale permise	permissible federal contribution
contrôle; vérification; surveillance	monitoring
contrôle; étude; examen; révision	review
contrôle de projet	project monitoring
contrôle des engagements	commitment control
contrôle des offres d'emploi	monitoring of job orders
contrôle des postes vacants	vacancy control
contrôle des présentations	referral control
contrôle des références; vérification des références	reference check
contrôle des salaires	wage control
contrôle du remboursement des chèques	cheque redemption control
contrôler; vérifier; superviser	supervise; monitor
contrôler le travail	supervise over the work
contrôle sur place; surveillance sur place	on-site monitoring

convention; entente; engagement; accord	agreement
convention collective (de travail)	collective agreement; labour agreement; labour-management contract; union contract
Convention sur l'élimination de toutes les formes de discrimination à l'égard des femmes (Nations Unies)	Convention on the Elimination of all Forms of Discrimination against Women (United Nations)
conversion; conversion des postes	conversion; job conversion
convoqué à une entrevue	referred to a job interview
convoquer à une entrevue	call for an interview (v.)
coordonnateur de l'emploi des autochtones	Native Employment Coordinator
coordonnateur de l'emploi des femmes	women's coordinator; women's employment coordinator
coordonnateur de l'emploi des jeunes	Youth Coordinator
coordonnateur de l'équité en matière d'emploi	employment equity coordinator
coordonnateur de projet	project coordinator
coordonnateur de stages	managing coordinator
coordonnateur régional	regional coordinator
coordonnateur régional de la mise en circulation	regional clearance coordinator
coordonnateur régional de l'emploi	regional employment coordinator
coordonnateur régional de l'équité en matière d'emploi	regional employment equity coordinator
coordonnateur régional de programme	Regional Program Coordinator
coordonnateur régional du programme Extension	regional Outreach coordinator
corps de métier; métier	craft; trade
cote de la demande	demand rating

cote de la demande dans la profession	occupational demand rating
cote de la demande par profession; CDP	occupational requirement rating; ORR
coter le rendement d'un employé	rate the performance of an employee
cotisation; contribution	contribution
cotisation d'employé; cotisation salariale	employee contribution
cotisation d'employeur; cotisation patronale	employer contribution
cotisation salariale; cotisation d'employé	employee contribution
cotisations sociales; charges sociales	payroll tax
cotisations syndicales	union dues
counselling; orientation	counselling; guidance
counselling antérieur au placement	pre-employment counselling
counselling aux employeurs	employer counselling
counselling consécutif au placement; counselling postérieur au placement	post-placement counselling; post-employment counselling
counselling d'emploi	employment counselling; placement counselling
counselling de recherche d'emploi	job-search counselling
counselling des clients spéciaux	special needs clients counselling
counselling des étudiants	student counselling
counselling en matière de recherche dynamique d'emploi	creative job search counselling
counselling général de la main-d'oeuvre	general manpower counselling
counselling intensif; counselling poussé	intensive counselling

counselling postérieur au placement; counselling consécutif au placement	post-employment counselling; post-placement counselling
counselling poussé; counselling intensif	intensive counselling
counselling préalable à la retraite; counselling préparatoire à la retraite	pre-retirement counselling
counselling préparatoire à une seconde carrière	second career counselling
counselling professionnel; orientation professionnelle	vocational counselling; career counselling; career guidance; vocational guidance; job orientation; occupational counselling; employment orientation
counselling professionnel des adultes; orientation professionnelle des adultes	adult vocational counselling
counselling programmé	self-instructional counselling
counselling spécial	special counselling
coupure de personnel	staff cut
courbe; tendance	pattern
courbe de l'emploi; tendance de l'emploi	employment pattern
courbe des salaires	wage trend
courbe du chômage; tendance du chômage	pattern of unemployment; unemployment pattern
cours à inscription continue	continuous exit course; continuous intake course; continuous intake-exit course
cours à inscription préétablie	scheduled intake course
cours à temps partiel	part-time course
cours d'affirmation de soi	assertiveness training
cours d'alphabétisation	literacy training course
cours d'apprentissage	apprenticeship training course

cours d'apprentissage de l'autonomie fonctionnelle; cours de dynamique de la vie	life skills course
cours de formation	training course
cours de formation dans les métiers spécialisés	skilled trades training course
cours de formation de base	low-level training course
cours de formation pratique	practical training course
cours de formation préparatoire à l'emploi	pre-trades training course
cours de formation professionnelle	vocational course; occupational training course; skill course; skill training course
cours de formation reconnu	approved training course
cours de langue; formation linguistique	language training
cours de perfectionnement	extension course
cours de préparation à l'emploi	job readiness course
cours de rattrapage scolaire	basic education upgrading; educational upgrading course
cours de recyclage	retraining course; upgrading course
cours de terminologie technique	technical language training course
cours d'initiation au travail	pre-employment course
cours d'orientation	orientation course
cours du soir	night course
cours par correspondance	correspondence training course
cours préparatoire à l'apprentissage	pre-apprenticeship course
cours préparatoires aux métiers	basic trades training
cours préparatoires aux techniques industrielles	basic industrial skill courses
cours professionnels et techniques	trade and technical courses

cours spécial de perfection- nement des fonctionnaires	special officers' development course
cours sur le choix d'une carrière	career decision making course
coût de la main-d'oeuvre; coût de main-d'oeuvre	labour cost
coût de lancement; frais de lancement	start-up cost
coût de main-d'oeuvre; coût de la main-d'oeuvre	labour cost
coût de main-d'oeuvre non salarial	non-wage labour cost
coût d'embauchage	hiring cost
coût de recrutement	hiring cost
coût d'opportunité	opportunity cost
coût d'option zéro	zero opportunity cost
coût d'un projet	project cost
coût du placement	cost of placement; placement cost
coût estimatif du projet	estimated project cost
coût exceptionnel	one-time cost
coût extraordinaire	non-recurring cost
coût initial	up-front cost
coût non salarial	non-salary cost
coût quotidien; tarif quotidien	per diem price
coûts d'aménagement	fit-up cost
coûts de fonctionnement; frais de fonctionnement; charges de fonctionnement	operating costs
coûts de formation; frais de formation	training costs; training charges
coûts de réinstallation	relocation costs
coûts d'exploitation; frais d'exploitation; charges d'exploitation	operating costs

coûts directs; frais directs	direct costs
coûts non admissibles	unallowable costs
coûts non salariaux ordinaires	recurring non-salary costs
coûts ordinaires supplémentaires	incremental recurring costs
coûts salariaux	salary costs
coût social	social opportunity cost
coût unitaire	unit cost
coût unitaire de la main-d'oeuvre	unit labour cost
CRCPS; Comité régional de consultation patronale-syndicale	RLMCC; Regional Labour-Management Consultation Committee
création d'emploi par effet d'entraînement; création d'emplois par effet de multiplication	employment spin-off
création d'emplois	employment generation; job creation; job generation; provision of employment
création d'emplois par effet de multiplication; création d'emploi par effet d'entraînement	employment spin-off
création d'emplois secondaires additionnels par effet de multiplication	additional secondary employment spin-off
création d'emplois secondaires par effet de multiplication	secondary employment spin-off
création d'emplois temporaires	temporary job creation
création directe d'emplois	direct job creation
crédit de congé; congés accumulés	holiday credit
crédit d'études	school credit
crédit d'impôt à l'emploi	employment tax credit
crédit d'impôt pour les emplois	tax credit for providing employment
crédits affectés à la création d'emplois	job creation funds

crédits affectés à la formation; fonds destinés à la formation	training funds
crédit universitaire	university credit
créer des débouchés; créer des possibilités d'emploi	develop employment opportunities
créer des emplois	generate employment
créer des possibilités d'emploi; créer des débouchés	develop employment opportunities
CRI; Centre régional d'informatique	RCC; Regional Computer Centre
critère d'admissibilité; facteur d'admissibilité	qualifier; eligibility criterion
critère de base d'un programme	basic program criterion
critère d'embauchage	hiring criterion
critère d'emploi	job factor
critère de recrutement	hiring criterion
critère de sélection	criterion for selection; selection criterion
critère de validation	validation criterion
critères de financement	funding criteria
critères d'emploi	employment-related criteria
critères d'évaluation	assessment criteria
critères d'un programme	program criteria
critères élargis	relaxed criteria
croissance de la population active; accroissement de la population active	labour force growth
croissance de la productivité	productivity growth
croissance de l'emploi	employment growth
croissance de l'emploi à moyen terme; progression de l'emploi à moyen terme	medium-term employment growth
croissance de l'emploi dans les collectivités	local employment growth

croissance de l'offre de main-d'oeuvre	labour supply growth
croissance du marché du travail	labour market growth
croissance du revenu agricole	farm income growth
CSM; Conseil du salaire minimum	MWB; Minimum Wage Board
CSREP; Campagne spéciale de recherche d'emploi et de placement	SJF and PD; Special Job Finding and Placement Drive
CT; Canada au travail	CW; Canada Works
CTC; Congrès du travail du Canada	CLC; Canadian Labour Congress
CTE; Compagnie des travailleurs d'été	SJC; Summer Job Corps
CTI; Classification type des industries, 1980	SIC; Standard Industrial Classification, 1980
CTP; Classification type des professions	SOC; Standard Occupational Classification
cumul annuel; CA; CDA; cumul de l'année	year to date; YTD
cumul d'emplois; emplois simultanés; emplois parallèles	concurrent employments; dual jobholding; multiple jobholding
curriculum vitae; CV	career history; career profile; career record; career résumé; curriculum vitae; CV; personal profile; résumé
cycle conjoncturel; cycle d'activité; cycle économique	business cycle
cycle de paye; période de paye	pay cycle; pay period
cycle de planification	planning cycle
cycle de planification générale	corporate planning cycle
cycle de présentation et d'approbation des demandes	application and approval cycle
cycle de travail	work cycle
cycle de vérification	audit cycle
cycle du marché du travail	employment cycle

cycle économique; cycle conjoncturel; cycle d'activité	business cycle

d

DACUM; Developing a Curriculum	DACUM; Developing a Curriculum
date d'achèvement (d'un projet)	termination date (of a project)
date d'échéance	target date
date de clôture d'un projet	finish date of a project
date de début de l'emploi	start date of the job
date de la demande	date of application
date de naissance; DDN	date of birth; DOB
date d'entrée en vigueur	effective date
date d'envoi; date de présentation	referral date
date générale d'achèvement	overall completion date
date limite	cutoff date
date limite de présentation des demandes; date limite de réception des candidatures	application deadline date
date prévue d'embauchage	required hiring date
DBC; dossier de base d'un client	BCRD; basic client record
DDN; date de naissance	DOB; date of birth
déblocage de fonds	release of funds
débouché; occasion d'emploi; possibilité d'emploi; perspective d'emploi	job prospect; opportunity for employment; work opportunity; employment opening; employment opportunity; employment outlook; employment prospect; job opening; job opportunity; job outlook
débouché dans les professions libérales	professional job opening
débouché existant	existing employment opportunity
débrayage	walkout

décision favorable	favourable decision
déclaration de principes; énoncé de politique; énoncé de principes	policy statement
déclaration de recherche active d'emploi	job-search statement
déclaration du revenu; état du revenu; relevé des gains	statement of income
déclaration sous serment	statutory declaration
découragement; frein; obstacle; dissuasion	disincentive
découverte; constatation; conclusion; résultat	finding
décrochage; impersévérance scolaire; abandon de scolarité; sortie du système éducatif	drop(-)out (n.)
décrocher; abandonner	drop out (v.)
décrocher un emploi; obtenir un emploi; trouver un emploi	obtain employment; secure employment
décrocheur; impersévérant; impersévérant scolaire; jeune ayant abandonné ses études	discontinuant (n.); drop(-)out (n.)
décrocheur éventuel	potential dropout
dédommagement; indemnité	compensation
déduction; retenue	holdback; deduction
déficience psychiatrique	psychiatric disability
définition des tâches	task definition
définition du poste de travail; exigences de l'emploi	job specification
délai	time frame
délai d'appel	appeal period
délai d'attente; délai de carence	waiting period
délai de préavis	notice period
délégation de pouvoir(s)	delegation of authority

délégation des pouvoirs de dotation	staffing delegation
délégué; représentant	representative
délégué patronal; représentant patronal; représentant de la direction; représentant de l'employeur	management representative; employer's representative; representative of employer
délégué syndical; représentant syndical; représentant des travailleurs	employee representative; labour representative; union representative; union steward; representative of workers
délivrance de certificats	granting of certificates
délivrance des numéros d'assurance sociale	issuance of social insurance numbers
délivrance de titres et certificats	credentialing
délivrer	issue (v.)
demande	application
demande actuelle	current demand
demande antérieure à l'embauchage; demande préalable à l'emploi	pre-employment inquiry
demande d'aide au déplacement	application for relocation assistance
demande dans la profession; demande par profession	occupational demand; occupational requirements
demande d'approbation de dépenses	request for approval of expenditures
demande de changement; demande de modification	request for change
demande de chèque	cheque requisition; requisition for cheque
demande de classification et de dotation en personnel	request for classification and for staffing action
demande de congé	application for leave
demande de contribution supplémentaire	request for supplementary contribution

demande de création ou de révision des formulaires	request for new or revised form
demande de dotation en personnel	staffing action request
demande de financement de projet	claim for project funding
demande de main-d'oeuvre; demande de travailleurs	labour demand; demand for workers; manpower demand; worker demand
demande de main-d'oeuvre agricole	agricultural labour demand
demande de main-d'oeuvre occasionnelle	demand for casual labour
demande de mise en circulation	clearance application
demande de modification; demande de changement	request for change
demande d'emploi	job application; employment application
demande d'emploi d'été	application for summer employment
demande d'emploi postale	postal application for employment
demande de mutation	request for transfer; transfer request
demande de paiement contractuel	request for contract payment
demande de présentation	request for referral
demande de présentation d'un travailleur spécialement désigné	request for special referral
demande de recrutement en bloc	bulk request
demande de remboursement	claim; refund request
demande de remboursement des cotisations	requisition for return of contributions
Demande de remboursement des frais de formation	Training Expenses Claim Form
demande de renseignements complémentaires	request for additional information
demande de renseignements sur les offres d'emploi	order query
demande de services	service request

demande de subvention salariale	wage subsidy claim
demande d'établissement d'une avance permanente	request to establish a standing advance
demande de travailleurs; demande de main-d'oeuvre	worker demand; demand for workers; labour demand; manpower demand
demande de travailleurs étrangers	foreign worker request
demande de travail partagé	work sharing request
demande d'indemnisation pour accident du travail	workmen's compensation claim; accident claim
demande d'inscription à un cours	course application
Demande et autorisation de formation	Application and authorization for training
demande excédentaire	excess demand
demande finale	final claim
demande globale	overall demand
demande initiale	original application
demande locale connue	known local demand
demande officielle	formal application
demande par profession; demande dans la profession	occupational demand; occupational requirements
demande par secteur	area demand
demande préalable à l'emploi; demande antérieure à l'embauchage	pre-employment inquiry
demande projetée	projected demand
demande renouvelée de réduction de la cotisation	renewal application for premium reduction
demander un chèque	requisition a cheque
demande saisonnière	seasonal demand; seasonal requirement
demande saisonnière élevée; forte demande saisonnière	high seasonal demand
demande salariale; revendication salariale	wage demand

demande sur le marché	market demand
demande sur le marché du travail	demand side of the labour market; labour market demand
demande ultérieure à l'embauchage	post-employment inquiry
demandeur	applicant
demandeur d'emploi; chercheur d'emploi; personne en quête d'emploi; personne à la recherche d'un emploi	job hunter; job seeker; job searcher
demande visant un projet Extension	Outreach application
déménagement	relocation
déménager	relocate
démission	resignation
démissionner	quit
deniers publics; fonds publics	public funds; public money
dénombrement des placements	placement counting
départ; cessation d'emploi	separation; termination of employment; termination
départ volontaire	voluntary separation
dépassement (de crédit)	over-expenditure
dépenses de création d'emplois	employment-generating expenditures
dépenses de fonctionnement	operating expenditure
déplacement	displacement; movement
déplacement (mobilité de la main-d'oeuvre)	relocation
déplacement de la main-d'oeuvre; déplacement des travailleurs	worker displacement; manpower movement; movement of workers
déplacement des travailleurs; mouvement de travailleurs	flow of workers
déplacement temporaire	temporary relocation
déploiement du personnel	deployment of staff

déposer une offre; communiquer une offre; inscrire une offre d'emploi; transmettre une offre	place an order
dépouiller les dossiers; parcourir les dossiers	scan records
dérogation aux modalités d'un contrat	deviation from the terms of a contract
déroulement de carrière; progression professionnelle; avancement professionnel; cheminement de carrière; développement de carrière	career path; career progress; career progression
déroulement du travail; acheminement du travail; marche du travail	work flow; workflow
désaisonnalisation	seasonal adjustment
désaisonnalisé; après désaisonnalisation	seasonally adjusted
description de poste	job description; position description
description de programme	program description
description sommaire de poste	summary job description
déséquilibre	maladjustment
déséquilibre à moyen terme par profession	mid-term occupational imbalance
déséquilibre dans les professions	occupational imbalance
déséquilibre de l'offre	supply imbalance
déséquilibre du marché du travail	labour market imbalance
déséquilibre interrégional	interregional imbalance
déséquilibre racial	racial imbalance
désignation (d'un métier, d'une profession)	designation (of a trade, of an occupation)
désignation de fonction; appellation d'emploi	job title
désistement; retrait	withdrawal

désorganisation du marché du travail; perturbation du marché du travail	manpower dislocation; labour market dislocation; dislocation of the labour market
détachement de personnel	staff secondment
détachement d'un employé	secondment of an employee
détacher un employé	second an employee
détails de l'emploi offert	particulars of job offered
détenir un permis	licensed, be
détenteur; titulaire	holder
détenteur d'autorisation	licensee
détermination des besoins de services; détermination des besoins en services	service need determination
Developing a Curriculum; DACUM	Developing a Curriculum; DACUM
développement communautaire; développement local	community-based development; community development
développement de carrière; déroulement de carrière; progression professionnelle; avancement professionnel; cheminement de carrière	career path; career progress; career progression
développement de l'emploi; stimulation de l'emploi	employment development; employment incentive; job stimulation
développement de l'emploi dans le secteur privé; stimulation de l'emploi dans le secteur privé	private sector employment development
Développement des qualités d'animateur chez les jeunes autochtones	Native Youth Leadership Development
développement des régions éloignées	frontier development
développement du marché du travail; évolution du marché du travail	labour market development
développement d'une industrie; expansion d'une industrie; essor d'une industrie	expansion of an industry

développement économique; essor économique; expansion économique	economic development; economic expansion
développement économique local	local economic development
développement industriel à prédominance de main-d'oeuvre	labour intensive industrial development
développement local; développement communautaire	community development; community-based development
développement régional	regional development
dextérité manuelle	manual dexterity
diagnosticien	diagnostician
Dictionary of Occupational Titles [USA]; DOT	Dictionary of Occupational Titles [USA]; DOT
différence de salaires; différence salariale; écart salarial; écart de salaires	wage gap; difference in wages; salary gap; earnings differential; salary differential; wage differential
différend; conflit	dispute
différend du travail; conflit du travail; conflit de travail	industrial dispute; labour conflict; labour dispute
difficulté d'apprentissage; trouble d'apprentissage	learning difficulty; learning disability; learning disorder
difficulté d'emploi; problème d'emploi	employment problem
diffuser un rapport; faire circuler un rapport	staff a report
diminution de l'emploi; baisse de l'emploi; fléchissement de l'emploi; régression de l'emploi	decline in employment
diplômanie	credentialism
diplômé; finissant; ex-participant	graduate
diplômé de niveau postsecondaire	post-secondary graduate
directeur	director
directeur; cadre; dirigeant; gestionnaire	manager

directeur (d'un Centre d'emploi du Canada); chef de bureau	office manager
directeur chargé des situations d'urgence	designated crisis manager
directeur de CEC	CEC manager
directeur de CEC métropolitain	Metro CEC Manager; Metro Manager
directeur de la formation	training director
directeur de programme; chargé de programme	program manager
directeur de projet	project manager
directeur des essais par les utilisateurs	user-trial manager
directeur du bureau provincial	provincial manager
directeur exécutif	executive director
directeur général; chef de la direction	chief executive officer
direction	directorate
direction; dirigeants; gestionnaires; cadres; patronat	management
direction fonctionnelle; orientation fonctionnelle; conseils fonctionnels	functional direction; functional guidance
direction générale	branch
directive; principe directeur; ligne directrice; ligne de conduite	guideline
directive complémentaire	supplementary instruction
Directive du Conseil du Trésor sur la réinstallation	Treasury Board Relocation Directive
Directive du Conseil du Trésor sur les voyages	Treasury Board Travel Directive
dirigeant; représentant officiel; fonctionnaire; employé; agent; préposé	officer; official
dirigeant; gestionnaire; directeur; cadre	manager

dirigeants; gestionnaires; cadres; patronat; direction	management
diriger; recommander; envoyer; orienter; présenter	refer
diriger les candidats vers les emplois vacants	refer applicants to available employment
dirigé vers un cours de formation; inscrit à un cours de formation; envoyé à un cours de formation	referred to training
discrimination à rebours	reverse discrimination
discrimination dans l'embauche; discrimination dans l'emploi	employment discrimination; discrimination in employment
discrimination intentionnelle	intent discrimination
discrimination professionnelle; inégalité d'accès aux professions; ségrégation professionnelle	occupational segregation
discrimination raciale	racial discrimination
discrimination structurelle; discrimination systématique; discrimination systémique	structural discrimination; systematic discrimination; systemic discrimination
disparité professionnelle	occupational dissimilarity
dispense; exemption	waiver; exemption
disponibilité de main-d'oeuvre; offre de main-d'oeuvre; offre de travailleurs; travailleurs disponibles; main-d'oeuvre disponible	worker availability; labour supply; manpower supply; supply of labour; supply of workers; availability of manpower
disponibilité de travailleurs canadiens qualifiés	availability of qualified Canadians
disponible pour travailler; disponible pour un emploi	available for work
dispositif d'économie de main-d'oeuvre	labour saving device
disposition; stipulation; clause	provision
disposition de temporisation; mesure de temporisation	sunset clause; sunset review clause

disposition d'une loi	provision of an act
disposition relative à l'embauchage	hiring arrangement
disposition relative au recrutement	hiring arrangement
disposition relative aux heures supplémentaires	overtime provision
dispositions d'une entente; clauses d'une entente	terms of an agreement
dissuasion; découragement; frein; obstacle	disincentive
distribution du personnel	staff allocation
distribution du travail; répartition du travail; répartition des tâches	work allocation; division of duties; segregation of duties; work distribution; workload breakdown
divulgation de renseignements	communication of information
document; dossier; registre	record
documentation sur la préretraite	pre-retirement package
documentation sur les professions	occupational literature
document d'analyse	analysis document
document d'approbation	record of approval
document de présentation	referral transaction
document de travail	working document; working paper
document d'information	background document
document d'inscription	registration document
document d'orientation	policy paper
documenter; fournir de la documentation; étayer de documents	document (v.)
document protégé	classified document
documents d'orientation professionnelle	career counselling material
dollars courants	current dollars

domaine d'attributions; champ d'application	jurisdiction
domaine de compétence; sphère de responsabilité	competency area
domaine du spectacle; monde du spectacle	entertainment industry
domaine professionnel; secteur professionnel	occupational area; occupational sector; occupational field
données; renseignements	input
données concernant la demande du stagiaire	trainee claim data
données de base	tombstone data
données pertinentes; renseignements pertinents	relevant data
données prévisionnelles sur les professions	occupational outlook information
données regroupées sur les clients inscrits	consolidated data on registered clients
données sur la disponibilité; données sur la disponibilité des travailleurs	availability data
données sur la main-d'oeuvre; renseignements sur la main-d'oeuvre; information sur la main-d'oeuvre	manpower information
données sur la mobilité	flow data
données sur l'effectif	stock data
données sur l'emploi	employment data
données sur les postes vacants	vacancy data
données sur les professions	occupation data
données sur les professions tirées du recensement	census occupational data
données sur les travailleurs inscrits	worker registration data
donner de l'information; transmettre de l'information; fournir de l'information; communiquer de l'information	provide information

donner suite; assurer le suivi; assurer la relance	follow up (v.)
dossier; registre; document	record
dossier actif	active file; live file
dossier confidentiel d'employé	confidential employee file
dossier de base d'un client; DBC	basic client record; BCRD
dossier de dotation	staffing file
dossier de formation	training file
dossier de l'employeur	employer file
dossier de mutation	transfer record
dossier des emplois	job file
dossier des services au client-travailleur	worker client service record
dossier des services du CIE	JIC service record
dossier des versements effectués	payment record
dossier d'inscription	registration file
dossier d'offres inactives; fichier d'offres inactives	dormant order file
dossier d'un projet; livre d'un projet	project record
dossier du personnel	personnel file; personnel record
dossier inactif	dormant file; inactive file
dossier intégré de la formation	integrated training file
dossier personnel	case history
dossier scolaire	school record
DOT; Dictionary of Occupational Titles [USA]	DOT; Dictionary of Occupational Titles [USA]
dotation des postes par voie de recrutement externe	external staffing
dotation d'un poste	staffing of a position
dotation en personnel	staffing

doter un poste	staff a position
doter un poste vacant	staff a vacant position
double emploi; chevauchement	duplication
droit; admissibilité	eligibility; entitlement
droit à l'allocation	allowance entitlement
droit d'appel	appeal right; right to appeal
droit du travail	labour law
droits et obligations	rights and obligations
durée de disponibilité du travailleur	length of time worker available
durée d'emploi	term of employment
durée des fonctions; période d'affectation	tenure
durée déterminée, d'une	term (adj.)
durée de validité; période de validité	period of validity
durée d'occupation d'un emploi; ancienneté dans l'emploi	job tenure
durée du chômage	length of unemployment
durée d'un mandat	tenure of office
durée d'un programme	term of a program
durée du travail; heures de travail	working hours; hours of work
durée projetée de formation	planned trainee duration
dynamique de la vie; connaissances élémentaires; connaissances de base; connaissances pratiques; autonomie fonctionnelle	life skills
dynamique du marché du travail	labour market dynamics

e———————————————————————————————

EAO; enseignement assisté par ordinateur	CAI; computer-assisted instruction

ébauche; version préliminaire (d'un projet)	draft
écart; surplus accumulé	slippage
écart de salaires; différence de salaires; écart salarial; différence salariale	wage differential; wage gap; earnings differential; salary differential; salary gap; difference in wages
écart entre le salaire des hommes et celui des femmes	salary differential between men and women
écart salarial; différence de salaires; différence salariale; écart de salaires	wage differential; wage gap; earnings differential; salary differential; salary gap; difference in wages
échange de données sur les professions; EDP	occupational data exchange; ODE
Échange de jeunes agriculteurs entre le Canada et le Luxembourg	Exchange of Young Farmers between Canada and Luxembourg
Échange de jeunes agriculteurs entre le Canada et les Pays-Bas	Canada-Netherlands Young Farmers Exchange
Échange de jeunes agriculteurs entre le Québec et le Luxembourg	Luxembourg-Quebec Young Farmers Exchange
Échange de jeunes agriculteurs entre le Royaume-Uni et l'Ontario	UK-Ontario Young Farmers Exchange
échange de renseignements; échange d'information	exchange of information
Échange des jeunes spécialistes et techniciens	Exchange of Young Specialists and Technicians
Échange de stagiaires en agriculture entre le Canada et la Finlande	Canada-Finland Agricultural Trainees Exchange
Échange de travailleurs entre le Canada et les États-Unis pour les récoltes	Canada-United States Harvest Exchange
Échange d'étudiants en agriculture entre le Canada et les Pays-Bas	Canada-Netherlands Agricultural Students Exchange
échange d'information; échange de renseignements	exchange of information

échelle de notation du rendement	performance rating scale
échelle de rémunération; échelle de(s) salaire(s); échelle salariale; échelle de traitement	wage scale; salary range; wage range; salary scale; scale of wages; range of wages; pay scale
échelle des taux	schedule of rates
échelle de traitement; échelle de(s) salaire(s); échelle salariale; échelle de rémunération	wage scale; salary range; wage range; salary scale; scale of wages; range of wages; pay scale
échelle mobile de salaire	sliding wage scale
échelle salariale; échelle de rémunération; échelle de(s) salaires; échelle de traitement	wage range; salary range; wage scale; salary scale; range of wages; scale of wages; pay scale
échelon de rémunération	salary section
ECL; Examen de connaissance de la langue	LKE; Language Knowledge Examination
école de formation	training school
école de métiers	vocational school
école des études supérieures; école du cycle supérieur	graduate school
école postsecondaire	post-secondary school
école publique	public school
économie de salaires	wage economy
économisant du travail; générateur d'économie de main-d'oeuvre	labour saving (adj.)
économiste régional	regional economist
écourter le stage	reduce the probationary period
écrire en caractères d'imprimerie; écrire en lettres moulées; inscrire en lettres moulées	print (v.)
EDP; échange de données sur les professions	ODE; occupational data exchange
éducation complémentaire	further education

éducation corrective	remedial education
éducation de base	basic education
éducation familiale	family life education
éducation périodique; éducation récurrente (à intervalles irréguliers)	recurrent education
éducation spéciale	special education
EE; équité en matière d'emploi	EE; employment equity; EEO (f.c.); equal employment opportunities (f.c.)
EÉET; Emploi d'été/Expérience de travail	SEED; Summer Employment/Experience Development
effectif actuel; offre de main-d'oeuvre actuelle; offre actuelle	current supply; present work force
effectif des écoles de formation professionnelle et technique	trade and vocational enrolment
effectif nécessaire; besoins en main-d'oeuvre	worker requirement; workforce requirements; labour force requirements; labour needs; labour requirements; manpower needs; manpower requirements
effectif non représentatif	non-representative work force
effectif normal	normal work force
effectif permanent; personnel permanent; permanents (n.); employés permanents	permanent workforce; permanent staff
effet de déplacement; effet de substitution	displacement effect
effet de dissuasion; effet démobilisateur; contre-incitation	disincentive effect
effet de multiplication; retombées	spin-off
effet de substitution; effet de déplacement	displacement effect
efficacité du marché du travail	labour market efficiency

égalité de rémunération	pay equity
égalité des chances	equality of means; equality of opportunity
égalité de situation	equality of condition
égalité des résultats	equality of outcomes
égalité de traitement	equality of treatment
EIC; Emploi et Immigration Canada	EIC; Employment and Immigration Canada
EJR; expert-conseil Jeunesse régional	RYC; regional youth consultant
élaboration de programme	program development
élaboration de projet	project development
élaboration de proposition	proposal development
élaborer un programme; établir un programme	develop a program; set up a program
élément; composante	component
élément de travail	work element
éliminer à la présélection	screen out
embauchage	hiring; employment
embaucher; employer	employ; hire
embaucher du personnel	hire staff
embaucher quelqu'un à forfait	hire a contract person
émettre	issue (v.)
emploi; poste; profession	occupation; employment; job; position
emploi, en; occupé; employé (adj.); actif (adj.)	employed
emploi à court terme; emploi de courte durée; travail temporaire; emploi temporaire	short-term work; short-term employment; short-term job; temporary job; temporary employment
emploi actuel	current employment; current job
emploi additionnel; emploi supplémentaire	incremental employment

emploi admissible	eligible employment
emploi agricole	agricultural employment; farm employment
emploi agricole saisonnier; travail agricole saisonnier	seasonal agricultural work; seasonal agriculture work
emploi antérieur	previous employment; previous job
emploi à plein temps; emploi à temps plein	full-time employment; full-time job
emploi à plein temps supervisé	supervised full-time employment
emploi apparenté; emploi connexe; métier connexe	related job; allied occupation; allied trade
emploi approprié; emploi satisfaisant; emploi convenable	suitable employment
emploi assurable	covered employment
emploi assuré; emploi garanti	assured employment; assured job; secured employment
emploi à temps partiel	part-time employment; part-time job
emploi à temps plein; emploi à plein temps	full-time employment; full-time job
emploi autonome non agricole	non-farm self-employment
emploi axé sur la carrière	career-oriented employment
emploi civil; profession civile	civilian occupation
emploi clé; poste clé	key job
emploi connexe; métier connexe; emploi apparenté	allied occupation; allied trade; related job
emploi continu	continuing employment; continuing job; continuous employment; continuous job; ongoing employment; ongoing job; steady job
emploi convenable; emploi approprié; emploi satisfaisant	suitable employment
emploi cyclique	cyclical job
emploi dangereux	hazardous occupation
emploi dans la fonction publique	employment with the Public Service

emploi dans le secteur des organismes sans but lucratif	non-profit sector employment
emploi dans le secteur des services	service employment
emploi dans le secteur parapublic	non-government employment
emploi dans le secteur privé; emploi du secteur privé	private sector employment
emploi dans le tiers secteur	third sector employment
emploi de bureau	clerical job; clerical occupation
emploi de col blanc	white-collar job
emploi de col bleu; métier de col bleu	blue-collar job; blue collar occupation
emploi de courte durée; emploi temporaire; travail temporaire; emploi à court terme	short-term employment; short-term job; temporary job; short-term work; temporary employment
emploi de débutant; poste au bas de l'échelle; emploi de premier échelon	entry-level job
emploi de durée indéterminée	indefinite employment
emploi de longue durée	long-term employment; long-term job
emploi de manoeuvre; profession de manoeuvre	labouring occupation
emploi de morte-saison	off-season employment
emploi déprécié	stigmatized job
emploi de premier échelon; poste au bas de l'échelle; emploi de débutant	entry-level job
emploi des autochtones	native employment
emploi des détenus	inmate employment
emploi des femmes	women's employment
emploi des jeunes	youth employment

emploi de substitution; nouvel emploi; métier secondaire; profession de rechange; autre emploi; autre profession	replacement job; alternate employment; alternate occupation; alternative employment; alternative occupation
emploi d'été	summer employment; summer job
emploi d'été des étudiants	student summer employment
Emploi d'été/Expérience de travail; EEET	Summer Employment/Experience Development; SEED
emploi d'été non subventionné	non-funded summer job
emploi difficile à combler; emploi difficile à doter	hard-to-fill job
emploi direct	direct employment
emploi disponible	available job
emploi d'une durée déterminée	term employment
emploi du secteur privé; emploi dans le secteur privé	private sector employment
emploi envisagé; profession envisagée	intended occupation
emploi et aptitude au travail des jeunes; emploi et employabilité des jeunes	youth employment and employability
Emploi et Immigration Canada; EIC	Employment and Immigration Canada; EIC
emploi garanti; emploi assuré	assured employment; assured job; secured employment
emploi habituel; profession habituelle	usual occupation
emploi hautement cyclique	highly cyclical job
emploi indirect	indirect employment
emploi lié à la carrière	career-related employment
emploi lié au domaine d'étude	school-related position
emploi lucratif; emploi rémunérateur	gainful employment

emploi non autorisé	unauthorized employment
emploi non traditionnel; profession non traditionnelle	non-traditional job; non-traditional occupation
emploi occasionnel	casual job
emploi occasionnel vacant; poste vacant occasionnel; vacance occasionnelle	casual vacancy
emploi parrainé	sponsored job
emploi pendant les périodes de chômage cyclique	contra-cyclical employment
emploi permanent; poste permanent	permanent position; permanent employment; permanent job
emploi permanent à temps partiel	permanent part-time employment
emploi peu rémunérateur	low-wage job
emploi pour étudiant	student job
emploi prioritaire	preferential employment
emploi privilégié	preferred employment
emploi productif; travail productif	productive employment; productive work
emploi productif continu	productive continuing employment
emploi protégé	sheltered employment
emploi provisoire; emploi temporaire	interim employment
emploi quantifiable	quantifiable employment
emploi redéfini; emploi restructuré	redesigned job
emploi régulier	regular employment
emploi régulier vacant; vacance ordinaire	regular vacancy
emploi rémunérateur; emploi lucratif	gainful employment
emploi réservé	arranged employment; pre-arranged employment

emploi restructuré; emploi redéfini	redesigned job
emploi saisonnier; travail saisonnier	seasonal work; employment of a seasonal nature; seasonal employment; seasonal job
emploi sans avenir; emploi sans issue; emploi sans possibilité d'avancement	dead-end job
emploi satisfaisant; emploi convenable; emploi approprié	suitable employment
emploi semi-protégé	semi-sheltered employment
emploi soumis à la concurrence	competitive employment
emploi sous supervision; emploi supervisé	supervised employment
emplois parallèles; emplois simultanés; cumul d'emplois	multiple jobholding; dual jobholding; concurrent employments
emplois subventionnés individuellement; ESI	individually subsidized jobs; ISJ
emploi stable	secure job; stable employment
emploi subventionné	subsidized employment
emploi supervisé; emploi sous supervision	supervised employment
emploi supplémentaire; emploi additionnel	incremental employment
emploi temporaire; emploi provisoire	interim employment
emploi temporaire; travail temporaire; emploi à court terme; emploi de courte durée	short-term employment; short-term job; temporary job; short-term work; temporary employment
emploi traditionnellement féminin; profession tradition-nellement réservée aux femmes; poste traditionnellement féminin; emploi traditionnel-lement réservé aux femmes	non-traditional job; non-traditional occupation

emploi traditionnellement masculin; profession traditionnellement réservée aux hommes; poste traditionnellement masculin; emploi traditionnellement réservé aux hommes	non-traditional job; non-traditional occupation
emploi traditionnellement réservé aux femmes; emploi traditionnellement féminin; profession traditionnellement réservée aux femmes; poste traditionnellement féminin	non-traditional job; non-traditional occupation
emploi traditionnellement réservé aux hommes; emploi traditionnellement masculin; profession traditionnellement réservée aux hommes; poste traditionnellement masculin	non-traditional job; non-traditional occupation
emploi vacant; poste vacant; vacance	vacancy; vacant position; job vacancy
emploi vacant annulé; poste vacant annulé; vacance annulée; annulation d'une vacance; annulation de postes vacants	cancelled vacancy; vacancy cancellation
emploi vacant local	local vacancy
emploi viable	self-sustaining employment
employabilité; aptitude au travail; aptitude à l'emploi	employability; job readiness
employabilité de la population active	employability of the labour force
employabilité des stagiaires	trainees' employability
employabilité globale; possibilité globale d'emploi	overall employability
employabilité relative	relative employability
employable; apte au travail; prêt au travail; prêt à travailler	employable; job-ready
employé (n.); agent; préposé; dirigeant; représentant officiel; fonctionnaire	officer; official
employé (adj.); actif (adj.); en emploi; occupé	employed

employé (n.); personne occupée (statistique)	person employed
employé (n.); salarié (n.)	employee
employé à l'essai; stagiaire	probationary employee
employé à plein temps; employé à temps plein	full-time employee
employé apte à être promu	promotable employee
employé à temps partiel	part-time employee; part-timer
employé à temps plein; employé à plein temps	full-time employee
employé auxiliaire; occasionnel (n.); employé occasionnel; travailleur occasionnel; auxiliaire (n.)	contingent worker; casual worker; casual employee
employé ayant quitté son emploi	separated employee
employé de bureau	clerical employee; clerical worker; office employee; office worker
employé de façon intermittente	marginally employed
employé de la production; travailleur à la production; travailleur de la production	production employee; production worker
employé de service	employee on-duty
employé détaché	employee on-loan
employé d'une agence de placement temporaire	temporary help company employee
employé d'un projet	project worker
employé du secteur de la vente	sales worker
employé du secteur des services; travailleur du secteur tertiaire	service worker
employé éventuel	potential employee; prospective employee
employé excédentaire; travailleur surnuméraire; travailleur excédentaire	surplus employee; redundant worker
employé exempté	excluded employee

411

employé handicapé; travailleur handicapé	disabled employee; disabled worker; handicapped employee
employé hautement qualifié du domaine technique	highly skilled technical employee
employé malentendant	hearing impaired employee
employé nommé pour une période déterminée	term employee
employé occasionnel; travailleur occasionnel; auxiliaire (n.); employé auxiliaire; occasionnel (n.)	casual employee; casual worker; contingent worker
employé permanent; permanent (n.)	permanent employee
employé permanent à temps partiel; salarié permanent à temps partiel	permanent part-time employee
employé permanent à temps plein; salarié permanent à temps plein	permanent full-time employee
employé prioritaire	person entitled to a priority; person with priority entitlement
employer; embaucher	hire; employ
employé rémunéré	paid employee
employé saisonnier; saisonnier (n.); travailleur saisonnier	seasonal employee; seasonal worker
employé salarié; salarié	salaried employee; salaried worker; wage-earner
employés de soutien; personnel de soutien	support staff
employés du secteur parapublic	non-public employees
employés faisant partie de l'effectif	staff on strength
employés occasionnels	short-term staff
employés occasionnels recrutés sur place	locally engaged casual employees
employés permanents; personnel permanent; permanents (n.); effectif permanent	permanent staff; permanent workforce

employés subalternes; personnel subalterne; subalternes (n.)	junior staff
employé supplémentaire; travailleur d'appoint; travailleur de secours; travailleur de relève	relief worker
employé temporaire; travailleur temporaire; temporaire (n.)	temporary worker; short-term worker; temporary help employee; temporary employee
employeur actuel	present employer
employeur clé	key employer
employeur du secteur privé	private sector employer
employeur établi	established employer
employeur éventuel	potential employer; prospective employer
employeur régi par le gouvernement fédéral; employeur sous juridiction fédérale	federally regulated employer
encadrement	mentoring; mentorship
encouragement; stimulant; incitant	incentive
encouragement financier; aide financière; incitation financière; stimulant financier	financial assistance; financial incentive
en cours d'emploi; sur le tas; sur les lieux de travail; sur place	on-the-job
END; Enquête nationale auprès des diplômés	NGS; National Graduate Survey
engagement	commitment
engagement	undertaking
engagement; accord; convention; entente	agreement
engagement brut	gross commitment
engagement contractuel	contractual commitment; contractual obligation
engagement en cours	outstanding commitment

engagement exécutoire	binding commitment
engagement financier	financial commitment
engager à contrat	engage via contract
engorgement de la production; asphyxie de la production	production bottleneck
énoncé de politique; énoncé de principes; déclaration de principes	policy statement
énoncé de qualités	statement of qualifications
enquête; recherche; sondage; étude	fact-finding
Enquête auprès des travailleurs déplacés	Displaced Workers Survey
enquête longitudinale nationale	national longitudinal survey
Enquête nationale auprès des diplômés; END	National Graduate Survey; NGS
Enquête nationale sur les besoins d'apprentissage	National Survey of Learning Needs
Enquête postcensale sur la main-d'oeuvre hautement spécialisée; EPMHS	Highly Qualified Manpower Post-censal Survey; HQMPS
enquêter au sujet d'une plainte; examiner une plainte; instruire une plainte	investigate a complaint
Enquête sur l'activité annuelle	Survey of Annual Patterns
Enquête sur la main-d'oeuvre hautement qualifiée	Highly Qualified Manpower Survey
Enquête sur la population active; EPA	Labour Force Survey; LFS
enquête sur la population active canadienne; enquête sur la population active du Canada	Canadian labour force survey
Enquête sur la profession des salariés; EPS	Occupational Employment Survey; OES
Enquête sur l'effectif des collèges communautaires	Survey of Community College Enrolments

Enquête sur l'effectif des écoles de métiers et des écoles professionnelles	Survey of Trade-Vocational School Enrolments
Enquête sur l'effectif des universités	Survey of University Enrolments
Enquête sur l'emploi	Employment Survey
Enquête sur les écoles de métiers, les écoles professionnelles et les collèges commerciaux privés	Private Business Colleges and Trade Vocational Schools Survey
Enquête sur les occasions d'emploi; EOE	Job Opportunities Survey; JOS
enquête sur les postes vacants	job vacancy survey; vacancy survey
enquête sur les professions en pénurie	occupational shortages survey
Enquête sur les ressources humaines (Conseil économique)	Economic Council Human Resources Survey
Enquête sur les services à la petite entreprise	Small Business Initiative Survey
enregistrement; inscription	recording
enregistrement des offres d'emploi; inscription des offres d'emploi; réception des offres d'emploi	job-order taking; order taking; order entry
enrichissement des tâches; valorisation du travail; enrichissement du travail	job enrichment
enseignement assisté par ordinateur; EAO	computer-assisted instruction; CAI
enseignement à temps partiel	part-time instruction
enseignement axé sur les carrières	job-related education
enseignement coopératif; alternance travail-études	cooperative education
enseignement individualisé; apprentissage individuel	individualized instruction; individual learning

415

enseignement préprofessionnel; préparation professionnelle; formation préalable à la spécialisation; initiation à la profession	vocational preparation; pre-vocational training
enseignement séquentiel	information mapping
ensemble de compétences polyvalentes	bridge skill set
ensemble des professions; structure professionnelle	occupational structure
ensemble pédagogique (multimédia)	training package
entente; engagement; accord; convention	agreement
entente auxiliaire; accord auxiliaire	subsidiary agreement
entente-cadre; entente générale; accord-cadre	master agreement; umbrella agreement; blanket agreement
entente promoteur-employeur	sponsor-employer agreement
Entente relative au soutien des travailleurs	Worker Maintenance Agreement
entièrement à la charge de quelqu'un	wholly dependent for support
entrant sur le marché du travail; primo-demandeur d'emploi; nouvel actif; nouveau venu sur le marché du travail	labour force entrant; new entrant; new labour force entrant
entreprenariat; esprit d'entreprise	entrepreneurship
entrepreneur	contractor
entrepreneur autonome; entrepreneur indépendant	self-employed entrepreneur
entrepreneur en main-d'oeuvre agricole	farm labour contractor
entrepreneur indépendant; entrepreneur autonome	self-employed entrepreneur
entreprise	undertaking
entreprise à but lucratif	profit-seeking company

entreprise constituée en société	incorporated company
entreprise d'accueil; organisme d'accueil	training place host; TPH
entreprise du secteur public	public sector enterprise
entreprise fléchissante	declining firm
entreprise individuelle; entreprise personnelle	proprietorship; sole proprietorship
entreprise non constituée en société	non-incorporated company
entreprise personnelle; entreprise individuelle	proprietorship; sole proprietorship
entrer en fonction; commencer à travailler	begin employment; commence work
entrer en vigueur	take effect
entrevue-conseil	in-depth interview
entrevue d'admissibilité	eligibility interview
entrevue d'admissibilité aux programmes	program eligibility interview
entrevue d'aide au placement; entrevue sur les services d'emploi	employment assistance interview
entrevue de cessation d'emploi; entrevue de fin d'emploi; entrevue de départ	exit interview
entrevue de counselling	counselling interview
entrevue de counselling d'emploi	employment counselling interview
entrevue de départ; entrevue de fin d'emploi; entrevue de cessation d'emploi	exit interview
entrevue d'emploi	job interview
entrevue de présélection	screening interview
entrevue de présélection au CIE	JIC screening interview
entrevue de présentation	referral interview
entrevue d'évaluation	assessment interview

417

entrevue d'évaluation de l'employabilité	employability assessment interview
entrevue d'information	information interview
entrevue d'inscription	registration interview
entrevue dirigée; entrevue structurée	directed interview; directive interview
entrevue fixée	scheduled interview
entrevue par un expert	expert interviewing
entrevue-plaidoirie	advocacy interview
entrevue préalable à la formation	pre-training interview
entrevue reportée	deferred interview
entrevue sans rendez-vous	walk-in interview
entrevues de clients avec compétences professionnelles recherchées	demand occupation interviews
entrevue structurée; entrevue dirigée	directed interview; directive interview
entrevue sur les services d'emploi; entrevue d'aide au placement	employment assistance interview
entrevue type	model interview
en vertu de l'accord; aux termes de l'accord	within the terms of the agreement
en vertu de la loi; aux termes de la loi	under the provisions of the act
environnement de la planification; EP	planning environment; PE
envoi	transmittal
envoyé à un cours de formation; dirigé vers un cours de formation; inscrit à un cours de formation	referred to training
envoyer; orienter; présenter; diriger; recommander	refer

envoyer à un cours de formation; inscrire à un cours de formation	refer for training
EOE; Enquête sur les occasions d'emploi	JOS; Job Opportunities Survey
EP; environnement de la planification	PE; planning environment
EPA; Enquête sur la population active	LFS; Labour Force Survey
EPMHS; Enquête postcensale sur la main-d'oeuvre hautement spécialisée	HQMPS; Highly Qualified Manpower Post-censal Survey
épreuve d'admission; test de sélection préliminaire	pre-employment test
EPS; Enquête sur la profession des salariés	OES; Occupational Employment Survey
épuisement professionnel	burn-out
équilibre de l'emploi	adjustment of labour demand and supply; adjustment of supply and demand of manpower
équilibre du marché du travail	labour market equilibrium
équilibre racial	racial balance
équilibrer l'offre et la demande de main-d'oeuvre; harmoniser l'offre et la demande de main-d'oeuvre	balance labour supply and demand
équipe; quart	shift
équipe, en	on a team basis
équipe, par; par quart; par poste	per shift
équipe de la revitalisation	revitalization team
équipement de sécurité	safety equipment
Équipes d'alphabétisation	Literacy Corps
Équipes d'alphabétisation des jeunes	Youth Literacy Corps
équipe volante	floating staff; flying job squad

équité en matière d'emploi; EE	employment equity; EE; equal employment opportunities (f.c.); EEO (f.c.)
ERC; évaluation du rendement des conseillers	MCE; measurement counselling effectiveness
ergothérapie et orthophonie	occupational and speech therapy
érosion des effectifs; attrition; usure des effectifs	attrition; personnel attrition
ERP; examen du rendement du projet	PPR; project performance review
ESI; emplois subventionnés individuellement	ISJ; individually subsidized jobs
esprit d'entreprise; entreprenariat	entrepreneurship
essai auprès des utilisateurs; essai par les utilisateurs	user trial
essor d'une industrie; développement d'une industrie; expansion d'une industrie	expansion of an industry
essor économique; expansion économique; développement économique	economic development; economic expansion
estimation des pénuries par profession	estimate of occupational shortages
établir l'ordre de priorité; classer par ordre de priorité	priorize
établir un programme; élaborer un programme	develop a program; set up a program
établissement	place of business
établissement; installation; service	facility
établissement de calendrier	scheduling
établissement de formation	training institution; training supplier
établissement d'enseignement; établissement scolaire	educational institution
établissement d'enseignement postsecondaire; établissement postsecondaire	post-secondary educational institution; post-secondary institution

420

établissement des priorités	priorization
établissement du coût salarial; calcul du coût salarial	salary costing
établissement non syndiqué	non-union establishment
établissement postsecondaire; établissement d'enseignement postsecondaire	post-secondary institution; post-secondary educational institution
établissement scolaire; établissement d'enseignement	educational institution
étapes de carrière	career ladders
état civil; état matrimonial	marital status
état de l'offre d'emploi	job-order status
état de personne handicapée	disability status
état de projet	project status
état du marché du travail; situation du marché du travail; conjoncture du marché du travail	labour market conditions
état du revenu; relevé des gains; déclaration du revenu	statement of income
état matrimonial; état civil	marital status
états de service	length of service
étayer de documents; documenter; fournir de la documentation	document (v.)
être à la recherche d'un emploi; être en quête d'emploi; chercher un emploi	seek employment
être à nouveau admissible; avoir droit à un complément d'aide	reestablish one's eligibility
être en quête d'emploi; chercher un emploi; être à la recherche d'un emploi	seek employment
être tenu de se présenter au travail	be required to report for duty
étude; enquête; recherche; sondage	fact-finding

étude; examen; révision; contrôle	review
étude de faisabilité	feasibility study
étude de main-d'oeuvre	labour assessment; manpower assessment
étude de suivi; vérification postérieure	follow-up review
étude du comportement des employeurs	study of employer behaviour
études; niveau d'études; formation scolaire; scolarité; niveau de scolarité; niveau d'instruction	schooling; level of schooling; academic attainment; education; educational level; formal education; level of education; level of study
étudiant du premier cycle	undergraduate student
étudiante entrepreneure	female student entrepreneur
étudiant entrepreneur	student entrepreneur
étudiant indépendant; stagiaire payant	fee-payer trainee
étudiant qualifié	qualified student
étudiant salarié	student employee
étudiants poursuivant leurs études (à l'automne)	returning students
étudier une demande; examiner une demande	consider an application
évaluateur	assessor
évaluateur de projet	project evaluator
évaluation	assessment; evaluation
évaluation de programme	program evaluation
évaluation des compétences	assessment of skills; competency assessment
évaluation des demandes	application assessment

évaluation des emplois; évaluation des postes de travail; évaluation des tâches; qualification du travail	job evaluation
évaluation des intérêts	assessment of interests
évaluation des postes de travail; évaluation des emplois; évaluation des tâches; qualification du travail	job evaluation
évaluation diagnostique	diagnostic assessment
évaluation du marché du travail	labour market assessment
évaluation du rendement; appréciation du rendement	performance appraisal; performance assessment; performance evaluation
évaluation du rendement des conseillers; ERC	measurement counselling effectiveness; MCE
évaluation du travail	work assessment
évaluation et perfectionnement des cours	course assessment and improvement
évaluation globale	overall assessment
évaluation indépendante	independent assessment
évaluation longitudinale	longitudinal evaluation
évaluation professionnelle	job assessment
évaluer le rendement	evaluate the performance
évolution démographique; transformation démographique	demographic development
évolution du marché du travail; développement du marché du travail	labour market development
évolution technologique; changement technologique	technological change
examen; révision; contrôle; étude	review
examen d'admission	qualifying examination
Examen de connaissance de la langue; ECL	Language Knowledge Examination; LKE

examen du dossier	paper-screening
examen du permis d'exercer (la profession)	professional licensing examination
examen du rendement du projet; ERP	project performance review; PPR
examen en vue de l'obtention du sceau rouge	Red-seal examination
examen interprovincial	interprovincial examination
examen médical; visite médicale	medical examination
examinateur et correcteur	tester and scorer
examiner une demande; étudier une demande	consider an application
examiner une plainte; enquêter au sujet d'une plainte; instruire une plainte	investigate a complaint
excédent; surplus	surplus
excédentaire; surnuméraire (adj.)	supernumerary (adj.)
excédent de main-d'oeuvre; main-d'oeuvre excédentaire	labour surplus; manpower surplus; surplus manpower; manpower redundancy; redundancy of manpower
excédent de rémunération	salary surplus
excédent de travailleurs; surplus de travailleurs	worker surplus; over-supply of workers
exclusion des préposés à la gestion ou à des fonctions confidentielles	managerial and confidential exclusions
ex-détenu; ancien détenu	ex-inmate
exécutants (n.); personnel opérationnel	operational staff; operational personnel
exécuter la charge de	execute the office of
exécuter un contrat	administer a contract
exécuter un programme; appliquer un programme; administrer un programme	administer a program

exécution; mise en oeuvre; mise en application; application; mise sur pied	delivery; implementation
exécution de programme; mise en oeuvre de programme	program delivery; program implementation
exécution des programmes	delivery of programs
exemption; dispense	waiver; exemption
exemption d'un poste	exclusion of a position
exemption générale	blanket exemption
exercer des fonctions; accomplir des tâches	perform duties
exercer les fonctions d'un poste	fulfil the functions of a position
exercer un emploi; travailler	work (v.)
exercice; année financière	fiscal year
exigence discriminatoire	discriminatory requirement
exigence du marché de l'emploi	requirement of the employment market
exigence explicite; exigence précise	specific requirement
exigence linguistique	language requirement
exigence organisationnelle	organizational requirement
exigence précise; exigence explicite	specific requirement
exigence professionnelle; compétence requise; aptitude exigée	skill requirement
exigence professionnelle injustifiée	non-bona fide occupational requirement
exigences de l'emploi; qualités requises; qualifications requises; exigences de poste	job requirements
exigences de l'emploi; définition du poste de travail	job specification
exigences de poste; exigences de l'emploi; qualités requises; qualifications requises	job requirements

425

exigences des employeurs; besoins des employeurs	employer requirements
exigences en matière de formation	training requirements
exigences professionnelles	occupational requirements
exigences professionnelles réelles	bona fide occupational requirements
exigences scolaires; scolarité requise	educational requirements
expansion de l'emploi; hausse de l'emploi; progression de l'emploi; augmentation de l'emploi	expansion of employment; increase in employment
expansion des entreprises	business development
expansion d'une industrie; développement d'une industrie; essor d'une industrie	expansion of an industry
expansion économique; développement économique; essor économique	economic expansion; economic development
expansion économique régionale	regional economic expansion
ex-participant; diplômé; finissant	graduate
expérience acquise; antécédents professionnels; antécédents de travail; expérience professionnelle antérieure	work background; employment history; past experience; previous work experience; work history
expérience acquise en cours d'emploi; expérience concrète du travail; expérience pratique; expérience en milieu de travail; expérience pratique de travail	on-the-job experience; hands-on experience; practical experience; practical work experience
expérience connexe	related experience
expérience d'apprentissage	learning experience
expérience de l'enseignement	teaching experience
expérience de travail; expérience professionnelle	work experience; job experience
expérience de travail pertinente	relevant work experience

expérience en milieu de travail; expérience pratique de travail; expérience concrète du travail; expérience acquise en cours d'emploi; expérience pratique	on-the-job experience; hands-on experience; practical experience; practical work experience
expérience en supervision	supervisory experience
expérience pratique; expérience pratique de travail; expérience en milieu de travail; expérience concrète du travail; expérience acquise en cours d'emploi	on-the-job experience; hands-on experience; practical experience; practical work experience
expérience professionnelle; expérience de travail	job experience; work experience
expérience professionnelle antérieure; antécédents professionnels; antécédents de travail; expérience acquise	work background; employment history; past experience; previous work experience; work history
expert (dans une profession); chevronné	proficient (in an occupation)
expert-conseil; conseiller	consultant
expert-conseil de la formation dans l'industrie	industrial training consultant
expert-conseil de l'équité en matière d'emploi	employment equity consultant
expert-conseil des services aux employeurs	employer service consultant
expert-conseil en counselling et en testing	counselling and testing consultant
expert-conseil en dotation; conseiller en dotation	staffing consultant
expert-conseil en emploi des femmes	women's consultant
expert-conseil en gestion	managerial consultant
expert-conseil en main-d'oeuvre	manpower consultant
expert-conseil en planification	planning consultant
expert-conseil en services d'emploi	employment services consultant
expert-conseil étranger	foreign consultant

expert-conseil Jeunesse	youth consultant
expert-conseil Jeunesse régional; EJR	regional youth consultant; RYC
expert-conseil national en matière de mise en circulation	national clearance consultant
expert-conseil régional de l'équité en matière d'emploi	regional employment equity consultant
expert-conseil sectoriel; conseiller sectoriel	industrial consultant
expert-conseil sectoriel supérieur; conseiller sectoriel supérieur	senior industrial consultant
expiration d'un accord; résiliation d'un accord	termination of an agreement
expiration d'un contrat; résiliation d'un contrat	termination of a contract
expiration d'un mandat	expiration of term of office
exploitable; viable; rentable	economically viable
exposé (adj.); vulnérable	at risk
exposé de fonctions	job duty statement
extension d'une entente de travail; reconduction d'un contrat de travail	extension to a work agreement
extérieur de la réserve, à l'	off reserve
extrant; production; produit; rendement	output

f

facteur d'admissibilité; critère d'admissibilité	qualifier; eligibility criterion
facteur de production; apport; contribution; intrant	input
facteur saisonnier	seasonal factor

faible productivité	low productivity
faire circuler un rapport; diffuser un rapport	staff a report
faire une demande d'emploi; présenter une demande d'emploi; postuler un emploi; solliciter un emploi	apply for a job
faire une sélection préliminaire; présélectionner	screen
famille; ménage	household
famille à deux revenus	two-earner family; two-income family
famille à plusieurs revenus; famille à revenus multiples	multi-earner family
famille à revenu unique	one-earner family; one-income family
famille biparentale	two-parent family
famille monoparentale	lone parent family; one-parent family; single parent family
FAO; formation assistée par ordinateur	CBT; computer-based training
FAP; fiche d'analyse de poste	PAS; position analysis schedule
FA-SPSC; Forces armées - Service de préparation à une seconde carrière	CF-SCAN; Canadian Forces - Second Career Assistance Network
fausse déclaration	false statement
favoriser; promouvoir	promote
favoritisme	patronage
FCJ; Fondation canadienne de la jeunesse; Fondation canadienne pour les jeunes (app. ant.)	CYF; Canadian Youth Foundation
FDC; feuille de description de cours	CDS; course description sheet
F & E; fonctionnement et entretien	O and M; operation and maintenance
fédération des travailleurs	federation of labour
fédération du travail	labour federation

429

Fédération du travail de l'Ontario; FTO	Ontario Federation of Labour; OFL
Fédération internationale des organisations de formation et de développement	International Federation of Training and Development Organizations
femme de métier	tradeswoman
fermeture d'une entreprise	shutdown of a company
fermeture d'usine	industry shut-down; plant closure
fermeture temporaire	temporary shutdown
fête légale; jour férié; congé	holiday; public holiday; statutory holiday
Feuille de codage des transactions du STOE - Diagramme de répartition des codes de la CCDP	MOPS transaction coding sheet - CCDO responsibility chart
Feuille de codage des transactions du STOE - Matrice d'extraction automatique	MOPS transaction coding sheet - push-pull matrix
feuille de description de cours; FDC	course description sheet; CDS
feuille de paye; liste de paye; livre de paye	paylist; payroll; earnings record; paysheet
feuille de présentation	referral slip
Feuille de profil - Inventaire canadien d'intérêts professionnels	Profile Sheet for the Canadian Occupational Interest Inventory
feuille des présences; fiche de présence; registre des présences	attendance sheet; attendance list; attendance record; attendance register; record of attendance
feuille de travail; fiche de travail	worksheet; work sheet
Feuille d'information concernant la subvention supplémentaire de transition	Supplementary Transition Grant Worksheet
FGI; Formation générale dans l'industrie	General Industrial Training; GIT
fiabilité	reliability
FIC; Fonds pour les initiatives communautaires	CIF; Community Initiatives Fund

fiche d'analyse de poste; FAP	position analysis schedule; PAS
fiche de l'employeur	employer record
fiche d'emploi	job card
fiche de présence; registre des présences; feuille des présences	record of attendance; attendance list; attendance record; attendance register; attendance sheet
fiche de présence hebdomadaire	weekly attendance record
fiche de présentation à un employeur	referral record
fiche de présentation d'un employé	employee referral slip
fiche de renseignements personnels	personal information sheet
Fiche de renseignements sur l'organisme d'accueil	Training Place Host Information Form
fiche de service aux clients	client service record
fiche des paiements	payment record card
fiche de travail; feuille de travail	worksheet; work sheet
fiche d'évaluation	assessment sheet; assessment work sheet
fiche d'évaluation préalable de la CC; fiche d'évaluation préalable de la Commission consultative	pre-MAB assessment worksheet; pre-Ministerial Advisory Board assessment worksheet
fiche d'information; carte-message	filler card
fiche d'inscription du stagiaire	trainee documentation
fiche du participant	participant record
fichier de contrôle automatisé des offres	order computer record
fichier des clients; répertoire des clients	client index; client inventory; inventory of clients
fichier des clients prestataires	client claimant index

fichier des clients-travailleurs	worker client file
fichier des offres d'emploi	job-order file
fichier des professions	occupation file
fichier d'offres inactives; dossier d'offres inactives	dormant order file
fichier manuel de renseignements sur les clients	manual client information record
fichier principal	master file
fichier sur la formation	training open file
filiale	subsidiary; subsidiary company
financement de programme	program funding
financement direct	direct funding
finissant	completer
finissant; diplômé; ex-participant	graduate
finissants des cours de formation	training graduates
fiscaliste-conseil	tax consultant
fixer les salaires	set wages
FJA; Formation de jeunes apprentis	YAT; Youth Apprentice Training; Youth Apprenticeship Training
fléchissement de l'emploi; régression de l'emploi; diminution de l'emploi; baisse de l'emploi	decline in employment
fluctuation de la demande; glissement de la demande	demand shift
fluctuation de l'offre de main-d'oeuvre	uncertain labour supply
fluctuations de la demande de main-d'oeuvre	shifting patterns of demand for labour
fluctuations saisonnières de l'emploi; oscillations saisonnières de l'emploi	seasonal employment variations; seasonality of employment
fonction	duty

fonction mineure	minor duty
fonctionnaire	public employee; public servant; public service employee
fonctionnaire; employé; agent; préposé; dirigeant; représentant officiel	officer; official
fonctionnaire provincial	provincial officer; provincial official
fonctionnaire territorial	territorial official
fonctionnement du marché du travail; rouages du marché du travail	functioning of the labour market; labour market operations; operation of labour market
fonctionnement d'un programme	operation of a program
fonctionnement et entretien; F & E	operation and maintenance; O and M
fonction publique; FP	Public Service; PS
fonction publique fédérale	federal civil service
fonctions remplies; travail accompli	work performed
Fondation canadienne de la jeunesse; Fondation canadienne pour les jeunes (app. ant.); FCJ	CYF; Canadian Youth Foundation
fondé de pouvoir; signataire autorisé; agent approbateur; agent autorisé	signing authority; signing officer; approving officer; authorizing officer; authorizing agent
Fonds d'adaptation de la main-d'oeuvre	Labour Adjustment Fund
Fonds d'encouragement à l'équité d'emploi [Ont.]	lmployment Equity Incentive Fund [Ont.]
fonds d'épargne	savings fund
fonds de pension; caisse de retraite; fonds de retraite	pension fund
fonds de prévoyance; fonds pour éventualités	contingency fund
fonds de retraite; fonds de pension; caisse de retraite	pension fund

fonds destinés à la formation; crédits affectés à la formation	training funds
fonds d'un projet	project funds
fonds en excédent; fonds non utilisés; fonds inutilisés; fonds non reportables	slippage funds; lapsing funds
fonds engagés	funds committed
fonds inutilisés; fonds non utilisés; fonds non reportables; fonds en excédent	lapsing funds; slippage funds
fonds non grevés	unencumbered funds
fonds non reportables; fonds non utilisés; fonds inutilisés; fonds en excédent	lapsing funds; slippage funds
fonds pour éventualités; fonds de prévoyance	contingency fund
Fonds pour les initiatives communautaires; FIC	Community Initiatives Fund; CIF
fonds publics; deniers publics	public money; public funds
Fonds spécial d'aide à l'adaptation des travailleurs	Special Labour Adjustment Response Fund
Forces Armées - Service de préparation à une seconde carrière; FA-SPSC	Canadian Forces - Second Career Assistance Network; CF-SCAN
formalité ordinaire de validation	regular validation procedure
formalités; marche à suivre; méthodes; procédures	procedures
Formalités de fin d'emploi	Separation Clearance Report
formalités de mise en circulation à l'étranger; procédures de mise en circulation à l'étranger	overseas clearance procedures
formateur; agent de formation; moniteur	training officer; trainer
formation	training
formation, en	in training
formation à court terme	short-term training

formation à l'extérieur de l'entreprise; formation hors du cadre du travail; formation hors des lieux de travail; formation hors travail; formation extérieure; formation institutionnelle	off-the-job training
formation à l'initiative du secteur privé	market driven training
Formation à l'intention des autochtones	Training Opportunities for Natives
formation à long terme	long-term training
formation à plein temps; formation à temps plein	full-time training
formation assistée par ordinateur; FAO	computer-based training; CBT
formation à temps plein; formation à plein temps	full-time training
formation avec production	in-production training
formation chez l'employeur	employer-centered training
formation coordonnée par l'employeur	employer-based training
formation dans les compétences industrielles	industrial skills training
formation dans les métiers	trades training
formation dans les métiers spécialisés	skilled trades training; skill trades training
formation dans l'industrie	industry-based training; training-in-industry; industrial training
formation de base	basic training; core training
Formation de jeunes apprentis; FJA	Youth Apprenticeship Training; Youth Apprentice Training; YAT
formation de la main-d'oeuvre	manpower training
formation des adultes	adult training
formation des apprentis	training of apprentices
formation des cadres; formation en gestion	management training

formation des conseillers	counsellor training
formation des débutants	entry-level skills development; entry-level training
formation des femmes dans les métiers non traditionnels	non-traditional training for women
formation des stagiaires	training of trainees
formation de travailleurs hautement qualifiés	high-skill trades training
formation de travailleurs hautement spécialisés dans l'industrie	higher-skilled industrial training
formation directe	direct coaching
formation du personnel	staff training; training of personnel
formation d'ouvriers spécialisés	semi-skilled training
formation en apprentissage; apprentissage	apprenticeship training; apprenticeship
formation en classe; formation théorique	classroom training
formation en cours d'emploi; formation en milieu de travail; formation interne; formation pratique; formation sur le tas; formation sur place; formation sur les lieux de travail	on-site training; in-service training; on-the-job learning; on-the-job training; in-house training; training on-the-job; hands-on training
formation en cours d'emploi pour contrer la pénurie de travailleurs qualifiés	training on-the-job for skill shortages
formation en cours d'emploi pour les travailleurs défavorisés	training on-the-job for disadvantaged workers
formation en dynamique de la vie; apprentissage de l'autonomie fonctionnelle	life skills training
formation en entreprise; formation en industrie	in-plant training
formation en établissement	institutional classroom training; institutional training

formation en gestion; formation des cadres	management training
formation en groupe	group training
formation en industrie; formation en entreprise	in-plant training
formation en milieu de travail; formation interne; formation en cours d'emploi; formation sur place; formation sur le tas; formation pratique; formation sur les lieux de travail	in-house training; in-service training; on-the-job training; training on-the-job; on-site training; on-the-job learning; hands-on training
formation extérieure; formation institutionnelle; formation à l'extérieur de l'entreprise; formation hors des lieux de travail; formation hors du cadre du travail; formation hors travail	off-the-job training
Formation générale dans l'industrie; FGI	General Industrial Training; GIT
formation hautement spécialisée	high-skill training
formation hors des lieux de travail; formation hors du cadre du travail; formation hors travail; formation extérieure; formation institutionnelle; formation à l'extérieur de l'entreprise	off-the-job training
formation individuelle	one-to-one training
formation initiale	initial training
formation institutionnelle; formation à l'extérieur de l'entreprise; formation hors du cadre du travail; formation hors des lieux de travail; formation hors travail; formation extérieure	off-the-job training
formation intensive; formation poussée	intensive training

formation interne; formation en cours d'emploi; formation sur place; formation sur le tas; formation pratique; formation sur les lieux de travail; formation en milieu de travail	in-house training; in-service training; on-the-job training; training on-the-job; on-site training; on-the-job learning; hands-on training
formation liée à l'emploi	job-related training
formation linguistique; cours de langue	language training
formation nécessaire	required training
formation par affectations successives	rotational training
formation parallèle	concurrent training
formation par étapes	analytical training
formation par modules	modular training
formation parrainée par l'entreprise	company-sponsored training
formation périodique; formation récurrente	recurrent training
formation peu spécialisée	lower level skill training
formation postsecondaire	post-secondary training
formation poussée; formation intensive	intensive training
formation pratique; formation interne; formation en cours d'emploi; formation sur place; formation sur le tas; formation sur les lieux de travail; formation en milieu de travail	hands-on training; in-house training; in-service training; on-the-job training; training on-the-job; on-site training; on-the-job learning
formation pratique par simulation	simulated on-the-job-training
formation préalable	pre-training
formation préalable à la spécialisation; préparation professionnelle; enseignement préprofessionnel; initiation à la profession	vocational preparation; pre-vocational training
formation préalable à l'emploi	pre-employment training

formation préparatoire; initiation	vestibule training
formation professionnelle	vocational education; career training; job training; skill training; occupational training; vocational training
formation professionnelle accélérée	accelerated vocational training
formation professionnelle de base	basic job training
formation professionnelle des adultes	adult occupational training
formation professionnelle générale	generic skill training
formation professionnelle spécialisée	occupational skills training
formation récurrente; formation périodique	recurrent training
formation régulière	formal training
formation sans production	out-of-production training
formation scolaire; scolarité; niveau de scolarité; niveau d'instruction; études; niveau d'études	schooling; level of schooling; academic attainment; education; educational level; formal education; level of education; level of study
formation spécialisée	specialized training
formation spécialisée en établissement	institutional skill training
formation sur les lieux de travail; formation sur le tas; formation sur place; formation interne; formation en cours d'emploi; formation pratique; formation en milieu de travail	in-house training; in-service training; on-the-job training; training on-the-job; on-site training; on-the-job learning; hands-on training
formation technique	technical training
formation théorique; formation en classe	classroom training
Formation visant l'adaptation de la petite entreprise	Training for Small Business Adjustment
former le personnel	train staff

439

former un travailleur	train a worker
formulaire d'auto-identification	self-identification form
formulaire de commande	requisition form
formulaire de demande	application form; requisition form
formulaire de demande de modification de l'accord	Request for Contract Amendment form
formulaire de présentation	referral form
formulaire de rapport sur l'équité en matière d'emploi	employment equity reporting form
formulaire de renseignements pour fins de recrutement	recruiting information form
formulaire d'évaluation des étudiants	student assessment form
formulaire d'identification de l'employeur	employer identification form
formulaire d'inscription	registration form
formulaire d'inscription du client	client registration form
formule de dotation en personnel	staffing action form
formule de financement décroissant	diminishing funding formula
formule de recrutement à deux volets	two-tier recruitment process
formule de remboursement à échelle mobile	sliding scale reimbursement formula
formule de renseignements personnels supplémentaires	supplementary personal history form
forte demande saisonnière; demande saisonnière élevée	high seasonal demand
fort taux de chômage; chômage élevé	high unemployment
fourchette (de salaires); gamme (de programmes); catégorie	range

fournir de la documentation; étayer de documents; documenter	document (v.)
fournir de l'information; communiquer de l'information; donner de l'information; transmettre de l'information	provide information
fournir des services; assurer des services	deliver services
fournir un service; assurer un service	provide a service
fournisseur de test	test supplier
FP; fonction publique	PS; Public Service
frais administratifs; frais d'administration; frais de gestion	administration expenses; administrative costs; administrative expenses; service cost
frais connexes	related costs
frais d'administration; frais de gestion; frais administratifs	administration expenses; administrative costs; administrative expenses; service cost
frais de déménagement	moving costs; removal expenses
frais de déplacement; frais de transport; frais de voyage	transportation expenses; travel costs; travel expenses
frais de fonctionnement; charges de fonctionnement; coûts de fonctionnement	operating costs
frais de formation; coûts de formation	training costs; training charges
frais de formation directs	direct training costs
frais de gestion; frais d'administration; frais administratifs	service cost; administration expenses; administrative expenses; administrative costs
frais de lancement; coût de lancement	start-up cost
frais de recrutement	recruitment costs
frais de scolarité	course fees; tuition fees
frais de subsistance	living expenses

frais de supervision	supervisory costs
frais de transport; frais de voyage; frais de déplacement	travel costs; travel expenses; transportation expenses
frais de voyage aller seulement	one-way travel costs
frais d'examen	examination fees
frais d'exploitation; charges d'exploitation; coûts d'exploitation	operating costs
frais directement liés aux cours	direct course costs
frais directs; coûts directs	direct costs
frais exceptionnels liés au matériel	extraordinary material costs
frais généraux	overhead; overhead costs; overall costs
frais généraux des établissements de formation	institutional overhead costs
frais partageables	shareable costs
frais spéciaux	special costs
frais supplémentaires	extras
frein; obstacle; dissuasion; découragement	disincentive
fréquence du chômage	incidence of unemployment
FTO; Fédération du travail de l'Ontario	OFL; Ontario Federation of Labour
fusionnement; intégration	integration
fusionnement des tâches	integration of tasks
fusionner des fonctions	integrate functions
future main-d'oeuvre	oncoming labour force

g

gains	earnings
gains déclarés	declared earnings
gains horaires	hourly earnings

gains non signalés	unreported earnings
gains provenant d'un emploi	earnings from employment
gamme (de programmes); catégorie; fourchette (de salaires)	range
garantie d'emprunt	loan guarantee
garantie de revenu; soutien du revenu	income maintenance; income support
garde de jour	day care
garde des personnes à charge	dependant care
garderie	day care centre
garderie sur les lieux	on-site day care facility
garder un emploi; conserver un emploi	stay on a job; retain employment
GCNEJ; Groupe consultatif national pour l'emploi des jeunes	NYAG; National Youth Advisory Group
gel de la dotation en personnel; blocage de la dotation en personnel	staff freeze
gel de l'embauchage	freeze on hiring
gel des effectifs	staffing moratorium
générateur d'économie de main-d'oeuvre; économisant du travail	labour saving (adj.)
génération issue de l'explosion démographique; génération issue de la poussée démographique	baby boom generation
genre d'atelier	type of shop
genre de candidat	type of applicant
genre d'emploi	type of employment
genre de travail	type of work
geste symbolique	tokenism
gestion	management

gestion de programme	program management
gestion des documents	records management
gestion des ressources humaines	human resource(s) management
gestion des services hiérarchiques	line management
gestion du counselling	management of counselling
gestion du personnel	personnel management
gestionnaire; directeur; cadre; dirigeant	manager
gestionnaire affecté à la formation	training manager
gestionnaire de centre de responsabilité	responsibility centre manager
gestionnaire régional	regional manager
gestionnaires; cadres; patronat; direction; dirigeants	management
GG; grand groupe	major group; MG
glissement de la demande; fluctuation de la demande	demand shift
Glossaire des profils d'intérêts	Glossary of Interest Profiles
goulot d'étranglement des compétences	skill bottleneck
grande profession	core occupation
grandes lignes d'un programme; orientation d'un programme; but d'un programme	thrust of a program
grand groupe; GG	major group; MG
grand groupe professionnel	broad occupational group
grand projet; mégaprojet; projet d'envergure	mega project
gratification; prime; boni	premium; bonus
greffier	clerk
grève	strike
grève du zèle	work-to-rule

grève illégale	unlawful strike
grève légale	lawful strike
grève perlée; ralentissement de travail; ralentissement de la production	work slowdown; slowing down of work; slowdown
grève sauvage	wildcat strike
grève tournante	rotating strike
gréviste; travailleur en grève	striker; striking employee; striking worker
grief	grievance
grille de carrière	career lattice
grille d'élaboration d'un programme d'études	curriculum development grid
grille de sélection des professions	grid-aid to occupational choices
groupe bénévole	voluntary group
groupe ciblé; groupe cible; groupe visé	target group
groupe communautaire; groupe local; association communautaire	community group
Groupe consultatif du premier palier	Tier 1 Sector Task Force
Groupe consultatif national pour l'emploi des jeunes; GCNEJ	National Youth Advisory Group; NYAG
groupe d'action local	local action group
groupe de base des salariés	occupational unit group
groupe de citoyens; association de citoyens	citizens' group
groupe de clients	client group
groupe de compétences particulières	skill cluster
groupe défavorisé	disadvantaged group
groupe de femmes autochtones	Native Women's group
Groupe de l'emploi des femmes	Women's Employment Group

groupe d'entraide	self-help group
groupe de professions; groupe professionnel	occupational cluster; occupational group
groupe de référence; groupe témoin; groupe étalon	comparison group; control group
groupe de relève	feeder group
Groupe des Affaires de la Jeunesse; Affaires de la jeunesse	Youth Affairs; Youth Affairs Group
groupe désigné	designated group
Groupe des travaux de recherche	Research Projects Group
groupe de travail; atelier; groupe d'étude	syndicate; task force; task group
Groupe de travail de la promotion de la Planification de l'emploi	Canadian Jobs Strategy Marketing Task Force
Groupe de travail fédéral-provincial sur le financement agricole	Federal-Provincial Working Group on Farm Finance
groupe de travail mixte; groupe d'étude mixte	joint working group; joint task force
Groupe de travail national du secteur privé sur le SPPC	National Private Sector Working Group on COPS
Groupe de travail national sur la mobilité de la main-d'oeuvre	National Mobility Task Force
groupe de travail patronal-syndical	labour-management work force
groupe de travail sectoriel; groupe d'étude sur les secteurs d'activité	sector task force
Groupe de travail sur la micro-électronique et l'emploi	Task Force on Micro-Electronics and Employment
Groupe de travail sur la stratégie d'emploi	Working Party on Employment Strategy
Groupe de travail sur l'enseignement et la formation professionnels	Working Party on Vocational Education and Training

Groupe de travail sur les modifications structurelles - Planification de l'emploi	Organization Changes Task Force - Canadian Jobs Strategy
Groupe de travail sur les services de main-d'oeuvre aux autochtones	Task Force on Manpower Services to Native People
groupe d'étude; groupe de travail; atelier	syndicate; task force; task group
Groupe d'étude de l'évolution du marché du travail	Task Force on Labour Market Development
groupe d'étude indépendant	independent review group
groupe d'étude mixte; groupe de travail mixte	joint task force; joint working group
Groupe d'étude national sur la mobilité des travailleurs de la construction	National Task Force on Construction Mobility
Groupe d'étude sur la mobilité des travailleurs de la construction	Construction Mobility Task Force
Groupe d'étude sur les programmes d'emploi des autochtones	Native Employment Program Improvement Group
Groupe d'étude sur les ressources humaines dans l'industrie automobile	Automotive Industry Human Resources Task Force
groupe d'étude sur les secteurs d'activité; groupe de travail sectoriel	sector task force
Groupe d'étude sur le travail à temps partiel	Resource Group on Part-time Employment
groupe d'orientation de la consultation du secteur privé aux fins du SPPC; groupe d'orientation de la consultation du secteur privé aux fins du Système de projections des professions au Canada	private sector steering group for COPS; private sector steering group for the Canadian Occupational Projection System
groupe étalon; groupe de référence; groupe témoin	comparison group; control group
groupe local; association communautaire; groupe communautaire	community group

groupe minoritaire	minority group
Groupe national d'étude sur la pénurie de travailleurs	National Task Force on Labour Shortages
groupe professionnel; groupe de professions	occupational cluster; occupational group
groupe s'adressant aux jeunes	youth-oriented group
groupe social	social group
groupe témoin; groupe étalon; groupe de référence	comparison group; control group
groupe visé; groupe ciblé; groupe cible	target group
Guide à l'intention des auteurs de demande	Applicant Guide; Guide to Applicants
guide d'auto-développement	self-reliance handbook
guide de dotation	staffing guide
Guide d'élaboration des propositions	Guide to Proposal Development
Guide de la protection des renseignements personnels	Privacy Handbook
Guide de l'emploi; Guide EA	Employment Manual; EA Manual
Guide de l'employé	Employee Handbook
Guide de l'employeur	Employer's Guide; Employer's Handbook
Guide de l'organisme d'accueil	Training Place Host Guide
Guide des auteurs de propositions	Guide to Proponents
Guide du participant	Participant Handbook
Guide du promoteur	Sponsor's Handbook
Guide EA; Guide de l'emploi	EA Manual; Employment Manual

h

habileté; qualification; aptitude; capacités; compétence	qualification; competence; competency; skill
habitude de travail	work habit

448

handicapé physique et mental	physically and mentally handicapped
handicap physique	physical handicap
harcèlement en raison de la race	racial harassment
harcèlement sexuel	sexual harassment
harmoniser l'offre et la demande de main-d'oeuvre; équilibrer l'offre et la demande de main-d'oeuvre	balance labour supply and demand
hausse de l'emploi; expansion de l'emploi; progression de l'emploi; augmentation de l'emploi	expansion of employment; increase in employment
hausse de salaire; augmentation d'échelon; augmentation de salaire	wage increase; pay increase; salary increase; wage increment; pay increment; salary increment
hausse progressive	progressive increase
hausser les normes; relever les normes	raise standards
hausser le taux du salaire minimum; augmenter le taux du salaire minimum; relever le taux du salaire minimum; majorer le taux du salaire minimum	increase minimum wage
haute direction; cadres supérieurs; cadres dirigeants	senior management
hautement qualifié; hautement spécialisé	highly skilled; highly qualified
haut fonctionnaire	senior official
heure de travail; heure ouvrable	working hour
heures de travail; durée du travail	hours of work; working hours
heures normales de travail	scheduled hours of work
heures supplémentaires; temps supplémentaire; surtemps [CAN]	overtime
heures travaillées	time worked
homme de métier; compagnon	tradesman; journeyman

homme de métier qualifié; compagnon qualifié	qualified journeyman
honoraires	fee; professional fees
horaire décalé; horaire échelonné	staggered hours
horaire de travail	work schedule
horaire de travail personnalisé; horaire de travail personnel; horaire dynamique; horaire flexible; horaire variable; horaire souple; horaire individualisé; horaire personnalisé	personalized working hours; personalized hours of work; flextime; flexible hours
horaire échelonné; horaire décalé	staggered hours
horaire flexible; horaire variable; horaire souple; horaire dynamique; horaire individualisé; horaire personnalisé; horaire de travail personnalisé; horaire de travail personnel	flextime; flexible hours; personalized working hours; personalized hours of work
horaire hebdomadaire normal	standard weekly hours
horaire individualisé; horaire personnalisé; horaire souple; horaire variable; horaire dynamique; horaire flexible; horaire de travail personnalisé; horaire de travail personnel	flextime; flexible hours; personalized working hours; personalized hours of work
horaire variable de travail	flexible work schedule
hors du milieu de travail	off-the-job
hygiène du travail; hygiène professionnelle	occupational health

i——————————————————————————————

IAPES; International Association of Personnel in Employment Security [USA]	IAPES; International Association of Personnel in Employment Security [USA]
IAS; immatriculation aux assurances sociales	SIR; social insurance registration

ICIP; Inventaire canadien
d'intérêts professionnels

COII; Canadian Occupational
Interest Inventory

ICTFA; Institut canadien de
technologie et de formation
aérospatiales

CIATT; Canadian Institute of
Aerospace Training and
Technology

identification de l'employeur

employer identification

identifier, s'; s'auto-identifier

self-identify

immatriculation aux assurances
sociales; IAS

social insurance registration;
SIR

impersévérance scolaire; abandon
de scolarité; sortie du
système éducatif; décrochage

drop(-)out (n.)

impersévérant; impersévérant
scolaire; jeune ayant abandonné ses études; décrocheur

discontinuant (n.); drop(-)out
(n.)

impôt fédéral sur le revenu

federal income tax

inactif (adj.)

not in the labour force

inactif (adj.); en chômage; sans
emploi

unemployed; without employment

inactifs (n.); non-actifs (n.);
population inactive

persons not in the labour force;
non-labour force; non-working
population

inactivité obligatoire

enforced idleness

incapable de travailler

incapable of working

incapacité

disability

incapacité physique

physical incapacity; physical
disability

incidence sur les années-
personnes

person-year impact

incitant; encouragement;
stimulant

incentive

incitation financière; aide
financière; encouragement
financier; stimulant
financier

financial assistance; financial
incentive

incompétence

incompetence

incubateur; incubateur d'entreprises; centre d'incubation d'entreprises	incubator; incubator mall; business incubator
indemnisation d'adaptation	adjustment compensation
indemnisation des accidents du travail; indemnisation des accidentés du travail	worker's compensation; workmen's compensation
indemnité; dédommagement	compensation
indemnité; paiement; remboursement; versement	payment
indemnité; allocation	allowance
indemnité d'accident du travail	workmen's compensation benefit
indemnité de cessation d'emploi; indemnité de fin d'emploi	separation pay; terminal pay; severance pay
indemnité de déménagement; allocation de déménagement	moving allowance; relocation allowance
indemnité de fin d'emploi; indemnité de cessation d'emploi	separation pay; terminal pay; severance pay
indemnité de fonctions supplémentaires	extra-duty pay
indemnité de renvoi	dismissal compensation; dismissal pay; dismissal wages
indemnité de repas	meal allowance
indemnité de salaire; indemnité de traitement	wage replacement; salary replacement
indemnité de séjour; allocation de subsistance	living allowance; subsistence allowance
indemnité de traitement; indemnité de salaire	wage replacement; salary replacement
indemnité de vie chère	cost-of-living allowance; COLA
indemnité d'hébergement; allocation de logement	accommodation allowance
indemnité forfaitaire	lump sum allowance
indemnité pour incapacité permanente	permanent disability payment
indemnité quotidienne	per diem allowance

indépendant; autonome; à son propre compte	self-employed
Index des codes pour les cours de formation	Training Course Code Index
indicateur de pénurie de main-d'oeuvre par profession	occupational shortage indicator
indicateur de rendement	performance indicator
indicateur d'excédent de main-d'oeuvre par profession	occupational surplus indicator
indicateur-repère de pénurie de main-d'oeuvre	benchmark shortage indicator
indicateur-repère d'excédent de main-d'oeuvre	benchmark surplus indicator
indicatif d'exclusion de la profession	occupation exclusion code
indice de l'offre d'emploi	help wanted index
indice de satisfaction générale	general satisfaction rating
indice des disparités socio-économiques	socio-economic disparity index
Indien inscrit	status Indian
Indien non inscrit	Non-Status Indian
Indiens actifs; main-d'oeuvre indienne	Indian labour force; Indian work force
industrie à activité intermittante	stop-and-go industry
industrie à forte concentration de main-d'oeuvre; industrie à forte densité de main-d'oeuvre; industrie à forte proportion de main-d'oeuvre; industrie de main-d'oeuvre	labour intensive industry
industrie agricole	farming industry
industrie artisanale	cottage industry
industrie de la fabrication; industrie manufacturière	manufacturing industry

industrie de main-d'oeuvre; industrie à forte densité de main-d'oeuvre; industrie à forte proportion de main-d'oeuvre; industrie à forte concentration de main-d'oeuvre	labour intensive industry
industrie de pointe	high-technology industry
industrie de transformation	processing industry
industrie manufacturière; industrie de la fabrication	manufacturing industry
industrie primaire; secteur primaire	primary sector; primary industry
inégalité d'accès aux professions; ségrégation professionnelle; discrimination professionnelle	occupational segregation
information sur la main-d'oeuvre; données sur la main-d'oeuvre; renseignements sur la main-d'oeuvre	manpower information
information sur le marché du travail; renseignements sur le marché du travail	labour market information; labour market intelligence; employment market information
information sur le personnel	personnel information
information sur les carrières; information sur les professions	occupational information; vocational information
information sur les emplois et le marché du travail	job and labour market information
information sur les professions; information sur les carrières	vocational information; occupational information
informer; aviser	notify
initiation; orientation	orientation
initiation; formation préparatoire	vestibule training
initiation à la profession; préparation professionnelle; enseignement préprofessionnel; formation préalable à la spécialisation	vocational preparation; pre-vocational training

initiation au travail	pre-employment orientation
Initiation aux professions non traditionnelles; IPNT	Introduction to Non-Traditional Occupations; INTO
initiation aux techniques professionnelles	work-skill training
initiation des travailleurs	worker orientation
initiative de revitalisation; activité de revitalisation; mesure de revitalisation	revitalization initiative
Initiatives d'emploi d'été des étudiants	Summer Employment Initiatives for Students
Initiatives Jeunesse	Youth Initiatives; Youth Ventures
initiative spéciale de formation	special training initiative
initiatives régionales d'emploi d'été	Regional Summer Employment Packages
initiatives spéciales pour l'emploi	special employment initiatives
insatisfaction au travail; insatisfaction professionnelle	job dissatisfaction
inscription	enrolment; registration
inscription; report	posting
inscription; enregistrement	recording
inscription à la formation; inscription à un cours de formation	training referral
inscription au dossier actif	active registration
inscription à un cours de formation; inscription à la formation	training referral
inscription au répertoire	inventory registration
inscription conditionnelle (à un cours)	conditional referral (to a training course)
inscription de l'employeur	employer registration
inscription des emplois vacants	registration of employment vacancies

inscription des offres d'emploi; réception des offres d'emploi; enregistrement des offres d'emploi	job-order taking; order taking; order entry
inscription du stagiaire	trainee documentation
inscription du travailleur	worker registration
inscription en vue d'un emploi; inscription pour un emploi	registration for employment; registration for work; employment registration
inscription initiale du stagiaire	trainee's initial referral
inscription mise en circulation	clearance registration
inscription par la poste	registration by mail
inscription partielle	mini-registration
inscription pour un emploi; inscription en vue d'un emploi	registration for employment; registration for work; employment registration
inscription principale	master registration
inscription renouvelée; réinscription; renouvellement de l'inscription	revival
inscription sans emploi	registration without employment
Inscription - Service de placement pour les congrès	Convention Employment Service Registration
inscription sur place	on-site registration
inscrire; s'inscrire	register (v.)
inscrire (à un cours)	refer
inscrire à un cours de formation; envoyer à un cours de formation	refer for training
inscrire en lettres moulées; écrire en caractères d'imprimerie; écrire en lettres moulées	print (v.)
inscrire une offre d'emploi; transmettre une offre; déposer une offre; communiquer une offre	place an order

inscrit	registered
inscrit à un cours de formation; envoyé à un cours de formation; dirigé vers un cours de formation	referred to training
instabilité de la main-d'oeuvre	labour instability
installation; établissement; service	facility
installation de libre-service	self-service facility
Institut canadien de technologie et de formation aérospatiales; ICTFA	Canadian Institute of Aerospace Training and Technology; CIATT
institut de technologie	institute of technology
Institut du marché du travail industriel	Industrial Labour Market Institute
instructeur	instructor
instructions sur la manière d'établir les rapports	reporting requirement instructions
instruire une plainte; examiner une plainte; enquêter au sujet d'une plainte	investigate a complaint
instrument de délégation	instrument of delegation
instrument de test	testing device
instrument de travail; outil de travail	work tool; work instrument
instrument d'orientation professionnelle	vocational counselling tool
instrument personnel de counselling	self-counselling aid
instrument psychométrique	psychometric instrument
intégration; fusionnement	integration
intégration à la population active	labour force absorption
intégration au marché du travail	labour market integration
intégration professionnelle	employment integration; job entry

Intégration professionnelle; programme Intégration professionnelle	Job Entry; Job Entry Program
intégrer la population active (à éviter); se joindre à la population active; s'intégrer à la population active	enter the labour force
intégrité professionnelle	professional integrity
interaction client-conseiller	client-counsellor interaction
intérêt professionnel	occupational interest
intérim, par; intérimaire; provisoire; temporaire	acting; interim
intérimaire; par intérim; provisoire; temporaire	interim; acting
interjeter appel de; en appeler de	appeal against (v.)
interlocuteurs sociaux; partenaires sociaux	social partners
internat; stage	internship
International Association of Personnel in Employment Security [USA]; IAPES	International Association of Personnel in Employment Security [USA]; IAPES
interprète gestuel	sign-language interpreter
intervenants sur le marché du travail	labour market partners
intervention sur le marché du travail	labour market response
intrant; apport; contribution; facteur de production	input
invalidité	disability
Inventaire canadien des intérêts reliés au travail	Canadian Work Preference Inventory
Inventaire canadien d'intérêts professionnels; ICIP	Canadian Occupational Interest Inventory; COII
inventaire des appareils auxiliaires de travail	vocational aid inventory
inventaire des préférences professionnelles	vocational preference inventory

inventaire des ressources en
main-d'oeuvre; recensement de
la main-d'oeuvre; répertoire
de main-d'oeuvre; relevé des
effectifs; liste des
effectifs

manpower inventory

Inventaire national des
appareils auxiliaires de
travail

National Inventory of Vocational
Aids

IPNT; Initiation aux professions
non traditionnelles

INTO; Introduction to
Non-Traditional Occupations

j——————————————————————————————

JAN; Service d'information sur
les aménagements (prop.)

JAN; Job Accommodation Network
[USA]

JCT; Jeunesse Canada au travail

YCW; Young Canada Works

jeu de rôle; simulation

role-play

jeune ayant abandonné ses
études; décrocheur;
impersévérant; impersévérant
scolaire

discontinuant (n.); drop(-)out
(n.)

jeune chômeur; jeune en chômage

unemployed youth

jeune en fin de scolarité;
partant (n.)

school-leaver

jeune entrepreneur

young entrepreneur

jeunes défavorisés sur le marché
du travail; jeunes défavorisés
sur le plan de l'emploi

employment-disadvantaged youth

JeunessAction 88

YouthAction 88

Jeunesse Canada au travail; JCT

Young Canada Works; YCW

jeune travailleur

young worker

JOBSCAN

JOBSCAN

joindre à la population active,
se; s'intégrer à la population
active; intégrer la population
active (à éviter)

enter the labour force

jour, par

per day; per diem

459

jour chômé; jour de repos; jour d'inactivité; jour non ouvrable	non-working day
jour de formation professionnelle	staff training day
jour de l'admission; jour de l'inscription	intake day
jour de repos; jour d'inactivité; jour non ouvrable; jour chômé	non-working day
jour de travail; jour ouvrable	working day; work day
jour d'inactivité; jour non ouvrable; jour chômé; jour de repos	non-working day
jour férié; congé; fête légale	holiday; statutory holiday; public holiday
jour férié désigné payé	designated paid holiday
journal des avances	imprest journal
journalier	dayworker
journée de travail normale	normal working day
journée de travail normale à temps partiel	normal part-time day
jour non ouvrable; jour chômé; jour de repos; jour d'inactivité	non-working day
jour ouvrable; jour de travail	work day; working day
jour-personne	person-day
jumelage d'emplois et de travailleurs; jumelage emploi-travailleur; jumelage des travailleurs et des emplois; jumelage travailleur-emploi; appariement des demandes et des offres d'emploi; appariement des offres et des demandes d'emploi	job-worker matching; worker-job matching; job matching
juridiction; compétence; autorité; sphère de compétence; zone de responsabilité	jurisdiction
jury de présélection	screening board

460

jury de révision de la sélection	selection review board
jury de sélection	selection board
juste salaire	fair wages
justice sociale	social fairness
justification; motif; raison d'être	rationale
justification d'identité	proof of identity

l

lacune sur le plan de l'offre	supply-side deficiency
LADP; Liste anticipative des déséquilibres dans les professions	FOIL; Forward Occupational Imbalance Listing
LAF (app. ant.); Loi sur l'administration financière (app. ant.); Loi sur la gestion des finances publiques	FAA; Financial Administration Act
LAFTP; Loi sur l'assistance à la formation technique et professionnelle	TVTAA; Technical and Vocational Training Assistance Act
lancement des programmes	outset of programs
LCDP; Loi canadienne sur les droits de la personne	CHRA; Canadian Human Rights Act
légal; prévu par la loi	statutory
légalement admissible à travailler	legally eligible to work
légalement autorisé à travailler	legally entitled to work
légalement employable	legally employable
législation du salaire minimum	minimum wage legislation
législation du travail	labour legislation
législation relative à la protection de la vie privée	privacy legislation
lettre d'accord; lettre d'entente	letter of understanding
lettre de congédiement	letter of discharge

lettre de demande d'emploi	letter of application
lettre de dispense	exemption letter
lettre d'entente; lettre d'accord	letter of understanding
lettre de réprimande	letter of reprimand
lettre d'instructions	directional letter
lettre d'intention	letter of intent
LFPA; Loi sur la FPA; Loi sur la formation professionnelle des adultes	AOTA; AOT Act; Adult Occupational Training Act
liaison avec le marché du travail	labour market liaison
libéré conditionnel	parolee
libérer un poste; quitter un poste	vacate a position
libre-service	self-service
licence; permis; permis de travail; permis d'exercice	license; permit; work permit; employment authorization
licencié	laid-off
licenciement	lay(-)off (n.); permanent lay(-)off
licenciement collectif	mass lay(-)off
licencier	lay off (v.)
lien de dépendance	reason for dependence
lieu de travail	workplace; work place; job site; place of employment; work site
lieu de travail réel; lieu effectif de travail	actual work place
ligne de conduite; directive; principe directeur; ligne directrice	guideline
ligne de piquetage	picket line
ligne directrice; directive; principe directeur; ligne de conduite	guideline
ligne directrice opérationnelle	operational guideline

lignes directrices d'une politique	policy guidelines
lignes directrices révisées	revised guidelines
liquider une entreprise	wind up a company
Liste anticipative des déséquilibres dans les professions; LADP	Forward Occupational Imbalance Listing; FOIL
liste d'admissibilité	eligibility list; eligible list
liste d'attente	waitlist; stand-by list
liste de contrôle	checklist
liste de contrôle des coûts	cost checklist
liste de contrôle des places de cours	training place control system
liste de contrôle des professions	occupational checklist
liste de contrôle des secteurs vulnérables	vulnerability checklist
liste de contrôle JOBSCAN	JOBSCAN-based checklist
liste de dispenses	waiver list
liste d'emplois	inventory of jobs
liste de paye; feuille de paye; livre de paye	payroll; paysheet; paylist; earnings record
liste de rappel; liste de rappel au travail	call-back list; recall list
liste des candidats	nomination list
liste des effectifs; inventaire des ressources en main-d'oeuvre; recensement de la main-d'oeuvre; répertoire de main-d'oeuvre; relevé des effectifs	manpower inventory
liste des occasions d'emploi	job opportunity list
Liste des programmes provinciaux orientés vers l'emploi des jeunes	Provincial Programs Oriented to Youth Employment
liste détaillée par profession	occupational detail table

liste de travailleurs; liste nominale; liste nominative	nominal roll of workers
liste de vérification des critères d'évaluation	assessment criteria checklist
liste d'utilisation des places de cours	course place utilization list
liste nominale; liste nominative; liste de travailleurs	nominal roll of workers
Liste régionale des emplois vacants; LREV	Regional List of Vacant Positions; RLVP
livre de paye; feuille de paye; liste de paye	paylist; payroll; earnings record; paysheet
livre de petite caisse; registre de petite caisse	petty cash book
livre d'un projet; dossier d'un projet	project record
livret d'apprentissage; carnet d'apprentissage	apprenticeship booklet; apprentices' trade record book
local; d'intérêt collectif; communautaire	community (adj.)
lock(-)out	lock-out
logement des travailleurs	worker accommodation
Loi canadienne sur les droits de la personne; LCDP	Canadian Human Rights Act; CHRA
Loi de l'enseignement professionnel	Vocational Education Act
Loi de 1939 sur la formation de la jeunesse	Youth Training Act, 1939
Loi nationale sur la formation	National Training Act
Loi régissant l'emploi et l'immigration	Employment and Immigration Reorganization Act
lois régissant l'apprentissage et la qualification des hommes de métier	apprenticeship and tradesmen's qualification acts
Loi sur la coordination de la formation professionnelle	Vocational Training Co-ordination Act

Loi sur l'administration financière (app. ant.); LAF (app. ant.); Loi sur la gestion des finances publiques	Financial Administration Act; FAA
Loi sur la formation professionnelle des adultes; Loi sur la FPA; LFPA	Adult Occupational Training Act; AOT Act; AOTA
Loi sur la gestion des finances publiques; Loi sur l'administration financière (app. ant.); LAF (app. ant.)	Financial Administration Act; FAA
Loi sur l'aménagement rural et le développement agricole; ARDA	Agricultural and Rural Development Act; ARDA
Loi sur la pension de la fonction publique; Loi sur la pension de la Fonction publique (app. ant.)	Public Service Superannuation Act
Loi sur la protection des renseignements personnels	Privacy Act
Loi sur la réadaptation professionnelle des invalides (app. ant.); LRPI (app. ant.); Loi sur la réadaptation professionnelle des personnes handicapées	Vocational Rehabilitation of Disabled Persons Act; VRDP Act
Loi sur l'assistance à la formation technique et professionnelle; LAFTP	Technical and Vocational Training Assistance Act; TVTAA
Loi sur l'assurance-chômage	Unemployment Insurance Act; UI Act
Loi sur le crédit d'impôt à l'emploi	Employment Tax Credit Act
Loi sur le ministère et sur la Commission de l'emploi et de l'immigration	Employment and Immigration Department and Commission Act
Loi sur l'emploi	Employment Act
Loi sur l'emploi dans la fonction publique; Loi sur l'emploi dans la Fonction publique (app. ant.)	Public Service Employment Act
Loi sur l'équité en matière d'emploi	Employment Equity Act
Loi sur les normes des prestations de pension	Pension Benefits Standards Act

465

Loi sur les normes de travail de l'Ontario	Ontario Employment Standards Act
Loi sur les prestations d'adaptation pour les travailleurs	Labour Adjustment Benefits Act
Loi sur les relations de travail dans la fonction publique; Loi sur les relations de travail dans la Fonction publique (app. ant.)	Public Service Staff Relations Act
Loi sur les remaniements et transferts dans la Fonction publique (app. ant.); Loi sur les restructurations et les transferts d'attributions dans l'administration publique	Public Service Rearrangement and Transfer of Duties Act
Loi sur les subventions au développement régional; LSDR	Regional Development Incentives Act; RDIA
LREV; Liste régionale des emplois vacants	RLVP; Regional List of Vacant Positions
LRPI (app. ant.); Loi sur la réadaptation professionnelle des invalides (app. ant.); Loi sur la réadaptation professionnelle des personnes handicapées	VRDP Act; Vocational Rehabilitation of Disabled Persons Act
LSDR; Loi sur les subventions au développement régional	RDIA; Regional Development Incentives Act

m⎯⎯⎯⎯⎯⎯⎯⎯⎯⎯⎯⎯⎯⎯⎯⎯⎯⎯⎯⎯⎯⎯⎯⎯⎯⎯⎯⎯⎯⎯⎯⎯

main-d'oeuvre; actifs (n.); travailleurs; population active	labour force; work force; manpower; workforce; active population; working population
main-d'oeuvre adéquate; main-d'oeuvre suffisante	suitable labour
main-d'oeuvre agricole; travailleurs agricoles	agricultural manpower
main-d'oeuvre disponible; offre de main-d'oeuvre; disponibilité de main-d'oeuvre; offre de travailleurs; travailleurs disponibles	supply of labour; supply of workers; labour supply; manpower supply; worker availability; availability of manpower
main-d'oeuvre étrangère	off-shore labour
main-d'oeuvre étudiante	student labour

466

main-d'oeuvre étudiante excédentaire	student labour surplus
main-d'oeuvre excédentaire; excédent de main-d'oeuvre	manpower redundancy; redundancy of manpower; surplus manpower; labour surplus; manpower surplus
main-d'oeuvre externe; population active externe	external labour force
main-d'oeuvre féminine; population active féminine	female labour force
main-d'oeuvre handicapée	disabled labour force
main-d'oeuvre hautement qualifiée	highly qualified manpower
main-d'oeuvre indienne; Indiens actifs	Indian labour force; Indian work force
main-d'oeuvre indirecte; personnel auxiliaire	non-production workers; indirect labour; indirect workers
main-d'oeuvre interne	internal labour force
main-d'oeuvre non qualifiée	common labour; unskilled labour
main-d'oeuvre occasionnelle; aide temporaire	casual labour
main-d'oeuvre qualifiée	qualified labour; skilled labour; skilled manpower
main-d'oeuvre saisonnière	seasonal labour force; seasonal manpower
main-d'oeuvre salariée; salariés (n.)	hired labour; hired portion of the labour force
main-d'oeuvre sanitaire	health manpower
main-d'oeuvre spécialisée	semi-skilled labour; semi-skilled manpower
main-d'oeuvre stable	stable work force
main-d'oeuvre suffisante; main-d'oeuvre adéquate	suitable labour
main-d'oeuvre sûre	reliable work force
maintenir le niveau d'emploi	maintain employment level
maintien de l'effectif; maintien en fonction	retention

maintien de l'emploi	job maintenance; job retention
maintien en fonction; maintien de l'effectif	retention
majorer le taux du salaire minimum; augmenter le taux du salaire minimum; hausser le taux du salaire minimum; relever le taux du salaire minimum	increase minimum wage
maladie professionnelle	industrial disease; occupational disease; occupational illness
malvoyant (n.)	visually impaired person
mandat; pouvoirs; attributions	terms of reference
manoeuvre; travailleur non qualifié	unskilled worker; labourer
Manpower Service Commission [GBR]; MSC	Manpower Service Commission [GBR]; MSC
manque de compétence; manque de qualification	lack of skill
manque de compétences professionnelles	lack of occupational skills
manque de main-d'oeuvre; pénurie de main-d'oeuvre; pénurie de travailleurs	labour scarcity; labour shortage; manpower shortage; under-supply of workers; worker shortage; occupational shortage
manque de qualification; manque de compétence	lack of skill
manque de travail; pénurie de travail	lack of work; work shortage
manque d'expérience pratique	lack of work experience
manuel d'enseignement programmé; manuel d'enseignement séquentiel	self-instruction manual
maraudage	poaching
marche à suivre; méthodes; procédures; formalités	procedures
marché de l'emploi; marché du travail	job market; labour market; employment market

marché de services	contract of service; service contract
marché de services personnels	personal services contract
marché diversifié	deep market
marche du travail; acheminement du travail; déroulement du travail	work flow; workflow
marché du travail; marché de l'emploi	employment market; job market; labour market
marché du travail agricole	agricultural labour market; farm labour market
marché du travail civil	civilian labour market
marché du travail diversifié	deep labour market
marché du travail intérieur	domestic labour market
marché du travail local	local labour market
marché du travail naturel	natural labour market
marché du travail normal	open labour market
marché du travail régional	regional labour market
marché du travail restreint; marché du travail serré	tight labour market; thin labour market
marché du travail urbain	urban labour market
marché en hausse; marché porteur; marché soutenu	buoyant market
marché local	local market
marché porteur; marché soutenu; marché en hausse	buoyant market
matériel de formation du personnel	staff training equipment
matériel de sensibilisation	sensitivity material
matériel didactique; aide(s) didactique(s)	instructional material; course material; training aid; training material
matrice d'extraction automatique	push-pull matrix
matrice E-P; matrice études-professions	EO matrix; education-occupation matrix

MDRE; méthode dynamique de recherche d'emploi	CJST; creative job search techniques
mécanisme d'adaptation du marché du travail	market adjustment mechanism
mécanisme de consultation	consultative mechanism
mécanisme de contrôle	monitoring mechanism
mécanisme de prestation de services	delivery mechanism
mécanisme de rétroaction	feedback mechanism
mégaprojet; projet d'envergure; grand projet	mega project
membre d'une profession libérale; professionnel (n.)	professional
membre d'un jury de sélection	selection board member
menace pour l'emploi	employment threat
ménage; famille	household
mensualité; versement mensuel	monthly instalment; monthly remittance
mesure anticyclique	counter-cyclical measure
mesure continue de dotation en personnel	continuous staffing action
mesure corrective; mesure rectificatrice; mesure de redressement	remedial measure; remedial action
mesure de dotation en personnel	staffing action
mesure de la performance; mesure du rendement	performance measure
mesure de la qualité des services	quality of service measurement
mesure de planification de la main-d'oeuvre	manpower planning measure
mesure d'équité en matière d'emploi	equal employment opportunity measure
mesure de redressement; mesure corrective; mesure rectificatrice	remedial action; remedial measure

mesure de restriction	restraint measure
mesure de revitalisation; initiative de revitalisation; activité de revitalisation	revitalization initiative
mesure de sécurité	safety precaution
mesure de soutien	support measure
mesure de stimulation de l'emploi	employment development measure
mesure de temporisation; disposition de temporisation	sunset clause; sunset review clause
mesure disciplinaire	disciplinary action; disciplinary measure
mesure du rendement; mesure de la performance	performance measure
mesure liée à la demande	demand-side measure
mesure préventive d'emploi	preventive employment measure
mesure rectificatrice; mesure de redressement; mesure corrective	remedial action; remedial measure
mesure relative au marché du travail	labour market response
mesures d'adaptation axées sur la collectivité	community-based adjustment package
mesures d'équité en matière d'emploi	equal opportunity measures
mesure sélective d'emploi	selective employment measure
mesure spéciale d'emploi	special employment measure
mesures raisonnables d'adaptation	reasonable accommodation; reasonable accommodation measures
mesures relatives à l'emploi et à l'employabilité des jeunes	youth employment and employability measures
mesures visant le marché du travail	labour market policies
mesures visant l'offre	supply-side measures
méthode d'échantillonnage	sampling methodology

méthode de dotation; processus de dotation	staffing method; staffing process
méthode de formation	training method
méthode d'embauchage	hiring practice
méthode d'emploi; pratique d'emploi	employment practice
méthode d'emploi neutre; système d'emploi non discriminatoire; système d'emploi neutre	neutral employment system; non-discriminatory employment system
méthode de recherche d'emploi; techniques de recherche d'emploi	job-finding skills; job-hunting method; job-search skills; job-search technique
méthode de sélection; modalités de sélection; processus de sélection	selection procedure; selection process
méthode des points	point system
méthode de travail	work process
méthode d'évaluation du rendement; système d'évaluation du rendement	performance evaluation system
méthode dynamique de recherche d'emploi; MDRE	creative job search techniques; CJST
méthode non inflationniste	non-inflationary approach
méthode objective d'embauchage; pratique d'emploi objective; pratique d'emploi impartiale	objective employment practice; neutral employment practice
méthodes; procédures; formalités; marche à suivre	procedures
méthodes de réduction des effectifs	work force reduction procedures
métier; corps de métier	craft; trade
métier à reconnaissance interprovinciale	interprovincial trade
métier connexe; emploi apparenté; emploi connexe	allied occupation; allied trade; related job
métier d'apprentissage	apprenticeable trade; apprenticeship trade

métier de col bleu; emploi de col bleu	blue-collar job; blue collar occupation
métier de haute spécialisation; métier hautement spécialisé	higher-skill trade; high-skilled trade; highly skilled trade
métier sans apprentissage	non-apprenticeable occupation
métier sans reconnaissance provinciale	non-interprovincial trade
métiers à reconnaissance interprovinciale et sans reconnaissance interprovinciale	interprovincial and non-interprovincial trades
métier secondaire; profession de rechange; autre emploi; autre profession; emploi de substitution; nouvel emploi	alternate employment; alternate occupation; alternative employment; alternative occupation; replacement job
Métis et Indien non inscrit; MINI	Metis and Non-Status Indian; MNSI
mettre à jour	update (v.)
mettre à pied; mettre en disponibilité	lay off (v.)
mettre en application; mettre en oeuvre; appliquer; mettre sur pied	implement
mettre en circulation	clear-out (v.)
mettre en disponibilité; mettre à pied	lay off (v.)
mettre en oeuvre; mettre sur pied; appliquer; mettre en application	implement
mettre sur pied un projet	organize a project
mettre une offre d'emploi en circulation	put an order in clearance
micro-CHOIX	micro-CHOICES
mieux-être	well-being
migration d'entrée	in-migration
migration de sortie	out-migration
migration intérieure; migration interne	internal migration

migration interprovinciale	interprovincial migration
migration nette	net migration
milieu des affaires; secteur des affaires; monde des affaires	business community
milieu de travail; ambiance de travail	work environment; working environment
milieu professionnel	occupational environment
MINI; Métis et Indien non inscrit	MNSI; Metis and Non-Status Indian
ministère de l'Emploi et de l'Immigration	Department of Employment and Immigration
ministère directeur	lead department
ministère employeur	employing department
ministère parrain; ministère promoteur	sponsoring department
minorité visible	visible minority
mis à pied; mis en disponibilité	laid-off
mise à jour	update (n.)
mise à jour du profil de projet	project profile update
mise à pied; mise en disponibilité	lay(-)off (n.); short-term lay(-)off; temporary lay(-)off
mise à pied de longue durée	long-term lay(-)off
mise en application; mise en oeuvre; application; mise sur pied; exécution	implementation; delivery
mise en circulation	clearance
mise en circulation à l'étranger; mise en circulation d'une offre d'emploi à l'étranger	overseas clearance
mise en circulation des offres	job clearance
mise en circulation d'une offre d'emploi à l'étranger; mise en circulation à l'étranger	overseas clearance
mise en circulation intérieure	domestic clearance

mise en disponibilité; mise à pied	lay(-)off (n.); short-term lay(-)off; temporary lay(-)off
mise en oeuvre; mise en application; application; mise sur pied; exécution	implementation; delivery
mise en oeuvre de programme; exécution de programme	program delivery; program implementation
mise en oeuvre des lignes directrices	policy implementation
mise en place progressive	phasing in
mise en rapport avec l'employeur; présentation à un employeur; recommandation à un employeur	introduction to employer; referral to employment
mise en valeur des ressources humaines	human resource(s) development; labour development
mise en valeur d'un travailleur	marketing of a worker
mise en valeur du potentiel	capacity building
mis en circulation	cleared
mis en disponibilité; mis à pied	laid-off
mise sur pied; mise en oeuvre; mise en application; application; exécution	implementation; delivery
mobiliser la population active	mobilize the labour force
mobilité	mobility
mobilité ascendante	upward mobility
mobilité de la main-d'oeuvre; mobilité des travailleurs	labour mobility; manpower mobility; worker mobility; work force mobility
mobilité des étudiants	student mobility
mobilité des travailleurs; mobilité de la main-d'oeuvre	labour mobility; manpower mobility; worker mobility; work force mobility
mobilité fonctionnelle	functional mobility
mobilité géographique	geographic mobility

mobilité interprofessionnelle; mobilité professionnelle	inter-occupational mobility; occupational mobility
modalité établie; procédure établie	established procedure
modalités d'achat de cours; procédures d'achat de cours	purchase procedures
modalités d'application d'un programme	terms and conditions of a program
modalités de remboursement	repayment terms
modalités de sélection; processus de sélection; méthode de sélection	selection procedure; selection process
mode de financement	funding formula
mode d'enseignement individualisé; système d'enseignement individualisé	Individualized Learning System
mode de recrutement; processus de recrutement	recruitment process
modèle; type	pattern
modèle de répartition	allocative model
modèle d'offre (diplômés et finissants)	education supply model
modèle d'orientation profession-nelle axée sur le comportement	behavioral career counselling model
modèle économique de la situation professionnelle	occupational economic model
modèle macro-économique	macroeconomic model
modérateur	moderator
modification des engagements	commitment amendment
modification officielle	formal amendment
module de formation	training module
module de placement informatisé	computerized employment module
module de service	service unit
Modules Jeunesse	Youth Modules

moins-payé; versement insuffisant	underpayment
mois-personne	person-month
monde des affaires; milieu des affaires; secteur des affaires	business community
monde du spectacle; domaine du spectacle	entertainment industry
monde du travail	work world
moniteur; agent de formation; formateur	training officer; trainer
moniteur de langue; professeur de langue	language instructor
moniteur ou instructeur	trainer/instructor
montant des salaires; calcul des salaires	salary-dollar costing
montant forfaitaire	lump sum
moral des travailleurs	worker morale
morte-saison	off-season period
motif; raison d'être; justification	rationale
motif d'abandon du cours	reason for leaving course
motif de la désignation	rationale for designation
motifs de distinction illicite	proscribed discrimination
motifs illicites de discrimination	prohibited grounds of discrimination
motifs raisonnables	reasonable grounds
motif valable	just cause
mouvement d'échange d'étudiants	student exchange movement
mouvement des années-personnes	person-year shift
mouvement des clients	client flow
Mouvement des stagiaires agricoles japonais	Japanese Agricultural Trainee Movement

mouvement de travailleurs; déplacement des travailleurs	flow of workers
mouvement du personnel	staff movement
mouvement migratoire	migration flow
mouvement migratoire intérieur	internal migration flow
mouvement ouvrier	labour movement
mouvement sur le marché du travail	labour market flow
mouvement syndical; travail organisé; syndicalisme	organized labour
moyens audio-visuels; aides audio-visuelles	audio-visual material
MSC; Manpower Service Commission [GBR]	MSC; Manpower Service Commission [GBR]
municipalité rurale	rural municipality
mutation (gestion)	transfer
mutation chez un même employeur	interplant transfer
mutation de personnel	personnel move
mutation fonctionnelle	functional transfer
mutation latérale	lateral transfer
mutation sans concours	transfer without competition
muter un employé	transfer an employee

n

NAS; numéro d'assurance sociale	SIN; social insurance number
nature du travail; contenu d'un emploi	job content
navette quotidienne; trajet quotidien	day haul
navetteur	commuter
négociation collective	collective bargaining; collective negociation
niveau d'aptitude d'un étudiant	functioning level of a student

niveau de chômage	unemployment level
niveau de compétence; niveau de qualification	competence level; level of skill; skill level
niveau de compétence professionnelle	occupational proficiency level
niveau de financement	funding level
niveau de la gestion intermédiaire; niveau des cadres intermédiaires	middle management level
niveau d'emploi	employment level; level of employment
niveau d'employabilité	employability level
niveau d'entrée en fonction	entrance level
niveau de poste	level of position; position level
niveau de qualification; niveau de compétence	competence level; level of skill; skill level
niveau de rémunération; niveau des salaires; niveau de traitement	salary level; pay level; wage level
niveau des cadres intermédiaires; niveau de la gestion intermédiaire	middle management level
niveau de scolarité; niveau d'instruction; études; niveau d'études; formation scolaire; scolarité	schooling; level of schooling; academic attainment; education; educational level; formal education; level of education; level of study
niveau des compétences actuelles	current skill level
niveau de service	level of service
niveau des ressources	resource level
niveau des salaires; niveau de traitement; niveau de rémunération	salary level; pay level; wage level
niveau de travail	working level

niveau d'études; niveau d'instruction; études; niveau de scolarité; scolarité; formation scolaire	formal education; level of education; level of study; level of schooling; schooling; academic attainment; education; educational level
niveau élevé de compétence	higher-level skill
niveau local, au; sur place; sur le plan local; à l'échelle locale	at field level
niveau maximal de rendement	maximum performance level
niveau normal d'emploi	normal employment level
niveau scolaire	grade level
nombre de cours de formation	training volume; volume of training
nombre de personnes employées	employment stock
nombre de postes vacants par offre d'emploi	number of vacancies offered per employer order
nomination conditionnelle (à un poste)	conditional appointment (to a position)
nomination intérimaire	acting appointment
nomination non impérative	non-imperative appointment
nomination permanente	permanent appointment
nomination pour une période déterminée	specified period appointment; term appointment
nomination pour une période indéterminée	indeterminate appointment
non-actifs (n.); population inactive; inactifs (n.)	non-labour force; non-working population; persons not in the labour force
non autochtone (adj.)	non-native (adj.)
non-discrimination	non-discrimination
non disponible pour travailler; non disposé à travailler	non available for work
non-immigrant (n.)	non-immigrant (n.)
non-présentation des clients	non-referral of clients
non qualifié; non spécialisé	unskilled

non remboursable	non-recoverable
non spécialisé; non qualifié	unskilled
non syndiqué (adj.)	non-unionized; unorganized
norme	standard
norme d'admission et de réussite	entrance and completion standard
norme de classification	classification standard
norme de comportement	standard of behaviour
norme de mesure du travail	work measurement standard
norme de métier	trade standard
norme d'emploi	employment standard
norme d'emploi provinciale	provincial employment standard
norme de rendement	performance standard; standard of performance
norme de santé; norme sanitaire	health standard
norme de sélection	qualification standard; selection standard
norme de service	standard of service
norme des services aux employeurs	standard of services to employer
norme d'évaluation	standard of evaluation
norme établie	set standard
norme professionnelle	occupational norm; occupational standard; professional standard
norme salariale	wage standard
norme sanitaire; norme de santé	health standard
normes des services aux employeurs	services to employers standards
normes du travail	labour standards
normes provinciales du travail	provincial labour standards
normes provinciales régissant l'emploi des travailleurs agricoles	provincial employment standards respecting agricultural workers

normes relatives aux essais par les utilisateurs	user-trial specifications
nouveau diplômé	recent graduate
nouveau venu; nouvel arrivant	newcomer
nouveau venu sur le marché du travail; entrant sur le marché du travail; primo-demandeur d'emploi; nouvel actif	labour force entrant; new entrant; new labour force entrant
nouveaux actifs	entry clients
nouvel actif; nouveau venu sur le marché du travail; entrant sur le marché du travail; primo-demandeur d'emploi	labour force entrant; new entrant; new labour force entrant
nouvel arrivant; nouveau venu	newcomer
nouvel emploi; métier secondaire; profession de rechange; autre emploi; autre profession; emploi de substitution	alternate employment; alternate occupation; alternative employment; alternative occupation; replacement job
nouvelle entrevue	re-interview
nouvelle nomination; renomination	re-appointment
Nouvelles directions	New Directions
noyau urbanisé	urbanized core
nuitée autorisée	authorized night away from home
numéro d'assurance sociale; NAS	social insurance number; SIN
numéro d'autorisation de voyage	travel authority number
numéro de classe; numéro de place	class number
numéro d'employeur de Revenu Canada Impôt	Revenue Canada Taxation Employer Number
numéro d'engagement financier	financial commitment number
numéro de place; numéro de classe	class number
numéro de poste	position number
numéro de projet	project number

objectif de carrière; objectif professionnel; but professionnel	career goal; career objective; occupational goal; vocational development objective
objectif de formation	training goal
objectif d'emploi	employment goal
objectif de rendement	performance target
objectif de travail	work objective
objectif opérationnel	operational objective
objectif professionnel; but professionnel; objectif de carrière	career goal; career objective; occupational goal; vocational development objective
objectif stratégique	strategic objective
obligation d'avoir quitté l'école depuis un an	one-year-out-of-school rule
obligation de rendre compte; responsabilité	accountability
obstacle; dissuasion; découragement; frein	disincentive
obstacle à l'emploi	barrier to employment; job barrier; employment barrier
obstacle comportemental	attitudinal barrier
obstacle lié à l'emploi	job-related barrier
obstacle matériel; obstacle physique	physical barrier
obstacle social	social barrier
obstacle systémique	system barrier
obstacle traditionnel à l'emploi	traditional job barrier
obtenir un emploi; décrocher un emploi; trouver un emploi	secure employment; obtain employment
obtention d'un diplôme	graduation

occasion d'emploi; débouché; perspective d'emploi; possibilité d'emploi	employment opening; employment opportunity; employment outlook; employment prospect; job opening; job opportunity; job outlook; job prospect; opportunity for employment; work opportunity
occasionnel (n.); auxiliaire (n.); employé occasionnel; employé auxiliaire; travailleur occasionnel	casual worker; casual employee; contingent worker
occasions d'emploi temporaire	term employment opportunities
occupé; employé (adj.); actif (adj.); en emploi	employed
occuper un emploi à long terme	work on a long-term basis (v.)
OCRI; Office canadien pour un renouveau industriel	CIRB; Canadian Industrial Renewal Board
octroi de permis; autorisation d'exploiter	licensing
octroi de subventions salariales	subsidization of wages
octroyer une subvention; accorder une subvention	provide incentives
Office canadien pour un renouveau industriel; OCRI	Canadian Industrial Renewal Board; CIRB
Office d'aide à l'adaptation des travailleurs	Labour Adjustment Review Board
Office des produits agricoles	Agricultural Products Board
Office de stabilisation des prix agricoles	Agricultural Stabilization Board
Office national de planification de la main-d'oeuvre	National Manpower Planning Agency
offre actuelle; effectif actuel; offre de main-d'oeuvre actuelle	current supply; present work force
offre annulée	order cancelled
offre dans les professions	occupational supply
offre de formation; projet de formation; proposition de formation	proposal for training; training proposal

offre de l'employeur; offre d'emploi	employer order; employment offer; job order; job offer; offer of employment
offre de main-d'oeuvre; disponibilité de main-d'oeuvre; offre de travailleurs; travailleurs disponibles; main-d'oeuvre disponible	supply of labour; supply of workers; labour supply; manpower supply; worker availability; availability of manpower
offre de main-d'oeuvre actuelle; offre actuelle; effectif actuel	current supply; present work force
offre d'emploi; offre de l'employeur	employer order; employment offer; job order; job offer; offer of employment
offre d'emploi authentique	bona fide job offer
offre d'emploi axé sur la carrière	request for career-oriented student
offre d'emploi discriminatoire	discriminatory job order; discriminatory order
offre d'emploi mise en circulation; offre mise en circulation	clearance order; cleared order; job order in clearance; order placed in clearance
offre d'emploi modifiée	order amended
offre d'emploi ne comportant qu'un poste vacant	single-vacancy job order
offre d'emploi non satisfaite	unfilled demand for worker; unfilled order
offre d'emploi précise	specific job order
offre d'emploi reçue	employer order received
offre d'emploi satisfaite; offre satisfaite	filled job order; filled order; order completed; order filled
Offre d'emploi - Service de placement pour les congrès	Convention Employment Service Order
offre d'emploi valide	valid job offer
offre d'emploi validée	validated offer of employment
offre de présentation	offer of referral

offre de travailleurs; disponibilité de main-d'oeuvre; main-d'oeuvre disponible; travailleurs disponibles; offre de main-d'oeuvre	manpower supply; labour supply; supply of labour; supply of workers; worker availability; availability of manpower
offre différée	deferred order
offre difficile à combler	hard-to-fill order
offre et la demande, l'	demand and supply; supply and demand
offre et la demande de main-d'oeuvre, l'; l'offre et la demande de travailleurs	manpower supply and demand
offre et la demande globales, l'	aggregate demand and supply
offre et la demande par profession, l'	occupational supply and demand
offre et la demande prévues, l'	estimated demand and supply
offre et la demande sur le marché du travail, l'	supply and demand of the labour market
offre et mobilité des travailleurs qualifiés	supply and mobility of skilled tradespeople
offre ferme d'emploi	firm employment offer
offre mise en circulation; offre d'emploi mise en circulation	clearance order; cleared order; job order in clearance; order placed in clearance
offre permanente	standing offer
offre potentielle de main-d'oeuvre	potential manpower supply
offre sans intermédiaire	open display order; open display vacancy
offre satisfaite; offre d'emploi satisfaite	filled job order; filled order; order completed; order filled
offrir un service de counselling	provide counselling
OFJ; Option Formation Jeunesse	YTO; Youth Training Option
OIT; Organisation internationale du Travail	ILO; International Labour Organization
option Achat de formation	Purchase of Training Option

option Achat direct de formation	Direct Training Purchase Option
option Adaptation des travailleurs	Worker-Centred Adjustment Option
option Aide à l'exécution	Delivery Assistance Option
option Aide au déplacement et aide de voyage	Relocation and Travel Assistance Option
option Alternance travail-études	Cooperative Education Option
option Centre d'aide aux entreprises	Business Development Centre Option
option Comité d'aide au développement des collectivités	Community Futures Committee Option
option Congé prolongé pour fin de formation	Extended Training Leave Option
option EAI; option Encouragement à l'activité indépendante	SEI Option; self-Employment Incentive Option
option Emploi continu	Continuing Employment Option
option Emplois subventionnés individuellement; option ESI	Individually Subsidized Jobs Option; ISJ Option
option Encouragement à l'activité indépendante; option EAI	self-Employment Incentive Option; SEI Option
option ESI; option Emplois subventionnés individuellement	ISJ Option; Individually Subsidized Jobs Option
option FFF; option Fonds de fiducie pour la formation	TTF Option; Training Trust Fund Option
option Fonds pour les initiatives communautaires	Community Initiatives Fund Option
Option Formation du personnel de la petite entreprise	Small Business Training Option
option Formation en milieu de travail	Workplace-Based Training Option
Option Formation Jeunesse; OFJ	Youth Training Option; YTO
option Intégration	Entry Option
option Personnes fortement défavorisées sur le plan de l'emploi; option PFDE	Severely Employment Disadvantaged Option; SED Option

option professionnelle	occupational alternative
option Projets généraux	General Projects Option
option Recyclage	Re-Training Option
option Réintégration	Re-Entry Option
Options North	Options North
option Travail partagé	Work Sharing Option
ordre de travail	work order
organigramme	flow chart; organizational chart
organisation agricole; organisme agricole	farm organization
organisation bénévole; organisme bénévole	voluntary agency; voluntary organization; volunteer agency
organisation d'employeurs; organisation patronale; association d'employeurs; association patronale	employer organization; employers' association; employers' organization; organization of employers; association of employers
Organisation internationale du Travail; OIT	International Labour Organization; ILO
organisation matérielle	physical organization
organisation patronale; association d'employeurs; association patronale; organisation d'employeurs	employer organization; employers' association; employers' organization; organization of employers; association of employers
organisation sans but lucratif; organisme à but non lucratif; organisme sans but lucratif	non-profit organization
organisation scientifique du travail	job engineering
organisation syndicale; syndicat	labour union; labour organization; trade union; union
organisme à but non lucratif; organisme sans but lucratif; organisation sans but lucratif	non-profit organization
organisme admissible; promoteur admissible	eligible sponsor

organisme agricole; organisation agricole	farm organization
organisme bénévole; organisation bénévole	voluntary agency; voluntary organization; volonteer agency
organisme-cadre	umbrella organization
organisme client	client body
organisme communautaire; organisme d'intérêt collectif	community agency; community-based agency; community organization
organisme consultatif	consultative body
organisme d'accueil; entreprise d'accueil	training place host; TPH
organisme de bienfaisance; société de bienfaisance	charitable institution
organisme de bienfaisance reconnu	registered charitable organization
organisme de coordination	coordinating agency
organisme de formation	training agency
organisme de l'administration locale	local government agency
organisme d'enquête	hearing board
organisme de présentation	referring agency
organisme de réglementation professionnelle	professional licensing authority; professional licensing body
organisme de services sociaux	social agency; social service organization
organisme d'intérêt collectif; organisme communautaire	community agency; community-based agency; community organization
organisme employeur	employing agency
organisme établi; organisme reconnu	established organization
organisme extérieur	outside agency
organisme externe	external agency
organisme intergouvernemental	intergovernmental organization
organisme parrain; organisme promoteur	sponsoring agency; sponsoring organization

organisme patronal-syndical	labour-management organization
organisme professionnel	professional body
organisme promoteur; organisme parrain	sponsoring agency; sponsoring organization
organisme provincial	provincial agency
organisme reconnu; organisme établi	established organization
organisme sans but lucratif; organisation sans but lucratif; organisme à but non lucratif	non-profit organization
organismes publics et privés	public and private bodies
organisme voué aux droits de la personne	human rights agency
orientation; counselling	counselling; guidance
orientation; initiation	orientation
orientation d'un programme; grandes lignes d'un programme; but d'un programme	thrust of a program
orientation fonctionnelle; conseils fonctionnels; direction fonctionnelle	functional direction; functional guidance
orientation professionnelle; counselling professionnel	career counselling; career guidance; vocational guidance; job orientation; vocational counselling; occupational counselling; employment orientation
orientation professionnelle des adultes; counselling professionnel des adultes	adult vocational counselling
orientation professionnelle informatisée	computerized vocational guidance
orientation professionnelle personnalisée	personal career counselling
orientation vers un emploi	referral to a job
orienter; présenter; diriger; recommander; envoyer	refer

orienteur; conseiller d'orientation professionnelle	vocational counsellor
orienteur; conseiller en orientation	guidance counsellor
oscillations saisonnières de l'emploi; fluctuations saisonnières de l'emploi	seasonal employment variations; seasonality of employment
outil de travail; instrument de travail	work tool; work instrument
ouvrier; travailleur	worker
ouvrier hautement qualifié; travailleur hautement qualifié	highly skilled worker
ouvrier qualifié; travailleur qualifié	qualified worker; skilled worker; skilled craftsman
ouvrier spécialisé; travailleur spécialisé	semi-skilled worker

p

PAA; Programme d'accès pour les autochtones	NAP; Native Access Program
PAA; Programme d'aide à l'adaptation	AAP; Adjustment Assistance Program
PAAIM; Programme d'aide à l'adaptation de l'industrie et de la main-d'oeuvre	ILAP; Industrial and Labour Adjustment Program
PAC; Programme d'affectation des cadres	MAP; Management Assignment Program
paiement; remboursement; versement; indemnité	payment
paiement anticipé; paiement par anticipation	advance payment
paiement à titre gracieux	ex gratia payment
paiement des cotisations syndicales	payment of union fees
paiement de transfert	transfer payment
paiement en fonction de l'effort	payment for effort

491

paiement en fonction des résultats	payment for results
paiement en nature; rétribution en nature; rémunération en nature	payment in kind
paiement en trop; versement excédentaire; trop-payé	O-P; over(-)payment
paiement par anticipation; paiement anticipé	advance payment
paiement rétroactif	retroactive payment
palier administratif; palier de direction	management level
PAMAC; Programme d'adaptation de la main-d'oeuvre axé sur les collectivités	COLAP; Community-Oriented Labour Adjustment Program
PAMTC; Programme d'analyse du marché du travail du Canada	CLMAP; Canada Labour Market Analysis Program
PAPCAM; Programme d'aide au placement civil des anciens militaires	CEAP; Civilian Employment Assistance Program
PAPI; Programme d'aide aux pêcheurs indiens	IFAP; Indian Fishermen's Assistance Program
parachèvement d'un projet	completion of a project
paramètres; cadre de référence	terms of reference
para(-)public	para(-)public; semipublic; quasi-public
parcourir les dossiers; dépouiller les dossiers	scan records
parité salariale pour des fonctions équivalentes	equal pay for work of equal value
parrainage	sponsorship
parrain de projet	project sponsor
parrainé par l'entreprise	company sponsored
parrainer; promouvoir	sponsor (v.)
partage d'emploi; partage de poste	job sharing; job splitting; job twinning
partage des frais	cost-sharing

partage des responsabilités	division of responsibilities
partant (n.); jeune en fin de scolarité	school-leaver
partenaires sociaux; interlocuteurs sociaux	social partners
partenariat; collaboration; association	partnership
participant	participant
participant admissible	eligible participant
participant au projet	project participant
participation au marché du travail	attachment to the labour force; labour force attachment; labour market attachment
participation de la collectivité	community involvement
partie	section
passeport-formation	skills passport
PAT; Programme d'adaptation au travail	WAT; Work Adjustment Training
PAT; Programme d'affectations temporaires	TAP; Temporary Assignments Program
PATA; Programme d'adaptation pour les travailleurs âgés	POWA; Program for Older Worker Adjustment
patronat; direction; dirigeants; gestionnaires; cadres	management
payant	fee-charging
paye; rémunération; traitement; salaire	salary; pay; wage; remuneration
paye de vacances	holiday pay; vacation pay
PCEST; Programme de création d'emplois scientifiques et techniques	STEP; Scientific and Technical Employment Program
PCF; Programme de contrats fédéraux	FCP; Federal Contractors Program
PCGN; Programme des carrières du Grand-Nord	NCP; Northern Careers Program

PCIE; Programme de crédit d'impôt à l'emploi	ETCP; Employment Tax Credit Program
PCRA; Programme canadien de réorientation des agriculteurs	CRTP; Canadian Rural Transition Program
PCRI; Programme canadien pour un renouveau industriel	CIRP; Canadian Industrial Renewal Program
PDS; point de service	POS; point of service
PE; Planification de l'emploi	CJS; Canadian Jobs Strategy
pêcheur à son compte; pêcheur indépendant	self-employed fisherman
PÉE; Prêts aux étudiants entrepreneurs	SBL; Student Business Loans
PEEAC; Programme d'emplois d'été axés sur la carrière	COSEP; Career-Oriented Summer Employment Program
PEENAC; Programme d'emplois d'été non axés sur la carrière	NON-COSEP; Non-Career-Oriented Summer Employment Program
PEI; Programme d'échanges internationaux	IEP; International Exchange Program
PEIC; Programme d'enseignement individuel canadien	LINC Program; Learning Individualized for Canadians Program
PEIEJT; Programmes d'échanges internationaux pour l'emploi des jeunes travailleurs	IYWEP; International Young Workers Employment Programmes
PEJO; Programme d'emploi pour les jeunes de l'Ontario	OYEP; Ontario Youth Employment Program
pension	pension
pension de vieillesse	old age pension
pension d'invalidité	disability pension
pension d'invalidité des anciens combattants	veterans' disability pension
pensionné (n.)	pensioner
pension transférable	portable pension
pénurie	shortage; short supply
pénurie chronique; pénurie persistante	persistent shortage

pénurie de main-d'oeuvre; manque de main-d'oeuvre; pénurie de travailleurs	labour shortage; labour scarcity; under-supply of workers; manpower shortage; worker shortage; occupational shortage
pénurie de main-d'oeuvre agricole	farm labour shortage
pénurie de main-d'oeuvre hautement qualifiée	high-skill shortage
pénurie de main-d'oeuvre qualifiée; pénurie de main-d'oeuvre spécialisée	skilled labour shortage; skill shortage
pénurie de travail; manque de travail	lack of work; work shortage
pénurie de travailleurs; manque de main-d'oeuvre; pénurie de main-d'oeuvre	labour scarcity; labour shortage; manpower shortage; under-supply of workers; worker shortage; occupational shortage
pénurie de travailleurs qualifiés	shortage of skilled workers
pénurie persistante; pénurie chronique	persistent shortage
pénurie persistante de main-d'oeuvre	long-term manpower shortage
percée sur le marché du travail; rayon d'action sur le marché du travail; présence sur le marché du travail	market penetration
perfectionnement; recyclage; recyclage professionnel	booster training; professional retraining; refresher training; retraining; updating of skills; upgrading; vocational retraining; vocational upgrading; re-skilling
perfectionnement de la main-d'oeuvre	development of manpower; manpower development
perfectionnement des compétences; amélioration des compétences	skill improvement
perfectionnement des employés	employee development
perfectionnement du personnel	staff development

perfectionnement professionnel	career development; professional development; job development; occupational upgrading; skill upgrading; vocational development
période creuse	slack period
période d'absence du travail	time absent from work
période d'admissibilité; période de référence	qualifying period
période d'affectation; durée des fonctions	tenure
période d'apprentissage	apprenticeship period; period of apprenticeship
période de chômage	period of unemployment; spell of unemployment
période de clôture d'un projet; période finale d'un projet	close-down phase of a project
période de formation	training period
période de mise au point	developmental period
période d'emploi	employment period; period of employment
période d'emploi courante	current period of employment
période d'emploi interrompue	split employment period
période d'emploi prévue	expected period of employment; period of expected employment
période d'emploi proposée	proposed period of employment
période de paye; cycle de paye	pay cycle; pay period
période de pointe	peak work load period
période de probation; période d'essai; période probatoire; probation; stage; stage probatoire	probation; probationary period; probation period; trial period
période de prolongation	period of extension
période de recherche	research phase
période de référence; période d'admissibilité	qualifying period

période de référence; période visée; période visée par le rapport	reporting period; report period dates
période de réintégration	reinstatement period
période de repos compensatoire; congé compensatoire; congé compensateur	compensatory holiday; compensatory leave; compensatory time off
période d'essai; période probatoire; probation; stage; stage probatoire; période de probation	probation; probationary period; probation period; trial period
période de travail	period of work experience
période de validité; durée de validité	period of validity
période en atelier	workshop period
période en cours	current period
période finale d'un projet; période de clôture d'un projet	close-down phase of a project
période hebdomadaire de paye	weekly pay period
période probatoire; probation; stage; période de probation; stage probatoire; période d'essai	probationary period; probation period; trial period; probation
période visée; période visée par le rapport; période de référence	reporting period; report period dates
permanent (n.); employé permanent	permanent employee
permanent (n.); travailleur permanent	permanent worker
permanents (n.); effectif permanent; employés permanents; personnel permanent	permanent staff; permanent workforce
permis; admis; autorisé; admissible	allowable
permis; permis de travail; permis d'exercice; licence	license; permit; work permit; employment authorization

permis d'absence; absence autorisée; congé autorisé; autorisation d'absence	authorized absence; authorized leave; leave of absence; leave
permis de séjour pour étudiants	student authorization
permis de travail; permis d'exercice; licence; permis	license; permit; work permit; employment authorization
permis professionnel valide	current professional license
permis relatif à la moyenne des heures de travail	permit for averaging hours
permutation des employés	staff interchange
personne à charge	dependant
personne à la recherche d'un emploi; chercheur d'emploi; demandeur d'emploi; personne en quête d'emploi	job hunter; job seeker; job searcher
personne autorisée; représentant désigné	prescribed person
personne en quête d'emploi; chercheur d'emploi; demandeur d'emploi; personne à la recherche d'un emploi	job hunter; job seeker; job searcher
personne fortement défavorisée	severely disadvantaged person
personne fortement défavorisée sur le plan de l'emploi	severely employment disadvantaged individual
personne handicapée	disabled person; disabled (n.); handicapped person
personne handicapée apte au travail	employable person with disabilities
personnel	personnel; staff (n.)
personnel au niveau de travail	staff at the working level
personnel auxiliaire; main-d'oeuvre indirecte	indirect labour; indirect workers; non-production workers
personnel chargé de la dotation	staffing group
personnel de bureau	clerical personnel; clerical staff; office staff
personnel de niveau supérieur	senior personnel
personnel d'entretien	maintenance personnel

personnel de soutien; employés de soutien	support staff
personnel détaché	seconded staff
personnel en place	existing staff
personnel étudiant	student staff
personnel exonéré	exempt staff
personnel opérationnel; exécutants (n.)	operational staff; operational personnel
personnel permanent; permanents (n.); effectif permanent; employés permanents	permanent staff; permanent workforce
personnel professionnel	professional personnel; professional staff
personnel qualifié; personnel spécialisé	trained personnel; skilled staff; specialized staff
personnel régional	regional staff
personnel spécialisé; personnel qualifié	trained personnel; skilled staff; specialized staff
personnel subalterne; subalternes (n.); employés subalternes	junior staff
personnel supplémentaire	incremental staff
personnel syndical	trade union personnel
personne morale	body corporate
personne occupée (statistique); employé (n.)	person employed
personne qualifiée	competent person
personne-ressource; spécialiste	resource person
personne suremployée	over-employed (n.)
perspective d'emploi; débouché; occasion d'emploi; possibilité d'emploi	work opportunity; employment opening; employment opportunity; employment outlook; employment prospect; job opening; job opportunity; job outlook; job prospect; opportunity for employment

perspectives de carrière; possibilités de carrière; possibilités d'avancement	career opportunities
perspectives économiques	economic outlook
perspectives sectorielles	sectorial outlook
perturbation du marché du travail; désorganisation du marché du travail	dislocation of the labour market; manpower dislocation; labour market dislocation
petite caisse	petty cash
petite entreprise	small business
petits salariés; travailleurs à faible revenu	working poor
peu spécialisé	low-skilled
PFAC; Programme de formation axée sur les compétences	CBTP; Competency-Based Training Program
PFEMC; Programme de formation en établissement de la main-d'oeuvre du Canada	CMITP; Canada Manpower Institutional Training Program
PFFCM; Programme fédéral à forte concentration de main-d'oeuvre	FLIP; Federal Labour Intensive Program
PFIMC; Programme de formation industrielle de la main-d'oeuvre du Canada	CMITP; Canada Manpower Industrial Training Program
PFMT; Programme de formation dans un milieu de travail	TWSP; Training in a Work Setting Program
phase d'élaboration; phase de mise au point	developmental phase
phase opérationnelle	operational phase
phase organisationnelle	organizational phase
phase pilote	pilot stage
pièce de dépense	payment voucher
pièce justificative	voucher
PIEEE; Programmes internationaux de l'emploi d'été des étudiants	ISSEP; International Student Summer Employment Programmes

PIEJA; Programme interne d'emploi des jeunes autochtones	NYIP; Native Youth Intern Program
PIP; Promotion des initiatives privées	BDJ; Business Drive for Jobs
PIPA; Programme interne de perfectionnement des autochtones	IIDP; Internal Indigenous Development Program
piquetage	picketing
piquet de grève; piqueteur	picket; picketer
piste de vérification; chemin de vérification	audit trail
PIV; Programme Initiatives-Volontariat	VIP; Voluntary Initiatives Program
PLACE; Programme d'aide aux clients cherchant un emploi	PLACE; Program Leading to the Achievement of Client Employment
place de cours; place de formation	training place
place de formation vacante	training vacancy
placement	job placement; placement; labour exchange
placement assisté	assisted placement
placement confirmé	confirmed placement
placement conjoint	associate placement
placement dans un emploi agricole	agricultural job placement
placement dans un emploi occasionnel; placement d'employés occasionnels	casual placement
placement dans un emploi régulier	regular job placement; regular placement
placement d'employés occasionnels; placement dans un emploi occasionnel	casual placement
placement des étudiants; placement d'étudiants	student placement
placement des stagiaires	trainee placement

501

placement des travailleurs	placement of workers in jobs
placement d'étudiants; placement des étudiants	student placement
placement direct	direct placement
placement fructueux; placement judicieux; placement réussi	successful placement
placement interne	internal placement
placement judicieux; placement réussi; placement fructueux	successful placement
placement par profession	placement by occupation
placement par secteur d'activité	placement by industry
placement réussi; placement fructueux; placement judicieux	successful placement
placements multiples	multiple placements
plafond de rémunération	remuneration ceiling
plage fixe	core time
plainte relative aux droits de la personne	human rights complaint
plan d'action	action plan; plan of action
Plan d'action de la stratégie d'emploi des femmes	Women's Employment Strategy Plan of Action
plan d'action individuel en matière de formation	individual training action plan
Plan d'action pour l'emploi des femmes	Women's Employment Plan of Action
plan d'adaptation	adjustment plan
plan d'adaptation de la main-d'oeuvre	manpower adjustment plan
plan de carrière; plan de promotion professionnelle; plan de développement de carrière	career plan; career development plan
plan de création d'emplois à long terme	long-range employment-related plan

502

plan de développement de carrière; plan de carrière; plan de promotion professionnelle	career development plan; career plan
plan de développement individuel	client development plan
plan de formation	training plan
plan de formation en apprentissage	apprenticeship training plan
plan de formation normalisé	standard training plan
plan de main-d'oeuvre	work force plan; manpower plan
plan de main-d'oeuvre des entreprises	corporate manpower plan
plan de perfectionnement professionnel	vocational development plan
plan de projet	project plan
plan de promotion professionnelle; plan de carrière; plan de développement de carrière	career plan; career development plan
plan d'équité en matière d'emploi	employment equity plan
plan de recrutement	employment plan
plan des ressources humaines	human resource(s) plan
plan de travail	work plan
plan de travail provisoire	tentative work plan
planificateur du marché du travail	labour market planner
planification	planning
planification de carrière et autoperfectionnement	career planning and self-development
planification de la main-d'oeuvre; planification des effectifs	manpower planning; work force planning
planification de la main-d'oeuvre des entreprises	corporate manpower planning
planification de la main-d'oeuvre d'urgence	emergency manpower planning

planification de la relève	succession planning
planification de la retraite	retirement planning
Planification de l'emploi; PE	Canadian Jobs Strategy; CJS
planification des effectifs; planification de la main-d'oeuvre	work force planning; manpower planning
planification des politiques	policy planning
planification des ressources et accroissement de la productivité	resource planning and productivity improvement
planification des ressources humaines; PRH	human resource(s) planning; HRP
Planification et adaptation du marché du travail dans l'industrie	Industrial Labour Market Planning and Adjustment
planification et gestion de carrière	career planning and management
planification générale de la main-d'oeuvre	corporate manpower planning
planification opérationnelle	operational planning
planification stratégique	strategic planning
plan opérationnel	operational plan
plan personnel de recherche d'emploi	personal job-search plan
plein emploi; plein-emploi	full employment
PMAAIM; Programme modifié d'aide à l'adaptation de l'industrie et de la main-d'oeuvre	MILAP; Modified Industry and Labour Adjustment Program
PMC; Programme de mobilité du Canada	CMP; Canada Mobility Program
PME; Programme de maintien de l'emploi	EMP; Employment Maintenance Program
PNPA; Programme national de perfectionnement des autochtones	NIDP; National Indigenous Development Program
POC; Programme d'orientation des carrières	COP; Career Orientation Program

point; article; rubrique; question	item
point de distribution des chèques	cheque delivery point
point de service; PDS	point of service; POS
point de service itinérant	itinerant point of service
politique cadre; politique globale	overall policy
politique canadienne en matière de main-d'oeuvre	Canadian manpower policy
politique d'aide financière à l'agriculture	Farm Financial Assistance Policy
politique d'avancement	promotion policy
politique de formation	training policy
politique de main-d'oeuvre	manpower policy
politique d'embauchage	hiring policy
politique d'emploi	employment policy
politique d'emploi de Canadiens d'abord	Canadians first employment policy
politique d'emploi des autochtones	Native Employment Policy
politique de placement	placement policy
politique de prestation des services	service delivery policy
politique de recrutement	hiring policy
politique de recrutement des conseillers en matière d'emploi	hiring policy for employment counsellors
politique de rémunération; politique salariale	compensation policy
politique des services individuels et des services de groupe	group session and self-service policy
politique de stimulation de l'emploi	employment development policy

505

politique d'intervention directe sur le marché du travail; politique d'intervention sur le marché du travail	active labour market policy
politique d'orientation de la demande	demand management policy
politique du marché du travail	labour market policy
politique globale; politique cadre	overall policy
politique industrielle	industrial policy
politique linguistique	language policy
politique macro-économique	macroeconomic policy
politique relative à la demande globale	aggregate demand policy
politique salariale; politique de rémunération	compensation policy
politique structurelle	structural policy
politique touchant la demande	demand-side policy
POMP; Projet d'orientation et de motivation professionnelles	JOMP; Job Orientation and Motivation Project
population active; actifs (n.); travailleurs; main-d'oeuvre	manpower; labour force; workforce; work force; working population; active population
population active à plein temps; population active à temps plein	full-time labour force
population active civile	civilian labour force
population active civile occupée	civilian employment
population active de réserve	reserve labour force
population active des provinces; population active provinciale	provincial labour force
population active en général	secular labour force
population active externe; main-d'oeuvre externe	external labour force
population active féminine; main-d'oeuvre féminine	female labour force

population active intérieure	domestic labour force
population active masculine	male labour force
population active nationale	national labour force
population active occupée; actifs occupés	employed labour force; employed population
population active primaire	primary labour force
population active provinciale; population active des provinces	provincial labour force
population active secondaire	secondary labour force
population cible; population visée	target population
population d'âge actif; popu- lation en âge de travailler	working-age labour force; working-age population
population inactive; inactifs (n.); non-actifs (n.)	non-labour force; non-working population; persons not in the labour force
population source	source population
population visée; population cible	target population
porté à l'effectif	taken on strength
porter à l'effectif	take on strength
possibilité d'accès à l'emploi	accessibility to employment
possibilité d'avancement	advancement potential; opportunity for advancement; potential for advancement; promotability; promotional opportunity; promotion opportunity; promotion potential
possibilité de faire valoir les compétences du client	marketability
possibilité d'emploi; débouché; perspective d'emploi; occasion d'emploi	work opportunity; employment opening; employment opportunity; employment outlook; employment prospect; job opening; job opportunity; job outlook; job prospect; opportunity for employment

possibilité de promotion	advancement potential; opportunity for advancement; potential for advancement; promotability; promotional opportunity; promotion opportunity; promotion potential
possibilité globale d'emploi; employabilité globale	overall employability
possibilités d'avancement; possibilités de carrière; perspectives de carrière	career opportunities
possibilités de création d'emplois	employment-generating potential
possibilités de rendement	potential for effectiveness
poste; emploi; profession	job; employment; position; occupation
poste, par; par quart; par équipe	per shift
poste aboli; poste supprimé	abolished position; deleted position
poste antérieur	previous position
poste à temps partiel	part-time position
poste au bas de l'échelle; emploi de débutant; emploi de premier échelon	entry-level job
poste axé sur les services aux autochtones	native-oriented position
poste clé; emploi clé	key job
poste d'administration de niveau inférieur	lower level administrative job
poste d'attache	substantive position
poste déclaré surévalué	red-circled position
poste de direction	executive position; executive job; managerial position
poste de durée déterminée	position on a short-term basis; term position
poste de durée indéterminée	indeterminate position
poste de formation; poste de stagiaire	trainee position; training position

poste de haute direction	upper level management position
poste de prestige; poste élevé	high-level job
poste de responsabilité	position of responsibility
poste des services d'accueil et des services assistés	front-end position
poste des services spécialisés (dans les CEC)	back-end position (in CECs)
poste de stagiaire; poste de formation	trainee position; training position
poste de supervision; poste de surveillant	supervisory position
poste de travail; aire de travail	work area; work station; workstation; unit of work station
poste de travail fusionné	integrated work station
poste élevé; poste de prestige	high-level job
poste excédentaire	supernumerary position
poste existant	existing position
poste fractionné	split shift
poste générique	generic position
poste générique national	national generic job
poste isolé	isolated post
poste libéré	vacated position
poste non normalisé	non-standard job
poste non visé par la délégation (des pouvoirs)	non-delegated position
poste normalisé à l'échelle nationale	standard national job
poste permanent; emploi permanent	permanent job; permanent employment; permanent position
poste pourvu; poste rempli	job filled
poste régulier	regular position
poste rempli; poste pourvu	job filled

poste repère	reference position
postes de niveaux comparables	positions of the same level
poste supérieur	higher position; senior position
poste supprimé; poste aboli	abolished position; deleted position
poste traditionnellement féminin; emploi traditionnellement réservé aux femmes; emploi traditionnellement féminin; profession traditionnellement réservée aux femmes	non-traditional job; non-traditional occupation
poste traditionnellement masculin; emploi traditionnellement réservé aux hommes; emploi traditionnellement masculin; profession traditionnellement réservée aux hommes	non-traditional job; non-traditional occupation
poste tremplin	bridging position
poste vacant; emploi vacant; vacance	vacant position; job vacancy; vacancy
poste vacant annulé; vacance annulée; emploi vacant annulé; annulation d'une vacance; annulation de postes vacants	cancelled vacancy; vacancy cancellation
poste vacant inscrit; vacance inscrite	vacancy recorded
poste vacant occasionnel; vacance occasionnelle; emploi occasionnel vacant	casual vacancy
poste vacant rémunérateur	paying job vacancy
poste vacant signalé; vacance signalée	notified vacancy; registered vacancy; vacancy notified
postulant; candidat	applicant
postuler un emploi; solliciter un emploi; faire une demande d'emploi; présenter une demande d'emploi	apply for a job
Pour un Canada actif	Helping Canada Work

pourvoir à un poste; pourvoir un poste	fill a position; fill a job; staff a position
pouvoir de signature	signing authority
pouvoir discrétionnaire	discretionary authority; discretionary power
pouvoirs; attributions; mandat	terms of reference
pouvoirs de dotation	staffing authority
PPF; Programme de perfectionnement de la formation	TIP; Training Improvement Program
PPPC; Programme des prévisions relatives aux professions canadiennes	Canadian Occupational Forecasting Program; COFOR
PPS; préparation professionnelle spécifique	SVP; specific vocational preparation
PRAE; Programme de recherche active d'emploi	AJSP; Active Job Search Program
PRAS; Programme de rémunération d'affectation spéciale	SAPP; Special Assignment Pay Plan
pratique d'emploi; méthode d'emploi	employment practice
pratique d'emploi impartiale; pratique d'emploi objective; méthode objective d'embauchage	objective employment practice; neutral employment practice
pratique d'emploi progressive	progressive employment practice
pratique de recrutement	recruitment practice
pratique discriminatoire; acte discriminatoire	discriminatory practice
pratique loyale en matière d'emploi	fair employment practice
préapprentissage	pre-apprenticeship
prélever sur le salaire	deduct from pay
première présentation	start referral
prendre sa retraite	retire
prendre un emploi	enter employment; take employment
préparation à l'emploi	job preparation

511

préparation d'infrastructure	infrastructure preparation
préparation professionnelle; enseignement préprofessionnel; formation préalable à la spécialisation; initiation à la profession	vocational preparation; pre-vocational training
préparation professionnelle spécifique; PPS	specific vocational preparation; SVP
préposé; dirigeant; représentant officiel; fonctionnaire; employé; agent	officer; official
préposé aux clients spéciaux	special needs officer
préretraite	pre-retirement (n.)
présélection; sélection préliminaire; sélection préalable	pre-screening; screening process; screening
présélection des candidats à l'emploi	screening of job applicants
présélection des travailleurs; sélection préliminaire des travailleurs	preselection of workers
présélectionner; faire une sélection préliminaire	screen
présence; rayon d'action (d'un CEC)	penetration (of a CEC)
présence au travail	work attendance
présence aux cours; assiduité	class attendance
présence des stagiaires; assiduité des stagiaires	trainee attendance
présences; assiduité	attendance
présence sur le marché du travail; percée sur le marché du travail; rayon d'action sur le marché du travail	market penetration
présentation à un employeur; mise en rapport avec l'employeur; recommandation à un employeur	referral to employment; introduction to employer
présentation de candidats répertoriés	applicant inventory referral

présentation d'emploi assistée	assisted job referral
présentation de projet	project submission
présentation des clients	referral of clients
présentation des clients aux employeurs	marketing clients to employers
présentation des demandes par étape	phased application
présentation des services assistés	assisted service referral
présentation des travailleurs à l'employeur	referral of workers to jobs
présentation d'un candidat désigné	named referral
présentation en personne	referral in person
présentation immédiate	spot referral
présentation infructueuse	unsuccessful referral
présentation non confirmée	unconfirmed referral
présentation pour fins d'emploi	job order referral
présentation prioritaire	priority referral
présentations et placements	referral and placement in jobs
présentation téléphonique	telephone referral
présenter; diriger; recommander; envoyer; orienter	refer
présenter à l'employeur, à	for referral to employment
présenter à une entrevue, se	report for an interview
présenter à un employeur	refer for employment
présenter au travail, se	report for duty; report for work
présenter une demande d'emploi; postuler un emploi; solliciter un emploi; faire une demande d'emploi	apply for a job
présentoir sur la formation	training course display
pressions exercées sur le marché du travail	labour market pressure

prestataire; bénéficiaire de prestations	beneficiary; benefit recipient; recipient; recipient of benefits
prestataire d'assurance-chômage	UI claimant; unemployment insurance claimant; UI recipient; unemployment insurance recipient
prestataire en fin de droit; bénéficiaire ayant épuisé son droit aux prestations d'assurance-chômage	UI exhaustee; unemployment insurance exhaustee
prestataire éventuel	potential claimant
prestation	benefit
prestation	delivery
prestation de formation; allocation de formation	training benefit; training allowance
prestation de services	delivery of services; provision of services
prestation de services d'emploi	provision of employment services
prestation familiale; allocation familiale	family allowance; family benefit
prestations d'adaptation pour les travailleurs	labour adjustment benefits
prestations d'aide sociale	welfare benefits; welfare payment
prestations de préretraite	pre-retirement benefits
prestations générales d'aide sociale	general welfare assistance
prestations pour travail partagé	work sharing benefits
prêt à travailler; prêt au travail; apte au travail; employable	job-ready; employable
prêt commercial	business loan
prêt de transport; PT	transportation loan; TL
prêt en cours; prêt impayé; prêt non remboursé	outstanding loan
prêt étudiant	student loan

prêt impayé; prêt non remboursé; prêt en cours	outstanding loan
prêt sans intérêt	non-interest bearing loan
Prêts aux étudiants entrepreneurs; PEE	Student Business Loans; SBL
prêt subventionné	subsidized loan
prévision de la charge de travail; prévision du volume de travail	workload forecast
prévision de la demande	demand forecasting
prévision de la demande par profession	occupational demand forecasting
prévision de programme	program forecast
prévision des besoins en main-d'oeuvre	manpower forecast
prévision du volume de travail; prévision de la charge de travail	workload forecast
prévisions par profession; prévisions relatives aux professions	occupational forecast; occupational forecasting
prévoir au contrat	set forth in a contract
prévu par la loi; légal	statutory
PRH; planification des ressources humaines	HRP; human resource(s) planning
prime; boni; gratification	premium; bonus
prime d'éloignement	isolated post allowance
prime d'encouragement; prime de rendement	incentive bonus; production bonus; incentive award
prime de poste	shift differential; shift premium
prime de rendement; prime d'encouragement	incentive award; incentive bonus; production bonus
prime de surtemps [CAN]; prime de temps supplémentaire; prime d'heures supplémentaires	overtime pay; premium for extra duty
prime de vacances	holiday bonus

515

prime d'heures supplémentaires; prime de surtemps [CAN]; prime de temps supplémentaire	overtime pay; premium for extra duty
primo-demandeur d'emploi; nouvel actif; nouveau venu sur le marché du travail; entrant sur le marché du travail	labour force entrant; new entrant; new labour force entrant
principe directeur; directive; ligne directrice; ligne de conduite	guideline
principe du mérite	merit principle
priorité provinciale	provincial priority
priorités de formation	training priorities
prise de décision	decision making
prise de décision professionnelle	vocational decision-making
prix de la main-d'oeuvre	labour price
PRMV; Programme de recrutement des membres des minorités visibles	VMEP; Visible Minority Employment Program
probation; stage; stage probatoire; période de probation; période d'essai; période probatoire	probation; probationary period; probation period; trial period
problème de main-d'oeuvre	manpower problem
problème d'emploi; difficulté d'emploi	employment problem
problèmes d'intégration au marché du travail	labour market entry difficulties
procédé de vérification	auditing procedure; audit procedure
procédure de mise à pied	lay(-)off procedure
procédure de planification de la main-d'oeuvre	manpower planning procedure
procédure de présentation	referral procedure
procédure de remboursement des dépenses	expense claim procedure

procédure établie; modalité établie	established procedure
procédures; formalités; marche à suivre; méthodes	procedures
procédures d'achat de cours; modalités d'achat de cours	purchase procedures
procédures de mise en circulation à l'étranger; formalités de mise en circulation à l'étranger	overseas clearance procedures
processus d'approbation	approval process
processus de cessation d'emploi	termination process
processus décisionnel	decision-making process
processus de dotation; méthode de dotation	staffing process; staffing method
processus de fusionnement; processus d'intégration	integration process
processus de mobilisation des ressources	resource securing process
processus de placement des travailleurs	labour exchange process
processus de planification et de responsabilité	planning and accountability process
processus de recrutement; mode de recrutement	recruitment process
processus de regroupement	consolidation process
processus de sélection; méthode de sélection; modalités de sélection	selection procedure; selection process
processus de sélection du personnel	staff selection process
processus d'évaluation et d'approbation	assessment and approval process
processus d'examen du rendement	performance review process
processus d'inscription	registration process
processus d'inscription, de sélection et de présentation	registration, selection and referral process

processus d'intégration; processus de fusionnement	integration process
production; produit; rendement; extrant	output
productivité	productivity
productivité de la population active	productivity of the labour force
produit; rendement; extrant; production	output
produit travaillistique	labour product
professeur bénévole de cours d'alphabétisation	volunteer literacy tutor
professeur de cours d'alphabétisation	literacy tutor
professeur de langue; moniteur de langue	language instructor
profession; emploi; poste	employment; job; position; occupation
profession à forte demande	high demand occupation
profession à prédominance masculine; profession habituellement exercée par des hommes	male-dominated occupation
profession choisie	selected occupation
profession civile; emploi civil	civilian occupation
profession clé	key occupation
profession dans le domaine des services; profession dans le secteur des services; profession du secteur tertiaire	service trade; service occupation
profession de cadre supérieur	senior management occupation
profession de haute qualification; profession de haute spécialisation; profession hautement spécialisée	highly qualified occupation; highly skilled occupation; higher-skill occupation
profession de manoeuvre; emploi de manoeuvre	labouring occupation

profession de rechange; autre emploi; autre profession; emploi de substitution; nouvel emploi; métier secondaire	replacement job; alternate employment; alternate occupation; alternative employment; alternative occupation
profession désignée	designated occupation
profession de spécialisation moyenne	medium-skilled occupation; semi-skilled occupation
profession de spécialisation réduite; profession peu spécialisée	low-skilled occupation
profession désuète	obsolete occupation
profession du secteur tertiaire; profession dans le domaine des services; profession dans le secteur des services	service trade; service occupation
profession encombrée; profession saturée	non-demand occupation
profession en excédent de main-d'oeuvre	surplus occupation
profession en pénurie de main-d'oeuvre	occupation in short supply; shortage occupation
profession envisagée; emploi envisagé	intended occupation
profession habituelle; emploi habituel	usual occupation
profession habituellement exercée par des hommes; profession à prédominance masculine	male-dominated occupation
profession hautement spécialisée; profession de haute spécialisation; profession de haute qualification	highly skilled occupation; higher-skill occupation; highly qualified occupation
profession libérale	professional job; professional occupation
profession liée à l'entretien	maintenance occupation
professionnel (adj.)	vocational
professionnel (n.); membre d'une profession libérale	professional

professionnel hautement qualifié	highly skilled professional employee
profession non spécialisée	unskilled occupation
profession non traditionnelle; emploi non traditionnel	non-traditional job; non-traditional occupation
profession peu spécialisée; profession de spécialisation réduite	low-skilled occupation
profession préparatoire	feeder occupation
profession principale	prime occupation; primary occupation
profession recherchée	demand occupation
profession reclassée	transferred occupation
profession reconnue	recognized occupation
profession réglementée	regulated occupation
profession saturée; profession encombrée	non-demand occupation
professions en pénurie aiguë	critical skill shortages
profession spécialisée	trained occupation
profession subalterne	junior occupation
profession traditionnellement réservée aux femmes; poste traditionnellement féminin; emploi traditionnellement réservé aux femmes; emploi traditionnellement féminin	non-traditional job; non-traditional occupation
profession traditionnellement réservée aux hommes; poste traditionnellement masculin; emploi traditionnellement réservé aux hommes; emploi traditionnellement masculin	non-traditional job; non-traditional occupation
profil d'aptitudes professionnelles	occupational aptitude pattern
profil de formation	training profile
profil de l'employeur modèle	successful employer standard
profil de l'entreprise	employer profile

profil de main-d'oeuvre	manpower profile
profil d'emploi	employment profile; job profile
profil de projet	project profile
profil de rendement	performance profile
profil des compétences	skill profile
profil de secteur	area profile
profil des professions	occupational profile
profil d'intérêts	interest pattern
profil du client	client specifications
programme Accès-carrière	Career Access Program
programme Acquisition de compétences	Skill Investment Program
programme à frais partagés	shared-cost program
Programme Agricrew	Agricrew Program
programme anticyclique	counter-cyclical program
Programme Apprenti-stage [Ont.]	Ontario Traineeship Program
Programme avancé de formation en gestion intermédiaire	Intermediate Management Advanced Orientation Program
programme axé sur les jeunes; programme orienté vers les jeunes	youth-specific program
Programme BLADE; Programme d'alphabétisation pour le perfectionnement des adultes	BLADE Program; Basic Literacy for Adult Development Program
Programme Canada-Suisse d'échange de jeunes travailleurs	Canada-Switzerland Young Workers Exchange Program
Programme Canada-Yukon de formation du personnel de la petite entreprise	Canada-Yukon Small Business Training Program
Programme canadien d'emploi Jeunesse	Canada Youth Employment Program
Programme canadien de réorientation des agriculteurs; PCRA	Canadian Rural Transition Program; CRTP

Programme canadien pour un renouveau industriel; PCRI	Canadian Industrial Renewal Program; CIRP
programme CLÉ; Programme de croissance locale de l'emploi	LEAD Program; Local Employment Assistance and Development Program
programme communautaire	community-based program
programme Compagnie de travailleurs; Compagnie de travailleurs	Job Corps; Job Corps Program
Programme conjoint d'aide aux employés	Joint Employee Assistance Program
Programme Cours et affectations de perfectionnement; CAP	Career Assignment Program; CAP
Programme d'accès	Access Program
Programme d'accès pour les autochtones; PAA	Native Access Program; NAP
Programme d'accès pour les personnes handicapées	Access Program for the Disabled
Programme d'accréditation en testing	Certification in Testing Program; Testing Certification Program
Programme d'adaptation au travail; PAT	Work Adjustment Training; WAT
Programme d'adaptation de la main-d'oeuvre axé sur les collectivités; PAMAC	Community-Oriented Labour Adjustment Program; COLAP
Programme d'adaptation pour les travailleurs âgés; PATA	Program for Older Worker Adjustment; POWA
Programme d'affectation des cadres; PAC	Management Assignment Program; MAP
programme d'affectation par rotation	job rotation assignment plan
Programme d'affectations temporaires	Short-Term Assignment Program
Programme d'affectations temporaires; PAT	Temporary Assignments Program; TAP
Programme d'aide à l'adaptation; PAA	Adjustment Assistance Program; AAP
programme d'aide à l'adaptation de la main-d'oeuvre	labour adjustment program

Programme d'aide à l'adaptation de l'industrie et de la main-d'oeuvre; PAAIM	Industrial and Labour Adjustment Program; ILAP
Programme d'aide à l'adaptation industrielle	Industrial Adjustment Assistance Program
Programme d'aide à la formation et au placement	Training-Employment Assistance Program
Programme d'aide à la recherche industrielle	Industrial Research Assistance Program
Programme d'aide à l'élaboration des propositions de projet	Project Proposal Development Assistance Program
Programme d'aide à l'innovation; Programme national d'aide à l'innovation liée au marché du travail	National Labour Market Innovations Program; Innovations Program
Programme d'aide au placement civil des anciens militaires; PAPCAM	Civilian Employment Assistance Program; CEAP
Programme d'aide aux agriculteurs en période de transition économique [Ont.]; APTE	Farmers in Transition Program [Ont.]; FIT
Programme d'aide aux clients cherchant un emploi; PLACE	Program Leading to the Achievement of Client Employment; PLACE
Programme d'aide aux employés de l'Ontario	Ontario Employee Assistance Program
Programme d'aide aux pêcheurs indiens; PAPI	Indian Fishermen's Assistance Program; IFAP
programme d'aide communautaire	community assistance program
Programme d'aide de voyage aux fins du travail agricole saisonnier	Seasonal Agricultural Travel Assistance Program
programme d'aide directe	direct assistance program
programme d'aide sociale	social support program
Programme d'alphabétisation	Basic Literacy Program
Programme d'alphabétisation pour le perfectionnement des adultes; Programme BLADE	Basic Literacy for Adult Development Program; BLADE Program
programme d'alternance travail-études	cooperative education program; work-study program

Programme d'analyse des professions	Occupational Analysis Program
Programme d'analyse des professions et métiers	Occupational and Trade Analysis Program
Programme d'analyse du marché du travail du Canada; PAMTC	Canada Labour Market Analysis Program; CLMAP
programme d'apprentissage	apprenticeship program
programme d'apprentissage accéléré	accelerated program of apprenticeship
Programme d'apprentissage au secondaire [Ont.]	High-school Apprenticeship Program [Ont.]
programme d'apprentissage de l'autonomie fonctionnelle; programme de dynamique de la vie	life skills program
Programme d'assurance-salaire	Wage Loss Program
Programme d'avancement professionnel de la jeunesse autochtone	Native Youth Career Advancement Program
Programme de bourses à des jeunes scientifiques	Fellowship Program for Young Scientists
Programme d'échange de jeunes spécialistes et techniciens entre le Canada et le Mexique	Canada-Mexico Exchange Program for Young Specialists and Technicians
Programme d'échange de stagiaires	Trainee Exchange Program
programme d'échanges	exchange program
Programme d'échanges entre le Canada et la République fédérale d'Allemagne pour l'emploi des étudiants	Canada-Germany Work Student Exchange Program
Programme d'échanges entre le Canada et le Mexique	Canada-Mexico Exchange Program
Programme d'échanges internationaux; PEI	International Exchange Program; IEP
Programme d'échanges internationaux de jeunes travailleurs et d'étudiants	International Youth and Student Employment Exchange Program

Programme d'échanges pour étudiants de la Société germano-canadienne	Canada German Society Work Student Exchange Program
Programme d'échanges pour l'emploi d'été des étudiants	Summer Student Exchange Program
Programme d'échanges pour le perfectionnement professionnel	Career Development Exchange Program
Programme de congé d'étude	Education Leave Program
Programme de consultation CASE; Consultation au service des entreprises; CASE	CASE Counselling Program; Counselling Assistance to Small Enterprises; CASE
Programme de contrats fédéraux; PCF	Federal Contractors Program; FCP
programme de contre-vérification; programme de vérification a posteriori; programme de vérification postérieure	post-audit program
Programme de contribution à l'emploi des autochtones	Native Employment Contribution Program
Programme de contributions	Contribution Program
programme de contrôle	control program
Programme de cours de langue; Programme d'enseignement des langues	Language Training Program
programme de création d'emplois	job creation program
programme de création d'emplois à court terme	short-term job creation program
Programme de création d'emplois d'été pour les étudiants	Student Summer Job Creation Program
Programme de création d'emplois scientifiques et techniques; PCEST	Scientific and Technical Employment Program; STEP
Programme de crédit d'impôt à l'emploi; PCIE	Employment Tax Credit Program; ETCP
Programme de croissance locale de l'emploi; programme CLÉ	Local Employment Assistance and Development Program; LEAD Program
Programme de dépannage	Handy Help Program

programme de dépenses fiscales	tax expenditure program
Programme de développement commercial et industriel	Business and Industrial Development Program
programme de développement communautaire	community-based development program
Programme de développement économique des Indiens	Indian Economic Development Program
programme de dynamique de la vie; programme d'apprentissage de l'autonomie fonctionnelle	life skills program
programme Défi	Challenge program
programme de formation	training program
Programme de formation axée sur les compétences; PFAC	Competency-Based Training Program; CBTP
Programme de formation axée sur les compétences en counselling d'emploi	Competency-Based Training Program in Employment Counselling
Programme de formation axée sur les compétences et la spécialisation	Competency-Based Training and Specialization Program
Programme de formation dans l'industrie	Industrial Training Program
Programme de formation dans un milieu de travail; PFMT	Training in a Work Setting Program; TWSP
Programme de formation de la main-d'oeuvre du Canada	Canada Manpower Training Program; CMTP
Programme de formation des cadres	Management Training Program
Programme de formation des mécaniciens de matériel léger	Small Equipment Mechanics Program
Programme de formation des réservistes	Reserve Training Program
Programme de formation en agriculture	Agricultural Training Program
programme de formation en classe; programme de formation en établissement	in-school training program

Programme de formation en établissement de la main-d'oeuvre du Canada; PFEMC	Canada Manpower Institutional Training Program; CMITP
programme de formation en gestion	management trainee program
Programme de formation et de perfectionnement du personnel	Staff Training and Development Program
programme de formation individuelle	individual training program
Programme de formation industrielle de dessinateurs de mode [Ont.]	Fashion Design Training in Industry Program [Ont.]
Programme de formation industrielle de la main-d'oeuvre du Canada; PFIMC	Canada Manpower Industrial Training Program; CMITP
programme de formation préalable à l'apprentissage	pre-apprenticeship training program
Programme de formation professionnelle de niveau secondaire pour adultes	Vocational Adult Secondary Training Project; VAST
programme de formation universitaire	university-based training program
Programme de logement des autochtones	Native Housing Program
programme de main-d'oeuvre	manpower program
Programme de main-d'oeuvre à l'intention des jeunes	Youth-Related Manpower Program
Programme de maintien de l'emploi; PME	Employment Maintenance Program; EMP
Programme de mobilité des étudiants	Student Mobility Program
Programme de mobilité du Canada; PMC	Canada Mobility Program; CMP
programme d'emploi	employment-related program; employment program
Programme d'emploi agricole à l'intention des jeunes	Youth Agricultural Employment Program
Programme d'emploi axé sur la carrière	Career-Oriented Employment Program

527

Programme d'emploi des autochtones	Native Employment Program
Programme d'emploi des femmes	Women's Employment Program
Programme d'emploi des jeunes	Youth Employment Program
Programme d'emploi des jeunes et des clients spéciaux	Youth and Special Client Employment Program
Programme d'emploi des jeunes Indiens	Indian Youth Employment Program
Programme d'emploi des personnes défavorisées et handicapées	Employment Program for the Disadvantaged and Handicapped
Programme d'emploi des personnes handicapées [Ont.]	Handicapped Employment Program [Ont.]
Programme d'emploi d'été	Summer Employment Program
Programme d'emploi d'été	Working Holiday Program
Programme d'emploi d'été dans le Nord	Northern Summer Employment Program
Programme d'emploi d'été de l'Ontario à l'intention des jeunes	Ontario Summer Program for Young People
Programme d'emploi d'été de Parcs Canada	Parks Canada Summer Recruitment Program
Programme d'emploi d'été des étudiants	Student Summer Employment Program
Programme d'emploi d'été pour étudiants dans le domaine de la santé	Health Activities Summer Employment Program for Students
Programme d'emploi d'été pour les autochtones	Native Summer Employment Program
Programme d'emploi d'été pour les étudiants autochtones	Native Summer Student Employment Program
Programme d'emploi pour étudiants	Student Employment Program
Programme d'emploi pour les jeunes de l'Ontario; PEJO	Ontario Youth Employment Program; OYEP
Programme d'emplois axés sur la conservation des ressources renouvelables	Renewable Resource Conservation Employment Program

Programme d'emplois d'été axés sur la carrière; PEEAC	Career-Oriented Summer Employment Program; COSEP
Programme d'emplois d'été non axés sur la carrière; PEENAC	Non-Career-Oriented Summer Employment Program; NON-COSEP
programme d'encouragement; programme de subventions	incentive program
Programme d'encouragement des travaux d'hiver dans les municipalités	Municipal Winter Works Incentive Program
Programme d'enseignement des langues; Programme de cours de langue	Language Training Program
Programme d'enseignement individuel canadien; PEIC	Learning Individualized for Canadians Program; LINC Program
Programme d'enseignement professionnel	Vocational Education Program
Programme d'entrevues spéciales	Special Interview Program
programme de perfectionnement	developmental program
Programme de perfectionnement de la formation; PPF	Training Improvement Program; TIP
Programme de perfectionnement de la formation de la main-d'oeuvre du Canada	Canada Manpower Training Improvement Program
Programme de perfectionnement des agents subalternes	Junior Staff Development Program
Programme de perfectionnement des cadres supérieurs	Senior Management Development Program
Programme de perfectionnement des gestionnaires	Management Advancement Program
programme de perfectionnement du personnel	staff development program
programme de perfectionnement professionnel	skill development program
programme de planification de la retraite	pre-retirement planning program
Programme de planification et de perfectionnement des cadres	Executive Manpower Planning and Development Program

529

programme de préparation à l'emploi; programme de rattrapage	bridging program
programme de préparation au travail	work orientation program
Programme de promotion de la femme	Equal Opportunities for Women Program
Programme de promotion de l'emploi des étudiants	Hire-a-Student Program
programme de qualification du travail; programme d'évaluation des emplois; programme d'évaluation des postes de travail; programme d'évaluation des tâches	job evaluation program
programme d'équité en matière d'emploi	employment equity program
Programme d'équité en matière d'emploi pour les autochtones	Native Equal Opportunity Program
Programme d'équité en matière d'emploi pour les personnes handicapées	Equal Opportunity for Handicapped Program
programme de rattrapage; programme de préparation à l'emploi	bridging program
Programme de réadaptation professionnelle	Vocational Rehabilitation Program
Programme de réadaptation professionnelle des invalides	Vocational Rehabilitation of Disabled Persons Program
Programme de recherche active d'emploi; PRAE	Active Job Search Program; AJSP
Programme de recherche d'emploi	Job-Search Program
Programme de recherche sur la formation de la main-d'oeuvre	Manpower Training Research Program
programme de récolte du tabac pour étudiants européens	European student tobacco workers movement
programme de recrutement	recruitment program; recruiting program
programme de recrutement dans les universités	university recruitment program

Programme de recrutement des membres des minorités visibles; PRMV	Visible Minority Employment Program; VMEP
Programme de recrutement des stagiaires en administration	Recruitment Program for Administrative Trainees
Programme de recrutement de travailleurs étrangers	Foreign Worker Recruitment Program
Programme de recrutement et de contrôle des travailleurs étrangers	Foreign Worker Recruitment and Control Program
Programme de recrutement et de perfectionnement des Indiens et des Esquimaux	Indian and Eskimo Recruitment and Development Program
Programme de recrutement et de perfectionnement des Indiens et des Inuit	Indian and Inuit Recruitment and Development Program
Programme de recrutement et de perfectionnement du personnel administratif de la Commission de la fonction publique	Public Service Administrative Manpower Recruitment and Development Program
Programme de recrutement postsecondaire	Post-Secondary Recruitment Program
programme de recyclage	retraining program; upgrading program
Programme de redressement des industries de la chaussure et du tannage	Footwear and Tanning Industries Adjustment Program
Programme de relance de l'aide à l'emploi; programme RELAIS	National Employment Expansion and Development Program; NEED Program
Programme de rémunération d'affectation spéciale; PRAS	Special Assignment Pay Plan; SAPP
programme de réorientation	transition program
programme de revitalisation	revitalization program
programme des activités de l'atelier	workshop curriculum
Programme des carrières du Grand-Nord; PCGN	Northern Careers Program; NCP
Programme des collectivités du Nord	Northern Community Program

Programme des collèges et des universités	College and University Program
Programme des contributions à l'intention des autochtones	Native Contribution Program
Programme de seconde carrière	Second Career Project
programme de sécurité du revenu	income security program
Programme de sensibilisation des autochtones	Native Awareness Program
Programme des entreprises d'étudiants	Student Business Program
Programme de services aux étudiants du postsecondaire; PSEP	Services to Post-Secondary Students Program; SPSSP
Programme des essais par les utilisateurs	User-Trial Program
Programme des estimations relatives aux secteurs restreints	Small Area Estimates Program
Programme des gendarmes spéciaux surnuméraires	Supernumerary Special Constables Program
Programme des initiatives régionales	Regional Initiative Program
Programme des initiatives spéciales pour l'emploi	Special Employment Initiatives Program
Programme des normes interprovinciales (Sceau rouge)	Interprovincial Standards Program (Red Seal)
Programme des prévisions relatives aux professions canadiennes; PPPC	Canadian Occupational Forecasting Program; COFOR
Programme des primes à l'initiative	Suggestion Award Program
Programme des primes au mérite	Merit Award Program
Programme des services communautaires pour étudiants	Student Community Service Program
Programme des services de diagnostic	Diagnostic Services Program
Programme des services de réadaptation professionnelle [Ont.]	Vocational Rehabilitation Services Program [Ont.]

Programme des stagiaires autochtones; PSA	Native Internship Program; NIP
Programme des subventions et des contributions	Grants and Contributions Program
Programme de stage d'été lié à un métier [Ont.]	Summer Trades Experience [Ont.]
Programme de stages dans des organismes sans but lucratif	Internship Program with Non-Profit Organizations; Non-Profit Organization Internships Program
Programme de stimulation de l'emploi	Employment Incentives Program
Programme de stimulation de l'emploi dans le secteur privé	Private Employment Incentives Program
programme de stimulation directe de l'emploi	direct employment development program
Programme des travailleurs agricoles saisonniers des Antilles	Caribbean Seasonal Agricultural Workers Program
Programme des travailleurs agricoles saisonniers des Antilles (États membres du Commonwealth)	Commonwealth Caribbean Seasonal Agricultural Workers Program
Programme des travailleurs agricoles saisonniers du Mexique	Mexican Seasonal Agricultural Workers Program
Programme des travailleurs agricoles saisonniers du Mexique et des Antilles	Caribbean and Mexican Seasonal Agricultural Workers Program
Programme des travailleurs agricoles saisonniers étrangers	Foreign Seasonal Agricultural Workers Program
Programme des travailleurs américains spécialistes du tabac	USA Tobacco Specialists Program
Programme des travailleurs étrangers	Foreign Worker Program
Programme des travailleurs saisonniers agricoles	Seasonal Agricultural Workers Program
Programme des travailleurs saisonniers des Antilles	Caribbean Seasonal Workers Program

Programme des travailleurs saisonniers du Mexique	Mexican Seasonal Workers Program
programme de subventions; programme d'encouragement	incentive program
Programme de subventions à l'accroissement de la productivité; PSAP	Productivity Improvement Grant Program; PIGP
Programme de subventions à la planification de la main-d'oeuvre autochtone	Native Manpower Planning Grants Program
programme de subventions à la recherche	research grants program
Programme de subvention salariale	Wage Subsidy Program
Programme de subventions au développement régional	Regional Development Incentives Program
Programme de subventions aux organismes bénévoles	Grants to Voluntary Organizations Program
programme de subventions en espèces	cash-based program
Programme de travail et d'études en agriculture à l'intention des étudiants du Royaume-Uni et de l'Ontario	UK-Ontario Student Agricultural Education and Work Exchange
Programme de travail partagé	Work Sharing Program
programme de travaux d'hiver	winter works program
programme de validation des offres d'emploi	employment validation program
programme d'évaluation des emplois; programme d'évaluation des postes de travail; programme d'évaluation des tâches; programme de qualification du travail	job evaluation program
programme Développement de l'emploi	Job Development Program
programme Développement des collectivités	Community Futures Program

programme de vérification a posteriori; programme de vérification postérieure; programme de contre-vérification	post-audit program
programme de visite des établissements d'enseignement	school visit program
Programme d'expérience professionnelle pour ceux qui viennent de quitter l'école	Job Experience Program for Recent School Leavers
Programme d'expérience professionnelle pour les nouveaux actifs	Job Experience Program for New-Entrants on the Labour Market
Programme d'expérience professionnelle - Programme à l'intention des jeunes	Working Experience Program - Youth Program
Programme d'extension des services de main-d'oeuvre; programme Extension	Outreach Program; Outreach
Programme d'incitation au travail [Ont.]	Work Incentive Program [Ont.]
Programme d'information sur l'emploi	Job Exposure Program
programme d'initiation à la vie professionnelle	work experience program
programme d'initiation des nouveaux employés	orientation program for new employees
Programme d'instruction des cadets	Cadet Training Program
Programme d'instruction des cadets et de formation des réservistes	Cadet and Reserve Training Program
Programme d'orientation des carrières; POC	Career Orientation Program; COP
Programme du Sceau rouge	Red Seal Program
Programme du service national d'emploi des jeunes; PSNJ	National Youth Service Program; NYSP
Programme d'utilisation de la Batterie générale de tests d'aptitudes par les organismes extérieurs	General Aptitude Test Battery External Users Program

535

programme en cours d'emploi	on-the-job program
programme Expérience de travail	Work Experience Program
programme expérimental; programme pilote; programme témoin	pilot program
programme Extension; Programme d'extension des services de main-d'oeuvre	Outreach; Outreach Program
programme Extension pour le recrutement	Outreach recruitment program
Programme fédéral à forte concentration de main-d'oeuvre; PFFCM	Federal Labour Intensive Program; FLIP
programme fédéral-provincial de prêts pour la création d'emplois	federal-provincial employment loan program
Programme fédéral-provincial de réadaptation professionnelle	Federal-Provincial Vocational Rehabilitation Program
Programme Initiatives-Volontariat; PIV	Voluntary Initiatives Program; VIP
programme Intégration professionnelle; Intégration professionnelle	Job Entry; Job Entry Program
Programme international d'échange de travailleurs	International Worker Exchange Movement
Programme international d'échange d'étudiants	International Student Exchange Movement
Programme international d'échanges pour l'emploi des jeunes	International Youth Employment Exchange Program
Programme interne d'emploi des jeunes autochtones; PIEJA	Native Youth Intern Program; NYIP
Programme interne de perfectionnement des autochtones; PIPA	Internal Indigenous Development Program; IIDP
Programme interprovincial d'analyse des professions	Interprovincial Occupational Analysis Program
Programme légiféré d'équité en matière d'emploi	Legislated Employment Equity Program

Programme modifié d'aide à l'adaptation de l'industrie et de la main-d'oeuvre; PMAAIM	Modified Industry and Labour Adjustment Program; MILAP
Programme "Moi je sais comment"	Moving On Program
Programme national d'aide à l'innovation liée au marché du travail; Programme d'aide à l'innovation	National Labour Market Innovations Program; Innovations Program
Programme national de formation	National Training Program
Programme national de perfectionnement des autochtones; PNPA	National Indigenous Development Program; NIDP
Programme Opération expérience pratique Ontario	Ontario Career Action Program; OCAP
programme orienté vers les jeunes; programme axé sur les jeunes	youth-specific program
programme parrainé	sponsored program
programme permanent	ongoing program
programme permanent du marché du travail	ongoing labour market program
programme pilote; programme témoin; programme expérimental	pilot program
Programme pilote de création d'emplois - Assurance-chômage	Unemployment Insurance-Job Creation Pilot Program
programme ponctuel de création d'emplois	make-work program
programme portant sur l'offre de main-d'oeuvre	supply program
Programme pour l'avancement de la technologie	Program for the Advancement of Industrial Technology
programme provincial d'apprentissage	provincial apprenticeship program
programme provincial de formation	provincial training plan
programme provincial de soutien de l'emploi	provincial employment support program

programme provincial ou territorial d'octroi de capital-risque aux étudiants	provincial/territorial student venture capital program
Programme régional de perfectionnement et de maintien de l'emploi; PRPM	Regional Development and Retention Program; RDRP
programme RELAIS; Programme de relance de l'aide à l'emploi	NEED Program; National Employment Expansion and Development Program
Programme relatif aux pénuries de main-d'oeuvre	Skill Shortages Program
Programmes d'échanges internationaux de jeunes agriculteurs	International Agricultural Youth Exchange Programs
Programmes d'échanges internationaux pour l'emploi des jeunes travailleurs; PEIEJT	International Young Workers Employment Programmes; IYWEP
programmes de création d'emplois d'été et d'hiver	winter and summer job creation programs
Programmes de développement industriel	Industrial Development Programs
programmes et services d'emploi; programmes et services relatifs à l'emploi	employment-related programs and services
programmes généraux de stimulation de l'emploi	general employment incentives programs
Programmes internationaux de l'emploi d'été des étudiants; PIEEE	International Student Summer Employment Programmes; ISSEP
Programmes internationaux d'emploi des jeunes	International Youth Employment Programs
programme spécial de formation	special training program
programme spécial de recrutement	special recruitment program
programmes regroupés	consolidated programs
programmes relatifs au marché du travail	labour market programs
programme témoin; programme expérimental; programme pilote	pilot program

538

Programme temporaire d'assistance au recyclage; PTAR	Transition Adjustment Assistance Program; TAAP
progression de l'emploi; hausse de l'emploi; expansion de l'emploi; augmentation de l'emploi	expansion of employment; increase in employment
progression de l'emploi à moyen terme; croissance de l'emploi à moyen terme	medium-term employment growth
progression professionnelle; avancement professionnel; cheminement de carrière; déroulement de carrière; développement de carrière	career progress; career progression; career path
projection	projection
projection des besoins en main-d'oeuvre	projected manpower requirement
projections sur les professions	occupational projections
projet	project
projet à forte concentration de main-d'oeuvre; projet à forte densité de main-d'oeuvre; projet à forte proportion de main-d'oeuvre	labour intensive project
projet à l'année	year-round project
projet axé sur les régions métropolitaines	city-based project
projet communautaire; projet d'intérêt collectif	community project; community-based project; community-initiated project
projet conjoint; projet mixte	joint project
projet créateur d'emplois de l'Assurance-chômage	UI-Job creation project
projet d'alternance travail-études	cooperative education project
projet de création d'emplois	job creation project; employment-generating project
projet de formation; proposition de formation; offre de formation	proposal for training; training proposal

projet de formation dans l'industrie	industrial training project
projet de mise à l'essai de la revitalisation	revitalization trial project
projet de mise en valeur des ressources	resource development project
projet d'emploi d'été pour étudiants	summer student employment project
projet d'entreprise	business plan; enterprise project
projet d'envergure; grand projet; mégaprojet	mega project
projet d'établissement d'une entreprise	enterprise development project
projet de transition	transitional project
Projet d'information sur l'offre et la demande de main-d'oeuvre horticole	Horticultural Labour Demand-Supply Information Project
projet d'infrastructure	infrastructure project
projet d'intérêt collectif; projet communautaire	community project; community-based project; community-initiated project
Projet d'orientation et de motivation professionnelles; POMP	Job Orientation and Motivation Project; JOMP
projet en activité; projet en cours	operational project
projet expérimental de travail partagé	work sharing pilot project
projet Extension	Outreach project
projet fédéral à forte concentration de main-d'oeuvre; projet fédéral à forte proportion de main-d'oeuvre	federal labour intensive project
projet inacceptable	unacceptable project
Projet Jeunesse	Youth Project
Projet Jeunesse de la Banque de Montréal	Bank of Montreal Youth Project
projet mixte; projet conjoint	joint project

projet n'ayant pas fait l'unanimité	non-consensus project
projet pilote	pilot project
projet préparatoire à l'emploi	employment preparation project
Projets d'adaptation au travail	Work Activity Projects; WAP
Projet seconde carrière	Project Second Career
prolongation d'emploi	extension of employment
prolongation de nomination	extension of appointment
prolongation de projet	project renewal
promoteur	sponsor (n.)
promoteur admissible; organisme admissible	eligible sponsor
promoteur réitérant; promoteur à parrainage multiple	repeat sponsor
promotion	advancement; promotion
Promotion des initiatives privées; PIP	Business Drive for Jobs; BDJ
promouvoir; favoriser	promote
promouvoir; parrainer	sponsor (v.)
promouvoir l'égalité des chances	promote equality of opportunity
promouvoir l'embauchage	promote hiring
proportion autorisée par la loi de compagnons par rapport aux apprentis	legislated ratio of journeymen to apprentices
proportion effective de compagnons par rapport aux apprentis	actual ratio of journeymen to apprentices
proposition	proposal
proposition d'affaire	business opportunity
proposition de formation; offre de formation; projet de formation	proposal for training; training proposal
prorata, au	on a pro rata basis
prospection des carrières	career exploration

prospection du marché du travail	job exploration
protection de l'ancienneté; ancienneté bloquée	frozen seniority
protection de la vie privée et droits de la personne	privacy and human rights
protection du revenu	income protection
protocole d'accord	statement of agreement
protocole d'entente	memorandum of understanding; statement of understanding
province de destination	province of destination
provisoire; temporaire; intérimaire; par intérim	interim; acting
PRPM; Programme régional de perfectionnement et de maintien de l'emploi	RDRP; Regional Development and Retention Program
PSA; Programme des stagiaires autochtones	NIP; Native Internship Program
PSAP; Programme de subventions à l'accroissement de la productivité	PIGP; Productivity Improvement Grant Program
PSEP; Programme de services aux étudiants du postsecondaire	SPSSP; Services to Post-Secondary Students Program
PSNJ; Programme du service national d'emploi des jeunes	NYSP; National Youth Service Program
psychologue consultant	consulting psychologist
psychométricien	psychometrist; test administrator
PT; prêt de transport	TL; transportation loan
PTAR; Programme temporaire d'assistance au recyclage	TAAP; Transition Adjustment Assistance Program
publication de renseignements; communication de renseignements	release of information

q——————————————————————

qualification; aptitude; capacités; compétence; habileté	qualification; competence; competency; skill

qualification de base; compétence de base	entry skill; generic skill; basic skill
qualification du travail; évaluation des emplois; évaluation des postes de travail; évaluation des tâches	job evaluation
qualification professionnelle; compétence professionnelle	employment qualifications; occupational qualification(s); occupational skill
qualification recherchée; compétences recherchées	skill in demand
qualifications d'un travailleur	worker's qualifications
qualifications requises; exigences de poste; exigences de l'emploi; qualités requises	job requirements
qualifié	qualified; skilled
qualités; compétences; connaissances	skills
qualités personnelles	personal suitability
qualités requises; qualifications requises; exigences de poste; exigences de l'emploi	job requirements
qualités requises; conditions de candidature; titres et qualités	qualifications
quart; équipe	shift
QEP; questionnaire d'exploration des professions	OEQ; occupational exploration questionnaire
question; article; rubrique; point	item
question de sélection	filter question
questionnaire à l'intention des stagiaires	trainee questionnaire
questionnaire d'auto-évaluation	self-appraisal questionnaire
questionnaire d'enquête; questionnaire de sondage	survey questionnaire
questionnaire d'examen	examination paper

questionnaire d'exploration des professions; QEP	occupational exploration questionnaire; OEQ
quitter la vie active; quitter les rangs de la population active	withdraw from the labour force; leave the labour force
quitter un poste; libérer un poste	vacate a position

r

radiation; suppression	deletion
raison de la non-présentation	reason for non-referral
raison d'être; justification; motif	rationale
rajustement; redressement; ajustement	adjustment
rajustement annuel	annual adjustment
rajustement de rémunération	remuneration adjustment
rajustement des engagements	commitment adjustment
rajustement des salaires	salary adjustment
rajustement forfaitaire	lump sum adjustment
ralentissement cyclique; régression cyclique	cyclical downturn
ralentissement de la production; ralentissement de travail; grève perlée	work slowdown; slowing down of work; slowdown
ralentissement du marché du travail	labour market slack
ralentissement économique; récession; régression	economic downturn; economic slowdown; economic slack
ralentissement temporaire de l'économie	temporary downturn
RAPC; Régime d'assistance publique du Canada	CAP; Canada Assistance Plan
rapidité de présentation	speed of referral
rappel; rappel au travail	recall (n.); call-back (n.)

rappel; relance; suivi; suite	follow-up (n.)
rappel au travail; rappel	call-back (n.); recall (n.)
rappel des employés licenciés	pay-off call back
rappeler un travailleur; réembaucher un travailleur	recall a worker
rapport avec l'emploi	job-relatedness
rapport circonstancié; rapport détaillé; compte rendu	narrative report
rapport concernant les anomalies	exception reporting
rapport d'appréciation d'un employé; rapport d'évaluation	evaluation report of an employee
Rapport de conflit du travail entraînant un arrêt de travail	Report on Industrial Dispute Resulting in Work Stoppage
rapport de contrôle; rapport de surveillance	monitoring report
rapport de diagnostic	diagnostic report
rapport de gestion	management report
rapport d'enquête; rapport de recherche; rapport d'étude	report of investigation; fact-finding report
rapport d'entrevue	report of interview
rapport de quart	shift log report
rapport de recherche; rapport d'étude; rapport d'enquête	report of investigation; fact-finding report
rapport des absences	absence report
rapport des présences	attendance report
rapport de stage	probation report
rapport de suivi des présentations	referral follow-up report
rapport de surveillance; rapport de contrôle	monitoring report
rapport détaillé; compte rendu; rapport circonstancié	narrative report
rapport d'étape	progress report

rapport d'étude; rapport d'enquête; rapport de recherche	report of investigation; fact-finding report
rapport d'évaluation; rapport d'appréciation d'un employé	evaluation report of an employee
Rapport d'évaluation et étude du rendement; RÉÉR	Performance Review and Evaluation Appraisal; PREA
rapport de vérification	audit report
rapport de visite	visit report
rapport du médecin examinateur	report of medical examiner
rapport d'utilisation des ressources	resource utilization report
rapport emploi-population; rapport E-P; ratio emploi-population; ratio E-P	Employment-Population ratio; E-P ratio
rapport final d'un projet	project final report
rapport hebdomadaire	weekly report
rapport intérimaire d'un projet; rapport provisoire d'un projet	project interim report
rapport mensuel du promoteur	sponsor's monthly activity report
rapport mensuel sur les activités de placement	monthly report on employment operations
rapport opérationnel; rapport sur les activités	operational report
rapport provisoire	interim report
rapport provisoire d'un projet; rapport intérimaire d'un projet	project interim report
rapport statistique trimestriel	quarterly statistical report
Rapport sur la demande par profession et par secteur; RDPS	Occupational and Area Demand Report; OADR
rapport sur la formation et le perfectionnement	training and development report
rapport sur la situation des employés	status report on employees

Rapport sur l'emploi dans l'industrie	Report on Employment Operations by Industry
rapport sur les activités; rapport opérationnel	operational report
Rapport sur les clients inscrits et les emplois vacants	Report on Registered Clients and Vacancies
rapport sur les déséquilibres par profession; RDP	occupational imbalances report; OIR
rapport sur les employés recrutés sur place	locally engaged employees report
rapport trimestriel	quarterly report
rapprochement; rapprochement des comptes	reconciliation; reconciliation of accounts
RAS; régime d'assurance-salaire	WLIP; wage loss insurance plan; wage loss replacement plan
rassembler des données; réunir des données; recueillir des renseignements	collect information
ratification d'entente; approbation d'entente	agreement approval
ratio coûts-avantages	benefit-cost ratio
ratio emploi-population; ratio E-P; rapport emploi-population; rapport E-P	E-P ratio; Employment-Population ratio
ratio présentations-placements	referral to placement ratio; referral-placement ratio
rattrapage scolaire	academic upgrading; academic upgrading training
rayé de l'effectif	struck off strength
rayon d'action (d'un CEC); présence	penetration (of a CEC)
rayon d'action sur le marché du travail; présence sur le marché du travail; percée sur le marché du travail	market penetration
RC-I; Revenu Canada Impôt	RC-T; Revenue Canada Taxation
RDE; Relevé d'emploi	ROE; Record of Employment

RDP; rapport sur les déséquilibres par profession	OIR; occupational imbalances report
RDPS; Rapport sur la demande par profession et par secteur	OADR; Occupational and Area Demand Report
RE; région économique	ER; economic region
réadaptation; réhabilitation	rehabilitation
réadaptation professionnelle	vocational rehabilitation
réaffectation; redéploiement; redistribution; réorganisation (des effectifs, de la main-d'oeuvre, du personnel)	reassignment; redeployment (of existing resources, manpower, staff)
réaffectation de crédits	re-allocation of funds
réaffecter	reassign
réalisation; exécution; mise en oeuvre	delivery
réaménagement des effectifs	work force adjustment; labour force adjustment; manpower adjustment
réaménagement des horaires de travail	alternate work arrangements
recensement de la main-d'oeuvre; répertoire de main-d'oeuvre; relevé des effectifs; liste des effectifs; inventaire des ressources en main-d'oeuvre	manpower inventory
réception; accueil	reception
réception des offres d'emploi; enregistrement des offres d'emploi; inscription des offres d'emploi	job-order taking; order taking; order entry
réception d'une offre d'emploi; arrivée d'une offre d'emploi	receipt of a job order
récession; régression; ralentissement économique	economic slack; economic slowdown; economic downturn
récession cyclique	cyclical decline
recettes	revenue
recettes d'un projet	project revenue; project-generated revenue

recevabilité d'une proposition	acceptability of a proposal
recherche; enquête; sondage; étude	fact-finding
recherche active de débouchés pour les personnes handicapées	advocacy referral of disabled people
recherche de débouchés pour les clients	client marketing
recherche de débouchés pour les clients-travailleurs	worker client marketing
recherche d'emploi	job search
recherche d'emploi autonome	independent job search
recherche d'emploi individuelle	private job search
recherche dynamique d'emploi	creative job search
recherche sur le marché du travail	labour market research
reclassification d'un poste	reclassification of a position
recommandation au Cabinet du Ministre	recommendation to Minister's office
recommandation au Ministre pour approbation	recommendation for ministerial approval
recommandation à un employeur; présentation à un employeur; mise en rapport avec l'employeur	introduction to employer; referral to employment
recommandations sur ...	sounding board advice on ...
recommander; envoyer; orienter; présenter; diriger	refer
recommander en vue d'une promotion; recommander l'avancement (d'un employé)	recommend for promotion
reconduction d'un contrat de travail; extension d'une entente de travail	extension to a work agreement
reconnaissance des titres de compétence; reconnaissance professionnelle	accreditation; certification

recouvrement des paiements en trop; recouvrement des trop-payés; recouvrement des versements excédentaires	O-P recovery; over(-)payment recovery
recrutement	hiring; recruiting; recruitment
recrutement à l'étranger; recrutement de travailleurs étrangers	foreign recruiting; foreign worker recruitment; off-shore recruitment
recrutement de la main-d'oeuvre	manpower recruitment
recrutement de travailleurs	worker recruitment; recruitment of workers
recrutement de travailleurs étrangers; recrutement à l'étranger	foreign recruiting; foreign worker recruitment; off-shore recruitment
recrutement d'étudiants	student recruitment
recrutement et sélection	recruitment and selection
recrutement pour la fonction publique	Public Service recruitment
recrutement sur le campus	on-campus recruiting; on-campus recruitment
recruter	hire; recruit
recruteur professionnel	professional recruiter
recueillir des renseignements; rassembler des données; réunir des données	collect information
récupérable; remboursable	recoverable
récupérer un crédit d'impôt	recover a tax credit
recyclage; recyclage professionnel; perfectionnement	professional retraining; booster training; retraining; refresher training; updating of skills; upgrading; vocational retraining; vocational upgrading; re-skilling
recyclage de la main-d'oeuvre	retraining of manpower
recyclage professionnel; perfectionnement; recyclage	vocational upgrading; booster training; professional retraining; refresher training; retraining; updating of skills; upgrading; vocational retraining; re-skilling

recycler	upgrade (v.)
redéfinir un emploi; restructurer un emploi	redesign a job
redéfinition des tâches; restructuration des emplois	job restructuring; job redefinition; job redesign
redéploiement; redistribution; réorganisation; réaffectation (des effectifs, de la main- d'oeuvre, du personnel)	reassignment; redeployment (of existing resources, manpower, staff)
rédiger une demande	prepare an application
redistribution; réorganisation; réaffectation; redéploiement (des effectifs, de la main-d'oeuvre, du personnel)	reassignment; redeployment (of existing resources, manpower, staff)
redistribution des fonctions	reassignment of duties
redistribution des ressources	transfer of resources
redressement; ajustement; rajustement	adjustment
réduction de l'aide à l'adaptation	reduction of adjustment assistance
réduction d'emplois	employment cut-back
réduction des effectifs; compression des effectifs; réduction du personnel; compression du personnel	work force reduction; manpower reduction; employment cut-back; reduction in personnel; reduction of staff; staff reduction
réduction des heures de travail	work week reduction
réduction du personnel; réduction des effectifs; compression des effectifs; compression du personnel	work force reduction; manpower reduction; employment cut-back; reduction in personnel; reduction of staff; staff reduction
réduction du taux de cotisation	premium reduction
REEE; régime enregistré d'épargne-études	RELSP; registered educational leave savings plan
réembauchage; réengagement; réemploi	re-employment; rehiring
réembaucher; réemployer; réengager	re-employ

réembaucher un travailleur; rappeler un travailleur	recall a worker
réemploi; réengagement; réembauchage	rehiring; re-employment
réemployer; réengager; réembaucher	re-employ
réengagement; réemploi; réembauchage	re-employment; rehiring
réengager; réembaucher; réemployer	re-employ
RÉÉR; Rapport d'évaluation et étude du rendement	PREA; Performance Review and Evaluation Appraisal
réévaluation	reassessment
refus; rejet	rejection
refuser une offre d'emploi	refuse a job offer
refuser un service	withhold a service
régime d'aide sociale	welfare plan
Régime d'assistance publique du Canada; RAPC	Canada Assistance Plan; CAP
régime d'assurance-maladie	health insurance plan
régime d'assurance-salaire; RAS	wage loss replacement plan; wage loss insurance plan; WLIP
Régime d'autorisation en matière de priorités	Priority Clearance System
régime d'épargne	savings plan
régime de pension; régime de retraite	pension plan; retirement plan; superannuation plan
Régime de pension de retraite de la fonction publique	Public Service Superannuation Plan
régime de pension non contributif; régime de retraite non contributif	non-contributory pension plan
Régime de pensions du Canada; RPC	Canada Pension Plan; CPP
régime de promotion	promotion plan

régime de rémunération; système de rémunération	wage plan; compensation plan; compensation system; pay plan
Régime de rentes du Québec; RRQ	Quebec Pension Plan; QPP
régime de retraite; régime de pension	pension plan; retirement plan; superannuation plan
régime de retraite non contributif; régime de pension non contributif	non-contributory pension plan
Régime des primes d'encouragement	Incentive Award Plan
régime de subventions directes à l'emploi	direct employment subsidy scheme
régime d'indemnisation	benefit plan
régime enregistré d'épargne-études; REEE	registered educational leave savings plan; RELSP
Régime enregistré d'épargne-formation	Registered Savings Training Program
régime provincial d'assurance-maladie	provincial health insurance program; provincial medicare plan
régime provincial de crédits d'apprentissage	provincial apprenticeship credit system
région; secteur	area
région à croissance lente; région à faible croissance	slow-growth region; low-growth region
région à forte croissance	high-growth region
région de recrutement	supply area
région économique; RE	economic region; ER
région éloignée; région reculée	remote area
région en excédent de main-d'oeuvre; région en surplus de main-d'oeuvre	surplus labour area
région géographique de recrutement; zone géographique de recrutement; secteur géographique de recrutement	geographic recruitment area
région isolée	isolated community

région métropolitaine	metro region
région métropolitaine de recensement; RMR	census metropolitan area; CMA
région métropolitaine de recensement désignée; RMR désignée	designated census metropolitan area; designated CMA
région reculée; région éloignée	remote area
région rurale	rural area
registre; document; dossier	record
registre de petite caisse; livre de petite caisse	petty cash book
registre des activités relatives à la grève	strike log
registre des affectations	allotment record
registre des congés	leave record
registre des contrats de services de diagnostic	diagnostic services contracts register
registre des cours achetés	register of courses purchased
registre des dépenses	expenditure record
registre des engagements	record of commitments; commitment record
Registre des engagements – allocations de formation	Training Benefit Commitment Register
registre des offres d'emploi	order register
Registre des postes	Record of Positions
registre des présences; feuille des présences; fiche de présence	attendance sheet; attendance list; attendance record; attendance register; record of attendance
registre des présences des stagiaires	trainee attendance register
registre des renseignements personnels	privacy register
registre du bureau régional	regional office log
registres d'assurance sociale	social insurance records
règlement	regulation

réglementation professionnelle	licensing requirement
Règlement concernant la tenue des examens normalisés interprovinciaux	Regulations for the Administration of the Interprovincial Standards Examinations
règlement du conflit; règlement du différend	dispute resolution
Règlement du programme de crédit d'impôt à l'emploi	Employment Tax Credit Program Regulations
Règlement national sur la formation	National Training Regulations
Règlement sur des nominations pour les Carrières dans le Grand-Nord	Northern Careers Appointments Regulations
Règlement sur la formation professionnelle des adultes; Règlement sur la FPA	Adult Occupational Training Regulations; AOT Regulations
Règlement sur la mobilité de la main-d'oeuvre	Manpower Mobility Regulations
Règlement sur l'emploi à temps partiel	Part-Time Employment Regulations
Règlement sur l'emploi dans la fonction publique; Règlement sur l'emploi dans la Fonction publique (app. ant.)	Public Service Employment Regulations
Règlement sur l'emploi dans le cadre des projets fédéraux à forte proportion de main-d'oeuvre	Federal Labour Intensive Projects Employment Regulations
Règlement sur l'encouragement à la mobilité et aux études de main-d'oeuvre	Labour Mobility and Assessment Incentives Regulations
Règlement sur l'équité en matière d'emploi	Employment Equity Regulations
Règlement sur les conditions d'emploi dans la fonction publique	Public Service Terms and Conditions of Employment Regulations
Règlement sur le Service national de placement	National Employment Service Regulations
Règlement sur les subventions au développement régional	Regional Development Incentives Regulations
régler un conflit	settle a dispute

555

régression; ralentissement économique; récession	economic slack; economic slowdown; economic downturn
régression cyclique; ralentissement cyclique	cyclical downturn
régression de l'emploi; diminution de l'emploi; baisse de l'emploi; fléchissement de l'emploi	decline in employment
regroupement des professions	regrouping of occupations
regroupement de travailleurs	clustering of workers
réhabilitation; réadaptation	rehabilitation
réinscription; renouvellement de l'inscription; inscription renouvelée	revival
réinscription du client	client revival
réinsertion professionnelle; réintégration professionnelle; rentrée sur le marché du travail; retour sur le marché du travail	re-entry into the labour force
réinstallation (fonction publique)	relocation
réintégration; reprise d'activité	re-entry
réintégration dans un poste	reverting to a position
réintégration professionnelle; rentrée sur le marché du travail; retour sur le marché du travail; réinsertion professionnelle	re-entry into the labour force
réintégrer la population active; réintégrer le marché du travail; revenir sur le marché du travail; rentrer sur le marché du travail	re-enter the labour force
réitérant	repeater
rejet; refus	rejection
relance; rappel; suivi; suite	follow-up (n.)
relance d'une offre d'emploi	follow-up of an order

556

relance économique; reprise économique	economic upswing; economic recovery
relations avec le personnel; relations avec les employés; relations employeur-employé; relations de travail	employer-employee relations; employer-employee relationship; employment relationship; staff relations; work relations; working relationship
relations avec les employeurs	employer relations
relations de travail; relations employeur-employé; relations avec le personnel; relations avec les employés	working relationship; employer-employee relations; employment relationship; staff relations; work relations; employer-employee relationship
relations du travail; relations industrielles	industrial relations
relations employeur-employé; relations de travail; relations avec le personnel; relations avec les employés	working relationship; employer-employee relations; employment relationship; staff relations; work relations; employer-employee relationship
relations industrielles; relations du travail	industrial relations
relations interpersonnelles	interpersonal relations
relations publiques	public affairs; public relations
relevé de la rémunération brute	record of gross earnings
Relevé d'emploi; RDE	Record of Employment; ROE
relevé des effectifs; liste des effectifs; inventaire des ressources en main-d'oeuvre; recensement de la main-d'oeuvre; répertoire de main-d'oeuvre	manpower inventory
relevé des gains; déclaration du revenu; état du revenu	statement of income
relevé des paiements	record of payments
relevé des postes vacants; relevé des vacances	vacant position listing
relevé des tâches; répertoire des tâches	task inventory
relevé des vacances; relevé des postes vacants	vacant position listing

557

relevé du temps consacré au projet	project time record
relever les normes; hausser les normes	raise standards
relever le taux du salaire minimum; augmenter le taux du salaire minimum; hausser le taux du salaire minimum; majorer le taux du salaire minimum	increase minimum wage
remboursable; récupérable	recoverable
remboursement; versement; indemnité; paiement	payment
remboursement au titre du salaire	wage reimbursement
remboursement des salaires à taux forfaitaire	fixed-rate wage reimbursement
remboursement maximal au titre des salaires	maximum wage reimbursement
remboursement partiel des frais salariaux	partial wage reimbursement
remplir un formulaire	complete a form
rémunération; rétribution	compensation
rémunération; traitement; salaire; paye	wage; salary; pay; remuneration
rémunération à l'acte	fee-for-service
rémunération au rendement	performance pay
rémunération des fonctions	remuneration for duties
rémunération en espèces	wages paid in cash
rémunération en nature; paiement en nature; rétribution en nature	payment in kind
rémunération hebdomadaire assurable	weekly insurable earnings
rémunération horaire; salaire horaire	hourly wage
rémunération inéquitable	pay inequity

rémunération provisoire	acting pay
rémunération rétroactive	retroactive remuneration
rémunération versée	remuneration paid
rendement	performance
rendement; extrant; production; produit	output
rendement au travail	job performance
rendement du marché du travail	labour market performance
rendement du travailleur	worker performance
rendement général	overall performance
renomination; nouvelle nomination	re-appointment
renouvellement de la main-d'oeuvre; roulement du personnel; roulement de la main-d'oeuvre; renouvellement du personnel	employee turnover; labour turnover; staff turnover; turnover
renouvellement de l'inscription; inscription renouvelée; réinscription	revival
renouvellement de mandat	re-appointment on the expiry of the term of office
renouvellement d'un contrat	renewal of a contract
renouvellement du personnel; renouvellement de la main-d'oeuvre; roulement du personnel; roulement de la main-d'oeuvre	employee turnover; labour turnover; staff turnover; turnover
renseignements; données	input
renseignements détaillés sur les offres d'emploi	detailed order information
renseignements personnels	personal information
renseignements pertinents; données pertinentes	relevant data
renseignements sur la main-d'oeuvre; information sur la main-d'oeuvre; données sur la main-d'oeuvre	manpower information

renseignements sur le marché du travail; information sur le marché du travail	labour market intelligence; employment market information; labour market information
renseignements sur le projet	proposal information
renseignements techniques	technical information
rentable; exploitable; viable	economically viable
rentrant sur le marché du travail	labour force re-entrant
rentrée sur le marché du travail; retour sur le marché du travail; réinsertion professionnelle; réintégration professionnelle	re-entry into the labour force
rentrer sur le marché du travail; réintégrer le marché du travail; revenir sur le marché du travail; réintégrer la population active	re-enter the labour force
renvoi; congédiement	discharge; dismissal
renvoi en cours de stage	rejection on probation
renvoi pour incapacité	release for incapacity
renvoyé	released
renvoyer	release (v.)
renvoyer; congédier	dismiss
réorganisation; réaffectation; redéploiement; redistribution (des effectifs, de la main-d'oeuvre, du personnel)	reassignment; redeployment (of existing resources, manpower, staff)
réorientation professionnelle	career shift
répartir des fonds; ventiler des fonds	break down funds; distribute funds
répartition; attribution; affectation; allocation	allocation
répartition; ventilation	breakdown (n.)
répartition de la main-d'oeuvre	allocation of labour
répartition de la population active	labour force distribution

répartition démographique	demographic composition
répartition des emplois	distribution of jobs
répartition des ressources; allocation des ressources; affectation des ressources	resource allocation
répartition des tâches; répartition du travail; distribution du travail	work distribution; division of duties; segregation of duties; work allocation; workload breakdown
répartition du revenu	income distribution
répartition du travail; répartition des tâches; distribution du travail	work allocation; division of duties; segregation of duties; work distribution; workload breakdown
répartition géographique des emplois	geographical distribution of jobs
répartition par profession	occupational distribution
répartition régionale	regional distribution
répercussions sur l'emploi	employment impact
Répertoire canadien de la main-d'oeuvre en génie	Canadian Engineering Manpower Inventory
Répertoire de la Banque nationale d'emplois	National Job Bank Inventory
répertoire de main-d'oeuvre; relevé des effectifs; liste des effectifs; inventaire des ressources en main-d'oeuvre; recensement de la main-d'oeuvre	manpower inventory
Répertoire de planification de carrière des femmes	Women's Career Planning Inventory
répertoire de programmes types de formation	training content inventory
Répertoire des bureaux	Directory of Offices
répertoire des chercheurs d'emploi	inventory of job seekers
répertoire des clients; fichier des clients	client index; client inventory; inventory of clients
Répertoire des clients inscrits	Inventory of Registered Clients

561

répertoire des clients-travailleurs	worker client inventory
répertoire des cours	course catalogue
répertoire des demandes de mutations	transfer inventory
Répertoire des employeurs canadiens	Directory of Canadian Employers
Répertoire des professions canadiennes; RPC	Index to Canadian Occupations; ICO
Répertoire des professions très en demande	High Opportunity Occupations Inventory
répertoire des programmes d'emploi et de main-d'oeuvre	inventory of employment and manpower measures
Répertoire des programmes et services d'EIC	Compendium of EIC Programs and Services
Répertoire des programmes fédéraux, provinciaux et territoriaux à l'intention des jeunes	Federal/Provincial/Territorial Inventory of Programs of Assistance to Youth
Répertoire des renseignements personnels	Personal Information Index
Répertoire des sources de données sur le marché du travail	Inventory of Sources of Labour Market Data and Information
répertoire des tâches; relevé des tâches	task inventory
répertoire du service de placement	labour exchange inventory
Répertoire national des candidats	National Applicant Inventory System; NAIS
Répertoire régional des statistiques opérationnelles	Regional Operational Statistics Directory
répondre à des besoins particuliers de l'industrie	satisfy special industrial requirements
répondre à des critères	meet criteria
répondre à une demande; satisfaire à une demande	meet a demand
répondre à une offre d'emploi	fill a job order

répondre aux besoins du marché du travail	meet labour market needs
répondre aux exigences de l'emploi; satisfaire aux exigences de l'offre d'emploi	meet the job requirements
répondre aux exigences de l'employeur	meet employer requirements
report; inscription	posting
reprendre le travail; reprendre un emploi; retourner au travail	return to employment (v.); resume work; re-enter employment
représentant; délégué	representative
représentant auprès des employeurs	employment representative
représentant de la direction; représentant de l'employeur; représentant patronal; délégué patronal	management representative; employer's representative; representative of employer
représentant désigné; personne autorisée	prescribed person
représentant des travailleurs; représentant syndical; délégué syndical	representative of workers; labour representative; union steward; union representative; employee representative
représentant du promoteur	sponsor's officer
représentant officiel; fonctionnaire; employé; agent; préposé; dirigeant	officer; official
représentant officiel de la CEIC	CEIC official
représentant patronal; représentant de la direction; délégué patronal; représentant de l'employeur	employer's representative; representative of employer; management representative
représentant provincial de l'apprentissage	provincial apprenticeship representative
représentant syndical; délégué syndical; représentant des travailleurs	labour representative; union steward; union representative; employee representative; representative of workers
représentation proportionnelle	proportionate representation

reprise d'activité; réintégration	re-entry
reprise du travail	resumption of work
reprise économique; relance économique	economic recovery; economic upswing
réseau des services d'emploi	employment network
Réseau ontarien d'investissement informatisé	Computerized Ontario Investment Network
réservé; réservé à l'administration	official use only; for official use; for official use only
réserve de main-d'oeuvre disponible	standby work force
réserve de travailleurs; bassin de main-d'oeuvre; bassin de travailleurs; réservoir de main-d'oeuvre	labour pool; pool of workers
réserve d'intervention du développement social; réserve du développement social	Social Development policy reserve; Social Development reserve
réservoir de main-d'oeuvre; réserve de travailleurs; bassin de main-d'oeuvre; bassin de travailleurs	labour pool; pool of workers
résidence habituelle	normal residence
résidence permanente	permanent residence
résidence temporaire	temporary residence
résident autorisé	legal resident
résident de la localité	local resident
résident de retour (au pays)	returning resident
résident du Canada	Canadian resident
résident permanent	permanent resident
résiliation d'accord; annulation d'accord	cancellation of agreement
résiliation d'un accord; expiration d'un accord	termination of an agreement
résiliation d'un contrat; expiration d'un contrat	termination of a contract

résilier un contrat	terminate a contract
responsable; agent responsable; chef	officer-in-charge
responsabilité; attribution	responsibility
responsabilité; obligation de rendre compte	accountability
responsabilité fonctionnelle; responsabilité opérationnelle	operational responsibility
responsable; agent responsable; chef	officer-in-charge
responsable de l'équité en matière d'emploi	employment equity practitioner
responsable de programme	program official
responsables provinciaux; autorités provinciales	provincial authorities
resserrement du marché du travail; rétrécissement du marché du travail	tightening of the job market
ressource matérielle	physical resource
ressource non salariale	non-salary resource
ressources en main-d'oeuvre	manpower resources
ressources financières	financial resources
ressources humaines; capital humain	human capital; human resource(s)
ressources humaines disponibles	human resource(s) supply
ressources non salariales supplémentaires	incremental non-salary resources
restriction budgétaire; restriction des dépenses	expenditure restraint; budgetary constraint
restriction de production	restriction of output
restriction des dépenses; restriction budgétaire	expenditure restraint; budgetary constraint
restriction de service	service limitation
restructuration des emplois; redéfinition des tâches	job restructuring; job redefinition; job redesign

restructurer un emploi; redéfinir un emploi	redesign a job
résultat; constatation; conclusion; découverte	finding
résultat de la présentation	result of referral
résumé du service assuré à l'égard de l'offre	job order service summary
retenue; déduction	deduction; holdback
retenue à la source; retenue salariale	payroll deduction
retenue sur le paiement final	final payment holdback
retirer d'un cours, se; abandonner un cours	withdraw from a training course
retombées; effet de multiplication	spin-off
retour au travail	return to employment (n.)
retourner au travail; reprendre un emploi; reprendre le travail	re-enter employment; return to employment (v.); resume work
retour sur le marché du travail; réinsertion professionnelle; réintégration professionnelle; rentrée sur le marché du travail	re-entry into the labour force
retrait; désistement	withdrawal
retraite	retirement
retraité (n.)	retiree
retraite anticipée	early retirement
retraite facultative	optional retirement
retraite obligatoire	mandatory retirement
retrait progressif; suppression progressive	phasing out
rétrécissement du marché du travail; resserrement du marché du travail	tightening of the job market
rétribution; rémunération	compensation

rétribution en nature; rémunération en nature; paiement en nature	payment in kind
rétribution monétaire	monetary payment
rétroaction	feedback
rétrogradation	demotion
réunir des données; recueillir des renseignements; rassembler des données	collect information
réussite professionnelle	job success
revendication salariale; demande salariale	wage demand
revenir sur le marché du travail; réintégrer la population active; rentrer sur le marché du travail; réintégrer le marché du travail	re-enter the labour force
revenu	income
revenu additionnel; revenu supplémentaire; revenu d'appoint	secondary income
revenu agricole net	net farm income
Revenu Canada Impôt; RC-I	Revenue Canada Taxation; RC-T
revenu d'appoint; revenu additionnel; revenu supplémentaire	secondary income
revenu d'appoint temporaire	temporary income support
revenu de l'extérieur	outside earnings
revenu d'emploi	employment earnings; employment income
revenu de remplacement	replacement income
revenu familial	household income
revenu gagné	earned income
revenu imposable	taxable income
revenu net	net income

revenu par habitant; revenu par tête	per capita income
revenu personnel disponible	private disposable income
revenu supplémentaire; revenu d'appoint; revenu additionnel	secondary income
réviser un salaire	review a salary
révision; contrôle; étude; examen	review
révision de la sécurité sociale	social security review
revitalisation des services d'emploi	employment services revitalization
révocation d'une nomination	revocation of an appointment
révoquer une nomination	revoke an appointment
risque d'accident du travail	occupational hazard
RMR; région métropolitaine de recensement	CMA; census metropolitan area
RMR désignée; région métropolitaine de recensement désignée	designated CMA; designated census metropolitan area
rôle consultatif	advisory capacity
rotation d'emplois; rotation des postes de travail	job rotation
rotation des employés; rotation du personnel	employee rotation; personnel rotation; staff rotation; rotation of staff
rotation des postes de travail; rotation d'emplois	job rotation
rotation du personnel; rotation des employés	employee rotation; personnel rotation; staff rotation; rotation of staff
rouages du marché du travail; fonctionnement du marché du travail	functioning of the labour market; labour market operations; operation of labour market
roulement de la main-d'oeuvre; roulement du personnel; renouvellement du personnel; renouvellement de la main-d'oeuvre	turnover; staff turnover; employee turnover; labour turnover

roulement élevé	high turnover
roulement élevé de personnel; roulement élevé des travailleurs	high labour turnover; high worker turnover
RPC; Répertoire des professions canadiennes	ICO; Index to Canadian Occupations
RPC; Régime de pensions du Canada	CPP; Canada Pension Plan
RRQ; Régime de rentes du Québec	QPP; Quebec Pension Plan
rubrique; article; point; question	item
rupture de contrat	breach of contract

S

SAAE; Système automatisé d'avis d'embauchage	CROH; Computerized Report on Hirings
SAAI; Service d'aide à l'adaptation de l'industrie	IAS; Industrial Adjustment Service
SAG; salaire annuel garanti	GAW; guaranteed annual wage
SAIC; Système automatisé d'information sur les clients	ACIS; Automatic Client Information System
saisie de paie	seizure of pay
saisonnier (n.); employé saisonnier; travailleur saisonnier	seasonal worker; seasonal employee
salaire; paye; traitement; rémunération	remuneration; pay; salary; wage
salaire annuel garanti; SAG	guaranteed annual wage; GAW
salaire brut	gross wages
salaire concurrentiel	competitive wage
salaire de départ; salaire initial	starting salary; starting wage
salaire exigé	wage required
salaire hebdomadaire	wage per week; weekly wage; weekly pay

salaire hebdomadaire brut	weekly pay before deductions
salaire hebdomadaire brut normal	normal gross weekly earnings
salaire hebdomadaire maximal admissible	maximum allowable weekly wage
salaire horaire; rémunération horaire	hourly wage
salaire initial; salaire de départ	starting salary; starting wage
salaire médian	median salary
salaire mensuel	monthly wage
salaire minimum	minimum wage
salaire net	net wages; take home pay
salaire net payable	net payable wages
salaire normal; salaire régulier	straight-time pay
salaire partiel; traitement partiel	partial pay; part wages
salaire perdu	lost wage
salaire régulier; salaire normal	straight-time pay
salaires et traitements hebdomadaires moyens pour l'ensemble des industries	industrial composite average weekly wages and salaries
salaires réellement payés	wages actually paid
salaire versé	wage paid
salarié (n.); employé (n.)	employee
salarié; employé salarié	wage-earner; salaried employee; salaried worker
salarié permanent à temps partiel; employé permanent à temps partiel	permanent part-time employee
salarié rémunéré à la pièce	worker paid on piece-work basis
salariés (n.); main-d'oeuvre salariée	hired labour; hired portion of the labour force
salarié secondaire	secondary wage earner

salle de tests	test room
sans emploi; en chômage; inactif (adj.)	unemployed; without employment
satisfaction au travail; satisfaction dans le travail; satisfaction professionnelle	work satisfaction; job satisfaction
satisfaire à une demande; répondre à une demande	meet a demand
satisfaire aux exigences de l'offre d'emploi; répondre aux exigences de l'emploi	meet the job requirements
SC; semaine comprimée; STC; semaine de travail comprimée	CWW; compressed work week
Sceau rouge; Sceau rouge interprovincial	Red Seal; Interprovincial Red Seal
schème de carrière traditionnel	traditional career path
SCM; Service consultatif de la main-d'oeuvre	MCS; Manpower Consultative Service
SCMC; Service consultatif de la main-d'oeuvre du Canada	CMCS; Canada Manpower Consultative Service
SCO; Semaine canadienne de l'orientation	CCW; Canada Career Week
scolarité; études; formation scolaire; niveau d'instruction; niveau d'études; niveau de scolarité	educational level; formal education; level of education; level of study; level of schooling; schooling; academic attainment; education
scolarité requise; exigences scolaires	educational requirements
SDP; Système de description des postes	PDS; Position Description System
SEA; Services d'emploi agricole; Services de main-d'oeuvre agricole du Canada (app. ant.); SMAC (app. ant.)	AES; Agricultural Employment Services; Canada Farm Labour Pools (f.c.); CFLP (f.c.)
SEAC; Services de l'emploi agricole du Canada	CAES; Canada Agricultural Employment Services
séance de formation	training session
séance de formation mixte	joint training session

séance de groupe	group session
séance de travail; atelier; atelier de travail	workshop
séance d'information en groupe	group information session
séance d'initiation au travail	pre-employment orientation session
second employeur	secondary employer
secrétaire général	corporate secretary
Secrétariat à la jeunesse de l'Ontario	Ontario Provincial Youth Secretariat
Secrétariat de l'emploi des jeunes; SEJ	Youth Employment Secretariat; YES
Secrétariat des initiatives spéciales pour l'emploi	Special Employment Initiatives Secretariat
Secrétariat du développement du marché du travail	Employment Secretariat
Secrétariat du perfectionnement de la gestion	Management Improvement Secretariat
secteur; région	area
secteur agricole; secteur de l'agriculture	agricultural sector
secteur choisi; secteur déterminé	selected area
secteur d'activité; branche d'activité; branche d'industrie	industry
secteur de la fabrication; secteur manufacturier	manufacturing sector
secteur de l'agriculture; secteur agricole	agricultural sector
secteur de la production des services	service-producing sector
secteur de l'économie sociale; tiers secteur	third sector
secteur de recrutement; zone de recrutement	recruitment area
secteur des affaires; monde des affaires; milieu des affaires	business community

secteur des services; secteur tertiaire	service industry; service sector; tertiary sector
secteur déterminé; secteur choisi	selected area
secteur du CEC	CEC area
secteur du commerce	trade industry
secteur du marché du travail	labour market sector; labour market zone; segment of labour market
secteur en croissance	growth sector
secteur en déclin	declining industry; declining sector
secteur en excédent de main-d'oeuvre	labour surplus area
secteur géographique	geographic location
secteur géographique de recrutement; région géographique de recrutement; zone géographique de recrutement	geographic recruitment area
secteur industriel	industrial sector; industry sector
secteur industriel à forte croissance	high-growth industrial sector
secteur industriel clé	key industrial sector
secteur manufacturier; secteur de la fabrication	manufacturing sector
secteur mou	soft sector
secteur primaire; industrie primaire	primary sector; primary industry
secteur privé	private sector
secteur professionnel; domaine professionnel	occupational field; occupational area; occupational sector
secteur public	public sector
secteur tertiaire; secteur des services	service industry; service sector; tertiary sector
section	section

section locale du syndicat	union local
Sécurité de la vieillesse; SV	Old Age Security; OAS
sécurité d'emploi	employment protection; employment security; job security; security of employment
sécurité du travail; sécurité professionnelle	occupational safety
sécurité et hygiène du travail	occupational safety and health
sécurité professionnelle; sécurité du travail	occupational safety
sécurité sociale	social security
ségrégation professionnelle; discrimination professionnelle; inégalité d'accès aux professions	occupational segregation
ségrégation professionnelle fondée sur le sexe	sex-based occupational segregation
SEIC; Syndicat de l'emploi et de l'immigration du Canada	CEIU; Canada Employment and Immigration Union
SEJ; Secrétariat de l'emploi des jeunes	YES; Youth Employment Secretariat
sélection des clients	selection of clients
sélection des stagiaires	trainee selection
sélection d'un travailleur	selection of a worker
sélection préalable; sélection préliminaire; présélection	pre-screening; screening; screening process
sélection réductrice	cheap screening
Semaine canadienne de l'orientation; SCO	Canada Career Week; CCW
semaine comprimée; SC; semaine de travail comprimée; STC	compressed work week; CWW
Semaine de promotion de l'emploi des étudiants	Hire-a-Student Week
Semaine de sensibilisation à l'emploi des femmes	Women's Employment Awareness Week

semaine de travail; semaine ouvrable	work week; workweek
semaine de travail à horaire irrégulier; STHI	shift work week; SWW
semaine de travail comprimée; STC; semaine comprimée; SC	compressed work week; CWW
semaine de travail non standard; STNS	non-standard work week; NSWW
semaine de travail réduite	reduced work week; short work week
semaine de travail variable	variable work week; VWW
semaine non payée	not paid week
semaine normale de travail; SNT	basic work week; BWW; normal work week; NWW; standard work week; SWW
semaine ouvrable; semaine de travail	work week; workweek
semaine payée	paid week
semaine travaillée	work-week worked
semestre scolaire	school term
séminaire; colloque	seminar
semi-professionnel	semi-professional
sensibilisation à la productivité	productivity training
service; établissement; installation	facility
service, de	on duty
service central de gestion des offres	central order management unit
service central de réception des offres	central order taking unit
service consultatif	consultative service
Service consultatif de la main-d'oeuvre; SCM	Manpower Consultative Service; MCS
Service consultatif de la main-d'oeuvre du Canada; SCMC	Canada Manpower Consultative Service; CMCS

service consultatif régional	regional consulting service
service d'administration de tests; service de tests	testing service
Service d'aide à l'adaptation de l'industrie; SAAI	Industrial Adjustment Service; IAS
service de documentation sur les débouchés	employment opportunity library
service de formation	training service
service de main-d'oeuvre aux employeurs	manpower service to employers
service de main-d'oeuvre en périodes de pointe	peak labour pool
service de main-d'oeuvre occasionnelle	casual labour pool
service d'emploi	employment service
Service d'emploi à l'intention des clients spéciaux	Special Needs Client Employment Service
Service d'emploi aux employeurs	Employment Service for Employer Clients
Service d'emploi aux travailleurs	Employment Service for Employee Clients
Service d'emploi d'urgence	Emergency Employment Service
service d'emploi public; agence de placement publique; service de placement public	public employment agency; public employment service
service d'emploi revitalisé	revitalized employment service
service de navette quotidienne; service de transport quotidien	day haul operation
service d'enregistrement des offres d'emploi	order taking service
service de paye	payroll service
service de placement; bureau de placement; bureau d'embauchage; agence de placement	hiring hall; employment agency; employment bureau; employment office; placement agency; placement service; labour exchange service

Service de placement des orchestres	Orchestral Placement Service
service de placement des stagiaires	trainee placement service
Service de placement du Canada	Employment Service of Canada
Service de placement offert lors de congrès	Canada Manpower Convention Employment Service
Service de placement pour les congrès	Convention Employment Service
service de placement public; service d'emploi public; agence de placement publique	public employment agency; public employment service
Service de préparation à une seconde carrière; SPSC	Second Career Assistance Network; SCAN
service de présélection	light screening service
service de présentation	job referral service; referral service
service de présentation aux employeurs	worker referral service
service de rappel	recall service
service de réadaptation; service de réhabilitation	rehabilitative service
service de réadaptation professionnelle	vocational rehabilitation service
service de recrutement	recruitment service
service de recrutement et de présentation	recruitment and referral service
service de réhabilitation; service de réadaptation	rehabilitative service
Service de renseignements sur le marché du travail	Labour Market Intelligence Service
service de soutien	support service; supportive service
service de soutien après placement; service de soutien consécutif au placement	post-employment support service
service de tests; service d'administration de tests	testing service

577

service de transport quotidien; service de navette quotidienne	day haul operation
Service d'information sur les aménagements (prop.); JAN	Job Accommodation Network [USA]; JAN
Service d'inscription des offres d'emploi	Employer Order Servicing
Service d'orientation au travail pour les femmes; SOTF	Women's Career Counselling Service; WCCS
service d'orientation professionnelle	career counselling service
service d'un conseiller particulier	exclusive service
service itinérant	itinerant service
Service national de diffusion des emplois	National Job Marketing Service
Service national de placement	National Employment Service
Service ouest-allemand d'échanges académiques	Federal German Academic Exchange Service
service payant	user-fee service
service personnalisé	personalized service
service personnalisé aux employeurs	personalized service to employers
service personnel	personal service
service professionnel; acte professionnel	professional service
services assistés	assisted services
services aux employeurs	employer services; services to employers
Services aux étudiants du secondaire – Programme de préparation au travail	Services to Secondary School Students in Preparing for Employment
services aux handicapés physiques et mentaux	services for the physically and mentally handicapped
services aux travailleurs	services to workers
Services consultatifs de gestion	Management Consultative Services

Services consultatifs régionaux de l'équité en matière d'emploi	Regional Employment Equity Consultative Services
Services d'adaptation	Adjustment Services
services de counselling	counselling services
services de counselling d'emploi	employment counselling services
Services de counselling d'emploi pour les personnes handicapées	Extended Employment Counselling for Disabled Persons
services de diagnostic	diagnostic services
Services de l'emploi agricole du Canada; SEAC	Canada Agricultural Employment Services; CAES
services de main-d'oeuvre	labour services; manpower services
Services de main-d'oeuvre agricole du Canada (app. ant.); SMAC (app. ant.); Services d'emploi agricole; SEA	Canada Farm Labour Pools (f.c.); CFLP (f.c.); Agricultural Employment Services; AES
Services d'emploi	Employment Services
Services d'emploi agricole; SEA; Services de main-d'oeuvre agricole du Canada (app. ant.); SMAC (app. ant.)	Agricultural Employment Services; AES; Canada Farm Labour Pools (f.c.); CFLP (f.c.)
Services d'emploi pour la jeunesse	Youth Employment Services
Services de placement et de création d'emplois	Job Creation and Employment Services
services de santé	health care services; medical services
Services du personnel	Personnel Services
Services économiques régionaux	Regional Economic Services
services individuels et services de groupe	self and group services
services ouvrant droit à pension; services validables	pensionable service
service spécialisé de placement	specialized job placement service
service spécialisé de placement à l'intention des personnes handicapées	specialized placement service for handicapped persons

services publics	utilities
services spécialisés pour les étudiants	specialized services to students
services spéciaux	special services
Services spéciaux de tests et de counselling	Special Testing and Counselling Services
services sur le campus	on-campus services
services techniques de la formation	training technical services
service sur place	on-site service
services validables; services ouvrant droit à pension	pensionable service
service unifié	one-step service
Service universitaire canadien outre-mer; SUCO	Canadian University Service Overseas; CUSO
SIEI; Système d'information de l'Emploi et de l'Immigration	EIIS; Employment and Immigration Information System
SIG; Système d'information de gestion	MIS; Management Information System
signataire autorisé; agent approbateur; agent autorisé; fondé de pouvoir	signing authority; signing officer; approving officer; authorizing officer; authorizing agent
SIG-PE; Système d'information de gestion pour la Planification de l'emploi	CJS-MIS; Canadian Jobs Strategy Management Information System
simulation; jeu de rôle	role-play
simulation d'entrevue	mock interview
SIOA; Système d'information sur les organismes d'accueil	TPHIS; Training Place Host Information System
situation au regard de l'activité	activity status
situation d'activité; situation professionnelle	employment status; labour force status; work situation
situation d'activité actuelle; situation professionnelle actuelle	current employment status

situation dans la profession	professional status
situation de la femme	status of women
situation de l'emploi	employment situation
situation de l'employé	employee status
situation des femmes sur le marché du travail	labour market position of women
situation du marché du travail; conjoncture du marché du travail; état du marché du travail	labour market conditions
situation d'un employé	particulars of an employee
situation d'un stagiaire	status of a trainee
situation d'un travailleur	worker status
situation professionnelle; situation d'activité	employment status; labour force status; work situation
situation professionnelle actuelle; situation d'activité actuelle	current employment status
SMAC (app. ant.); Services de main-d'oeuvre agricole du Canada (app. ant.); Services d'emploi agricole; SEA	CFLP (f.c.); Canada Farm Labour Pools (f.c.); Agricultural Employment Services; AES
SMMO; Stratégie de mise en valeur de la main-d'oeuvre	LFDS; Labour Force Development Strategy
SNSE; Système national des services d'emploi	NESS; National Employment Services System
SNT; semaine normale de travail	NWW; normal work week; basic work week; BWW; standard work week; SWW
Société canadienne d'orientation et de consultation	Canadian Guidance and Counselling Association
société CLÉ	LEAD corporation
société de bienfaisance; organisme de bienfaisance	charitable institution
société de développement communautaire	community development corporation
société de développement de l'emploi local	community employment corporation

société de personnes; société en nom collectif	partnership
société de personnes enregistrée; société en nom collectif enregistrée	registered partnership
société d'État	Crown corporation
société d'expansion autochtone	native development corporation
Société d'expansion économique	Opportunity Development Corporation
Société du crédit agricole	Farm Credit Corporation
société en nom collectif; société de personnes	partnership
société en nom collectif enregistrée; société de personnes enregistrée	registered partnership
société mère	parent corporation
sollicitation de projets	solicitation of projects
solliciter un emploi; faire une demande d'emploi; présenter une demande d'emploi; postuler un emploi	apply for a job
sommaire de cours; aperçu de cours	course outline
sondage; enquête; recherche; étude	fact-finding
sortie du système éducatif; décrochage; impersévérance scolaire; abandon de scolarité	drop(-)out (n.)
SOTF; Service d'orientation au travail pour les femmes	WCCS; Women's Career Counselling Service
source canadienne de main-d'oeuvre; travailleurs canadiens	Canadian source of supply; Canadian supply source
source de financement	funding source
source de main-d'oeuvre; source de travailleurs	manpower source; supply source
source de travail	source of employment

source de travailleurs; source de main-d'oeuvre	manpower source; supply source
source étrangère de main-d'oeuvre	foreign supply source
sous-chef; administrateur général	deputy head
sous-classement	underfilling
Sous-comité de la main-d'oeuvre féminine	Sub-committee on Women's Employment
Sous-comité de l'emploi des autochtones du Nord	Sub-Committee on the Employment of Native Northerners
Sous-comité du secteur de la tabaculture	Sub-Committee on the Tobacco-Growing Industry
Sous-comité technique des besoins en main-d'oeuvre	Manpower Needs Technical Sub-Committee
sous-emploi	underemployment
sous-employé	marginally employed
sous-groupe	minor group
sous la surveillance de	under the supervision of
sous-objectif	sub-objective
sous-programme d'entrée de données sur les offres d'emploi	order data entry routine
sous-qualifié	underskilled
sous-représentation	under-representation
sous-section satellite du programme Extension	satellite Outreach unit
sous-traitance	subcontracting
sous-traitant	subcontractor
sous-utilisation des employés	underutilization of employees
soutenir l'emploi	sustain employment
soutien; appui; aide	support
soutien des travailleurs	worker maintenance

soutien du revenu; garantie de revenu	income maintenance; income support
soutien du revenu hebdomadaire	weekly income support
spécialisation; compétence particulière	specialized skill
spécialisation moyenne, de	medium-skilled; semi-skilled
spécialisation professionnelle	occupational specialization
spécialiste; personne-ressource	resource person
spécialiste des programmes d'alternance travail-études	cooperative education specialist
spécialiste des services aux employeurs	employer specialist
spécialiste du domaine du travail	labour expert
spécialiste en counselling	counselling specialist
spécialiste en emploi	employment specialist
spécialiste en formation	training specialist
spécialiste en recrutement	recruiting specialist
spécialiste régional en administration de tests	regional testing specialist
sphère de compétence; zone de responsabilité; compétence; juridiction; autorité	jurisdiction
sphère de responsabilité; domaine de compétence	competency area
SPPC; Système de projections des professions au Canada	COPS; Canadian Occupational Projection System
SPSC; Service de préparation à une seconde carrière	SCAN; Second Career Assistance Network
SRF; système de recouvrement des frais	CRS; cost recovery system
SRSP; Système régional des services du personnel	RPSS; Regional Personnel Services System
SSOBL; Système de soutien des opérations des bureaux locaux	FOSS; Field Operational Support System

SST; subvention supplémentaire de transition	STG; supplementary transition grant
stabilisation du marché du travail	labour market stabilization
stabilité d'emploi	job stability
stabilité d'un travailleur	worker stability
stage; internat	internship
stage; stage probatoire; période de probation; période d'essai; période probatoire; probation	probation; probationary period; probation period; trial period
stagiaire	trainee
stagiaire; employé à l'essai	probationary employee
stagiaire à plein temps; stagiaire à temps plein	full-time trainee
stagiaire-chômeur	unemployed trainee
stagiaire en dotation	staffing trainee
stagiaire en formation	active trainee
stagiaire éventuel	potential trainee
stagiaire forestier	forestry trainee
stagiaire non apprenti	non-apprentice trainee
stagiaire payant; étudiant indépendant	fee-payer trainee
stagiaires agricoles du Royaume-Uni	UK Agricultural Trainees
statistiques opérationnelles	unit of business
statistiques sur les effectifs	enrolment statistics
statistiques sur les visites de validation chez les employeurs	validation visit statistics
statut d'assisté social	welfare status
statut d'employé à plein temps; statut d'employé à temps plein	full-time status
statut de résident	resident status

STC; semaine de travail comprimée; SC; semaine comprimée	CWW; compressed work week
STHI; semaine de travail à horaire irrégulier	SWW; shift work week
stimulant; encouragement; incitant	incentive
stimulant financier; aide financière; incitation financière; encouragement financier	financial assistance; financial incentive
stimulation de l'emploi; développement de l'emploi	employment development; employment incentive; job stimulation
stimulation de l'emploi dans le secteur privé; développement de l'emploi dans le secteur privé	private sector employment development
stimuler l'emploi	stimulate employment
stimuler l'emploi pendant les périodes de chômage cyclique	provide contra-cyclical employment
stipulation; clause; disposition	provision
STNS; semaine de travail non standard	NSWW; non-standard work week
STOE; Système de traitement des offres d'emploi des secteurs métropolitains	MOPS; Metropolitan Order Processing System
stratégie axée sur l'offre	supply-side strategy
stratégie de counselling en groupe	group counselling strategy
Stratégie de création d'emplois	Job Creation Strategy
stratégie de développement	development strategy
stratégie de développement industriel	industrial development strategy
stratégie de main-d'oeuvre	manpower strategy
stratégie de maintien en fonction	retention strategy
Stratégie de mise en valeur de la main-d'oeuvre; SMMO	Labour Force Development Strategy; LFDS

stratégie d'emploi	employment strategy
stratégie d'emploi des autochtones	Indigenous Employment Strategy
stratégie d'emploi des femmes	women's employment strategy
stratégie d'emploi des jeunes	youth employment strategy
stratégie de planification locale; stratégie d'intervention locale	local planning strategy
stratégie de promotion	marketing strategy
stratégie de recrutement	recruitment strategy
Stratégie de réemploi des prestataires d'assurance-chômage	Claimant Re-Employment Strategy
stratégie d'intervention locale; stratégie de planification locale	local planning strategy
stratégie du marché du travail	labour market strategy
Stratégie fédérale d'adaptation de la main-d'oeuvre	Federal Strategy for Labour Adjustment
Stratégie Jeunesse	Youth Strategy
structure de l'organisation; structure organisationnelle	organizational structure
structure des salaires; structure des traitements; structure salariale	wage structure; salary structure
structure d'évaluation; cadre d'évaluation	evaluation framework
structure du marché du travail	labour market structure
structure opérationnelle; cadre d'exploitation; cadre de fonctionnement	operational framework
structure organisationnelle; structure de l'organisation	organizational structure
structure professionnelle; ensemble des professions	occupational structure
structure salariale; structure des salaires; structure des traitements	wage structure; salary structure

structure sociale	social fabric
subalternes (n.); employés subalternes; personnel subalterne	junior staff
subdivision de recensement	census subdivision
subir une réduction de salaire	suffer a reduction in wages
subvention	grant (n.)
subvention à la mobilité; subvention de mobilité	mobility grant
subvention à la mobilité temporaire	temporary mobility grant
subvention à l'industrie	industrial incentive
subvention au développement	development incentive
subvention au titre de la réorientation	reestablishment grant
subvention de déplacement	relocation grant
subvention de mobilité; subvention à la mobilité	mobility grant
subvention de mobilité des étudiants; subvention de mobilité destinée aux étudiants; aide à la mobilité des étudiants	student mobility grant
subvention d'emploi temporaire	temporary employment grant
subvention de prospection	exploratory grant
subvention de retour imprévu	contingency return grant
subvention de voyage	travel grant
subvention de voyage aux fins du travail agricole saisonnier	travel grant to seasonal agricultural work
subvention de voyage de stagiaire	trainee travel grant
subvention de voyage en vue d'un emploi temporaire	travel grant to temporary employment
subvention forfaitaire	lump sum grant
subventionner un emploi	subsidize a job

subvention salariale	wage subsidy
subvention salariale directe	direct wage subsidy
subvention salariale permanente	permanent wage subsidy
subvention salariale temporaire	temporary wage subsidy
subvention salariale transférable	portable wage subsidy
subvention spéciale de voyage	special travel grant
subvention supplémentaire de transition; SST	supplementary transition grant; STG
succursale; bureau auxiliaire	sub-office; subsidiary; branch office
SUCO; Service universitaire canadien outre-mer	CUSO; Canadian University Service Overseas
suite; rappel; relance; suivi	follow-up (n.)
suite à donner aux offres d'emploi	job order servicing
suivi; rappel; relance; suite	follow-up (n.)
suivi des présentations	referral follow-up
suivi téléphonique	telephone follow-up
superviser; vérifier; contrôler	monitor; supervise
superviseur; surveillant	supervisor
superviseur d'atelier protégé	sheltered workshop supervisor
supervision des employés	supervision of employees
supplément de rémunération; complément salarial	remuneration supplement; top-up; top-up to wages
supplément de revenu	income supplement
suppression; radiation	deletion
suppression d'emploi	job dislocation; job displacement
suppression d'une fonction; abolition d'une fonction	discontinuance of a function
suppression progressive; retrait progressif	phasing out

589

supprimer progressivement (un programme)	phase out
surdité prélinguistique	prelingual deafness
suremploi	over-full employment; overemployment
sur les lieux de travail; sur le tas; sur place; en cours d'emploi	on-the-job
surnuméraire (adj.); excédentaire	supernumerary (adj.)
sur place; en cours d'emploi; sur le tas; sur les lieux de travail	on-the-job
surplus; excédent	surplus
surplus accumulé; écart	slippage
surplus de main-d'oeuvre excédentaire	excess labour surplus
surplus de travailleurs; excédent de travailleurs	worker surplus; over-supply of workers
surreprésentation	over-concentration
surtemps [CAN]; heures supplémentaires; temps supplémentaire	overtime
sur-utilisation des employés	overutilization of employees
surveillance; contrôle; vérification	monitoring
surveillance sur place; contrôle sur place	on-site monitoring
surveillant; superviseur	supervisor
suspension d'un employé	suspension of an employee
SV; Sécurité de la vieillesse	OAS; Old Age Security
syndicalisation	unionization
syndicalisme; mouvement syndical; travail organisé	organized labour
syndicat; organisation syndicale	labour union; labour organization; trade union; union

syndicat agréé; syndicat reconnu	recognized union
Syndicat de l'emploi et de l'immigration du Canada; SEIC	Canada Employment and Immigration Union; CEIU
syndicat de métier	craft union
syndicat national	national union
syndicat reconnu; syndicat agréé	recognized union
syndiqué	unionized
syndiqué (n.)	union member
Système automatisé d'avis d'embauchage; SAAE	Computerized Report on Hirings; CROH
système automatisé de jumelage des emplois et des travailleurs	computer-assisted job-worker matching system
système automatisé de placement	computer-assisted placement system
Système automatisé d'information sur les clients; SAIC	Automatic Client Information System; ACIS
système d'accréditation	qualification system
système d'acquisition de compétences	skill acquisition system
Système d'analyse des professions	Occupational Analysis System
système de classification CCDP-aptitudes générales	CCDO-Generic Skills Classification System
système de classification des professions	occupational classification system
système de codage des compétences	skill coding system
système de contrôle; système de vérification; système de surveillance	monitoring system
système de contrôle des engagements et des dépenses	commitment and expenditure control system
système de contrôle des services d'emploi	employment services control system
Système de contrôle des travailleurs étrangers	Foreign Worker Monitoring System

système de contrôle du budget	budget control system
système de counselling en trois étapes	three-phased counselling system
Système de description des postes; SDP	Position Description System; PDS
système de formation	training system
système de formation dans les métiers spécialisés	skilled trades training system
système de gestion de l'entreprise	corporate management system
système de jumelage d'emplois et de travailleurs	job matching system
système de mesure de la performance; système de mesure du rendement	performance measurement system
système de mise en circulation	clearance system
système d'emploi	employment system
système d'emploi neutre; système d'emploi non discriminatoire; méthode d'emploi neutre	neutral employment system; non-discriminatory employment system
système d'enseignement individualisé; mode d'enseignement individualisé	Individualized Learning System
système d'enseignement postsecondaire	post-secondary system
système de paiement des allocations; système de versement des allocations	allowance payment system
système de planification de la main-d'oeuvre	manpower planning system
système de prestation de services de main-d'oeuvre	manpower delivery system
Système de projections des professions au Canada; SPPC	Canadian Occupational Projection System; COPS
système de recouvrement des frais; SRF	cost recovery system; CRS
système de recrutement	recruitment system

système de recrutement de bouche à oreille	word-of-mouth recruitment system
système de rémunération; régime de rémunération	wage plan; compensation plan; compensation system; pay plan
système de renseignements	intelligence system
système de renseignements sur le marché du travail; système d'information sur le marché du travail	labour market information system; labour market intelligence system
Système de renseignements sur les professions	Occupational Information and Career Exploration System
Système de soutien des opérations des bureaux locaux; SSOBL	Field Operational Support System; FOSS
système de subventions par prélèvement	levy-grant system
système de surveillance; système de contrôle; système de vérification	monitoring system
Système de traitement des offres d'emploi des secteurs métropolitains; STOE	Metropolitan Order Processing System; MOPS
système de travail en duo	buddy system
système d'évaluation	evaluation system
système d'évaluation du rendement; méthode d'évaluation du rendement	performance evaluation system
système de vérification; système de surveillance; système de contrôle	monitoring system
système de versement des allocations; système de paiement des allocations	allowance payment system
système d'information	information system
Système d'information de gestion; SIG	Management Information System; MIS
Système d'information de gestion pour la Planification de l'emploi; SIG-PE	Canadian Jobs Strategy Management Information System; CJS-MIS

593

Système d'information de l'Emploi et de l'Immigration; SIEI	Employment and Immigration Information System; EIIS
Système d'information des ressources de gestion	Management Resources Information System
système d'information sur le marché du travail; système de renseignements sur le marché du travail	labour market information system; labour market intelligence system
Système d'information sur les coordonnateurs	Coordinator Information System
Système d'information sur les organismes d'accueil; SIOA	Training Place Host Information System; TPHIS
système d'orientation professionnelle informatisé	computer-based career orientation system
système du marché du travail	labour market system
Système en direct pour la Planification de l'emploi	Canadian Jobs Strategy Online System
Système global de suivi des opérations des services d'emploi	Comprehensive Monitoring System
système informatisé de contrôle des engagements	computerized commitment control system
système informatisé de mise en circulation des offres d'emploi	computerized job clearance system
système informatisé de traitement des offres d'emploi	automated job order system
système informatisé d'information sur les carrières	computerized career information system
Système informatisé heuristique d'information professionnelle et d'exploration des carrières; CHOIX	Computerized Heuristic Occupational Information and Career Exploration System; CHOICES
système national de mise en circulation	national clearance system; nation-wide clearance system
Système national des services d'emploi; SNSE	National Employment Services System; NESS
système provincial de l'apprentissage	provincial apprenticeship system

Système régional des services du
personnel; SRSP

Systèmes et services nationaux

Regional Personnel Services
System; RPSS

National Systems and Services

t_____

tableau d'affichage des offres d'emploi	job board
tâche	task
tâche d'un poste	job task
tâche habituelle	routine task
talents d'entrepreneur	entrepreneurial skills
talents personnels	individual skills
tarif quotidien; coût quotidien	per diem price
taux annuel de roulement	yearly turnover
taux courant; taux pratiqué; taux en vigueur	prevailing rate; going rate
taux d'abandon	drop(-)out rate
taux d'absentéisme	rate of absenteeism; absenteeism rate
taux d'absorption des nouveaux venus sur le marché du travail	rate of absorption of labour market entrants
taux d'activité; taux de participation	participation rate
taux d'activité de la main-d'oeuvre; taux d'activité de la population active	labour force participation rate
taux d'activité des femmes; taux de participation des femmes	women's participation rate; female participation rate
taux d'activité des hommes; taux de participation des hommes	male participation rate
taux d'activité global	aggregate participation rate
taux d'annulation des offres d'emploi	cancellation rate for job orders

595

taux de base	straight-time rate
taux d'écart	slippage rate
taux de chômage	level of unemployment; unemployment rate
taux de chômage continuellement élevé	persistent high level of unemployment
taux de chômage désaisonnalisé	seasonally-adjusted unemployment rate
taux de chômage élevé	high level of unemployment
taux de chômage global	aggregate unemployment rate
taux de chômage régional	regional unemployment rate
taux de conservation des effectifs; taux de conservation des employés; taux de conservation du personnel; taux de maintien en fonction	rate of retention; retention rate
taux de croissance de l'emploi	employment growth rate
taux de croissance des professions	occupational growth rate
taux de la main-d'oeuvre excédentaire des jeunes	youth labour surplus rate
taux de main-d'oeuvre étudiante excédentaire	student labour surplus rate
taux de maintien en fonction; taux de conservation des effectifs; taux de conservation des employés; taux de conservation du personnel	rate of retention; retention rate
taux de mobilité	mobility rate
taux de participation; taux d'activité	participation rate
taux de participation des femmes; taux d'activité des femmes	women's participation rate; female participation rate
taux de participation des hommes; taux d'activité des hommes	male participation rate
taux de persévérance scolaire	retention rate for students; student retention rate

taux de prestations d'aide sociale	welfare rate
taux de production normalisé	standard rate of production
taux de remboursement	rate of reimbursement
taux de remboursement des stagiaires	trainee reimbursement rate
taux de remplacement des travailleurs	workers' replacement rate
taux de rémunération; taux de traitement; taux de salaire	rate of pay; pay rate; wage rate; salary rate
taux de rémunération des heures supplémentaires	overtime rate of pay
taux de rémunération fixe	one rate of pay
taux de rémunération hebdomadaire	weekly wage rate
taux de représentativité (équité en matière d'emploi)	participation rate
taux de représentativité des femmes (équité en matière d'emploi)	female participation rate; women's participation rate
taux de représentativité type	participation rate standard
taux de réussite; taux de succès	completion rate
taux de roulement	turnover rate
taux de roulement du personnel	personnel turnover rate
taux de salaire; taux de rémunération; taux de traitement	rate of pay; pay rate; wage rate; salary rate
taux de salaire courant; taux de traitement courant	prevailing rate of pay; prevailing wage rate
taux de salaire dans la région	local wage rate
taux de salaire horaire; taux horaire de salaire; taux de traitement horaire	hourly wage rate
taux de salaire maximal; taux de traitement maximal	maximum rate of pay
taux de salaire mensuel	monthly wage rate

taux de salaire minimum	minimum wage rate
taux des allocations	allowance rate; rate of allowances
taux des allocations de formation	rate of training allowances
taux de succès; taux de réussite	completion rate
taux de traitement; taux de rémunération; taux de salaire	wage rate; pay rate; rate of pay; salary rate
taux de traitement courant; taux de salaire courant	prevailing rate of pay; prevailing wage rate
taux de traitement horaire; taux horaire de salaire; taux de salaire horaire	hourly wage rate
taux de traitement maximal; taux de salaire maximal	maximum rate of pay
taux de vacances annulées; TVA	vacancy cancellation rate; VCR
taux de vacances comblées; TVC	vacancy fill rate; VFR
taux d'inscription	enrolment rate
taux d'utilisation	utilization rate
taux en vigueur; taux courant; taux pratiqué	prevailing rate; going rate
taux en vigueur dans la localité	local prevailing rate
taux fixe	set rate
taux horaire	hourly rate
taux horaire de salaire; taux de traitement horaire; taux de salaire horaire	hourly wage rate
taux horaire minimal	minimum hourly rate
taux majoré de moitié	rate of time and a half; time and a half rate
taux naturel de chômage	natural rate of unemployment
taux naturel d'emploi	natural rate of employment
taux pratiqué; taux en vigueur; taux courant	prevailing rate; going rate

taux quotidien	per diem rate
taxonomie des habiletés; classification des capacités	taxonomy of skills
TCECA; Test canadien d'évaluation des compétences des adultes	CAAT; Canadian Adult Achievement Test
technique d'analyse structurée	structured analysis technique
technique de formation	training technique
technique de formation spécialisée	specialized training technique
techniques de recherche d'emploi; méthode de recherche d'emploi	job-finding skills; job-hunting method; job-search skills; job-search technique
télé-enseignement	distance education; distance learning; distance teaching
temporaire (n.); employé temporaire; travailleur temporaire	short-term worker; temporary employee; temporary help employee; temporary worker
temporaire; par intérim; intérimaire; provisoire	acting; interim
temps partiel	part-time
temps régulier simple	regular straight-time
temps supplémentaire; surtemps [CAN]; heures supplémentaires	overtime
tendance; courbe	pattern
tendance de l'économie	economic trend
tendance de l'emploi; courbe de l'emploi	employment pattern
tendance démographique	demographic pattern
tendance du chômage; courbe du chômage	pattern of unemployment; unemployment pattern
tendance du marché du travail	labour market trend
tendances de l'emploi des stagiaires	patterns of employment of trainees
teneur de livres	bookkeeper

tenue à jour des offres d'emploi	order maintenance
tenue de dossiers; tenue de registres	record keeping
tenue de livres	bookkeeping
tenue de registres; tenue de dossiers	record keeping
T.E.P.; texte d'enseignement programmé	P.I. text; programmed instruction text
terme d'un délai de préavis	end of a notice period
Test canadien d'évaluation des compétences des adultes; TCECA	Canadian Adult Achievement Test; CAAT
test d'aptitude à l'emploi	employment aptitude test
test d'aptitude(s)	aptitude test; aptitude testing
test d'aptitudes générales	general aptitude test
test de compétence(s)	proficiency test; skill test
test de connaissances	knowledge test
test de rendement	performance test
test de sélection	selection test
test de sélection préliminaire; épreuve d'admission	pre-employment test
Test des préférences de Kuder	Kuder Preference Record
test de sténographie; TS	Stenographic Dictation Test; SDT
test de transcription dactylographique; TTD	straight copy typing test; SCTT
test diagnostique	diagnostic testing
test différentiel d'aptitudes	Differential Aptitude Test; DAT
test d'intérêts	interest test
Test d'intérêts de Kuder	Kuder Interest Test
testing (à éviter); administration de tests; tests	testing
test normatif	standardized test

test par un expert	expert testing
test psychométrique	psychometric test
tests; administration de tests; testing (à éviter)	testing
tests projectifs	projective tests
texte d'enseignement programmé; T.E.P.	programmed instruction text; P.I. text
TFD; très forte demande	ED; extreme demand
tierce partie; tiers	third party
tiers secteur; secteur de l'économie sociale	third sector
titre bénévole, à; bénévolement	on a voluntary basis
titre de profession	occupation name; occupational title
titre de projet	project name; title of proposal
titre générique de profession	umbrella occupational designation
titres d'apprenti	apprenticeship papers
titres et qualités; qualités requises; conditions de candidature	qualifications
titulaire; détenteur	holder
titulaire; titulaire d'un emploi; titulaire d'un poste	incumbent; job holder
traitement; rémunération; paye; salaire	pay; salary; remuneration; wage
traitement annuel courant	current annual salary
traitement de faveur; traitement préférentiel	preferential treatment
traitement des offres d'emploi	job order process; order servicing
traitement d'exception	special treatment
traitement inégal	unequal treatment
traitement juste et équitable	fair and equitable treatment
traitement partiel; salaire partiel	partial pay; part wages

traitement préférentiel; traitement de faveur	preferential treatment
traiter	process (v.)
traiter une offre	service an order
trait ethnique	ethnic characteristic
trajet quotidien; navette quotidienne	day haul
tranche de revenu	income bracket
trancher en faveur de	resolve in favour of
transférabilité	transferability
transférabilité des pensions	pension portability; portability of pensions
transférabilité des titres de compétence	portability of credentials
transfert; cession (droit)	transfer
transfert des droits d'ancienneté	transfer of seniority rights
transfert d'un contrat; cession d'un contrat	assignment of a contract
transfert-entrée	transfer-in
transfert-sortie	transfer-out (n.)
transformation démographique; évolution démographique	demographic development
transmettre de l'information; fournir de l'information; communiquer de l'information; donner de l'information	provide information
transmettre une offre; déposer une offre; communiquer une offre; inscrire une offre d'emploi	place an order
transmettre une offre d'emploi	refer an order
transmission de données; communication de rapports	reporting
Transmission de données sur les licenciements	Layoff Reporting System

transplanter une industrie	relocate an industry
travail accompli; fonctions remplies	work performed
travail à domicile	homebound employment
travail agricole	farm work
travail agricole saisonnier; emploi agricole saisonnier	seasonal agriculture work; seasonal agricultural work
travail à la pièce	piecework; piecework employment
travail analogue	equivalent occupation
travail bénévole	volunteer work
travail courant	routine work
travail de bureau	office work; office duty
travail hautement spécialisé	highly skilled work
travail indépendant; activité indépendante	self-employment
travailler; exercer un emploi	work (v.)
travailleur; ouvrier	worker
travailleur à compétence unique	single-skilled employee
travailleur à contrat; contractuel (n.)	contract employee; contract worker
travailleur actif; travailleur occupé	employed worker
travailleur à domicile	outworker
travailleur affecté à la récolte	harvest worker
travailleur âgé	elderly worker; older worker
travailleur agricole	agricultural worker; farm worker
travailleur agricole du Mexique	Mexican agricultural worker
travailleur agricole étranger	foreign agriculture worker
travailleur agricole non supervisé	unsupervised farm worker
travailleur agricole polyvalent	agri-mix worker

travailleur agricole représentatif	representative farm worker
travailleur agricole saisonnier	seasonal agriculture worker
travailleur à la production; travailleur de la production; employé de la production	production employee; production worker
travailleur à plein temps; travailleur à temps plein	full-year worker
travailleur approprié; travailleur compétent	suitable worker
travailleur apte à occuper un emploi; travailleur apte au travail; travailleur prêt à occuper un emploi; client apte au travail; client apte à travailler; client prêt à travailler; client prêt à occuper un emploi	job-ready client; job-ready worker; employable worker
travailleur à son compte; travailleur indépendant; travailleur autonome	independent worker; self-employed worker
travailleur assidu	steady worker
travailleur assimilé	related worker
travailleur à temps partiel	part-timer; part-time worker
travailleur à temps plein; travailleur à plein temps	full-year worker
travailleur autochtone	aboriginal worker; native worker
travailleur autonome; travailleur à son compte; travailleur indépendant	self-employed worker; independent worker
travailleur bénévole; bénévole (n.)	volunteer worker
travailleur célibataire	single worker
travailleur chevronné; travailleur expérimenté	experienced worker
travailleur compétent	qualified worker; skilled worker; skilled craftsman
travailleur compétent; travailleur approprié	suitable worker

travailleur d'appoint; travailleur de secours; travailleur de relève; employé supplémentaire	relief worker
travailleur découragé	discouraged worker
travailleur défavorisé	disadvantaged worker
travailleur de la production; employé de la production; travailleur à la production	production employee; production worker
travailleur déplacé	displaced worker
travailleur de postes; travailleur de quarts; travailleur d'équipes; travailleur posté	shift worker
travailleur de relève; travailleur de secours; travailleur d'appoint; employé supplémentaire	relief worker
travailleur des groupes cibles	target group worker
travailleur disponible	available worker
travailleur du secteur tertiaire; employé du secteur des services	service worker
travailleur employé de façon intermittente	marginal worker
travailleur en chômage; chômeur	unemployed worker; unemployed individual
travailleur en disponibilité	on-call worker
travailleur en grève; gréviste	striker; striking employee; striking worker
travailleur étranger	foreign worker; off-shore worker
travailleur étranger temporaire	temporary foreign worker
travailleur éventuel	potential worker
travailleur excédentaire; travailleur surnuméraire; employé excédentaire	redundant worker; surplus employee
travailleur expérimenté; travailleur chevronné	experienced worker
travailleur familial	family worker

travailleur handicapé; employé handicapé	disabled employee; disabled worker; handicapped employee
travailleur handicapé physiquement; travailleur physiquement handicapé	physically disabled worker; physically handicapped worker
travailleur hautement qualifié; ouvrier hautement qualifié	highly skilled worker
travailleur horaire; travailleur rémunéré à l'heure	hourly paid worker
travailleur immigrant; travailleur invité	guest worker; immigrant worker
travailleur indépendant; travailleur à son compte; travailleur autonome	independent worker; self-employed worker
travailleur inemployable	unemployable worker
travailleur invité; travailleur immigrant	immigrant worker; guest worker
travailleur itinérant; travailleur migrant	floater; itinerant worker; transient worker
travailleur manuel; col bleu	manual worker; blue-collar worker
travailleur manuel spécialisé	semi-skilled manual worker
travailleur migrant; travailleur itinérant	floater; itinerant worker; transient worker
travailleur mis à pied non réintégré	non-return lay(-)off
travailleur nommément désigné	specific named worker
travailleur non autorisé	illegal worker
travailleur non immigrant	non-immigrant worker
travailleur non qualifié; manoeuvre	labourer; unskilled worker
travailleur non sélectionné	unselected worker
travailleur occasionnel; auxiliaire (n.); employé auxiliaire; occasionnel (n.); employé occasionnel	casual employee; casual worker; contingent worker
travailleur occupant plus d'un emploi	multiple job holder

travailleur occupé; travailleur actif	employed worker
travailleur permanent; permanent (n.)	permanent worker
travailleur physiquement handicapé; travailleur handicapé physiquement	physically disabled worker; physically handicapped worker
travailleur posté; travailleur de quarts; travailleur de postes; travailleur d'équipes	shift worker
travailleur présélectionné	pre-selected worker
travailleur présenté à l'employeur	referred worker
travailleur prêt à occuper un emploi; client apte au travail; client apte à travailler; client prêt à travailler; client prêt à occuper un emploi; travailleur apte à occuper un emploi; travailleur apte au travail	job-ready client; job-ready worker; employable worker
travailleur productif	productive worker
travailleur qualifié; ouvrier qualifié	qualified worker; skilled worker; skilled craftsman
travailleur recruté	recruited worker
travailleur rémunéré	paid worker
travailleur rémunéré à l'heure; travailleur horaire	hourly paid worker
travailleur renvoyé	released worker
travailleur résidant	live-in worker
travailleurs; main-d'oeuvre; population active; actifs (n.)	workforce; work force; manpower; labour force; active population; working population
travailleurs à faible revenu; petits salariés	working poor
travailleurs agricoles; main-d'oeuvre agricole	agricultural manpower
travailleur saisonnier; employé saisonnier; saisonnier (n.)	seasonal employee; seasonal worker

travailleurs canadiens; source canadienne de main-d'oeuvre	Canadian source of supply; Canadian supply source
Travailleurs canadiens - Récolte de pommes de terre dans le Maine	Canadian Workers - Maine Potato Harvest
travailleurs disponibles; offre de main-d'oeuvre; offre de travailleurs; disponibilité de main-d'oeuvre; main-d'oeuvre disponible	worker availability; labour supply; manpower supply; supply of labour; supply of workers; availability of manpower
travailleurs du niveau intermédiaire	middle level manpower
travailleur soumis à un lock-out; travailleur visé par un lock-out	locked-out worker
travailleur sous-employé	under-employed worker; marginal worker
travailleur spécialisé; ouvrier spécialisé	semi-skilled worker
travailleur subventionné	subsidized employee
travailleur suppléant	replacement worker
travailleur surnuméraire; travailleur excédentaire; employé excédentaire	redundant worker; surplus employee
travailleur sur place	field worker
travailleur temporaire; temporaire (n.); employé temporaire	short-term worker; temporary employee; temporary help employee; temporary worker
travailleur visé par un lock-out; travailleur soumis à un lock-out	locked-out worker
travail manuel; travail physique	manual labour
travail organisé; syndicalisme; mouvement syndical	organized labour
travail par équipes; travail par postes	shift work
travail partagé	work sharing; worksharing
travail physique; travail manuel	manual labour

travail productif; emploi productif	productive employment; productive work
travail rémunérateur	remunerative work
travail saisonnier; emploi saisonnier	seasonal employment; employment of a seasonal nature; seasonal job; seasonal work
travail sédentaire	sedentary work
travail souhaité	work desired
travail technique hautement spécialisé	high-skill technical work
travail temporaire; emploi à court terme; emploi de courte durée; emploi temporaire	short-term employment; short-term job; temporary job; short-term work; temporary employment
travaux d'utilité collective	community work schemes
très forte demande; TFD	extreme demand; ED
tribunal des droits de la personne	human rights tribunal
trop-payé; paiement en trop; versement excédentaire	over(-)payment; O-P
trouble d'apprentissage; difficulté d'apprentissage	learning difficulty; learning disability; learning disorder
trousse de présentation des demandes; cahier des demandes; cahier de présentation des demandes	application kit
trouver un emploi; décrocher un emploi; obtenir un emploi	obtain employment; secure employment
TS; test de sténographie	SDT; Stenographic Dictation Test
TTD; test de transcription dactylographique	SCTT; straight copy typing test
TVA; taux de vacances annulées	VCR; vacancy cancellation rate
TVC; taux de vacances comblées	VFR; vacancy fill rate
type; modèle	pattern
type d'études	schooling pattern

unité de travail	unit of work
Unité spécialisée de services aux jeunes; USSJ	Specialized Youth Unit; SYU
unité spécialisée des services d'emploi	specialized employment service unit
usager de test	test user
usager externe	external user
USSJ; Unité spécialisée de services aux jeunes	SYU; Specialized Youth Unit
usure des effectifs; attrition; érosion des effectifs	personnel attrition; attrition
utilisation de la capacité (de production)	capacity utilization
utilisation de la main-d'oeuvre	manpower utilization; utilization of manpower
utilisation des fonds d'assurance-chômage pour fins de création d'emplois	developmental use of unemployment insurance funds for job creation
utilisation des fonds d'assurance-chômage pour fins de formation	developmental use of unemployment insurance funds for training
utilisation des ressources humaines	human resource(s) utilization

V

vacance; poste vacant; emploi vacant	vacancy; vacant position; job vacancy
vacance à combler	outstanding vacancy
vacance actuelle; vacance courante	current vacancy
vacance annulée; annulation d'une vacance; annulation de postes vacants; emploi vacant annulé; poste vacant annulé	vacancy cancellation; cancelled vacancy
vacance comblée	filled vacancy; vacancy filled

vacance courante; vacance actuelle	current vacancy
vacance courante enregistrée; vacance courante inscrite	current vacancy registered
vacance différée	deferred vacancy
vacance différée enregistrée; vacance différée inscrite	deferred vacancy registered
vacance inscrite; poste vacant inscrit	vacancy recorded
vacance non comblée	unfilled vacancy
vacance occasionnelle; emploi occasionnel vacant; poste vacant occasionnel	casual vacancy
vacance ordinaire; emploi régulier vacant	regular vacancy
vacances; congé annuel	annual leave; vacation leave; vacation
vacances annuelles	summer holidays
vacance signalée; poste vacant signalé	notified vacancy; registered vacancy; vacancy notified
vacances payées; congé annuel payé	paid vacation
valeur de l'actif agricole	farm asset value
validation de l'offre d'emploi	employment validation; offer of employment validation
validation du RDE; validation du relevé d'emploi	record of employment validation
validité d'un certificat	acceptability of a certificate
valorisation du travail; enrichissement des tâches; enrichissement du travail	job enrichment
variation de la charge de travail	workload shift
vécu immédiat	immediate experience
ventilation; répartition	breakdown (n.)
ventiler des fonds; répartir des fonds	distribute funds; break down funds

vérificateur; vérificateur comptable	auditor
vérificateur indépendant	independent assessor
vérification; surveillance; contrôle	monitoring
vérification; vérification comptable; vérification des comptes	auditing; audit; financial audit
vérification a posteriori; vérification postérieure; contre-vérification	post-audit
vérification comptable; vérification des comptes; vérification	auditing; audit; financial audit
vérification de conformité	compliance review
vérification de la dotation	staffing audit
vérification des comptes; vérification; vérification comptable	audit; auditing; financial audit
vérification des gains des personnes à charge	verification of dependants' earnings
vérification des présentations	referral verification
vérification des références; contrôle des références	reference check
vérification et examen de la dotation	staffing audit and review
vérification postérieure; contre-vérification; vérification a posteriori	post-audit
vérification postérieure; étude de suivi	follow-up review
vérification sur place	on-site review
vérifier; contrôler; superviser	monitor; supervise
versement; indemnité; paiement; remboursement	payment
versement à la province	provincial remittance
versement des allocations	payment of allowances

versement des salaires	payment of wages
versement excédentaire; trop-payé; paiement en trop	over(-)payment; O-P
versement insuffisant; moins-payé	underpayment
versement mensuel; mensualité	monthly instalment; monthly remittance
version préliminaire (d'un projet); ébauche	draft
vêtement de travail	work clothing
viable; rentable; exploitable	economically viable
vie active; vie professionnelle	working life
vie professionnelle; vie active	working life
virement (de fonds) (finances)	transfer
visa d'emploi	employment visa
visite aux employeurs	employer visit
visite chez l'employeur	visit-out
visite de contrôle; visite d'inspection	monitoring visit
visite de l'employeur	visit-in
visite de recherche de débouchés	marketing visit
visite d'inspection; visite de contrôle	monitoring visit
visite médicale; examen médical	medical examination
visite préliminaire (de la localité)	preliminary examination (of the locality)
visite sur place	on-site visit
volume de travail; charge de travail	volume of workload; work load; workload; case load
voyage de prospection	exploratory trip
vulnérable; exposé (adj.)	at risk

zone à fort taux de chômage	high-unemployment pocket
zone d'emploi	job zone
zone de recrutement; secteur de recrutement	recruitment area
zone de recrutement de la main-d'oeuvre	labour recruiting area
zone de responsabilité; compétence; juridiction; autorité; sphère de compétence	jurisdiction
zone de travail pertinente	relevant work area
zone du marché du travail	labour market area
zone géographique de recrutement; région géographique de recrutement; secteur géographique de recrutement	geographic recruitment area

Bernard, Yolande. Lexique de la fiscalité/Taxation Glossary. Ottawa: Bureau des traductions, Direction générale de la terminologie et des services linguistiques, c1988, x, 304 p. (Bulletin de terminologie, 177/Terminology Bulletin, 177)

Canada. Bureau des traductions. Direction de la terminologie. Lexique (anglais-français) (français-anglais): l'administration/Glossary (English-French) (French-English): Administration. Préparé par la Section socio-administrative et scientifique. Ottawa: 1983, v, 263 p. (Les cahiers de terminologie, 17/Terminology Series, 17)

Canada. Bureau des traductions. Direction générale de la terminologie et des services linguistiques. Vocabulaire budgétaire, comptable et financier/Budgetary, Accounting and Financial Vocabulary. Ottawa: c1987, xii, 433 p. (Bulletin de terminologie, 174/Terminology Bulletin, 174)

Canada. Emploi et Immigration Canada (ministère). Direction générale de l'équité en matière d'emploi. Rapport sur l'équité en matière d'emploi: guide de l'employeur. Ottawa: 1987, 21 p. Publié aussi en anglais sous le titre: Employer's Handbook: Reporting on Employment Equity.

Canada. Emploi et Immigration Canada (ministère). Équité en matière d'emploi: programme de contrats fédéraux: questions et réponses. Ottawa: Programme de contrats fédéraux, Equité en matière d'emploi, Emploi et Immigration, 1987, 10 p. Publié aussi en anglais sous le titre: Employment Equity: Federal Contractors Program: Questions and Answers.

Canada. Emploi et Immigration Canada (ministère). L'évolution du marché du travail dans les années 1980: un rapport du Groupe d'étude de l'évolution du marché du travail préparé pour le ministre de l'Emploi et de l'Immigration comme apport au processus de consultation avec les gouvernements provinciaux et les organismes représentant diverses composantes du secteur privé. Ottawa: c1981, viii, 267 p. Publié aussi en anglais sous le titre: Labour Market Development in the 1980s: A Report of the Task Force on ...

Canada. Emploi et Immigration Canada (ministère). Loi sur l'Équité en matière d'emploi et exigences concernant les rapports. Ottawa: c1986, pagination multiple. Publié aussi en anglais sous le titre: Employment Equity Act and Reporting Requirements.

Canada. Emploi et Immigration Canada (ministère). <u>Rapport annuel</u>.
Ottawa: Approvisionnements et services, 1979-1980-   .

Canada. Employment and Immigration Canada (Dept.). <u>Annual Report</u>.
Ottawa: Supply and Services, 1979-1980-   .

Canada. Employment and Immigration Canada (Dept.). Directives Services.
Services Administration. <u>Canadian Jobs Strategy: Operational Procedures:</u>
<u>ED Component of the Employment Manual/Planification de l'emploi:</u>
<u>procédures opérationnelles: partie intégrante ED du guide de l'emploi</u>.
Ottawa: 1988, 5 p.

Canada. Employment and Immigration Canada (Dept.). Directives Services.
Services Administration. <u>Employment Manuel/Guide de l'emploi</u>. Ottawa:
1979?, 5 v. (loose-leaf)

Canada. Employment and Immigration Canada (Dept.). Directives Services.
Services Administration. <u>Performance Measures Manual/Guide des mesures</u>
<u>de rendement</u>. Ottawa: 1987, envoi no. 25.

Canada. Employment and Immigration Canada (Dept.). <u>Employment Equity:</u>
<u>Federal Contractors Program: Questions and Answers</u>. Ottawa: Federal
Contractors Program, Employment Equity Branch, Employment and Immigration
Canada, c1987, 9 p.
Published also in French under the title: <u>Équité en matière d'emploi:</u>
<u>programme de contrats fédéraux: questions et réponses</u>.

Canada. Employment and Immigration Canada (Dept.). <u>Employment Equity</u>
<u>Act and Reporting Requirements</u>. Ottawa: Supply and Services, c1986,
various pagings.
Published also in French under the title: <u>Loi sur l'équité en matière</u>
<u>d'emploi et exigences concernant les rapports</u>.

Canada. Employment and Immigration Canada (Dept.). <u>Employment Equity</u>
Branch. <u>Employer's Handbook: Reporting on Employment Equity</u>. Ottawa:
1987, 20 p.
Published also in French under the title: <u>Rapport sur l'équité en</u>
<u>matière d'emploi: guide de l'employeur</u>.

Canada. Employment and Immigration Canada (Dept.). <u>Labour Market</u>
<u>Development in the 1980s: A Report of the Task Force on Labour Market</u>
<u>Development Prepared for the Minister of Employment and Immigration as a</u>
<u>Contribution to a Process of Consultation with Provincial Governments and</u>
<u>Organizations Representing Different Elements of the Private Sector</u>.
Ottawa: c1981, viii, 243 p.
Published also in French under the title: <u>L'évolution du marché du</u>
<u>travail dans les années 1980: Un rapport du Groupe d'étude...</u>

Canada. Laws, etc. "Adult Occupational Training Act/Loi sur la formation professionnelle des adultes." In Revised Statutes of Canada 1970/Statuts revisés du Canada 1970. v. I, c. A-2. Ottawa: Queen's Printer for Canada, 1970, p. 17-28.

Canada. Laws, etc. "An Act Respecting the Office of the Secretary to the Cabinet for Federal-Provincial Relations and Respecting the Clerk of the Privy Council/Loi concernant le poste de secrétaire du Cabinet pour les relations fédérales-provinciales et celui du greffier du Conseil privé." In Acts of the Parliament of Canada/Lois du Parlement du Canada. v. I, c. 16. Ottawa: Queen's Printer for Canada, 1974-75-76, p. 265-266.

Canada. Laws, etc. "Designating the Office of the Administrator under the Anti-Inflation Act as a Department, the Minister of National Revenue as the Appropriate Minister and the Administrator as Deputy Head/Désignation du Bureau du Directeur en vertu de la Loi anti-inflation comme ministère, le ministre du Revenu national comme ministre compétent et le Directeur comme sous-chef." In Canada Gazette: Part II/Gazette du Canada: partie II. v. 110, no. 6, SI/TR/76-32, 24 Mar. 1976. Ottawa: Queen's Printer for Canada, 1976, p. 1152.

Canada. Laws, etc. "Employment and Immigration Reorganization Act/Loi régissant l'emploi et l'immigration." In Act of the Parliament of Canada/Lois du Parlement du Canada. v. II, c. 54. Ottawa: Queen's Printer for Canada, 1976-77, p. 1369-1417.

Canada. Laws, etc. "Employment Equity Act/Loi sur l'équité en matière d'emploi." In Acts of the Parliament of Canada/Lois du Parlement du Canada. v. I, c. 31. Ottawa: Queen's Printer for Canada, 1986, p. 1065-1069.

Canada. Laws, etc. "Employment Equity Regulations: Employment Equity Act/Règlement sur l'équité en matière d'emploi: Loi sur l'équité en matière d'emploi." In Canada Gazette: Part II/Gazette du Canada: partie II. v. 120, no. 18, SOR/DORS/86-847, 13 Aug. 1986. Ottawa: Queen's Printer for Canada, 1986, p. 3503-3562.

Canada. Laws, etc. "Manpower Mobility Regulations: Appropriation Acts/Règlement sur la mobilité de la main-d'oeuvre: loi des subsides No 2 de 1966, Lois portant affectation de crédits." In Canada Gazette: Part II/Gazette Canada: partie II. v. 114, no. 1, SOR/DORS/80-112, 4 Feb. 1980. Ottawa: Queen's Printer for Canada, 1982, p. 363-371.

Canada. Laws, etc. "National Training Act/Loi nationale sur la formation." In Acts of the Parliament of Canada/Lois du Parlement du Canada. v. III, c. 109. Ottawa: Queen's Printer for Canada, 1980-83, p. 3193-3201.

Canada. Laws, etc. "National Training Regulations: National Training Act/Règlement national sur la formation: Loi nationale sur la formation." In Canada Gazette: Part II/Gazette du Canada: partie II. v. 116, no. 13, SOR/DORS/82-776, 18 Aug. 1982. Ottawa: Queen's Printer for Canada, 1982, p. 2824-2830.

Canada. Laws, etc. "Public Service Employment Act/Loi sur l'emploi dans la Fonction publique." In Revised Statutes of Canada 1970/Statuts revisés du Canada 1970. v. VI, c. P-32. Ottawa: Queen's Printer for Canada, 1970, p. 6081-6104.

Canada. Laws, etc. "Public Service Employment Regulations: Public Service Employment Act/Règlement sur l'emploi dans la Fonction publique: Loi sur l'emploi dans la Fonction publique." In Consolidated Regulations of Canada 1978/Codification des règlements du Canada 1978. v. XIV, c. 1337-1351. Ottawa: Queen's Printer for Canada, 1978, p. 10769-10781.

Canada. Laws, etc. "Statute Law (Status of Women) Amendment Act/Loi de 1974 modifiant la législation (statut de la femme)." In Acts of the Parliament of Canada/Lois du Parlement du Canada. v. II, c. 66, art. 10. Ottawa: Queen's Printer for Canada, 1974-75-76, p. 1367-1368.

Canada. Translation Bureau. Terminology Directorate. Glossary: Labour Relations/Lexique: relations du travail. Ottawa: c1984, 32 p.

Canada. Translation Bureau. Terminology Directorate. Glossary: Postsecondary Education/Lexique: enseignement postsecondaire. Ottawa: Information Directorate, c1983, 48 p.

Canada. Translation Bureau. Terminology Directorate. Glossary: Staffing/Lexique: dotation en personnel. Ottawa: Communications Services, 1982, 28 p.

Concise Encyclopedia of Industrial Relations: With Bibliography. By Arthur Ivor Marsh. Farnborough, GB: Gower Press, c1979, 423 p.

Dictionnaire de la comptabilité et des disciplines connexes. Par Fernand Sylvain, avec la collab. de Murielle Arsenault, et al. 2ᵉ éd. ent. rev. corr. et augm. Toronto: Institut canadien des comptables agréés, 1986, xxi, 662 p.

Dictionnaire des relations du travail. Par Gérard Dion. 2ᵉ éd. Québec: Presses de l'Université Laval, 1986, xxiv, 993 p.

Robert's Dictionary of Industrial Relations. By Harold S. Roberts.
Rev. ed. Washington, D.C.: The Bureau of National Affairs, 1971,
xv, 599 p.

Autres publications du Bureau de la traduction	Other Translation Bureau Publications

Bulletins de terminologie

- Administration municipale
- Administration publique et gestion
- Archéologie
- Astronautique
- Bancaire
- Barrages
- Biotechnologie végétale
- Bourse et placement
- Budgétaire, comptable et financier
- Conditionnement d'air
- Cuivre et ses alliages
- Dépoussiérage industriel
- Divisions stratigraphiques, géomorphologiques et orogéniques du Canada
- Élections
- Fiscalité
- Génériques en usage dans les noms géographiques du Canada
- Guerre spatiale
- Hélicoptères
- Intelligence artificielle
- Langage parlementaire
- Logement et sol urbain
- Lois fédérales (Lexique juridique)
- Loisirs et parcs
- Micrographie
- Muséologie
- Précipitations acides et pollution atmosphérique
- Protection civile
- Recueil des définitions des lois fédérales
- Serrurerie
- Services sociaux et services de santé
- Sports d'hiver
- Titres de lois fédérales
- Transport des marchandises dangereuses
- Transports urbains

Terminology Bulletins

- Acid Precipitation and Air Pollution
- Air-Conditioning
- Archaeology
- Artificial Intelligence
- Astronautics
- Banking
- Budgetary, Accounting and Financial
- Collection of Definitions in Federal Statutes
- Copper and its Alloys
- Dams
- Door Locks and Fastenings
- Elections
- Emergency Preparedness
- Federal Statutes (Legal Glossary)
- Generic Terms in Canada's Geographical Names
- Health and Social Services
- Helicopters
- Housing and Urban Land
- Industrial Dust Control
- Language of Parliament
- Micrography
- Municipal Administration
- Museology
- Parks and Recreation
- Plant Biotechnology
- Public Administration and Management
- Space War
- Stock Market and Investment
- Stratigraphical, Geomorphological and Orogenic Divisions of Canada
- Taxation
- Titles of Federal Acts
- Transportation of Dangerous Goods
- Urban Transportation
- Winter Sports

Collection Lexique

- Bureautique
- Classification et
  rémunération
- Comptabilité
- Diplomatie
- Dotation en personnel
- Droits de la personne
- Économie
- Éditique
- Emballage
- Enseignement postsecondaire
- Explosifs
- Expressions usuelles des
  formulaires
- Finance
- Fournitures de bureau
- Gestion des documents
- Gestion financière
- Immobilier
- Industries graphiques
- Informatique
- Pensions
- Planification de gestion
- Pluies acides
- Procédure parlementaire
- Régimes de travail
- Relations du travail
- Reprographie
- Réunions
- Services sociaux

Glossary Series

- Accounting
- Acid Rain
- Classification and Pay
- Common Phrases on Forms
- Desktop Publishing
- Diplomacy
- Economics
- Explosives
- Finance
- Financial Management
- Graphic Arts
- Human Rights
- Informatics
- Labour Relations
- Management Planning
- Meetings
- Office Automation
- Office Supplies
- Packaging
- Parliamentary Procedure
- Pensions
- Postsecondary Education
- Realty
- Records Management
- Reprography
- Social Services
- Staffing
- Work Systems

Langue et traduction

- Aide-mémoire d'autoperfectionnement à l'intention des traducteurs et
  des rédacteurs
- Guide du rédacteur de l'administration fédérale
- Lexique analogique
- The Canadian Style: A Guide to Writing and Editing
- Vade-mecum linguistique

Language and Translation

Autre publication

- Bibliographie sélective :
  Terminologie et disciplines
  connexes

Other Publication

- Selective Bibliography:
  Terminology and Related
  Fields

L'Actualité terminologique

Bulletin d'information portant
sur la recherche terminologique et
la linguistique en général.
(Abonnement annuel, 6 numéros)

Terminology Update

Information bulletin on
terminological research and
linguistics in general. (Annual
subscription, 6 issues)

On peut se procurer toutes les
publications en écrivant à
l'adresse suivante :

Centre d'édition du
gouvernement du Canada
Approvisionnements et Services
Canada
Ottawa (Ontario)
K1A 0S9
tél. : (819) 997-2560

All publications may be obtained
at the following address:

Canadian Government Publishing
Centre
Supply and Services Canada
Ottawa, Ontario
K1A 0S9
tel.: (819) 997-2560

ou par l'entremise des agents
agréés ou de votre libraire.

or through authorized bookstore
agents or your local
bookseller.